에듀윌과 함께 시작하면,
당신도 합격할 수 있습니다!

대학 진학 후 진로를 고민하다 1년 만에
서울시 행정직 9급, 7급에 모두 합격한 대학생

다니던 직장을 그만두고
어릴 적 꿈이었던 경찰공무원에 합격한 30세 퇴직자

용기를 내 계리직공무원에 도전해
4개월 만에 합격한 40대 주부

직장생활과 병행하며 7개월간 공부해
국가공무원 세무직에 당당히 합격한 51세 직장인까지

누구나 합격할 수 있습니다.
시작하겠다는 '다짐' 하나면 충분합니다.

마지막 페이지를 덮으면,

에듀윌과 함께
공무원 합격이 시작됩니다.

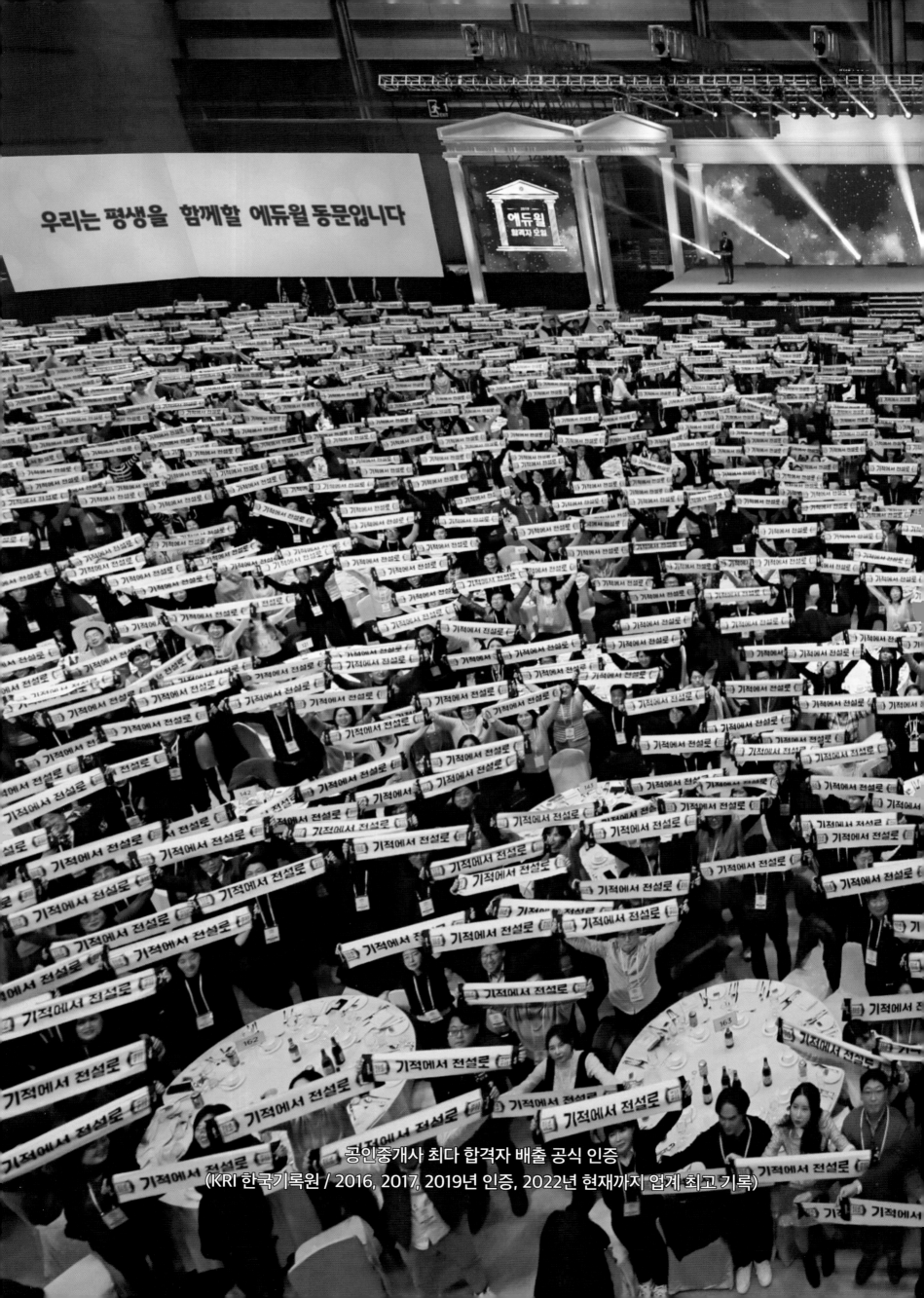

우리는 평생을 함께할 에듀윌 동문입니다

공인중개사 최다 합격자 배출 공식 인증
(KRI 한국기록원 / 2016, 2017, 2019년 인증, 2022년 현재까지 업계 최고 기록)

에듀윌과 함께하면 꿈은 현실이 됩니다

6년간 아무도 깨지 못한 기록
합격자 수 1위
에듀윌

합격자 모임 실제 현장 (서울 강남 코엑스)

6년간 아무도 깨지 못한 기록

합격자 수 1위

에듀윌

공인중개사 최다 합격자 배출 공식 인증 (KRI 한국기록원 / 2016, 2017, 2019년 인증, 2022년 현재까지 업계 최고 기록)

에듀윌을 선택한 이유는 분명합니다

합격자 수 수직 상승
1,495%

명품 강의 만족도
99%

베스트셀러 1위
38개월 (3년 2개월)

4년 연속 소방공무원 교육
1위

에듀윌 소방공무원을 선택하면
합격은 현실이 됩니다.

합격자 수 1,495%* 수직 상승!
매년 놀라운 성장

에듀윌 공무원은 '합격자 수'라는 확실한 결과로 증명하며
지금도 기록을 만들어 가고 있습니다.

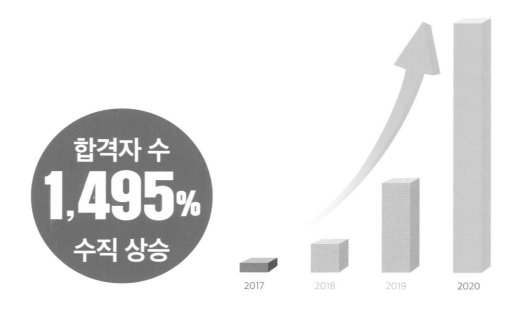

합격자 수 1,495% 수직 상승

2017　2018　2019　2020

합격자 수를 폭발적으로 증가시킨 독한 소방 평생패스

합격 시 0원 최대 100% 환급	+	합격할 때까지 전 강좌 무제한 수강	+	전문 학습매니저의 1:1 코칭 시스템

※ 환급내용은 상품페이지 참고. 상품은 변경될 수 있음.

상품
페이지

* 2017/2020 공무원 온라인 과정 환급자 수 비교

강의 만족도 99%[*]
명품 강의

에듀윌 공무원 전문 교수진!
합격의 차이를 직접 경험해 보세요

합격자 수 1,495%[*] 수직 상승으로 증명된 합격 커리큘럼

독한 시작	독한 회독	독한 기출요약	독한 문풀	독한 파이널
기초 + 기본이론	심화이론 완성	핵심요약 + 기출문제 파악	단원별 문제풀이	동형모의고사 + 파이널

2022 과목개편 완벽대비
소방 합격 명품 교수진

 소방학원 1위* 에듀윌 소방
강의 만족도 99%*

* 2022 대한민국 브랜드만족도 소방학원 교육 1위 (한경비즈니스)
* 소방공무원 대표 교수진 2020년 12월 강의 만족도 평균

9급·7급 수석 합격자* 배출!
합격생들의 진짜 합격스토리

에듀윌 강의·교재·학습시스템의 우수성을
2021년도에도 입증하였습니다!

주변 추천으로 선택한 에듀윌, 합격까지 걸린 시간 9개월

김○준 지방직 9급 일반행정직(수원시) 수석 합격

에듀윌이 합격 커리큘럼으로 유명하다는 것을 알고 있었고 또 주변 친구들에게 "에듀윌 다니고 보통 다 합격했다"라는 말을 듣고 에듀윌을 선택하게 되었습니다. 특히, 기본서의 경우 교재 흐름이 잘 짜여 있고, 기출문제나 모의고사가 실려 있어 실전감각을 키우는 데 큰 도움이 되었습니다. 면접을 준비할 때도 학원 매니저님들이 틈틈이 도와주셨고 스스로 실전처럼 말하는 연습을 하기도 했습니다. 그 결과 면접관님께 제 생각이나 의견을 소신 있게 전달할 수 있었습니다.

고민없이 에듀윌을 선택, 온라인 강의 반복 수강으로 합격 완성

박○은 국가직 9급 일반농업직 최종 합격

공무원 시험은 빨리 준비할수록 더 좋다고 생각해서 상담 후 바로 고민 없이 에듀윌을 선택했습니다. 과목별 교재가 동일하기 때문에 한 과목당 세 교수님의 강의를 모두 들었습니다. 심지어 전년도 강의까지 포함하여 강의를 무제한으로 들었습니다. 덕분에 중요한 부분을 알게 되었고 그 부분을 집중적으로 먼저 외우며 공부할 수 있었습니다. 우울할 때에는 내용을 아는 활기찬 드라마를 틀어놓고 공부하며 위로를 받았는데 집중도 잘되어 좋았습니다.

체계가 잘 짜여진 에듀윌은 합격으로 가는 최고의 동반자

김○욱 국가직 9급 출입국관리직 최종 합격

에듀윌은 체계가 굉장히 잘 짜여져 있습니다. 만약, 공무원이 되고 싶은데 아무것도 모르는 초시생이라면 묻지 말고 에듀윌을 선택하시면 됩니다. 에듀윌은 기초·기본이론부터 심화이론, 기출문제, 단원별 문제, 모의고사, 그리고 면접까지 다 챙겨주는, 시작부터 필기합격 후 끝까지 전부 관리해 주는 최고의 동반자입니다. 저는 체계적인 에듀윌의 커리큘럼과 하루에 한 페이지라도 집중해서 디테일을 외우려고 노력하는 습관 덕분에 합격할 수 있었습니다.

다음 합격의 주인공은 당신입니다!

더 많은
합격스토리

회원 가입하고
100% 무료 혜택 받기

가입 즉시, 공무원 공부에 필요한 모든 걸 드립니다!

혜택 1 **초시생을 위한 합격교과서 제공**

※ 에듀윌 홈페이지 ⋯ 직렬 사이트 선택
⋯ 합격교과서 무료배포 선택 ⋯ 신청하기

혜택 2 **초보 수험생 필수 기초강의 제공**

※ 에듀윌 홈페이지 ⋯ 직렬 사이트 선택 ⋯ 상단 '처음오셨나요' 메뉴 선택
⋯ 쌩기초 특강 신청 후 '나의 강의실'에서 확인 (7일 수강 가능)

혜택 3 **전 과목 기출문제 해설강의 제공**

※ 에듀윌 홈페이지 ⋯ 직렬 사이트 선택
⋯ 상단 '학습자료' 메뉴 선택 ⋯ 기출문제 해설특강
(최신 3개년 주요 직렬 기출문제 해설강의 제공)

*배송비 별도 / 비매품

합격의 시작은 잘 만든 입문서로부터
에듀윌 소방 합격교과서

무료배포
선착순 100명

무료배포
이벤트

* 본 혜택과 경로는 예고 없이 변경되거나 대체될 수 있음.

1초 합격예측
모바일 성적분석표

1초 안에 '클릭' 한 번으로 성적을 확인하실 수 있습니다!

활용 GUIDE

실시간 성적분석 방법!

STEP 1 → STEP 2 → STEP 3

| QR 코드 스캔 | 모바일 OMR 입력 | 자동채점 & 성적분석표 확인 |

STEP 1

QR 코드 스캔

- 교재의 QR 코드를 모바일로 스캔 후 에듀윌 회원 로그인
- QR 코드 하단의 바로가기 주소로도 접속 가능

STEP 2

모바일 OMR 입력

- 회차 확인 후 '응시하기' 클릭
- 모바일 OMR에 답안 입력
- 문제풀이 시간까지 측정 가능

STEP 3

자동채점 & 성적분석표 확인

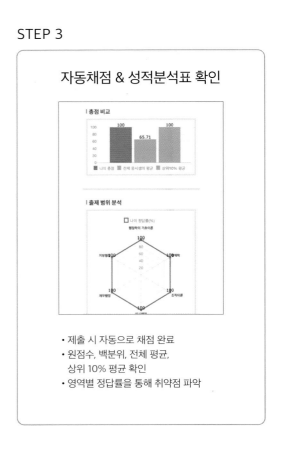

- 제출 시 자동으로 채점 완료
- 원점수, 백분위, 전체 평균, 상위 10% 평균 확인
- 영역별 정답률을 통해 취약점 파악

※ 본 서비스는 에듀윌 공무원 교재(연도별, 회차별 문항이 수록된 교재)를 구입하는 분에게 제공됨.

에듀윌이
너를
지지할게
ENERGY

시작하라.

그 자체가 천재성이고,
힘이며, 마력이다.

– 요한 볼프강 폰 괴테(Johann Wolfgang von Goethe)

2022
에듀윌 소방공무원

실전동형 모의고사 10회

행정법총론

에듀윌이
다 드립니다! 단기 합격팩

전 회차
무료 해설강의

소방직 전문 교수님의
전 회차 해설강의 무료제공

1초 합격예측!
모바일 성적분석표

응시생들과의 비교를 통해
객관적 실력 진단과 취약점 파악 가능

기출재구성
모의고사

최빈출 문제만 선별하여
재구성한 모의고사 2회분 제공

실전
OMR 카드

잘라서 활용 가능한
OMR 카드 제공

저자의 말

"연습은 실전처럼!"

2022년은 소방공무원 시험에 행정법이 필수과목이 되고 처음 치르는 시험입니다. 행정법은 누구나 초학(初學)으로 1년간 시험을 준비하는 데 많은 노력을 기울였으리라 생각합니다. 이제, 스스로의 실력을 평가하고 약점을 찾아 이삭줍기의 마음으로 학습누수를 치유하여야 할 시점입니다. 출제 가능성이 높은 문제만을 엄선한 본 모의고사 풀이를 통해 취약한 부분을 찾고 시험 전 실력을 보완하시기 바랍니다.

본 모의고사는 행정법이 필수과목으로 전환된 첫 시험이라는 점을 고려하여, 적은 분량의 소방직 기출문제뿐 아니라 공무원 전 직렬의 시험을 같이 분석하였습니다. 2021년 하반기에 시행된 공무원 시험에서 출제비율이 높았던 핵심단원을 빠짐없이 출제하였고, 소방직 행정법에서 빈출된 지문들을 변형하여 수록하였습니다.
또한 신설된 「행정기본법」과 개정된 주요 법령(「공공기관의 정보공개에 관한 법률」 등)을 가급적 많이 출제하여 기출문제 풀이과정에서 다루지 않았던 내용을 충분히 풀어보고 실력을 평가할 수 있도록 하였습니다.
더불어 최근 행정법 출제의 대부분을 차지하는 판례형 문제에 소홀함이 없도록 단원마다 핵심판례와 최신판례를 다양한 유형으로 문제화하였습니다.

모의고사는 마음의 준비가 먼저 필요합니다. "연습은 실전처럼!"이라는 말처럼 모의고사를 풀이하는 수험생은 실제 시험장에 앉아 풀이를 하고 있다는 생각으로 어느 정도의 긴장감이 필요로 합니다. 따라서 가급적 시험장과 같은 환경을 설정한 후에 문제를 푸는 것이 실전에서 긴장감을 낮추는 적절한 훈련이 될 것입니다.
부수하여 회차별 풀이시간 체크와 오답노트 작성은 필수입니다. 특히 오답노트의 필요성은 아무리 강조해도 지나침이 없습니다. 틀린 문제, 모르는 선지, 요행으로 맞힌 문제, 애매한 선지 등은 단원이나 문제의 유형에 따라 노트에 작성하고 학습의 공백을 메워나가야 합니다. 모의고사 풀이가 평가만의 기능을 하는 것이 아니라, 이러한 과정을 통해 고득점 합격으로 가는 학습과정임을 인지해야 합니다.

본 모의고사를 통해, 명확한 평가와 학습의 보완을 이루어 소방공무원의 꿈을 이루길 간절히 바랍니다!

저자 김 용 철

STRUCTURE

구성과 특징

문제편

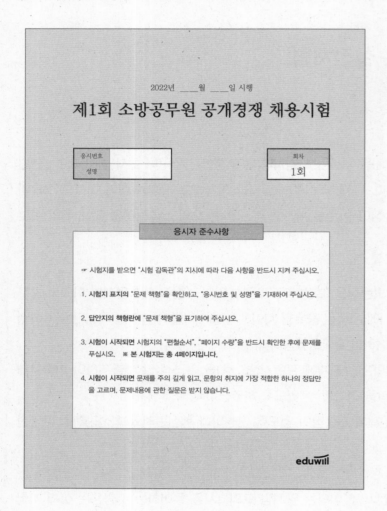

실제 시험지와 크기, 종이, 서체 동일!

실제 시험과 동일한 환경을 구현하여 시험에 응시하는 것 같은 실전 감각을 키울 수 있습니다.

회차별로 잘라서 활용 가능!

회차별로 표지를 수록하여 잘라서 활용할 수 있도록 하였습니다.

소방 시험 출제경향 완벽 반영!

최신 4회차 기출문제와 1:1 유형 매칭을 통해 소방 시험의 출제경향을 제대로 반영한 소방다운 문제만을 수록하였습니다.

무료제공 1초 합격예측 서비스

QR 코드 스캔 후 정답을 입력하면 자동으로 채점이 가능합니다. 성적결과분석으로 취약 영역 파악은 물론, 다른 수험생들과의 성적 비교도 가능합니다.

해설편

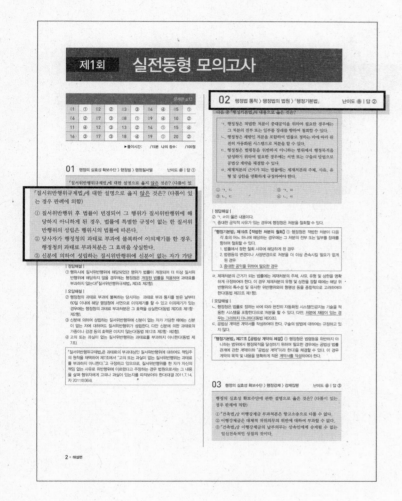

별책부록

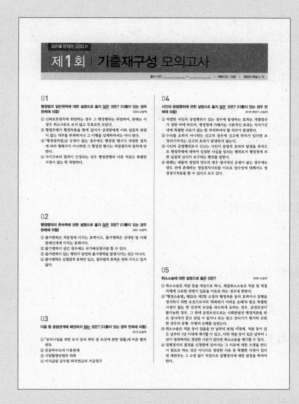

문제편 문제 한 번 더 수록!

문제편에서 풀었던 문제를 한 번 더 수록하여 자동으로 2회독이 가능합니다. 또한 해설의 이해를 도와 효율적으로 학습할 수 있습니다.

전 문항 개념 연계 카테고리 수록 및 상세해설

전 문항 연계학습이 가능하도록 개념 카테고리를 수록하였고, 오답까지 상세한 해설을 수록하였습니다.

기출재구성 모의고사로 확실한 마무리!

기출은 마지막까지 중요하다! 4개년 기출문제 중 반드시 풀어봐야 하는 최빈출 문제를 재구성한 모의고사 2회분을 수록하여 기출문제로 확실히 마무리할 수 있습니다.

CONTENTS

차례

[별책부록] 기출재구성 모의고사
- 에듀윌이 다 드립니다! 단기 합격팩
- 저자의 말
- 구성과 특징
- 무료 해설강의

무료 해설강의

수강 방법

영어

한국사

행정법총론

소방학개론+소방관계법규

1 에듀윌 도서몰(book.eduwill.net) ▶ 동영상 강의실 ▶ 공무원 ▶ 소방공무원 실전동형 모의고사 해설 검색

　※ 에듀윌 회원 가입 후 이용 가능

2 유튜브(www.youtube.com) ▶ 에듀윌 공무원 ▶ 소방공무원 실전동형 모의고사 해설 검색

　※ 순차적 업로드 예정

3 네이버 카페 닥공사(cafe.naver.com/kts9719), 소방꿈(cafe.naver.com/gsdccompany), 다음 카페 소사모(cafe.daum.net/im119)

　※ 순차적 업로드 예정

활용 TIP

아직은 불안해!
확실한 마무리 학습이 필요하다면?

1번부터 20번까지 모든 문항의 해설강의를 수강하여
아는 문제도 다시 한 번 꼼꼼히,
확실하게 짚고 넘어간다!

시간이 없다!
빠르게 마무리 하고 싶다면?

맞힌 문제는 과감하게 스킵하고
틀린 문제와 찍은 문제의 해설강의만 수강하여
취약한 내용만 빠르게 복습한다!

2022년 ____월 ____일 시행

제1회 소방공무원 공개경쟁 채용시험

응시번호	
성명	

회차
1회

응시자 준수사항

☞ 시험지를 받으면 "시험 감독관"의 지시에 따라 다음 사항을 반드시 지켜 주십시오.

1. **시험지 표지의** "문제 책형"을 확인하고, "응시번호 및 성명"을 기재하여 주십시오.

2. **답안지의 책형란에** "문제 책형"을 표기하여 주십시오.

3. **시험이 시작되면** 시험지의 "편철순서", "페이지 수량"을 반드시 확인한 후에 문제를 푸십시오. ※ 본 시험지는 총 4페이지입니다.

4. **시험이 시작되면** 문제를 주의 깊게 읽고, 문항의 취지에 가장 적합한 하나의 정답만을 고르며, 문제내용에 관한 질문은 받지 않습니다.

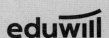

【 행정법총론 】

1. 「질서위반행위규제법」에 대한 설명으로 옳지 <u>않은</u> 것은? (다툼이 있는 경우 판례에 의함)

① 질서위반행위 후 법률이 변경되어 그 행위가 질서위반행위에 해당하지 아니하게 된 경우, 법률에 특별한 규정이 없는 한 질서위반행위의 성립은 행위시의 법률에 따른다.

② 당사자가 행정청의 과태료 부과에 불복하여 이의제기를 한 경우, 행정청의 과태료 부과처분은 그 효력을 상실한다.

③ 신분에 의하여 성립하는 질서위반행위에 신분이 없는 자가 가담한 때에는 신분이 없는 자에 대하여도 질서위반행위가 성립한다.

④ 「질서위반행위규제법」에 따르면 고의 또는 과실이 없는 질서위반행위에는 과태료를 부과하지 아니한다.

2. 다음 중 「행정기본법」의 내용으로 옳은 것은?

> ㄱ. 행정청은 적법한 처분이 중대공익을 위하여 필요한 경우에는 그 처분의 전부 또는 일부를 장래를 향하여 철회할 수 있다.
> ㄴ. 행정청은 재량인 처분을 포함하여 법률로 정하는 바에 따라 완전히 자동화된 시스템으로 처분을 할 수 있다.
> ㄷ. 행정청은 법령등을 위반하지 아니하는 범위에서 행정목적을 달성하기 위하여 필요한 경우에는 서면 또는 구술의 방법으로 공법상 계약을 체결할 수 있다.
> ㄹ. 제재처분의 근거가 되는 법률에는 제재처분의 주체, 사유, 유형 및 상한을 명확하게 규정하여야 한다.

① ㄱ, ㄷ   ② ㄱ, ㄹ
③ ㄴ, ㄷ   ④ ㄴ, ㄹ

3. 행정의 실효성 확보수단에 관한 설명으로 옳은 것은? (다툼이 있는 경우 판례에 의함)

① 「건축법」상 이행강제금 부과처분은 항고소송으로 다툴 수 없다.

② 이행강제금은 대체적 작위의무의 위반에 대하여 부과할 수 없다.

③ 「건축법」상 이행강제금의 납부의무는 상속인에게 승계될 수 없는 일신전속적인 성질의 것이다.

④ 병무청장의 「병역법」에 따라 병역의무 기피자의 인적사항을 인터넷 홈페이지에 공개하는 결정은 항고소송의 대상이 되는 행정처분이 아니다.

4. 「행정절차법」의 내용으로 옳지 <u>않은</u> 것은? (다툼이 있는 경우 판례에 의함)

① 처분을 할 때 해당 처분의 영향이 광범위하여 널리 의견을 수렴할 필요가 있다고 행정청이 인정하는 경우에는 공청회를 개최한다.

② 행정청은 인허가 등의 취소시 의견제출기한 내에 당사자 등의 신청이 있는 경우에는 청문을 한다.

③ 청문·공청회 또는 의견제출을 거쳤을 때에는 신속히 처분하여 해당 처분이 지연되지 아니하도록 하여야 한다.

④ 행정청은 처분을 할 때에는 이해관계인에게 그 근거와 이유를 제시하여야 한다.

5. 허가에 관한 설명으로 옳은 것은? (다툼이 있는 경우 판례에 의함)

① 허가권자는 중대한 공익상의 필요가 없는 경우에 관계 법령에서 정한 제한사유 이외의 사유를 들어 적법한 건축허가 신청을 거부할 수 없다.

② 허가는 반드시 신청을 전제로 한다.

③ 허가에 취소나 철회사유가 발생하면 전부취소나 철회가 가능할 뿐 일부취소 또는 일부철회는 불가능하다.

④ 허가가 있으면 당해 허가의 대상이 된 행위에 대한 금지가 해제될 뿐만 아니라 타법에 의한 금지까지 해제된다.

6. 행정행위의 효력에 대한 설명으로 옳지 <u>않은</u> 것은? (다툼이 있는 경우 판례에 의함)

① 행정처분이 당연무효임을 전제로 하여 민사소송을 제기한 때에는 그 행정처분이 당연무효인지의 여부가 선결문제가 되므로 법원은 이를 심사할 수 있다.

② 행정처분이나 행정심판 재결이 불복기간의 경과로 인하여 확정될 경우 확정력은 처분으로 인하여 법률상 이익을 침해받은 자가 처분이나 재결의 효력을 더 이상 다툴 수 없다는 의미에서 판결에 있어서와 같은 기판력이 인정된다.

③ 과세처분에 대해 이의신청을 하고 이에 따라 직권취소가 이루어졌다면 특별한 사정이 없는 한 불가변력이 발생한다.

④ 위법한 행정처분으로 인해 피해를 입은 자가 제기한 국가배상청구소송에서 민사법원은 행정행위의 위법성 여부를 확인하여 배상청구를 인용할 수 있다.

7. 행정심판에 관한 설명으로 옳은 것은? (다툼이 있는 경우 판례에 의함)

① 행정심판 재결에는 특별한 사유가 없는 한 불가변력이 발생하지 않는다.

② 취소심판에는 처분사유의 추가·변경이 허용되지 않는다.

③ 「행정심판법」은 무효등확인심판에서는 사정재결을 할 수 없음을 명문으로 규정하고 있다.

④ 청구인은 행정심판청구서를 피청구인인 행정청에 제출할 수 없다.

8. 행정법의 일반원칙에 대한 설명으로 옳은 것은? (다툼이 있는 경우 판례에 의함)

① 법령 개정에 대한 신뢰와 관련하여, 법령에 따른 개인의 행위가 국가에 의하여 일정한 방향으로 유인된 경우에 특별히 보호가치가 있는 신뢰이익이 인정될 수 있다.

② 행정청 내부의 사무처리준칙에 해당하는 지침의 공표만으로도 신청인은 보호가치 있는 신뢰를 갖게 된다.

③ 신뢰보호원칙이 적용되기 위한 행정청의 공적 견해표명이 있었는지 여부는 전적으로 행정조직상의 권한분장에 의해 결정된다.

④ 위법한 행정처분이라도 수차례에 걸쳐 반복적으로 행하여졌다면 그러한 처분은 행정청에 대하여 자기구속력을 갖게 된다.

9. 「개인정보 보호법」에 관한 설명으로 옳은 것은?

① 법인의 정보는 이 법의 보호대상이다.

② 개인정보처리자가 이 법에 위반한 행위로 정보주체에게 손해를 입힌 경우, 개인정보처리자의 손해배상책임은 무과실책임이다.

③ 개인정보 보호에 관한 사무를 독립적으로 수행하기 위하여 행정안전부장관 소속으로 개인정보 보호위원회를 둔다.

④ 정보주체의 권리침해행위의 금지·중지를 구하는 단체소송을 제기하려면 법원의 허가를 받아야 한다.

10. 다음 판례의 내용으로 옳은 것은?

① 국립대학의 대학입학고사 주요요강은 행정쟁송의 대상인 행정처분에 해당되지만 헌법소원의 대상인 공권력의 행사에는 해당되지 않는다.

② 행정지도가 강제성을 띠지 않은 비권력적 작용으로서 행정지도의 한계를 일탈하지 아니하였다면 그로 인하여 상대방에게 어떤 손해가 발생하였다 하더라도 행정기관은 그에 대한 손해배상책임이 없다.

③ 「도시 및 주거환경정비법」에 기초하여 주택재건축정비사업조합이 수립한 사업시행계획은 인가·고시를 통해 확정되어도 이해관계인에 대한 직접적인 구속력이 없는 행정계획으로서 독립된 행정처분에 해당하지 아니한다.

④ 부작위위법확인소송에서 사인의 신청권의 존재 여부는 원고적격의 문제와는 관련이 없다.

11. 사정판결에 대한 설명으로 옳지 <u>않은</u> 것은? (다툼이 있는 경우 판례에 의함)

① 사정판결을 하는 경우 원고의 청구는 기각되나, 소송비용은 피고인 행정청이 부담한다.

② 무효등확인소송과 부작위위법확인소송에서는 인정되지 않는다.

③ 사정판결이 확정되면 사정판결의 대상이 된 행정처분이 위법하다는 점에 대하여 기판력이 발생한다.

④ 원고는 이 소송에서 구제에 관한 손해배상, 제해시설의 설치 등의 구제방법에 대한 민사소송의 청구를 당해 취소소송이 계속된 법원에 병합하여 제기할 수 없다.

12. 행정상 손해배상에 관한 설명으로 옳지 <u>않은</u> 것은? (다툼이 있는 경우 판례에 의함)

① 대한변호사협회의 장(長)은 국가로부터 위탁받은 공행정 사무인 '변호사등록에 관한 사무'를 수행하는 범위 내에서는 「국가배상법」 제2조에서 정한 공무원에 해당한다.

② 피의자가 변호인과의 접견을 거절하였지만 그 의사에 임의성 또는 진정성이 없다고 볼 만한 사정이 있는데도 접견을 불허한 경우 변호인의 접견교통권 침해로 인한 국가배상책임이 성립한다.

③ 배상청구권의 시효와 관련하여 '가해자를 안다는 것'은 피해자나 그 법정대리인이 가해 공무원의 불법행위가 그 직무를 집행함에 있어서 행해진 것이라는 사실까지 인식함을 요구하지 않는다.

④ 소음 등을 포함한 공해 등의 위험지역으로 이주하여 거주하는 것이 피해자가 위험의 존재를 인식하고 그로 인한 피해를 용인하면서 접근한 것이라고 볼 수 있는 경우 가해자의 면책이 인정될 수 있다.

13. 행정작용이나 행정구제에 대한 설명으로 옳은 것(○)과 옳지 않은 것(×)이 바르게 연결된 것은? (다툼이 있는 경우 판례에 의함)

┌───┐
ㄱ. 「국가를 당사자로 하는 계약에 관한 법률」에 따른 입찰절차에서의 낙찰자의 결정은 「행정소송법」상 처분에 해당하여 항고소송대상이 된다.

ㄴ. 「사회간접자본시설에 대한 민간투자법」에 근거한 서울—춘천 간 고속도로 민간투자시설사업의 사업시행자 지정은 공법상 계약에 해당하여 당사자소송의 대상이다.

ㄷ. 지방자치단체가 사인과 체결한 자원회수시설에 대한 위탁운영협약은 사법상 계약에 해당하므로 그에 관한 다툼은 민사소송의 대상이 된다.

ㄹ. 지방자치단체가 체결하는 이른바 '공공계약'이 사경제의 주체로서 상대방과 대등한 위치에서 체결하는 사법상 계약에 해당하는 경우, 그 계약에는 법령에 특별한 정함이 있는 경우 외에는 사적 자치와 계약자유의 원칙 등 사법의 원리가 그대로 적용된다.
└───┘

	ㄱ	ㄴ	ㄷ	ㄹ
①	○	×	×	○
②	×	×	○	○
③	○	○	×	×
④	×	○	○	×

14. 행정행위의 성립과 효력에 대한 설명으로 옳지 <u>않은</u> 것은? (다툼이 있는 경우 판례에 의함)

① 납세자의 송달할 장소가 여러 곳임에도 그중 일부 장소에만 방문하여 수취인 부재로 확인된 경우 곧바로 납세고지서를 공시송달할 수 있다.

② 보통우편에 의한 송달과 달리 등기우편에 의한 송달은 반송 등 기타 특별한 사유가 없는 한 배달된 것으로 추정된다.

③ 면허관청이 임의로 출석한 상대방의 편의를 위하여 구두로 면허정지사실을 알렸다면 이는 무효에 해당한다.

④ 「건축법」상 위법건축물에 내려진 시정명령을 이행하지 않아 명령위반죄로 기소된 경우 형사법원은 이를 판단할 수 있다.

15. 행정강제에 대한 설명으로 옳지 <u>않은</u> 것은? (다툼이 있는 경우 판례에 의함)

① 계고처분의 후속절차인 대집행에 위법이 있다고 하여 그와 같은 후속절차에 위법성이 있다는 점을 들어 선행절차인 계고처분이 부적법하다는 사유로 삼을 수는 없다.

② 공유수면에 설치한 건물을 철거하여 공유수면을 원상회복하여야 할 의무는 대체적 작위의무에 해당하므로 행정대집행의 대상이 된다.

③ 건물의 점유자가 철거의무자일 때에는 건물철거의무에 퇴거의무도 포함되어 있는 것이어서 별도로 퇴거를 명하는 집행권원이 필요하지 않다.

④ 법률상 시설설치금지의무를 위반하여 시설을 설치한 경우 별다른 규정이 없어도 대집행요건이 충족된다.

16. 행정행위에 대한 성질이나 내용에 대한 연결이 옳지 <u>않은</u> 것은? (다툼이 있는 경우 판례에 의함)

┌───┐
ㄱ. 토지의 형질변경행위를 수반하는 건축허가 – 재량행위

ㄴ. "경찰공무원의 채용시험 또는 경찰간부후보생 공개경쟁선발시험에서 부정행위를 한 응시자에 대하여는 당해 시험을 정지 또는 무효로 하고, 그로부터 5년간 이 영에 의한 시험에 응시할 수 없게 한다."라고 규정한 「경찰공무원 임용령」 – 재량준칙

ㄷ. 사립학교 법인이사의 선임승인행위 – 설권행위

ㄹ. 조합설립추진위원회 구성승인처분 – 보충행위
└───┘

① ㄱ, ㄴ   ② ㄱ, ㄹ

③ ㄴ, ㄷ   ④ ㄷ, ㄹ

17. 「행정조사기본법」과 관련된 내용으로 옳지 <u>않은</u> 것은? (다툼이 있는 경우 판례에 의함)

① 조사대상자가 조사대상 선정기준에 대한 열람을 신청한 경우에 행정기관은 그 열람이 당해 행정조사업무를 수행할 수 없을 정도로 조사활동에 지장을 초래한다는 이유로 열람을 거부할 수 있다.

② 행정기관의 장은 법령등에 특별한 규정이 있는 경우를 제외하고는 행정조사의 결과를 확정한 날로부터 7일 이내에 그 결과를 조사대상자에게 통지하여야 한다.

③ 정기조사 또는 수시조사를 실시한 행정기관의 장은 상급청의 지시가 없는 한, 동일한 사안에 대하여 동일한 조사대상자를 재조사하여서는 아니 된다.

④ 조사대상자의 자발적인 협조를 얻어 실시하는 행정조사의 경우에는 법령등의 근거 없이도 행할 수 있으며, 이러한 행정조사에 대하여 조사대상자가 조사에 응할 것인지에 대한 응답을 하지 아니하는 경우에는 법령등에 특별한 규정이 없는 한 그 조사를 거부한 것으로 본다.

18. 행정행위의 부관과 관련하여 아래 사안의 경우에 옳은 것은? (다툼이 있는 경우 판례에 의함)

> A 고속국도 관리청이 고속도로 부지와 접도구역에 송유관 매설을 갑(甲)에게 허가하면서 갑(甲)과의 협약에 따라 송유관 시설을 이전하게 될 경우 그 비용을 갑(甲)에게 부담하도록 하였으나 그 후 「도로법 시행규칙」이 개정되어 접도구역에는 관리청의 허가 없이도 송유관을 매설할 수 있게 되었다.

① 부관은 행정청이 행정처분 당시에 일방적으로 내용을 정하여 붙일 수 있을 뿐 처분의 상대방과 협약의 형식으로 부관을 붙일 수는 없다.

② 위 부관의 내용은 부관의 종류 중 강학상 조건에 해당한다.

③ 송유관 매설허가에 붙은 위 부관은 부당결부금지원칙에 반하여 위법하다.

④ 처분 당시에 부관이 적법하였다면 근거법이 개정되어 더 이상 부관을 붙일 수 없게 되었다고 해도 소급하여 부관이 위법하게 되는 것은 아니다.

19. 행정행위의 성립 당시에 위법이나 부당이 있는 경우에 대한 설명으로 옳지 <u>않은</u> 것은? (다툼이 있는 경우 판례에 의함)

① 임용 당시 법령상 공무원임용 결격사유가 있었더라도 임용권자의 과실에 의하여 임용결격자임을 밝혀내지 못한 경우라면 그 임용행위가 당연무효가 된다고 할 수는 없다.

② 절차상 하자로 인하여 무효인 행정처분이 있은 후 행정청이 관계 법령에서 정한 절차를 갖추어 다시 동일한 행정처분을 하였다면 당해 행정처분은 종전의 무효인 행정처분과 관계없이 새로운 행정처분이라고 보아야 한다.

③ 과세처분 이후 조세 부과의 근거가 되었던 법률규정에 대하여 위헌결정이 내려진 경우, 그 위헌결정의 효력에 위배하여 이루어진 체납처분은 당연무효이다.

④ 토지등급결정내용의 개별통지가 있다고 볼 수 없어 토지등급결정이 무효인 이상, 토지소유자가 그 결정 이전이나 이후에 토지등급결정내용을 알았다거나 또는 그 결정 이후 매년 정기등급수정의 결과가 토지소유자 등의 열람에 공하여졌다 하더라도 개별통지의 하자가 치유되는 것은 아니다.

20. 토지의 수용이나 사용, 또는 제한에 관한 손실보상의 내용으로 옳지 <u>않은</u> 것은? (다툼이 있는 경우 판례에 의함)

① 토지소유자의 재결신청의 청구에도 사업시행자가 재결신청을 하지 않는 경우에 구제방법은 거부처분취소소송이나 부작위위법확인소송이다.

② 사업시행자는 토지소유자가 토지의 일시사용신청을 거부하는 경우에 민사소송을 청구할 수 있으며 가처분으로 임시구제가 가능하다.

③ 건축허가를 받아 건축에 착수하지 않고 있는 사이에 해당 지역에 사업인정고시가 있게 되었다면 건축을 위해 별도의 건축허가가 필요하다.

④ 보상계획 공고 등이 있은 이후에 해당 토지에 지장물 등을 설치하는 경우에 보상대상이 되지 않는다.

해설편 ▶ p.2

2022년 ____월 ____일 시행

제2회 소방공무원 공개경쟁 채용시험

응시번호	
성명	

회차
2회

응시자 준수사항

☞ 시험지를 받으면 "시험 감독관"의 지시에 따라 다음 사항을 반드시 지켜 주십시오.

1. **시험지 표지의** "문제 책형"을 확인하고, "응시번호 및 성명"을 기재하여 주십시오.

2. **답안지의 책형란에** "문제 책형"을 표기하여 주십시오.

3. **시험이 시작되면** 시험지의 "편철순서", "페이지 수량"을 반드시 확인한 후에 문제를 푸십시오. ※ 본 시험지는 총 5페이지입니다.

4. **시험이 시작되면** 문제를 주의 깊게 읽고, 문항의 취지에 가장 적합한 하나의 정답만을 고르며, 문제내용에 관한 질문은 받지 않습니다.

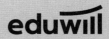

【 행정법총론 】

1. 다음 내용 중 옳은 것만을 모두 고른 것은? (다툼이 있는 경우 판례에 의함)

> ㄱ. 도시환경정비사업의 시행자인 토지등소유자가 사업시행인가를 신청하기 전에 얻어야 하는 토지등소유자의 동의요건은 법률로서 제정되어야 할 중요사항이다.
> ㄴ. 법률에 예외규정이 없는데도 조례로 새로운 납세의무를 부과하는 요건에 관한 규정을 신설하면서 시행시기 이전에 종결한 과세요건사실에 소급하여 적용하도록 할 수 있다.
> ㄷ. 국립의료원 부설주차장 위탁관리용역운영계약은 공법상 계약이다.
> ㄹ. 행정재산·공유재산 사용·수익에 대한 허가나 관리청의 이에 대한 거부행위는 행정처분이다.

① ㄱ, ㄷ   ② ㄱ, ㄹ
③ ㄴ, ㄷ   ④ ㄴ, ㄹ

2. 다음 설명 중 옳지 않은 것은? (다툼이 있는 경우 판례에 의함)

① 「공업배치 및 공장설립에 관한 법률」상 관리기관인 행정청의 분양대상기업체 선정행위는 항고소송의 대상이 되는 행정처분에 해당하지 않는다.
② 부가가치세 환급세액지급청구는 당사자소송에 의한다.
③ 행정처분이 있음을 안 날부터 90일을 넘겨 행정심판을 청구하였다가 부적법하다는 이유로 각하재결을 받은 후 재결서를 송달받은 날부터 90일 내에 원래의 처분에 대하여 취소소송을 제기한 경우, 취소소송의 제소기간을 준수한 것으로 볼 수 있다.
④ 절차상 또는 형식상 하자로 무효인 행정처분에 대하여 행정청이 적법한 절차 또는 형식을 갖추어 다시 동일한 행정처분을 하였다면, 종전의 무효인 행정처분에 대한 무효확인 청구는 과거의 법률관계의 효력을 다투는 것에 불과하므로 무효확인을 구할 법률상 이익이 없다.

3. 사인의 공법행위인 신고에 대한 설명으로 옳은 것은? (다툼이 있는 경우 판례에 의함)

① 건축주명의변경신고는 수리를 필요로 하지 않는 신고이지만 그 수리의 거부는 처분이다.
② 국제표준무도를 교습하는 학원을 설립·운영하려는 사람이 「체육시설의 설치·이용에 관한 법률」상 무도학원업으로 신고하거나 또는 「학원의 설립·운영 및 과외교습에 관한 법률」상 평생직업교육학원으로 등록하려고 할 때, 관할 행정청이 소관 법령에 따른 신고 또는 등록의 요건을 갖춘 학원의 신고 또는 등록의 수리를 거부할 수 있다.
③ 인·허가의제로서의 건축신고는 수리를 요하지 않는 신고이나 그에 대한 수리 거부는 처분에 해당한다.
④ 행정청이 「국토의 계획 및 이용에 관한 법률」에 따른 개발행위허가 기준에 부합하지 않는다는 점을 이유로 구 「건축법」상 가설건축물 축조신고의 수리를 거부할 수 없다.

4. 행정절차에 대한 내용으로 옳지 않은 것은? (다툼이 있는 경우 판례에 의함)

① 원고가 피고의 사무실을 방문하여 피고 소속 공무원에게 '처분을 좀 연기해 달라'는 내용의 서류를 제출한 것은 「여객자동차 운수사업법」이 필요적으로 실시하도록 규정한 청문을 실시한 것으로 볼 수 있다.
② 신청에 대한 거부처분은 「행정절차법」 제22조 제3항에서 말하는 '당사자의 권익을 제한하는 처분'에 해당하지 않아 처분의 사전통지대상이나 의견청취대상이 되지 않는다.
③ 행정청은 청문이 시작되는 날부터 7일 전까지 청문 주재자에게 청문과 관련한 필요한 자료를 미리 통지하여야 한다.
④ 법인이나 조합 등의 설립허가의 취소 등의 처분시 의견제출기한 내에 당사자등의 신청이 있는 경우에는 청문을 한다.

5. 행정소송에 대한 내용으로 옳은 것은? (다툼이 있는 경우 판례에 의함)

① 행정처분의 당연무효를 선언하는 의미에서 그 취소를 구하는 행정소송을 제기하는 경우에는 취소소송의 제소기간을 준수하지 않아도 된다.
② 무효등확인소송은 처분등의 무효등의 확인을 구할 정당한 이익이 있는 자가 청구할 수 있다.
③ 중앙행정기관, 중앙행정기관의 부속기관과 합의제행정기관 또는 그 장이나 국가의 사무를 위임 또는 위탁받은 공공단체 또는 그 장이 피고가 되는 취소소송을 제기하는 경우에는 대법원소재지를 관할하는 행정법원으로 한다.
④ 소득세할 주민세 부과처분의 취소를 구하는 항고소송의 피고는 소득세 납세지를 관할하는 시장·군수가 되어야 한다.

6. 특별한 희생은 입법자에 의해 입법되어 보상규정을 가지게 되는 침해를 의미한다는 이론과 부합하는 것은?

① 보상을 요하지 않는 사회적 제약과 보상을 요하는 특별한 희생의 사이에는 일정한 침해의 강도와 본질이 있어 이를 넘어서게 되면 특별한 희생이다.

② 우리 대법원의 유추적용설과 가장 유사한 입장이다.

③ 보상규정의 유무에 의해 보상이 좌우되어서는 아니 된다.

④ 보상규정이 없는 침해의 경우 위헌이 되며, 이는 단순 위헌이 아닌 입법자에게 입법개선을 요구하는 헌법불합치결정을 하여야 한다는 견해와 유사하다.

7. 공공의 영조물의 설치·관리의 하자로 인한 「국가배상법」상 배상책임에 대한 설명으로 옳은 것은? (다툼이 있는 경우 판례에 의함)

① 광역시와 국가 모두가 도로의 점유자 및 관리자, 비용부담자로서의 책임을 중첩적으로 지는 경우 국가만이 「국가배상법」에 따라 궁극적으로 손해를 배상할 책임이 있는 자가 된다.

② 예산부족은 절대적인 면책사유가 된다.

③ 「국가배상법」 제5조 제1항의 '공공의 영조물'이란 국가 또는 지방자치단체에 의하여 공공의 목적에 공여된 유체물 내지 물적 설비로서 국가 또는 지방자치단체가 소유권, 임차권 그 밖의 권한에 기하여 관리하고 있는 경우를 말하는 것으로, 그러한 권원 없이 사실상 관리하고 있는 경우는 포함되지 않는다.

④ 영조물의 설치·관리에 있어서 항상 완전무결한 상태를 유지할 정도의 고도의 안전성을 갖추지 아니하였다고 하여 영조물의 설치 또는 관리에 하자가 있다고 단정할 수 없다.

8. 행정부의 입법활동에 관한 헌법재판소나 대법원 판례의 입장으로 옳지 않은 것은?

① 구 「청소년 보호법 시행령」 제40조 [별표 6]의 위반행위의 종별에 따른 과징금 처분기준의 법적 성격은 법규명령이다.

② 행정처분이 법규성이 없는 내부지침 등의 규정에 위배된다고 하더라도 그 이유만으로 처분이 위법하게 되는 것은 아니고, 또 그 내부지침 등에서 정한 요건에 부합한다고 하여 반드시 그 처분이 적법한 것이라고 할 수도 없다.

③ 헌법재판소 판례에 의하면, 헌법상 위임입법의 형식은 열거적이기 때문에, 국민의 권리·의무에 관한 사항을 고시 등 행정규칙으로 정하도록 위임한 법률 조항은 위헌이다.

④ 상위법령에서 세부사항 등을 시행규칙으로 정하도록 위임하였음에도 이를 고시 등 행정규칙으로 정하였다면 대외적 구속력을 가지는 법규명령으로서 효력이 인정될 수 없다.

9. 행정행위의 부관에 대한 설명으로 옳지 않은 것은? (다툼이 있는 경우 판례에 의함)

① 행정행위의 부관은 법령이 직접 행정행위의 조건이나 기한 등을 정한 경우와 구별되어야 한다.

② 일정기간 내 공사에 착수할 것을 조건으로 하는 공유수면 매립면허는 해제조건에 해당한다.

③ 허가에 붙은 기한이 그 허가된 사업의 성질상 부당하게 짧은 경우에 그 기한은 허가조건의 존속기간이 아니라 허가 자체의 존속기간으로 보아야 한다.

④ 재량행위에는 법령상의 제한에 근거한 것이 아니라 하더라도 공익상 필요에 의하여 부관을 붙일 수 있다.

10. 다음 내용 중 바르게 연결된 것은? (다툼이 있는 경우 판례에 의함)

> (가) 인위적인 권리나 능력을 부여하는 행정행위
> (나) 제3자들의 법률행위를 보충하여 효력을 부여하는 행정행위
> (다) 일반적·상대적 금지를 해제하여 자연적 자유를 회복하는 행정행위

> (A) 주택재건축정비사업조합설립에 있어 조합설립추진위원회의 구성을 승인하는 처분
> (B) 개발촉진지구 안에서 시행되는 지역개발사업에서 지정권자의 실시계획승인처분
> (C) 주택재개발정비사업조합이 수립한 관리처분계획의 인가
> (D) 「자동차관리법」상 사업자단체 조합설립인가
> (E) 체류자격변경허가

① (가)에 해당되는 행위는 (B), (D), (E)이다.

② (나)에 해당하는 행위는 (A), (B), (C)이다.

③ (다)는 원칙적으로 재량에 해당되어 요건이 충족된 경우에도 공익을 위해 거부가 가능하다.

④ (나)에 해당되는 행위는 법률행위의 하자를 이유로 직접 (나)를 소송대상으로 삼을 수 없다.

11. 행정법의 일반원칙에 대한 설명으로 옳지 <u>않은</u> 것은? (다툼이 있는 경우 판례에 의함)

① 행정행위를 한 처분청은 그 행위에 하자가 있는 경우에는 별도의 법적 근거가 없더라도 스스로 이를 취소할 수 있고, 다만 수익적 행정처분을 취소할 때에는 이를 취소하여야 할 공익상의 필요와 취소로 인하여 당사자가 입게 될 기득권과 신뢰보호 및 법률생활 안정의 침해 등 불이익을 비교·교량한 후 이루어져야 할 것이다.

② 생물학적 동등성 시험 자료 일부가 조작되었음을 이유로 해당 의약품의 회수 및 폐기를 명했다면 신뢰보호 위반이라 할 수 있다.

③ 지침의 공표만으로 신청인이 보호가치 있는 신뢰를 갖게 되었다고 볼 수 없으므로 지침을 위반한 처분이라 해서 그 처분이 행정의 자기구속의 원칙 및 행정규칙에 관련된 신뢰보호의 원칙에 위배되거나 재량권을 일탈·남용한 위법이라 할 수 없다.

④ 개정된 「독점규제 및 공정거래에 관한 법률」이 시행되기 전에 이루어진 법 위반행위에 관하여 공정거래위원회가 현행법 시행 이후 '최초로 조사하는 사건'에 대해서, 현행법 시행일 당시 구법에 따른 처분시효가 경과하지 않은 경우, 현행법이 적용되고 이와 같은 해석이 헌법상 법률불소급이나 행정처분에 대한 신뢰보호 원칙에 위반되지 않는다.

12. 다음 중 판결의 효력에 대한 설명으로 옳지 <u>않은</u> 것은?

① 거부처분에 대한 무효등확인소송의 인용판결은 판결의 기속력을 확보하기 위하여 간접강제가 인정된다.

② 행정청의 거부처분을 취소하는 판결이 확정된 경우 확정판결의 당사자인 처분 행정청은 그 행정소송의 사실심 변론종결 이후 발생한 새로운 사유를 내세워 다시 이전의 신청에 대하여 거부처분을 할 수 있다.

③ 제3자효 행정처분의 취소소송에서 절차의 하자로 취소의 확정판결이 있는 경우 당해 행정청은 재처분의무가 있다.

④ 취소판결의 기속력은 그 사건의 당사자인 행정청과 그 밖의 관계행정청에게 확정판결의 취지에 따라 행동하여야 할 의무를 지우는 것으로 이는 인용판결에 한하여 인정된다.

13. 행정소송에 대한 설명 중 옳은 것은? (다툼이 있는 경우에는 판례에 의함)

① 소방공무원의 초과근무수당 지급청구소송은 민사소송에 해당한다.

② 토지구획정리사업지구 안의 토지에 관한 소유권이나 지상권을 가지고 있지 않은 자도 토지구획정리사업 시행인가 처분의 취소를 구할 법률상의 이익이 있다.

③ 행정소송의 제기요건은 법원의 직권조사사항이므로 행정소송에 있어서 처분청의 처분권한 유무는 직권조사사항이다.

④ 병무청장이 「병역법」 제81조의2 제1항에 따라 병역의무 기피자의 인적사항 등을 인터넷 홈페이지에 게시하는 등의 방법으로 공개한 경우, 병무청장의 공개결정이 항고소송의 대상이 되는 행정처분이다.

14. 공법상 계약에 대한 설명으로 옳지 <u>않은</u> 것은? (다툼이 있는 경우 판례에 의함)

① 공법상 계약은 「행정절차법」에 규정이 없으나, 최근 신설된 「행정기본법」에 공법상 계약체결이 규정되어 있다.

② 공법상 채용계약에 대한 해지의 의사표시는 공무원에 대한 징계처분과 달라서 「행정절차법」에 의하여 그 근거와 이유를 제시하여야 하는 것은 아니다.

③ 산업단지관리공단이 구 「산업집적활성화 및 공장설립에 관한 법률」 제38조 제2항에 따른 변경계약의 취소는 당사자소송 대상이 된다.

④ 공법상 계약의 무효확인을 구하는 당사자소송의 청구는 당해 소송에서 추구하는 권리구제를 위한 다른 직접적인 구제방법이 있는 이상 소송요건을 구비하지 못한 위법한 청구이다.

15. 행정행위의 효력요건과 효력에 관한 설명으로 옳은 것은? (다툼이 있는 경우 판례에 의함)

① 행정처분의 취소를 구하는 취소소송에 당해 처분의 취소를 선결문제로 하는 부당이득반환청구가 병합된 경우에 부당이득이 인용되려면 처분의 취소가 확정되어야 한다.

② 무단으로 공유재산 등을 사용·수익·점유하는 자가 변상금부과처분에 따라 납부하였다면 변상금부과처분이 당연무효이거나 취소되기 전에는 사법상 부당이득반환청구로서 납부액의 반환을 구할 수 없다.

③ 송달받을 자의 주소등을 통상적인 방법으로 확인할 수 없는 경우에는 송달받을 자가 알기 쉽도록 관보, 공보, 게시판, 인터넷 중 하나 이상에 공고하여야 한다.

④ 행정처분에 대한 제소기간이 도과한 후 그 처분에 대한 무효확인의 소를 제기한 경우 당해 행정처분의 근거법률이 위헌인지 여부가 당해 사건 재판의 전제가 될 수 있다.

16. 「행정기본법」에 관한 내용으로 옳은 것만을 고른 것은?

> ㄱ. 법령등 또는 처분에서 국민의 권익을 제한하거나 의무를 부과하는 경우 권익이 제한되거나 의무가 지속되는 기간의 계산은 기간을 일, 주, 월 또는 연으로 정한 경우에는 기간의 첫날을 산입하지 않는다.
>
> ㄴ. 행정작용은 법률에 위반되어서는 아니 되며, 국민의 권리를 제한하거나 의무를 부과하는 경우와 그 밖에 국민생활에 중요한 영향을 미치는 경우에는 법률에 근거하여야 한다.
>
> ㄷ. 누구든지 법령등의 내용에 의문이 있으면 법령을 소관하는 중앙행정기관의 장과 자치법규를 소관하는 지방자치단체의 장에게 법령해석을 요청할 수 있다.
>
> ㄹ. 행정에 관하여 다른 법률에 특별한 규정이 있는 경우에도 「행정기본법」에서 정하는 바에 따른다.

① ㄱ, ㄴ   ② ㄱ, ㄹ
③ ㄴ, ㄷ   ④ ㄷ, ㄹ

17. 「질서위반행위규제법」에 대한 설명으로 옳지 않은 것은?

① 자신의 행위가 위법하지 아니한 것으로 오인하고 행한 질서위반행위는 그 오인에 정당한 이유가 있는 때에 한하여 과태료를 부과하지 아니한다.

② 법인의 대표자, 법인 또는 개인의 대리인·사용인 및 그 밖의 종업원이 업무에 관하여 법인 또는 그 개인에게 부과된 법률상의 의무를 위반한 때에는 법인 또는 그 개인에게 과태료를 부과한다.

③ 행정청은 당사자가 납부기한까지 과태료를 납부하지 아니한 때에는 납부기한을 경과한 날부터 체납된 과태료에 대하여 100분의 3에 상당하는 가산금을 징수한다.

④ 행정청의 과태료 부과에 불복하는 당사자는 과태료 부과 통지를 받은 날부터 14일 이내에 해당 행정청에 서면으로 이의제기를 할 수 있고 이의제기가 있는 경우에는 행정청의 과태료 부과처분은 그 효력을 상실한다.

18. 행정대집행에 대한 설명으로 옳지 않은 것은? (다툼이 있는 경우 판례에 의함)

① 행정청이 건물철거 대집행 과정에서 부수적으로 건물의 점유자들에 대한 퇴거 조치를 할 수 있고 이 경우 필요하면 경찰의 도움을 받을 수 있다.

② 아무런 권원 없이 국유재산에 설치한 시설물에 대하여 행정청이 행정대집행을 실시하지 않는 경우, 그 국유재산에 대한 사용청구권을 가지고 있는 자가 국가를 대위하여 민사소송으로 그 시설물의 철거를 구할 수 없다.

③ 구 「공공용지의 취득 및 손실보상에 관한 특례법」에 의한 협의취득시 건물소유자가 매매대상 건물에 대한 철거의무를 부담하겠다는 취지의 약정을 한 경우, 그 철거의무가 「행정대집행법」에 의한 대집행의 대상이 되지 않는다.

④ 구 「토지수용법」상 피수용자 등이 기업자에 대하여 부담하는 수용대상 토지의 인도의무가 「행정대집행법」에 의한 대집행의 대상이 되지 않는다.

19. 「행정심판법」상의 내용으로 옳은 것은?

① 위원회는 심판청구가 적법하지 아니한 경우 보정을 할 수 있고 이 기간은 재결기간에 산입한다.

② 행정심판은 행정청과 국민과의 공적인 관계인 처분에 대한 쟁송제도로서 민사에서의 조정제도는 행정심판에 인정될 수 없다.

③ 당사자의 신청을 거부하거나 부작위로 방치한 처분의 이행을 명하는 재결이 있으면 행정청은 지체 없이 이전의 신청에 대하여 재결의 취지에 따라 처분을 하여야 한다.

④ 당사자의 신청을 거부하거나 부작위로 방치한 처분의 이행명령이 재결이 있었음에도 행정청이 이행하지 않을 경우 청구인은 배상을 통해서는 이행의 집행을 간접강제할 수 없다.

20. 행정계획에 대한 설명으로 옳지 <u>않은</u> 것은? (다툼이 있는 경우 판례에 의함)

① 행정주체가 행정계획을 입안·결정하면서 이익형량을 전혀 행하지 않거나 이익형량의 고려대상에 포함시켜야 할 사항을 누락하거나 또는 이익형량의 정당성과 객관성이 결여된 경우 그 행정계획은 형량하자로 위법하다.

② 후행도시계획을 결정하는 행정청이 선행도시계획의 결정·변경에 관한 권한을 가지고 있지 아니한 경우 선행도시계획과 양립할 수 없는 후행도시계획결정은 무효에 해당한다.

③ 구 「도시계획법」상 도시기본계획은 도시의 기본적인 공간구조와 장기발전방향을 제시하는 종합계획으로서 도시계획입안의 지침이 되므로 일반 국민에 대한 직접적인 구속력은 없다.

④ 판례는 도시계획구역 내 토지 등을 소유하고 있는 주민은 도시계획입안권자가 아니라는 이유로 도시계획변경입안 신청의 거부에 대해 처분성을 부인하였다.

해설편 ▶ p.10

2022년 ____월 ____일 시행

제3회 소방공무원 공개경쟁 채용시험

응시번호	
성명	

회차
3회

응시자 준수사항

☞ 시험지를 받으면 "시험 감독관"의 지시에 따라 다음 사항을 반드시 지켜 주십시오.

1. **시험지 표지의** "문제 책형"을 확인하고, "응시번호 및 성명"을 기재하여 주십시오.

2. **답안지의 책형란에** "문제 책형"을 표기하여 주십시오.

3. **시험이 시작되면** 시험지의 "편철순서", "페이지 수량"을 반드시 확인한 후에 문제를 푸십시오.   ※ 본 시험지는 총 5페이지입니다.

4. **시험이 시작되면** 문제를 주의 깊게 읽고, 문항의 취지에 가장 적합한 하나의 정답만을 고르며, 문제내용에 관한 질문은 받지 않습니다.

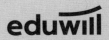

【 행정법총론 】

1. 다음 (가)~(라)의 원리와 이에 대한 설명으로 옳은 것은? (다툼이 있는 경우 판례에 의함)

> (가) 재량권 행사의 준칙이 정한 바에 따라 되풀이 시행되어 행정관행이 이루어지게 되면 평등의 원칙이나 신뢰보호의 원칙에 따라 행정기관은 상대방에 대한 관계에서 그 규칙에 따라야 할 자기구속을 받게 된다.
>
> (나) 이 원칙은 행정기관의 일정한 언동의 정당성 또는 존속성에 대한 사인의 보호가치 있는 신뢰는 보호해 주어야 한다는 원칙을 말한다.
>
> (다) 이러한 원칙에 따라 규제의 대상과 수단은 규제의 목적을 실현하는 데 필요한 최소한의 범위 안에서 가장 효과적인 방법으로 객관성, 투명성 및 공정성이 확보되도록 설정하여야 한다.
>
> (라) 행정청의 공권력 행사가 상대방의 반대급부와 결부된 경우, 공권력행사와 반대급부 사이에는 실질적인 관련성이 있어야 한다는 원칙이다.

① (가)원칙은 위법한 행정이 반복적으로 이루어져 국민들에게 일반적으로 받아들여진 경우에 적용될 수 있는 원칙이다.

② 헌법재판소의 위헌결정은 행정청이 개인에 대하여 신뢰의 대상이 되는 공적 견해를 표명한 것이라고 할 수 없으므로 그 결정에 관련한 개인의 행위에 대하여는 (나)원칙이 적용될 수 없다.

③ 구 「독점규제 및 공정거래에 관한 법률」에서 형사처벌과 아울러 과징금의 부과처분을 할 수 있도록 규정하고 있어 (다)원칙에 반한다고 할 수 있다.

④ 고속국도 관리청이 고속도로 부지와 접도구역에 송유관 매설을 허가하면서 상대방과 체결한 협약에 따라 송유관 시설을 이전하게 될 경우 그 비용을 상대방에게 부담하도록 하였으나 그 후 근거법령이 개정되어 더 이상 부관을 붙일 수 없게 되면 협약에 포함된 부관은 (라)원칙에 반하게 된다.

2. 거부처분에 대한 설명 중 옳지 않은 것은? (다툼이 있는 경우 판례에 의함)

① 「의료보호법」상 진료기관의 보호비용 청구에 대하여 보호기관이 심사 결과 지급을 거부한 경우에는 곧바로 공법상 당사자소송으로 지급을 청구를 할 수 있다.

② 지방자치단체장이 신축공사를 중지하라는 명령을 한 경우, 위 회사에게는 중지명령의 원인사유가 해소되었음을 이유로 당해 공사중지명령의 해제를 요구할 수 있는 권리가 조리상 인정된다.

③ 건축계획심의신청에 대한 반려처분이 항고소송의 대상이 되는 행정처분에 해당한다.

④ 거부처분이 항고소송의 대상적격을 갖기 위해서는 국민에게 그 행위발동을 요구할 법규상 또는 조리상의 신청권이 있어야 하는바, 여기에서 '신청인의 법률관계에 어떤 변동을 일으키는 것'이라는 의미는 신청인의 실체상의 권리관계에 직접적인 변동을 일으키는 것은 물론, 그렇지 않다 하더라도 신청인이 실체상의 권리자로서 권리를 행사함에 중대한 지장을 초래하는 것도 포함한다.

3. 행정절차상 이유제시에 대한 내용으로 옳지 않은 것은? (다툼이 있는 경우 판례에 의함)

① 세액산출의 근거가 기재되지 않은 납세고지서에 의한 부과처분은 강행법규에 위반하여 당연무효라고 보는 것이 판례의 태도이다.

② 판례는 당사자가 근거규정 등을 명시하여 신청하는 인·허가 등에 대하여 행정청이 거부처분을 하면서 당사자가 그 근거를 알 수 있을 정도로 상당한 이유를 제시한 경우에는, 당해 처분의 근거 및 이유를 구체적 조항 및 내용까지 명시하지 않았더라도 그로 말미암아 그 처분을 위법한 것으로 볼 수는 없다는 입장이다.

③ 이유제시의 하자치유는 행정쟁송의 제기 이전까지의 문제이고, 처분사유의 추가·변경은 원칙적으로 행정소송의 제기 이후부터 사실심 변론종결시 이전 사이에 문제된다.

④ 택지초과소유부담금 납부고지서에 필요적 기재사항이 누락되었지만 앞서 보낸 예정통지서에 그 기재사항이 제대로 기재된 경우에는 그 하자의 치유가 인정된다.

4. 행정처분의 근거법률이 위헌결정된 경우, 당해 처분의 효력 등에 관한 설명 중 옳은 것을 모두 고른 것은? (다툼이 있는 경우 판례에 의함)

> ㄱ. 법률이 위헌으로 결정된 후 그 법률에 근거하여 발령 되는 행정처분은 위헌결정의 기속력에 반하므로 그 하자가 중대하고 명백하여 당연무효가 된다.
> ㄴ. 법률에 근거하여 행정청이 행정처분을 한 후에 헌법 재판소가 그 법률을 위헌으로 결정하였다면 결과적 으로 그 행정처분은 하자가 있는 것이 된다고 할 것 이라서 당연무효사유라고 봄이 상당하다.
> ㄷ. 행정처분에 대하여 그 행정처분의 근거가 된 법률이 위헌이라는 이유로 무효확인청구의 소가 제기된 경 우에는 다른 특별한 사정이 없는 한 법원으로서는 그 법률이 위헌인지 여부에 대하여는 판단할 필요 없이 그 무효확인청구를 각하하여야 한다.
> ㄹ. 행정처분이 있은 후에 집행단계에서 그 처분의 근거 된 법률이 위헌으로 결정되는 경우 그 처분의 집행이 나 집행력을 유지하기 위한 행위는 위헌결정의 기속 력에 위반되어 허용되지 않는다.
> ㅁ. 취소소송의 제기기간을 경과하여 불가쟁력이 발생한 행정처분에도 위헌결정의 소급효가 미친다.

① ㄱ, ㄹ
② ㄱ, ㄷ, ㄹ
③ ㄴ, ㄹ
④ ㄴ, ㄹ, ㅁ

5. 행정입법에 관한 설명 중 옳지 않은 것은? (다툼이 있는 경 우 판례에 의함)

① 법률조항의 위임에 따라 대통령령으로 규정한 내용이 헌 법에 위반되는 경우에는 그로 인하여 모법인 해당 수권(授 權) 법률조항도 위헌으로 된다.
② 법령의 위임이 없음에도 법령의 처분요건에 해당하는 사 항을 부령에서 변경하여 규정한 경우 그 부령의 규정은 행 정명령에 지나지 않아 대외적 구속력이 없다.
③ 상위법령에서 세부사항 등을 시행규칙으로 정하도록 위임 하였음에도 이를 고시 등 행정규칙으로 정하였다면 이때 고시 등 행정규칙은 대외적 구속력을 갖는 법규명령으로 서 효력이 인정될 수 없다.
④ 헌법재판소는 대법원규칙인 구 「법무사법 시행규칙」에 대 해, 법규명령이 별도의 집행행위를 기다리지 않고 직접 기 본권을 침해하는 것일 때에는 헌법 제107조 제2항의 명 령·규칙에 대한 대법원의 최종심사권에도 불구하고 헌법 소원심판의 대상이 된다고 한다.

6. 행정계획에 관한 다음 설명 중 옳지 않은 것은? (다툼이 있는 경우 판례에 의함)

① 산업단지개발계획상 산업단지 안의 토지소유자로서 산업 단지개발계획에 적합한 시설을 설치하여 입주하려는 자에 게 산업단지지정권자 또는 그로부터 권한을 위임받은 기 관에 대하여 산업단지개발계획의 변경을 요청할 수 있는 법규상 또는 조리상 신청권이 인정된다.
② 구 「도시계획법」상 도시기본계획은 도시의 기본적인 공간 구조와 장기발전방향을 제시하는 종합계획으로서 도시계 획입안의 지침이 되므로 일반 국민에 대한 직접적인 구속 력은 없다.
③ 주택재건축정비사업조합이 법에 기초하여 수립한 사업시 행계획이 인가·고시를 통해 확정되면 그 사업시행계획은 이해관계인에 대한 구속적 행정계획으로서 독립된 행정처 분에 해당한다.
④ 문화재보호구역 내에 있는 토지소유자는 문화재보호구역 의 지정해제를 요구할 수 있는 법규상 또는 조리상 신청권 이 있다고 할 수 없다.

7. 공법관계와 사법관계의 구별과 관련된 판례의 내용 중 옳지 않은 것은? (다툼이 있는 경우 판례에 의함)

① 국가나 지방자치단체에 근무하는 청원경찰에 대한 징계처 분의 시정을 구하는 소송은 행정소송에 해당한다.
② 일반재산(구 잡종재산)인 국유림을 대부하는 행위는 법률 이 대부계약의 취소사유나 대부료의 산정방법 등을 정하 고 있고, 대부료의 징수에 관하여 「국세징수법」 중 체납처 분에 관한 규정을 준용하도록 정하고 있더라도 사법관계 로 파악된다.
③ 서울특별시지하철공사 임원 및 직원에 대한 징계처분은 위 공사 사장이 공권력 발동주체로서 행정처분을 행한 것 으로 볼 수 없으므로 이에 대한 불복절차는 민사소송절차 에 의하여야 할 것이지 행정소송에 의할 수는 없는 것이다.
④ 「국가를 당사자로 하는 계약에 관한 법률」에 따라 국가가 당사자로 되는 입찰방식에 의한 사인과 체결하는 이른바 공공계약은 국가에 이루어진 공법관계이다.

8. 행정행위에 대한 다음 내용으로 옳지 <u>않은</u> 것은? (다툼이 있
   는 경우 판례에 의함)

   ① 구「도시계획법」상의 개발제한구역 내에서의 건축물 용도변
      경에 대한 허가는 예외적 허가로서 재량행위에 해당한다.
   ② 행정청의 의사가 외부에 표시되어 행정청이 자유롭게 취
      소·철회할 수 없는 구속을 받게 되는 시점에 행정행위가
      성립하는 것이며, 행정행위의 성립 여부는 행정청의 의사
      를 공식적인 방법으로 외부에 표시하였는지 여부를 기준
      으로 판단해야 한다.
   ③ 건축주가 적법한 용도변경 절차를 거치지 않고 허가받은
      용도 이외의 다른 용도로 사용하는 경우라도 건축허가가
      소급해서 위법해지는 것은 아니다.
   ④ 주택재건축조합이 재건축결의에서 결정된 내용과 다르게
      사업시행계획을 작성하여 사업시행인가를 받았다면 인가
      처분이 근거조항상의 적법요건을 갖추고 있더라도 그 사
      업시행인가는 하자가 있는 것으로 보아야 한다.

9. 「행정기본법」에 대한 설명으로 옳은 것(○)과 옳지 않은 것
   (×)이 바르게 연결한 것은?

   > ㄱ. 행정에 관한 기간의 계산에 관하여는 이 법 또는 다
   >   른 법령등에 특별한 규정이 있는 경우를 제외하고는
   >   「행정절차법」을 준용한다.
   > ㄴ. 자격이나 신분 등을 취득 또는 부여할 수 없거나 인
   >   가, 허가, 지정, 승인, 영업등록, 신고 수리 등을 필
   >   요로 하는 영업 또는 사업 등을 할 수 없는 사유는 명
   >   령으로 정한다.
   > ㄷ. 당사자의 신청에 따른 처분은 법령등에 특별한 규정
   >   이 있거나 처분 당시의 법령등을 적용하기 곤란한 특
   >   별한 사정이 있는 경우를 제외하고는 처분 당시의 법
   >   령등에 따른다.
   > ㄹ. 거짓이나 그 밖의 부정한 방법으로 처분을 받은 경우
   >   에 행정청은 당사자에게 권리나 이익을 부여하는 처
   >   분을 취소하려면 취소로 인하여 당사자가 입게 될 불
   >   이익을 취소로 달성되는 공익과 비교·형량(衡量)하
   >   여야 한다.

	ㄱ	ㄴ	ㄷ	ㄹ
①	×	×	○	○
②	○		○	×	○
③	×	×	○	×
④	○		×	○	○	×

10. 「행정절차법」상의 행정지도에 대한 내용으로 옳은 것은?

    ① 행정지도를 행하는 자는 신분을 밝혀야 한다.
    ② 행정지도는 지도의 명확성을 위해 서면방식을 원칙으로
       한다.
    ③ 행정지도 불이행을 이유로 하는 행정청의 불이익조치는
       필요한 최소범위에 국한된다.
    ④ 행정지도를 행하는 자는 미리 행정지도의 내용 등에 대한
       사전통지를 하여 의견을 제출할 수 있는 기회를 부여하여야
       한다.

11. 행정행위의 취소·철회에 대한 설명 중 옳은 것은? (다툼이
    있는 경우 판례에 의함)

    > ㄱ. 변상금 부과처분에 대한 취소소송이 진행 중이라도
    >   그 부과권자는 위법한 처분을 스스로 취소하고 그 하
    >   자를 보완하여 다시 적법한 부과처분을 할 수도 있다.
    > ㄴ. 수익적 처분에 대한 취소권제한의 법리는 쟁송취소
    >   에는 동일하게 적용되지 않는다.
    > ㄷ. 행정처분에 있어 여러 개의 처분사유 중 일부가 적법
    >   하지 않으면 다른 처분사유로써 그 처분의 정당성이
    >   인정된다고 하더라도, 그 처분은 위법하게 된다.
    > ㄹ. 행정청이 행한 공사중지명령의 상대방에게는 그 명
    >   령 이후에 그 원인사유가 소멸하였음을 들어 행정청
    >   에게 공사중지명령의 철회를 요구할 수 있는 조리상
    >   의 신청권이 없다.

    ① ㄱ, ㄴ   ② ㄱ, ㄹ
    ③ ㄴ, ㄷ   ④ ㄷ, ㄹ

12. 행정의 실효성 확보수단에 대한 설명으로 옳지 않은 것은?
(다툼이 있는 경우 판례에 의함)

① 행정대집행이 가능한 경우에는 민사강제를 통해 위법건축
물을 철거할 수 없다.
② '조사대상자의 자발적인 협조를 얻어 실시하는 행정조사'
는 개별 법령 등에서 행정조사를 규정하고 있는 경우에도
실시할 수 있다.
③ 구 「국세징수법」에 따른 가산금은 행정법상 금전급부불이
행에 대한 제재로 가해지는 금전부담이므로 그 고지는 항
고소송의 대상이 되는 처분이다.
④ 행정상 즉시강제는 법치국가의 요청인 예측가능성과 법적
안정성에 반하고 기본권 침해의 소지가 큰 권력작용이므
로 행정강제는 행정상 강제집행을 원칙으로 하고 행정상
즉시강제는 예외적으로 인정되어야 한다.

13. 질서위반행위규제에 대한 설명으로 옳지 않은 것은? (다툼이
있는 경우 판례에 의함)

① 질서위반행위의 성립과 과태료 처분은 행위시의 법률에
따르지만, 반드시 그러한 것은 아니다.
② 19세가 되지 아니한 자의 질서위반행위는 과태료를 부과
하지 아니한다. 다만, 다른 법률에 특별한 규정이 있는 경
우에는 그러하지 아니하다.
③ 과태료재판은 행정소송에서와 같은 신뢰보호가 문제되지
않는다.
④ 심신(心神)장애로 인하여 행위의 옳고 그름을 판단할 능력
이 없거나 그 판단에 따른 행위를 할 능력이 없는 자의 질
서위반행위는 과태료를 부과하지 아니한다.

14. 다음 과징금에 대한 설명 중 옳은 것은? (다툼이 있는 경우
판례에 의함)

① 장의자동차에 대한 사업구역을 위반하였음을 이유로 한
과징금 부과처분을 취소한 재결에 대하여 처분의 상대방
이 아닌 제3자에게 그 취소를 구할 법률상 이익이 없다.
② 제재적 처분인 면허의 정지나 취소에 갈음하는 과징금의
부과에 대해 현행법상 규정은 없다.
③ 과징금 부과처분이 법이 정한 한도액을 초과하여 위법할
경우 법원으로서는 그 전부를 취소하지 않고, 그 한도액을
초과한 부분이나 법원이 적정하다고 인정되는 부분을 초
과한 부분만을 취소할 수 있다.
④ 과징금 채무는 일신전속적 의무의 성질을 가지므로 과징
금을 부과 받은 자가 사망한 경우 그 상속인에게 승계되지
않는다.

15. 정보공개에 대한 설명으로 옳은 것은? (다툼이 있는 경우 판
례에 의함)

① 정보공개를 청구하는 자가 공공기관에 대해 정보의 사본
또는 출력물의 교부의 방법으로 공개방법을 선택하여 정
보공개청구를 한 경우에 공개청구를 받은 공공기관은 그
공개방법을 선택할 재량권을 가진다.
② 사면대상자들의 사면실시건의서와 그와 관련된 국무회의
안건자료에 관한 정보는 구 「공공기관의 정보공개에 관한
법률」에서 정한 비공개사유에 해당한다.
③ 「공공기관의 정보공개에 관한 법률」에 의하면 정보공개를
청구하여 정보공개 여부에 대한 결정의 통지를 받은 자가
정당한 사유 없이 해당 정보의 공개를 다시 청구하는 경우
에 해당 청구를 종결 처리할 수 없다.
④ 소송대리인이 소송상 유리한 자료를 획득하기 위하여 정
보공개청구를 하였다 하더라도 그러한 사정만으로 정보공
개청구가 권리의 남용에 해당한다고 볼 수 없다.

16. 국가의 손해배상에 대한 다음의 설명으로 옳지 않은 것은?
(다툼이 있는 경우 판례에 의함)

① 국회의원의 입법행위는 그 입법 내용이 헌법의 문언에 명
백히 위배됨에도 불구하고 국회가 굳이 당해 입법을 한 것
과 같은 특수한 경우가 아닌 한 「국가배상법」 제2조 제1항
소정의 위법행위에 해당된다고 볼 수 없다.
② 「국가배상법」상 공무원의 직무행위는 객관적으로 직무행
위로서의 외형을 갖추고 있어야 할 뿐만 아니라 주관적 공
무집행의 의사도 있어야 한다.
③ 공무원에게 부과된 직무상 의무는 전적으로 또는 부수적
으로 사회구성원 개인의 안전과 이익을 보호하기 위해 설
정된 것이어야 국가배상책임이 인정된다.
④ 법무법인 소속 변호사 갑의 지시로 법무법인 직원 을이 구
금된 피의자 병의 변호인선임서를 경찰서에 제시하며 체
포영장에 대한 등사신청을 하였으나 담당 경찰관 정이 '변
호사가 직접 와서 신청하라'고 말하면서 등사를 거부한 행
위는 국가배상의 대상이 된다.

17. 공용수용 및 그에 따른 행정상 손실보상청구에 관한 설명으로 옳은 것은? (다툼이 있는 경우 판례에 의함)

① 건축허가를 받아 건축에 착수하지 않고 있는 사이에 해당 지역에 사업인정고시가 있게 되었다 해도 건축을 위해 별도의 건축허가가 필요한 것은 아니다.

② 공유수면 매립면허의 고시가 있는 경우 그 사업이 시행되므로, 그로 인하여 곧바로 손실이 발생한다고 할 수 있고 실질적이고 현실적인 피해가 발생할 때를 기다릴 필요없이 손실보상청구권이 발생한다.

③ 「공익사업을 위한 토지 등의 취득 및 손실보상에 관한 법률」에 의하면, 사업인정고시가 있은 후 협의를 할 수 없는 때에는 사업시행자는 토지수용위원회에 재결을 신청할 수 있다.

④ 보상금합의가 이루어진 이후에도 손실보상기준에 맞지 않으면 보상금을 추가로 청구할 수 있다.

18. 행정심판과 관련된 내용으로 옳지 <u>않은</u> 것은? (다툼이 있는 경우 판례에 의함)

> ㄱ. 행정심판청구를 인용하는 재결이 행정청을 기속하도록 규정한 「행정심판법」 규정은 헌법에 위배되지 않는다.
> ㄴ. 「지방자치법」 규정에 의해 이의신청을 제기해야 할 사람이 처분청에 표제를 '행정심판청구서'로 한 서류를 제출한 경우, 서류의 내용에 이의신청 요건에 맞는 불복취지와 사유가 충분히 기재되어 있더라도 이를 처분에 대한 이의신청으로 볼 수 없다.
> ㄷ. 행정심판청구는 엄격한 형식을 요하지 아니하는 서면행위로 해석된다.
> ㄹ. 법인이 아닌 사단 또는 재단은 심판청구를 할 수 없다.
> ㅁ. 청구인들이 선정대표자를 선정하지 아니한 경우에 위원회는 청구인들에게 선정대표자를 선정할 것을 권고할 수 있다.

① ㄱ, ㄴ, ㄷ   ② ㄴ, ㄹ
③ ㄴ, ㄹ, ㅁ   ④ ㄴ, ㄷ, ㄹ, ㅁ

19. 대법원의 판례의 내용으로 옳지 <u>않은</u> 것은? (다툼이 있는 경우 판례에 의함)

① 재결이 확정된 경우에는 처분의 기초가 된 사실관계나 법률적 판단이 확정되고 당사자들이나 법원은 이에 기속되어 모순되는 주장이나 판단을 할 수 없게 된다.

② 비록 납세고지서에 기재사항의 일부가 누락되었다고 해도 이미 앞서 보낸 예고통지서에 필요적 기재사항이 기재되어 있다면 흠이 보완되었다고 볼 수 있다.

③ 지방계약직공무원에 대하여 채용계약상 특별한 약정이 없는 한 「지방공무원법」, 「지방공무원징계 및 소청 규정」에서 정한 징계 절차에 의하지 않고서는 보수를 삭감할 수 없다.

④ 처분을 하면서 처분에 불복에 대한 안내를 하지 않았다고 해도 이는 위법한 처분이라 할 수 없다.

20. 공법상 당사자소송의 대상에 대한 설명으로 옳지 <u>않은</u> 것은? (다툼이 있는 경우 판례에 의함)

> ㄱ. 명예퇴직한 법관이 미지급 명예퇴직수당액의 지급을 구하는 소송은 당사자소송이다.
> ㄴ. 당사자소송의 제소기간은 취소소송을 준용한다.
> ㄷ. 당사자소송의 재판관할은 원고의 주소지를 원칙으로 한다.
> ㄹ. 공법상 당사자소송에서 재산권의 청구를 인용하는 판결을 하는 경우 가집행선고를 할 수 있다.

① ㄱ, ㄴ   ② ㄱ, ㄹ
③ ㄴ, ㄷ   ④ ㄷ, ㄹ

해설편 ▸ p.19

2022년 ___월 ___일 시행

제4회 소방공무원 공개경쟁 채용시험

응시번호	
성명	

회차
4회

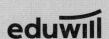

【 행정법총론 】

풀이시간: ___:___ ~ ___:___   제한시간: 16분

1. 「행정기본법」 내용으로 옳지 않은 것은? (다툼이 있는 경우 판례에 의함)

   ① 행정청은 권한 행사의 기회가 있음에도 불구하고 장기간 권한을 행사하지 아니하여 국민이 그 권한이 행사되지 아니할 것으로 믿을 만한 정당한 사유가 있는 경우에는 그 권한을 행사해서는 아니 된다.
   ② 처분은 권한이 있는 기관이 취소 또는 철회하거나 기간의 경과 등으로 소멸되기 전까지는 유효한 것으로 통용된다.
   ③ 법령의 개념에는 법규만 해당될 뿐이며 행정규칙은 포함되지 않는다.
   ④ 자격이나 신분 등을 취득 또는 부여할 수 없거나 인가, 허가, 지정, 승인, 영업등록, 신고 수리 등을 필요로 하는 영업 또는 사업 등을 할 수 없는 사유는 법률로 정한다.

2. 사인의 공법행위에 대한 설명으로 옳은 것은? (다툼이 있는 경우 판례에 의함)

   ① 「의료법」상 의원개설신고는 수리를 요하지 않는 신고에 해당하며, 이에 대한 신고필증 교부는 신고사실의 확인행위로서 신고필증의 교부가 없다 하여 개설신고의 효력을 부정할 수 없다.
   ② 「민법」의 법률행위에 관한 규정은 공법행위에도 적용될 수 있어 공법행위인 영업재개업신고에 비진의의사표시의 효력에 관한 「민법」 제107조 규정이 적용된다.
   ③ 예탁금회원제 골프장의 회원을 모집하고자 하는 자의 회원모집계획서 제출을 수리를 필요로 하는 신고로 볼 수는 없다.
   ④ 사업의 양도행위가 무효라고 주장하는 양도자에게는 민사쟁송으로 양도·양수행위의 무효를 구함이 없이 바로 허가관청을 상대로 하여 행정소송으로 신고수리처분의 무효확인을 구할 법률상 이익이 없다.

3. (A)에서 말하는 행정법의 일반원칙에 대한 설명으로 옳지 않은 것은? (다툼이 있는 경우 판례에 의함)

   > 재량권 행사의 준칙인 규칙이 규정한 바에 따라 되풀이 시행되어 행정관행이 정착되면, 평등의 원칙이나 신뢰보호의 원칙에 따라 행정기관은 그 상대방에 대한 관계에서 그 규칙에 따라야 할 (A)을 당하게 되고, 그러한 경우에는 대외적인 구속력을 가지게 된다 할 것이다.

   ① 이러한 법리는 위법한 행정이 반복된 경우에는 적용되기 어렵다.
   ② (A)에 해당되는 개념은 자기구속에 해당되지만 대법원은 이러한 법리를 인정하고 있지는 않다.
   ③ 헌법재판소에 의하면 이러한 법리는 행정규칙이 법규로 전환되는 기능을 가질 수 있다.
   ④ 재량준칙이 단순히 공표된 데 불과한 경우에는 위 원칙이 인정되기 어렵다.

4. 행정지도에 관한 설명으로 옳지 않은 것은? (다툼이 있는 경우 판례에 의함)

   ① 행정지도도 헌법소원대상이 될 수 있다.
   ② 행정지도는 비권력적 작용이므로 「국가배상법」이 정한 배상청구의 요건인 공무원의 직무에 포함되지 않는다.
   ③ 행정지도가 통상의 방법에 의하지 아니하고 사실상 지시하는 방법으로 행하여진 경우, 그 행정지도는 위헌이다.
   ④ 무효인 조례 규정에 터잡은 행정지도에 따라 취득세를 신고·납부한 경우, 그 신고행위의 하자가 중대하고 명백하다고 할 수 없다.

5. 행정행위의 취소와 철회에 대해 설명 중 옳지 않은 것은? (다툼이 있는 경우 판례에 의함)

   ① 처분청은 불가쟁력이 발생하더라도 불가변력에 해당되지 않는 처분은 직권으로 취소하거나 철회할 수 있다.
   ② 영업허가취소처분이 행정쟁송절차에 의하여 취소된 경우 영업허가취소처분 이후의 영업행위를 무허가영업이라고 볼 수는 없다.
   ③ 건축주가 적법한 용도변경 절차를 거치지 않고 허가받은 용도 이외의 다른 용도로 사용하는 경우 건축허가가 소급해서 위법해지는 것은 아니다.
   ④ 행정처분을 한 처분청은 그 처분에 하자가 있는 경우에는 원칙적으로 별도의 법적 근거가 없더라도 스스로 이를 직권으로 취소할 수 있고, 이러한 경우 이해관계인에게는 처분청에 대하여 그 취소를 요구할 신청권이 부여된 것으로 볼 수 있다.

6. 「행정조사기본법」에 대한 내용으로 옳은 것은?

① 행정기관의 장이 행정조사운영계획을 수립하는 때에는 행정조사의 기본원칙에 따라야 한다.

② 조사대상자는 법령에 규정이 있는 경우에는 조사대상 선정기준에 대한 열람을 행정기관의 장에게 신청할 수 있다.

③ 조사원은 현장조사 중에 주요 증거 자료·서류·물건 등에 대해서는 조사대상자 등의 입회가 없더라도 영치할 수 있다.

④ 행정조사를 실시하고자 하는 행정기관의 장은 제17조에 따른 사전통지를 한 후 이에 따른 개별조사계획을 수립하여야 한다.

7. 국가배상에 관한 설명으로 옳지 <u>않은</u> 것은? (다툼이 있는 경우 판례에 의함)

① 甲이 국가의 의뢰로 도라산역사 내 벽면 및 기둥들에 벽화를 제작·설치하였는데, 국가가 작품 설치일로부터 약 3년 만에 벽화를 철거하여 소각한 경우 국가는 「국가배상법」 제2조 제1항에 따라 갑에게 위자료를 지급할 의무가 있다.

② 피의자가 변호인과의 접견을 거절하였지만 그 의사에 임의성 또는 진정성이 없다고 볼 만한 사정이 있는데도 접견을 불허한 경우 변호인의 접견교통권 침해로 인한 국가배상책임이 성립한다.

③ 전투·훈련 등 직무집행과 관련하여 공상을 입은 군인 등이 먼저 「국가배상법」에 따라 손해배상금을 지급받은 다음 「보훈보상대상자 지원에 관한 법률」이 정한 보상금 등 보훈급여금의 지급을 청구하는 경우, 보훈지청장은 「국가배상법」에 따라 손해배상을 받았다는 사정을 들어 지급을 거부할 수 있다.

④ 국가배상청구소송에서 공공의 영조물에 하자가 있다는 입증책임은 피해자가 지지만, 관리주체에게 손해발생의 예견가능성과 회피가능성이 없다는 입증책임은 관리주체가 진다.

8. 「행정심판법」의 내용으로 옳지 <u>않은</u> 것은?

> ㄱ. 위원회는 당사자의 권리 및 권한의 범위에서 당사자의 동의를 받아 심판청구의 신속하고 공정한 해결을 위하여 조정을 할 수 있으나, 조정에 대해 재결과 같은 기속력은 없다.
>
> ㄴ. 재결은 피청구인 또는 위원회가 심판청구서를 받은 날부터 60일 이내에 하여야 한다. 다만, 부득이한 사정이 있는 경우에는 위원장이 직권으로 30일을 연장할 수 있다.
>
> ㄷ. 청구인은 간접강제인 배상에 따른 결정(재결의 간접강제)에 불복하는 경우 그 결정에 대하여 민사소송을 제기할 수 있다.
>
> ㄹ. 법령의 규정에 따라 공고하거나 고시한 처분이 재결로써 취소되거나 변경되면 처분을 한 행정청은 지체 없이 그 처분이 취소 또는 변경되었다는 것을 공고하거나 고시하여야 한다.

① ㄱ, ㄷ   ② ㄱ, ㄹ

③ ㄴ, ㄷ   ④ ㄴ, ㄹ

9. 「행정절차법」상의 내용으로 가장 옳지 <u>않은</u> 것은?

① 행정청은 다수의 행정청이 관여하는 처분을 구하는 신청을 접수한 경우에는 관계 행정청과의 신속한 협조를 통하여 그 처분이 지연되지 않도록 하여야 한다.

② 당사자등은 공표된 처분기준이 명확하지 아니한 경우 해당 행정청에 그 해석 또는 설명을 요청할 수 있고, 이 경우 해당 행정청은 특별한 사정이 없으면 그 요청에 따라야 한다.

③ 행정청은 부득이한 사유로 처리기간 내에 처분을 처리하기 곤란한 경우에는 30일 범위에서 그 기간을 연장할 수 있다.

④ 행정청은 처분 후 1년 이내에 당사자등이 요청하는 경우에는 청문·공청회 또는 의견제출을 위하여 제출받은 서류나 그 밖의 물건을 반환하여야 한다.

10. 다음 설명 중 옳지 <u>않은</u> 것은? (다툼이 있는 경우 판례에 의함)

① 기존의 행정처분을 변경하는 후속처분의 내용이 종전처분의 유효를 전제로 내용 중 일부만을 추가·철회·변경하는 것이고 그 부분이 내용과 성질상 나머지 부분과 불가분적인 것이 아닌 경우 종전처분이 항고소송의 대상이 될 수 있다.

② 「공익사업을 위한 토지 등의 취득 및 보상에 관한 법률」상의 공익사업시행자가 하는 이주대책대상자 확인·결정의 법적 성질은 처분이라 할 수 없어 이에 대한 쟁송방법은 당사자소송에 의한다.

③ 건축허가취소처분을 받은 건축물 소유자가 건축물 완공 후에도 취소처분의 취소를 구할 법률상 이익을 가진다.

④ 한국환경산업기술원장이 환경기술개발사업 협약을 체결한 갑 주식회사 등에게 연차평가 실시 결과 절대평가 60점 미만으로 평가되었다는 이유의 연구개발 중단 조치 및 연구비 집행중지 조치는 항고쟁송 대상인 처분이다.

11. 인·허가의제제도에 대한 내용으로 옳지 <u>않은</u> 것은? (다툼이 있는 경우 판례에 의함)

ㄱ. 건축불허가처분을 하면서 건축불허가 사유 외에 형질변경불허가 사유를 들고 있는 경우, 그 건축불허가처분 외에 별개로 형질변경불허가처분이 존재한다.

ㄴ. 주택건설사업계획 승인처분에 따라 의제된 지구단위계획결정에 하자가 있음을 이해관계인이 다투고자 하는 경우, 주된 처분(주택건설사업계획 승인처분)과 의제된 인·허가(지구단위계획결정) 중 의제되는 인·허가인 지구단위계획결정을 다투어야 한다.

ㄷ. 의제된 인·허가인 지구단위계획결정이 주택건설사업계획 승인처분과 별도로 항고소송의 대상이 되는 처분에 해당한다.

ㄹ. 구 「중소기업창업 지원법」에 따른 사업계획승인의 경우, 의제된 인·허가만 취소 내지 철회함으로써 사업계획에 대한 승인의 효력은 유지하면서 해당 의제된 인·허가의 효력만을 소멸시킬 수 없다.

① ㄱ, ㄴ   ② ㄱ, ㄹ
③ ㄴ, ㄷ   ④ ㄷ, ㄹ

12. ㄱ~ㄷ의 법적 성질이 바르게 연결된 것은?

ㄱ. 중소기업 정보화지원사업에 따른 지원금 출연을 위하여 중소기업청장이 체결하는 협약

ㄴ. 기반시설부담금 납부의무자의 환급신청에 대하여 행정청이 전부 또는 일부 환급을 거부하는 결정

ㄷ. 교육부장관이 대학에서 추천한 복수의 총장 후보자들 전부 또는 일부를 임용제청에서 제외하는 행위

	ㄱ	ㄴ	ㄷ
①	사법상 계약	비권력적 작용	행정처분
②	사법상 계약	행정처분	비권력적 작용
③	공법상 계약	행정처분	행정처분
④	공법상 계약	비권력적 작용	행정처분

13. 부관에 대한 설명으로 옳은 것은? (다툼이 있는 경우 판례에 의함)

① 하천부지 점용허가에 부관을 붙일 수 있다.

② 행정청이 수익적 행정행위를 하면서 협약의 형식으로 부담을 부가하였는데 부담의 전제가 된 주된 행정처분의 근거법령이 개정되어 부관을 붙일 수 없게 되면 협약의 효력은 소멸한다.

③ 행정처분에 붙인 부담인 부관이 무효가 되면 그 부담의 이행으로 한 사법상 법률행위도 당연히 무효가 된다.

④ 행정청이 여객자동차 운송사업자에 대한 면허를 발급하고 난 이후에는 운송사업자의 동의가 있더라도 특정한 의무를 정하며 이를 위반할 경우 감차명령을 할 수 있다는 내용의 조건을 붙일 수 없다.

14. 통고처분에 관한 설명으로 옳지 <u>않은</u> 것은? (다툼이 있는 경우 판례에 의함)

① 통고처분을 받은 자가 법정기한 내에 통고된 내용을 불이행한 경우에는 통고처분은 효력을 상실하고, 통고권자의 검찰 고발로서 형사법원에 의한 형사소송절차가 진행된다.

② 통고처분은 정식재판에 갈음하여 행정청이 벌금 또는 과료에 상당하는 금액을 납부할 것을 명하는 것을 말하며, 이는 사법권한의 일부를 행정기관에 이전한 것이라 할 수 있다.

③ 지방국세청장 또는 세무서장이 조세범칙행위에 대하여 고발을 한 이후에 동일한 조세범칙행위에 대하여 행한 통고처분의 효력은 위법이라 할 수 없고 통고된 내용을 이행하면 일사부재리 효력이 발생한다.

④ 통고처분권자가 통고처분을 하지 아니한 채 고발하였다는 것만으로는 그 고발 및 이에 기한 공소의 제기가 부적법하게 되는 것은 아니다.

15. 정보공개제도에 대한 설명으로 옳지 <u>않은</u> 것은? (다툼이 있는 경우 판례에 의함)

① 현행법상 모든 국민은 정보공개청구권이 인정된다.

② 외국인의 경우에도 일정한 경우에는 정보공개청구권이 인정된다.

③ 이미 공개되어 널리 알려진 정보라고 해서 공개청구권이 없는 것은 아니며 공공기관의 비공개가 정당화되지 않는다.

④ 공공기관이 청구된 대상의 정보를 청구인이 신청한 공개방법 이외의 방법으로 공개하기로 한 경우에는 소송을 통해 다툴 수 없다.

16. 행정입법에 대한 설명으로 가장 옳지 <u>않은</u> 것은? (다툼이 있는 경우 판례에 의함)

① 특히 긴급한 필요가 있거나 미리 법률로 자세히 정할 수 없는 부득이한 사정이 있어 법률에 형벌의 종류·상한·폭을 명확히 규정하더라도, 행정형벌에 대한 위임입법은 허용되지 않는다.

② 포괄적 위임인지 여부에 대한 판단은 위임의 근거조항 하나로 판단하는 것은 아니다.

③ 「공익사업을 위한 토지 등의 취득 및 보상에 관한 법률」 제68조 제3항의 위임에 따라 협의취득의 보상액 산정에 관한 구체적 기준을 정하고 있는 「공익사업을 위한 토지 등의 취득 및 보상에 관한 법률 시행규칙」 제22조는 대외적인 구속력을 가진다.

④ 헌법이 인정하고 있는 위임입법의 형식은 예시적인 것으로 보아야 할 것이고, 그것은 법률이 행정규칙에 위임하더라도 그 행정규칙은 위임된 사항만을 규율할 수 있으므로 국회입법의 원칙과 상치되지도 않는다.

17. 행정상 강제집행에 대한 설명으로 옳은 것은? (다툼이 있는 경우 판례에 의함)

ㄱ. 사용자가 이행하여야 할 행정법상 의무의 내용을 초과하는 것을 '불이행 내용'으로 기재한 이행강제금 부과예고서를 통하여 이행강제금 부과를 예고한 뒤에 이행강제금을 부과한 것은 원칙적으로 위법이라 할 수 없다.

ㄴ. 무허가건축행위에 대한 형사처벌과 시정명령 위반에 대한 이행강제금의 부과는 그 처벌 내지 제재 대상이 되는 기본적 사실관계로서의 행위를 달리하며, 또한 그 보호법익과 목적에서도 차이가 있으므로 이중처벌에 해당한다고 할 수 없다.

ㄷ. 납세자 아닌 제3자의 재산을 대상으로 한 체납압류처분의 효력은 당연무효이다.

① ㄱ   ② ㄱ, ㄴ

③ ㄱ, ㄹ   ④ ㄴ, ㄷ

18. 개인정보에 대한 설명으로 옳지 <u>않은</u> 것은? (다툼이 있는 경우 판례에 의함)

① 개인정보자기결정권의 보호대상이 되는 개인정보는 반드시 개인의 내밀한 영역에 속하는 정보에 국한되지 않고 공적 생활에서 형성되었거나 이미 공개된 개인정보까지 포함한다.

②「개인정보 보호법」은 개인정보의 누설이나 권한 없는 처리 또는 다른 사람의 이용에 제공하는 등 부당한 목적으로 사용한 행위를 처벌하도록 규정하고 있다. 여기에서 '누설'이라 함은 아직 이를 알지 못하는 타인에게 알려주는 일체의 행위를 말한다.

③ 개인정보 처리위탁에 있어 수탁자는「개인정보 보호법」제17조에 의해 개인정보처리자가 정보주체의 개인정보를 제공할 수 있는 '제3자'에 해당한다.

④ 인터넷 포털사이트 등의 개인정보 유출사고로 주민등록번호가 불법 유출되어 그 피해자가 주민등록번호 변경을 신청한 것은 조리상 주민등록번호의 변경요구신청권을 인정함이 타당하다.

19. 집행정지에 관한 기술 중 옳지 <u>않은</u> 것은? (다툼이 있는 경우 판례에 의함)

① 집행정지결정에 불복하는 경우 즉시항고가 가능하지만 이에 집행정지결정의 집행을 정지하는 효력은 없다.

② 집행정지결정에는 기속력이 발생한다.

③ 신청에 대한 거부처분에 대하여는 집행정지의 필요성이 없다.

④「행정소송법」에서 정한 요건을 결여하였다는 이유로 효력정지 신청을 기각한 결정에 대하여, 행정처분 자체의 적법 여부를 가지고 불복사유로 삼을 수 있다.

20. 행정작용에 관한 설명으로 옳지 <u>않은</u> 것은? (다툼이 있는 경우 판례에 의함)

① 자동차운수사업면허조건 등을 위반한 사업자에 대한 과징금 부과처분이 법이 정한 한도액을 초과하여 위법한 경우 법원은 그 처분 전부를 취소하여야 한다.

② 구「영유아보육법」제45조 제1항 각 호의 사유가 인정되는 경우, 행정청에 어린이집 운영정지 처분을 할 것인지 또는 이에 갈음하여 과징금을 부과할 것인지를 선택할 수 있는 재량이 인정될 수 없다.

③ 같은 위반행위에 대하여 과징금과 벌금은 동시에 부과할 수 있다.

④ 비구속적 행정계획안이나 행정지침이라도 국민의 기본권에 직접적으로 영향을 끼치고, 앞으로 법령의 뒷받침에 의하여 그대로 실시될 것이 틀림없을 것으로 예상될 수 있을 때에는, 공권력행위로서 예외적으로 헌법소원의 대상이 된다.

해설편 ▶ p.27

2022년 ＿＿＿월 ＿＿＿일 시행

제5회 소방공무원 공개경쟁 채용시험

응시번호	
성명	

회차
5회

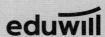

【 행정법총론 】

1. 신뢰보호원칙에 대한 설명으로 옳지 <u>않은</u> 것은? (다툼이 있는 경우 판례에 의함)

① 「행정절차법」에 명문의 근거가 있다.
② 확약이 있은 후에 사실적·법률적 상태가 변경되었다면, 그 확약은 행정청의 별다른 의사표시를 기다리지 않고 실효된다.
③ 법률에 따른 개인의 행위가 국가에 의하여 일정 방향으로 유인된 신뢰의 행사가 아니라 단지 법률이 부여한 기회를 활용한 것이라 하더라도, 신뢰보호의 이익이 인정된다.
④ 개정 법령이 기존의 사실 또는 법률관계를 적용대상으로 하면서 종전보다 불리한 법률효과를 규정하고 있는 경우에도 그러한 사실 또는 법률관계가 개정 법률이 시행되기 이전에 이미 종결된 것이 아니라면, 이를 헌법상 금지되는 소급입법이라고 할 수는 없다.

2. 행정행위의 하자에 대한 내용으로 옳은 것은? (다툼이 있는 경우 판례에 의함)

① 하자 있는 행정행위의 치유는 행정경제를 도모하기 위하여 원칙적으로 허용된다.
② 위헌결정 이전에 이미 부담금 부과처분과 압류처분 및 이에 기한 압류등기가 이루어지고 각 처분이 확정되었다고 하여도, 특별한 사정이 없는 한 기존의 압류등기나 교부청구만으로는 다른 사람에 의하여 개시된 경매절차에서 배당을 받을 수 없다.
③ 행정처분의 위법 여부는 행정처분이 행하여졌을 때의 법령과 사실 상태가 아니라 사실심 변론종결시를 기준으로 판단해야 한다.
④ 보충역편입처분에 하자가 있다고 할지라도 그것이 중대하고 명백하지 않으면, 그 하자를 이유로 공익근무요원 소집처분의 효력을 다툴 수 있다.

3. 「행정절차법」의 내용으로 옳은 것은? (다툼이 있는 경우 판례에 의함)

> ㄱ. 행정청은 부득이한 사유로 처분의 처리기간 내에 처분을 처리하기 곤란한 경우에는 해당 처분의 처리기간의 범위에서 3번까지만 그 기간을 연장할 수 있다.
> ㄴ. 신청에 대한 거부처분의 경우에는 일정한 사전통지 등의 절차를 준수하여야 한다.
> ㄷ. 처분을 신청할 때 전자문서로 하는 경우에는 행정청의 컴퓨터 등에 입력된 때에 신청한 것으로 본다.
> ㄹ. 문서를 송달받을 자 또는 그 사무원등이 정당한 사유 없이 송달받기를 거부하는 때에는 그 사실을 수령확인서에 적고, 문서를 송달할 장소에 놓아둘 수 있다.

① ㄱ, ㄴ　　　　　　② ㄱ, ㄹ
③ ㄴ, ㄷ　　　　　　④ ㄷ, ㄹ

4. 다음 중 행정행위의 효력에 대한 설명으로 옳지 <u>않은</u> 것은? (다툼이 있는 경우 판례에 의함)

① 행정처분이 불복기간의 경과로 인하여 확정될 경우, 처분의 기초가 된 사실관계나 법률적 판단이 확정되고 당사자들이나 법원이 이에 기속되어 모순되는 주장이나 판단을 할 수 없다.
② 불가변력은 모든 행정행위에 공통되는 것이 아니라 행정심판의 재결 등과 같이 예외적이고 특별한 경우에 처분청 등 행정청에 대한 구속으로 인정되는 실체법적 효력을 의미한다.
③ 처분 등의 취소소송, 무효등확인소송, 부작위위법확인의 소송의 확정판결은 제3자에게도 효력이 있다.
④ 행정행위의 불가변력은 당해 행정행위에 대하여서만 인정되는 것이고, 동종의 행정행위라 하더라도 그 대상을 달리할 때에는 이를 인정할 수 없다.

5. 행정행위의 내용에 대한 설명으로 옳지 <u>않은</u> 것은? (다툼이 있는 경우 판례에 의함)

① 공유수면매립면허의 공동명의자 사이의 면허로 인한 권리·의무양도약정은 면허관청의 인가를 받지 않은 이상 법률상 아무런 효력도 발생할 수 없다.

② 특허는 주로 특정인을 대상으로 행해지나 이에 한정되지 않으며 불특정 다수인에게 행해지기도 한다.

③ 재단법인의 임원 취임이 재단법인의 정관에 근거한다 할지라도 이에 대해 주무관청이 당연히 인가하여야 하는 것은 아니며 인가 여부를 재량으로 결정할 수 있다.

④ 가행정행위는 그 효력발생이 시간적으로 잠정적이라는 것 외에는 보통의 행정행위와 같은 것이므로 가행정행위로 인한 권리침해에 대한 구제도 보통의 행정행위와 다르지 않다.

6. 공익사업을 위한 토지 등의 취득과 관련된 손실보상의 내용으로 옳지 <u>않은</u> 것은? (다툼이 있는 경우 판례에 의함)

① 당해 공익사업시행으로 인한 개발이익은 완전보상의 범위에 포함되는 피수용토지의 객관적 가치 내지 피수용자의 손실에 해당한다.

② 잔여지 수용청구권은 그 요건을 구비한 때에는 잔여지를 수용하는 토지수용위원회의 재결이 없더라도 그 청구에 의하여 수용의 효과가 발생하는 형성권적 성질을 가진다.

③ 사업폐지에 대한 손실보상청구권은 공법상의 권리로서 행정소송절차에 의해야 한다.

④ 사업시행자가 해당 공익사업을 수행할 의사와 능력이 있어야 한다는 것은 사업인정의 요건에 해당한다.

7. 「질서위반행위규제법」상 과태료에 대한 설명으로 옳은 것은?

① 당사자가 의견제출기한 이내에 과태료를 자진하여 납부하였다고 하여 과태료를 감경할 수 있는 것은 아니다.

② 위법성의 착오는 과태료 부과에 영향을 미치지 않는다.

③ 과태료는 당사자가 과태료 부과처분에 대하여 이의를 제기하지 아니한 채 「질서위반행위규제법」에 따른 이의제기 기한이 종료한 후 사망한 경우에는 그 상속재산에 대하여 집행할 수 있다.

④ 하나의 행위가 2 이상의 질서위반행위에 해당하는 경우에는 각 질서위반행위에 대하여 정한 과태료를 가중하여 부과한다.

8. 행정작용과 그 성격을 연결한 것으로 옳지 <u>않은</u> 것을 모두 고르면?

ㄱ. 특허출원의 공고 – 확인
ㄴ. 건축허가 – 허가
ㄷ. 토지거래허가 – 특허
ㄹ. 도로점용허가 – 인가
ㅁ. 선거당선인 결정 – 확인

① ㄱ, ㄴ, ㄹ
② ㄱ, ㄷ, ㄹ
③ ㄱ, ㄷ, ㅁ
④ ㄷ, ㄹ, ㅁ

9. 「행정조사기본법」에 대한 내용으로 옳은 것은?

① 조사원이 자료등을 영치하는 경우에 조사대상자의 생활이나 영업이 사실상 불가능하게 될 우려가 있는 때에는 조사원은 자료등을 사진으로 촬영하거나 사본을 작성하는 등의 방법으로 영치에 갈음할 수 있다.

② 행정조사는 법령등 또는 행정조사운영계획으로 정하는 바에 따라 수시적으로 실시함을 원칙으로 한다. 다만 법령에 규정이 있는 경우에는 정기조사를 할 수 있다.

③ 출석한 조사대상자가 출석요구서에 기재된 내용을 이행하지 아니하여 행정조사의 목적을 달성할 수 없는 경우에는 조사원은 조사대상자의 1회 출석으로 당해 조사를 종결하여야 한다.

④ 행정조사를 실시하고자 하는 행정기관의 장은 조사대상자에게 사전통지를 한 이후에 개별조사계획을 수립하여야 한다.

10. 행정행위의 부관에 대한 설명으로 옳지 <u>않은</u> 것은? (다툼이 있는 경우 판례에 의함)

① 재량행위에 있어서는 관계 법령에 명시적인 금지규정이 없는 한 행정목적을 달성하기 위하여 조건이나 기한, 부담 등의 부관을 붙일 수 있고, 그 부관의 내용이 이행 가능하고 비례의 원칙 및 평등의 원칙에 적합하며 행정처분의 본질적 효력을 저해하지 아니하는 이상 위법하다고 할 수 없다.

② 토지소유자가 토지형질변경행위허가에 붙은 기부채납의 부관에 따라 토지를 기부채납한 경우, 기부채납의 부관이 당연무효이거나 취소되지 않은 상태에서 그 부관으로 인하여 증여계약의 중요 부분에 착오가 있음을 이유로 증여계약을 취소할 수 없다.

③ 허가에 붙은 기한이 그 허가된 사업의 성질상 부당하게 짧아서 이 기한이 허가 자체의 존속기간이 아니라 허가조건의 존속기간으로 해석되는 경우에는 허가 여부의 재량권을 가진 행정청은 허가조건의 개정만을 고려할 수 있고, 그 후 당초의 기한이 상당 기간 연장되어 그 기한이 부당하게 짧은 경우에 해당하지 않게 된 때라도 더 이상의 기간연장을 불허가할 수는 없다.

④ 행정청이 종교단체에 대하여 기본재산전환인가를 함에 있어 인가조건을 부가하고 그 불이행시 인가를 취소할 수 있도록 한 경우, 인가조건의 의미는 인가처분에 대한 철회권을 유보한 것이다.

11. 행정의 실효성 확보수단에 관한 설명으로 옳은 것을 모두 고른 것은? (다툼이 있는 경우 판례에 의함)

> ㄱ. 이행강제금부과처분의 상대방이 사망하면 미납된 이행강제금의 납부의무는 상속인에게 승계된다.
> ㄴ. 권원 없이 국유재산에 설치된 시설물에 대하여 대집행을 실시할 수 있는 경우 행정청은 민사소송의 방법으로 그 시설물의 철거를 구할 수 없다.
> ㄷ. 건축법상 시정명령이 없으면 이행강제금을 부과할 수 없다.
> ㄹ. 「국세징수법」상 체납자에 대한 공매통지는 국가의 강제력에 의하여 진행되는 공매에서 체납자의 권리 내지 재산상의 이익을 보호하기 위하여 법률로 규정한 절차적 요건으로, 이를 이행하지 않은 경우 그 공매처분은 위법하다.

① ㄱ, ㄴ   ② ㄴ, ㄹ
③ ㄴ, ㄷ   ④ ㄴ, ㄷ, ㄹ

12. 다음 중 판례에 대한 내용으로 옳지 <u>않은</u> 것은?

① 위법한 건축물에 대한 단전 및 전화통화 단절조치 요청행위는 처분성이 인정되는 행정지도이다.

② 법률이 공법적 단체 등의 정관에 자치법적 사항을 위임한 경우에는 헌법 제75조가 정하는 포괄적인 위임입법의 금지는 원칙적으로 적용되지 않는다고 봄이 상당하다.

③ 공무원연금법령상 급여를 받으려고 하는 자는 우선 급여지급을 신청하여 공무원연금공단이 이를 거부하거나 일부 금액만 인정하는 급여지급결정을 하는 경우 그 결정을 대상으로 항고소송을 제기하는 등으로 구체적 권리를 인정받아야 한다.

④ 구속력 없는 행정계획안이나 행정지침이라도 국민의 기본권에 직접적으로 영향을 끼치고 법령의 뒷받침에 의하여 그대로 실시될 것이 틀림없을 것으로 예상되는 때에는 예외적으로 헌법소원의 대상이 된다.

13. 정보공개와 개인정보보호제도에 대한 설명으로 옳지 <u>않은</u> 것은? (다툼이 있는 경우 판례에 의함)

① 단체소송에 관하여 「개인정보 보호법」에 특별한 규정이 없는 경우에는 「민사소송법」을 적용한다.

② 정보통신서비스 제공자는 이용자가 필요한 최소한의 개인정보 이외의 개인정보를 제공하지 아니한다는 이유로 그 서비스의 제공을 거부할 수 있다.

③ 국민의 알 권리의 내용에는 일반 국민 누구나 국가에 대하여 보유·관리하고 있는 정보의 공개를 청구할 수 있는 이른바 일반적인 정보공개청구권이 포함된다.

④ 정보공개가 신청된 정보를 공공기관이 보유·관리하고 있지 아니한 경우에는 특별한 사정이 없는 한 정보공개 거부처분의 취소를 구할 법률상의 이익이 없다.

14. 행정작용 중 행정행위의 성립과 효력에 대한 설명으로 옳지 않은 것은? (다툼이 있는 경우 판례에 의함)

① 행정행위의 효력발생요건으로서의 도달은 상대방이 그 내용을 현실적으로 알 필요까지는 없고, 다만 알 수 있는 상태에 놓여짐으로써 충분하다.

② 과세처분에 취소할 수 있는 위법사유가 있다 하더라도 그 과세처분은 그것이 적법하게 취소되기 전까지는 유효하다 할 것이므로, 민사소송절차에서 그 과세처분의 효력을 부인할 수 없다.

③ 납세자가 과세처분의 내용을 이미 알고 있는 경우에는 납세고지서 송달이 불필요하다.

④ 영업허가취소처분이 나중에 항고소송을 통해 취소되었다면 그 영업허가취소처분 이후의 영업행위를 무허가영업이라 할 수 없다.

15. 「행정기본법」의 내용으로 옳지 않은 것은?

① 당사자의 신청에 따른 처분은 법령등에 특별한 규정이 있거나 처분 당시의 법령등을 적용하기 곤란한 특별한 사정이 있는 경우를 제외하고는 신청 당시의 법령등에 따른다.

② 행정청은 권한 행사의 기회가 있음에도 불구하고 장기간 권한을 행사하지 아니하여 국민이 그 권한이 행사되지 아니할 것으로 믿을 만한 정당한 사유가 있는 경우에는 그 권한을 행사해서는 아니 된다.

③ 법령등을 공포한 날부터 일정 기간이 경과한 날부터 시행하는 경우 그 기간의 말일이 토요일 또는 공휴일인 때에는 그 말일로 기간이 만료한다.

④ 행정작용은 법률에 위반되어서는 아니 되며, 국민의 권리를 제한하거나 의무를 부과하는 경우와 그 밖에 국민생활에 중요한 영향을 미치는 경우에는 법률에 근거하여야 한다.

16. 행정심판에 관한 설명으로 옳지 않은 것은? (다툼이 있는 경우 판례에 의함)

① 처분의 취소를 구하는 취지의 처분청에 대한 진정서 제출은 「행정심판법」 소정의 행정심판청구가 될 수 있다.

② 고시 또는 공고에 의하여 행정처분을 하는 경우, 행정심판청구기간의 기산일은 고시 또는 공고의 효력발생일이다.

③ 「행정심판법」상 재결의 기속력에 의해 종전처분과 다른 사유를 들어 처분을 하는 것도 기속력에 저촉된다.

④ 형성적 재결이 있는 경우에는 그 대상이 된 행정처분은 재결 자체에 의하여 당연히 취소되어 소멸된다.

17. 「국가배상법」 제5조에 관한 설명으로 옳지 않은 것은? (다툼이 있는 경우 판례에 의함)

① 예산부족 등 설치·관리자의 재정사정은 배상책임 판단에 있어 참작사유는 될 수 있으나 안전성을 결정지을 절대적 요건은 아니다.

② 공공의 영조물이란 국가 또는 지방자치단체가 소유권, 임차권 그 밖의 권한에 기하여 관리하고 있는 경우를 의미하고, 그러한 권원 없이 사실상의 관리를 하고 있는 경우도 포함한다.

③ 지방자치단체장으로부터 교통신호기의 관리 권한을 위임받은 기관 소속의 공무원이 위임사무처리에 있어 고의 또는 과실로 타인에게 손해를 가하였거나 위임사무로 설치·관리하는 영조물의 하자로 타인에게 손해를 발생하게 한 경우에는 권한을 위임한 관청이 소속된 지방자치단체가 「국가배상법」 제2조 또는 제5조에 의한 배상책임을 부담한다.

④ 편도 2차선 도로의 1차선 상에 교통사고의 원인이 될 수 있는 크기의 돌멩이가 방치되어 있는 경우만으로 도로의 관리·보존상의 하자가 있다고 볼 수는 없다.

18. 행정작용이나 이에 대한 행정구제에 대한 내용으로 옳지 않은 것은? (다툼이 있는 경우 판례에 의함)

> ㄱ. 행정청인 관리권자로부터 관리업무를 위탁받은 공단이 우월적 지위에서 일정한 법률상 효과를 발생하게 하는 공단입주변경계약은 공법계약으로 이의 취소는 공법상 당사자소송으로 해야 한다.
> ㄴ. 「과학기술기본법」상 사업 협약의 해지 통보는 항고소송 대상인 처분이다.
> ㄷ. 지방전문직공무원 채용계약에서 정한 채용기간이 만료한 경우 채용계약을 갱신하거나 채용기간을 연장할 것인지 여부는 지방자치단체장의 재량에 맡겨져 있다.

① ㄱ
② ㄴ
③ ㄱ, ㄷ
④ ㄴ, ㄷ

19. 행정의 실효성 확보수단 중 행정강제에 대한 설명으로 옳은 것은? (다툼이 있는 경우 판례에 의함)

① 도시공원시설인 매점의 관리청이 그 점유자로부터 점유이전을 받고자 하는 경우에도 대집행이 적절한 수단이 될 수 있다.
② 군수가 군 사무위임 조례의 규정에 따라 무허가 건축물에 대한 철거대집행사무를 하부 행정기관인 읍·면에 위임한 경우라도, 읍·면장에게는 관할구역 내의 무허가 건축물에 대하여 그 철거대집행을 위한 계고처분을 할 권한이 없다.
③ 「경찰관 직무집행법」은 직접강제에 관한 일반적 근거를 규정하고 있다.
④ 「건축법」상 시정명령을 받은 의무자가 이행강제금이 부과되기 전에 그 의무를 이행한 경우에는 비록 시정명령에서 정한 기간을 지나서 이행한 경우라도 이행강제금을 부과할 수 없다.

20. 다음 중 취소판결의 효력에 관한 설명으로 옳은 것은?

① 기속력은 청구인용판결뿐만 아니라 청구기각판결에도 미친다.
② 대법원은 기판력의 객관적 범위가 판결의 주문 이외에 판결이유에 설시된 그 전제가 되는 법률관계의 존부에도 미친다고 판시하고 있다.
③ 간접강제는 거부처분에 대한 취소의 확정판결이 있음에도 행정청이 아무런 재처분을 하지 않는 경우에만 적용될 뿐 재처분이 취소판결의 기속력에 반하는 경우에는 적용되지 않는다.
④ 취소소송의 피고는 처분청이므로 행정청을 피고로 하는 취소소송에 있어서의 기판력은 당해 처분이 귀속하는 국가 또는 공공단체에 미친다.

해설편 ▶ p.35

누구에게나 기회는 오지만 누구나 준비하지 않습니다.
기회를 바란다면 기회가 온 것처럼 준비하면 됩니다.

기회보다 언제나 준비가 먼저입니다.

– 조정민, 『인생은 선물이다』, 두란노

2022년 _____월 _____일 시행

제6회 소방공무원 공개경쟁 채용시험

응시번호	
성명	

회차
6회

응시자 준수사항

☞ 시험지를 받으면 "시험 감독관"의 지시에 따라 다음 사항을 반드시 지켜 주십시오.

1. **시험지 표지의** "문제 책형"을 확인하고, "응시번호 및 성명"을 기재하여 주십시오.

2. **답안지의 책형란에** "문제 책형"을 표기하여 주십시오.

3. **시험이 시작되면** 시험지의 "편철순서", "페이지 수량"을 반드시 확인한 후에 문제를 푸십시오.   ※ **본 시험지는 총 5페이지입니다.**

4. **시험이 시작되면** 문제를 주의 깊게 읽고, 문항의 취지에 가장 적합한 하나의 정답만을 고르며, 문제내용에 관한 질문은 받지 않습니다.

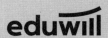

【 행정법총론 】

1. 행정법의 일반원칙에 관한 내용으로 옳지 <u>않은</u> 것은? (다툼이 있는 경우 판례에 의함)

   ① 면허세의 근거법령이 제정되어 폐지될 때까지의 4년 동안 과세관청이 면허세를 부과할 수 있음을 알면서도 수출 확대라는 공익상 필요에 따라 한 건도 부과한 일이 없었다면 비과세의 관행이 이루어졌다고 보아도 무방하다.

   ② 「개발이익환수에 관한 법률」에 정한 개발사업을 시행하기 전에, 행정청이 민원예비심사에 대하여 관련 부서 의견으로 '저촉사항 없음'이라고 기재한 것은 공적인 견해표명에 해당한다.

   ③ 일반직 직원의 정년을 58세로 규정하면서 전화교환직렬 직원만은 정년을 53세로 규정하여 5년간의 정년차등을 둔 것은 사회통념상 합리적 차별로서 평등원칙에 반하지 않는다.

   ④ 확약이 있은 후에 사실적·법률적 상태가 변경되었다면, 그 확약은 행정청의 별다른 의사표시를 기다리지 않고 실효된다.

2. 행정상 법률관계에 대한 내용으로 옳은 것은? (다툼이 있는 경우 판례에 의함)

   ① 전문직공무원인 공중보건의사의 채용계약해지의 의사표시는 일반공무원에 대한 징계처분과 같은 성격을 가지며, 항고소송의 대상이 된다.

   ② 구 「예산회계법」에 따른 입찰보증금의 국고귀속조치는 국가가 공법상의 재산권의 주체로서 행위하는 것으로 그 행위는 공법행위에 속한다.

   ③ 부가가치세 환급세액지급청구소송은 부당이득반환청구의 일종으로 민사소송에 의한다.

   ④ 조달청이 국가종합전자조달시스템인 나라장터 종합쇼핑몰에 거래정지조치를 하는 것은 처분으로서 공법관계에 속한다.

3. 행정작용에 관한 설명으로 옳지 <u>않은</u> 것은? (다툼이 있는 경우 판례에 의함)

   ① 공법상 채용계약에 대한 해지의 의사표시는 공무원에 대한 징계처분과 달라서 「행정절차법」에 의하여 그 근거와 이유를 제시하여야 하는 것은 아니다.

   ② 행정주체가 구체적인 행정계획을 입안·결정할 때 가지는 형성의 자유의 한계에 관한 법리가 주민의 입안 제안 또는 변경신청을 받아들여 도시관리계획결정을 하거나 도시계획시설을 변경할 것인지를 결정할 때에는 동일하게 적용되지 않는다.

   ③ 광주광역시문화예술회관장의 단원 위촉은 광주광역시문화예술회관장이 행정청으로서 공권력을 행사하여 행하는 행정처분이 아니라 공법상 근로계약에 해당한다.

   ④ 공법상 계약의 체결은 일정한 계약서를 작성하여야 한다.

4. 국가배상에 관한 내용으로 옳지 <u>않은</u> 것은? (다툼이 있는 경우 판례에 의함)

   ① 어떠한 행정처분이 후에 항고소송에서 취소되었다고 할지라도 그 판결의 기판력에 의하여 당해 처분이 곧바로 공무원의 고의 또는 과실로 인한 것으로서 불법행위를 구성한다고 단정할 수는 없다.

   ② 검사가 공판과정에서 피고인의 무죄를 입증할 수 있는 결정적인 증거를 입수하였지만 이를 법원에 제출하지 않아 유죄판결을 받았다면 국가배상책임이 인정된다.

   ③ 담당공무원이 주택구입대부제도와 관련하여 지급보증서제도에 관해 알려주지 않은 조치는 법령위반에 해당한다.

   ④ 공무원의 가해행위에 대해 형사상 무죄판결이 있었더라도 그 가해행위를 이유로 국가배상책임이 인정될 수 있다.

5. 행정입법의 법적 성질에 대한 내용으로 옳지 않은 것은? (다툼이 있는 경우 판례에 의함)

① 구 「청소년 보호법」 제49조 제1항, 제2항에 따른 동법 시행령 제40조 [별표 6]의 '위반행위의 종별에 따른 과징금 처분기준'은 법규명령에 해당하고 과징금 부과기준의 수액은 최고한도를 규정한 것이다.

② 「국토계획법」 및 「국토의 계획 및 이용에 관한 법률 시행령」이 정한 이행강제금의 부과기준은 단지 상한을 정한 것에 불과한 것이다.

③ 국세청장의 훈령 형식으로 되어 있는 '재산제세사무처리규정'은 「소득세법 시행령」의 위임에 따라 「소득세법 시행령」의 내용을 보충하는 기능을 가지므로 「소득세법 시행령」과 결합하여 대외적 효력을 가진다.

④ 「독점규제 및 공정거래에 관한 법률」 제23조 제3항에 근거한 불공정거래행위의 지정고시는 행정규칙의 형식을 취하고 있으므로 내용상으로도 행정규칙으로 보는 것이 타당하다.

6. 이행강제금에 대한 내용으로 거리가 먼 것은? (다툼이 있으면 판례에 의함)

① 「개발제한구역의 지정 및 관리에 관한 특별조치법」상 이행강제금을 부과·징수할 때마다 그에 앞서 시정명령절차를 다시 거쳐야 한다.

② 사용자가 이행하여야 할 행정법상 의무의 내용을 초과하는 것을 '불이행 내용'으로 기재한 이행강제금 부과예고서에 의하여 이행강제금 부과예고를 한 다음 이행강제금을 부과했다면 이행강제금 부과예고 및 이행강제금 부과처분이 위법하다.

③ 신고 대상 건축물에 대하여 「건축법」상 이행강제금을 부과할 수 있다.

④ 개발제한구역 내 건축물의 용도변경행위에 대하여 「건축법」 위반으로 이행강제금을 부과할 수 있다.

7. 사인의 공법행위에 대한 내용으로 옳은 것(○)과 옳지 않은 것(×)을 바르게 연결한 것은? (다툼이 있는 경우 판례에 의함)

ㄱ. 「건축법」상의 건축신고가 다른 법률에서 정한 인가·허가 등의 의제효과를 수반하는 경우라도 특별한 사정이 없는 한 수리를 요하는 신고로 볼 수 없다.

ㄴ. 주민등록의 신고는 행정청에 도달하기만 하면 신고로서의 효력이 발생하는 것이 아니라 행정청이 수리한 경우에 비로소 신고의 효력이 발생한다.

ㄷ. 사업양도양수계약이 무효이더라도 지위승계신고를 수리하였다면 그 수리는 취소되기 전까지 유효하다.

ㄹ. 행정청이 구 「식품위생법」상의 영업자지위승계신고 수리처분을 하는 경우, 행정청은 종전의 영업자에 대하여 「행정절차법」 소정의 행정절차를 실시하여야 한다.

	ㄱ	ㄴ	ㄷ	ㄹ
①	×	×	○	○
②	○	○	×	×
③	×	○	×	○
④	○	×	○	×

8. 「질서위반행위규제법」에 대한 내용으로 옳지 않은 것은?

ㄱ. 질서위반행위의 성립 시기 - 원칙적으로 행위 당시의 법률 기준

ㄴ. 고의 또는 과실이 없는 경우 - 과태료를 부과하지 않음

ㄷ. 과태료에 대한 이의제기 기간 - 14일

ㄹ. 당사자가 납부기한까지 과태료를 납부하지 아니한 때의 가산금 - 100분의 3

① ㄱ　　　　　　　　　② ㄱ, ㄷ
③ ㄴ, ㄹ　　　　　　　④ ㄷ

9. 행정심판에 대한 내용으로 옳지 <u>않은</u> 것은? (다툼이 있는 경우 판례에 의함)

① 행정심판청구에 대한 재결이 있으면 그 재결 및 같은 처분 또는 부작위에 대하여 다시 행정심판을 청구할 수 없다.

② 재결이 확정된 경우에도 처분의 기초가 된 사실관계나 법률적 판단이 확정되고 당사자들이나 법원이 이에 기속되어 모순되는 주장이나 판단을 할 수 없게 되는 것은 아니다.

③ 행정청이 심판청구기간을 알리지 아니한 경우에는 청구인은 언제든지 심판청구를 할 수 있다.

④ 행정심판을 청구하려는 자는 심판청구서를 작성하여 피청구인이나 위원회에 제출하여야 한다.

10. 새로운 의무이행 확보수단에 대한 내용으로 옳지 <u>않은</u> 것은? (다툼이 있는 경우 판례에 의함)

① 구 「여객자동차 운수사업법」 제88조 제1항의 과징금을 현실적인 행위자가 아닌 법령상 책임자에게 부과할 수 있으나 위반자의 의무 해태를 탓할 수 없는 정당한 사유가 있는 경우 과징금을 부과할 수 없다.

② 가산세는 상대방이 고의나 과실 여부에 따라 부과되는 독립된 세금의 일종이다.

③ 가산금은 행정법상의 금전급부의무의 불이행에 대한 제재로서 가해지는 금전부담으로, 금전채무의 이행에 대한 간접강제의 효과를 갖는다.

④ 같은 위반행위에 대하여 과징금과 행정벌은 동시에 부과할 수 있다.

11. 다음 중 항고쟁송 대상인 처분으로 인정된 경우가 <u>아닌</u> 사례는? (다툼이 있는 경우 판례에 의함)

① 요양급여의 적정성 평가 결과 전체 하위 20% 이하에 해당하는 요양기관이 건강보험심사평가원으로부터 받은 입원료 가산 및 별도 보상 적용 제외 통보

② 지적공부 소관청이 토지대장을 직권으로 말소한 행위

③ 상급행정청이나 타행정청의 지시나 통보, 권한의 위임이나 위탁

④ 「진실·화해를 위한 과거사정리 기본법」에 따른 진실·화해를 위한 과거사정리위원회의 진실규명결정

12. 공용침해와 보상에 대한 내용으로 옳은 것은? (다툼이 있는 경우 판례에 의함)

① 구 「도시계획법」 제21조의 개발제한구역제도에 대하여 그 자체는 합헌이지만 보상규정을 결한 것에 위헌성이 있어 입법자는 이를 시정할 의무가 있다.

② 사업시행자가 해당 공익사업을 수행할 의사와 능력이 있어야 한다는 것이 공익사업인정의 요건에 해당될 필요는 없다.

③ 공용수용은 공공필요에 부합하여야 하므로, 수용 등의 주체를 국가 등의 공적 기관에 한정하여야 한다.

④ 공익사업시행으로 인한 개발이익은 완전보상의 범위에 포함되는 피수용토지의 객관적 가치 내지 피수용자의 손실에 해당한다.

13. 행정행위에 관련된 내용으로 옳은 것은? (다툼이 있는 경우 판례에 의함)

① 주택재건축정비사업조합설립에 대한 인가는 보충행위에 해당하여 조합설립결의의 하자를 이유로 보충행위에 불과한 인가에 대하여 쟁송을 제기할 수는 없다.

② 건축불허가처분을 하면서 건축불허가 사유뿐만 아니라 소방서장의 건축부동의 사유를 들고 있는 경우, 그 건축불허가처분에 관한 쟁송에서 소방서장의 부동의 사유에 관하여도 다툴 수 있다.

③ 행정청이 처분을 서면으로 하는 경우 상대방과 제3자에게 행정심판을 제기할 수 있는지 여부와 제기하는 경우의 행정심판절차 및 청구기간을 직접 알려야 한다.

④ 「국민연금법」상 연금지급결정을 취소하는 처분과 그 처분에 기초하여 잘못 지급된 급여액에 해당하는 금액을 환수하는 처분이 적법한지를 판단하는 경우 비교·교량할 각 사정이 상이하다고는 할 수 없으므로, 연금 지급결정을 취소하는 처분이 적법하다면 환수처분도 적법하다고 판단하여야 한다.

14. 「행정기본법」에 대한 다음 내용 중 옳은 것은? (다툼이 있는 경우 판례에 의함)

> ㄱ. 지방자치단체의 장이 정한 훈령 등은 「행정기본법」상의 법령에 해당된다.
> ㄴ. 국가와 지방자치단체는 소속 공무원이 공공의 이익을 위하여 적극적으로 직무를 수행할 수 있도록 제반 여건을 조성하고, 이와 관련된 시책 및 조치를 추진하여야 한다.
> ㄷ. 당사자가 처분의 위법성을 알고 있었던 처분이라도 당사자에게 권리나 이익을 부여하는 처분을 취소하려는 경우에는 취소로 인하여 당사자가 입게 될 불이익을 취소로 달성되는 공익과 비교·형량하여야 한다.

① ㄱ
② ㄱ, ㄷ
③ ㄴ
④ ㄴ, ㄷ

15. 항고소송의 피고에 대한 내용으로 옳은 것은? (다툼이 있는 경우 판례에 의함)

① 피대리청인 행정안전부장관을 대리하여 대리청인 ○○국장이 행한 처분 – ○○국장
② 행정안전부장관이 서울시장에게 내부위임한 행위에 대하여 서울시장의 명의로 이루어진 행위 – 행정안전부장관
③ 지식경제부장관의 처분이 법령이 개정되어 교육부장관으로 권한이 승계된 경우 – 교육부장관
④ 중앙노동위원회의 재심판정 – 중앙노동위원회

16. 부관에 대한 설명으로 옳지 않은 것은? (다툼이 있는 경우 판례에 의함)

① 행정청이 종교단체에 대하여 기본재산전환인가를 함에 있어 인가조건을 부가하고 그 불이행시 인가를 취소할 수 있도록 한 경우, 인가조건의 의미는 인가처분에 대한 철회권을 유보한 것이다.
② 사정변경으로 인하여 당초에 부담을 부가한 목적을 달성할 수 없게 된 경우에도 부관의 사후변경은 그 목적 달성에 필요한 범위 내에서 예외적으로 허용된다는 것이 판례의 태도이다.
③ 특별한 규정이 없다면 개발제한구역 내에서의 건축허가는 기속행위로서 이에 대한 건축허가를 하면서 기부채납조건을 붙인 것은 위법하다.
④ 부담의 이행으로서 하게 된 사법상 매매 등의 법률행위는 부담을 붙인 행정처분과 별개의 법률행위이므로 부담의 불가쟁력과 별도로 사회질서위반이나 강행규정에 위반되는지 여부를 따져 그 법률행위의 유효 여부를 판단할 수 있다.

17. 정보공개와 개인정보에 대한 내용으로 옳지 않은 것은? (다툼이 있는 경우 판례에 의함)

① "다른 법률 또는 법률이 위임한 명령에 의하여 비밀 또는 비공개 사항으로 규정된 정보"는 이를 공개하지 아니할 수 있다고 규정하고 있는바, 여기에서 '법률에 의한 명령'은 정보의 공개에 관하여 법률의 구체적인 위임 아래 제정된 법규명령(위임명령)과 수권규정은 없으나 조직법적 권한에 의해 제정된 행정규칙을 의미한다.
② 독립유공자서훈 공적심사위원회의 회의록이 「공공기관의 정보공개에 관한 법률」 제9조 제1항 제5호에서 정한 '공개될 경우 업무의 공정한 수행에 현저한 지장을 초래한다고 인정할 만한 상당한 이유가 있는 정보'에 해당한다.
③ 개인정보처리자의 고의 또는 중대한 과실로 인하여 개인정보가 분실·도난·유출·위조·변조 또는 훼손된 경우로서 정보주체에게 손해가 발생한 때에는 법원은 그 손해액의 3배를 넘지 아니하는 범위에서 손해배상액을 정할 수 있다.
④ 개인정보 보호에 대한 단체소송의 소는 피고의 주된 사무소 또는 영업소가 있는 곳, 주된 사무소나 영업소가 없는 경우에는 주된 업무담당자의 주소가 있는 곳의 지방법원 본원 합의부의 관할에 전속한다.

18. 행정절차와 관련된 내용으로 옳지 <u>않은</u> 것은? (다툼이 있는 경우 판례에 의함)

① 공기업 사장에 대한 해임처분 과정에서 처분 내용을 사전에 통지받지 못했고 해임처분시 법적 근거 및 구체적 해임 사유를 제시받지 못하였다면, 그 해임처분은 위법하여 당연무효에 해당한다.

② 「국가공무원법」상 직위해제처분에는 「행정절차법」이 적용되지 않는다.

③ 납세고지서에 세액산출근거 등의 기재사항이 누락되었거나 과세표준과 세액의 계산명세서가 첨부되지 않은 납세고지의 하자는 납세의무자가 그 나름대로 산출근거를 알고 있다거나 사실상 이를 알고서 쟁송에 이르렀다 하더라도 치유되지 않는다.

④ 신청인이 신청에 앞서 행정청의 허가업무 담당자에게 신청서의 내용에 대한 검토를 요청한 것만으로는 다른 특별한 사정이 없는 한 명시적이고 확정적인 신청의 의사표시가 있었다고 하기 어렵다.

19. 형성적 행정행위로서 강학상 설권행위에 해당하는 것은? (다툼이 있는 경우 판례에 의함)

> ㄱ. 유기장 영업허가
> ㄴ. 지역개발사업에 관한 지정권자의 실시계획승인
> ㄷ. 「출입국관리법」상 체류자격 변경허가
> ㄹ. 「자동차관리법」상 사업자단체조합의 설립인가

① ㄱ, ㄴ   ② ㄱ, ㄹ
③ ㄴ, ㄷ   ④ ㄷ, ㄹ

20. 다음 중 ( )에 들어갈 개념으로 적절한 것은? (다툼이 있는 경우 판례에 의함)

> 공무원연금관리공단이 퇴직연금 중 일부 금액에 대하여 지급거부의 의사표시를 한 경우, 그 의사표시가 항고소송의 대상이 되는 ( ), 이 경우 미지급퇴직연금의 지급을 구하는 소송은 ( ).

① 처분이 아니며 – 민사소송에 해당한다.
② 처분이며 – 항고소송에 해당한다.
③ 처분이 아니며 – 공법상 당사자소송에 해당한다.
④ 처분이며 – 당사자소송에 해당한다.

해설편 ▶ p.44

2022년 ____월 ____일 시행

제7회 소방공무원 공개경쟁 채용시험

응시번호	
성명	

회차
7회

응시자 준수사항

☞ 시험지를 받으면 "시험 감독관"의 지시에 따라 다음 사항을 반드시 지켜 주십시오.

1. **시험지 표지의** "문제 책형"을 확인하고, "응시번호 및 성명"을 기재하여 주십시오.

2. **답안지의 책형란에** "문제 책형"을 표기하여 주십시오.

3. **시험이 시작되면** 시험지의 "편철순서", "페이지 수량"을 반드시 확인한 후에 문제를 푸십시오. ※ **본 시험지는 총 5페이지입니다.**

4. **시험이 시작되면** 문제를 주의 깊게 읽고, 문항의 취지에 가장 적합한 하나의 정답만을 고르며, 문제내용에 관한 질문은 받지 않습니다.

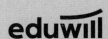

【 행정법총론 】

1. 인·허가의제제도에 대한 내용으로 옳지 <u>않은</u> 것은? (다툼이 있는 경우 판례에 의함)

① 인·허가의제제도는 행정기관의 권한에 변경을 가져오는 것이므로 법률의 명시적인 근거가 있어야 한다.

② 인·허가의제가 인정되는 경우 민원인은 하나의 인·허가 신청과 더불어 의제를 원하는 인·허가신청을 각각의 해당 기관에 제출하여야 한다.

③ 주된 인·허가처분이 관계기관의 장과 협의를 거쳐 발령된 이상 의제되는 인·허가에 법령상 요구되는 주민의 의견청취 등의 절차는 거칠 필요가 없다.

④ 「국토의 계획 및 이용에 관한 법률」상의 개발행위허가가 의제되는 건축허가신청이 동 법령이 정한 개발행위허가기준에 부합하지 아니하면, 행정청은 건축허가를 거부할 수 있다.

2. 법률상 이익에 대한 내용으로 옳지 <u>않은</u> 것은? (다툼이 있는 경우 판례에 의함)

① 개발행위가 시행될 지역이나 주변지역의 주민 외에 '개발행위로 자신의 생활환경상의 개별적 이익이 수인한도를 넘어 침해되거나 침해될 우려가 있음을 증명한 자'에게 개발행위허가 처분을 다툴 법률상 이익이 있다.

② 교육부장관이 사학분쟁조정위원회의 심의를 거쳐 학교법인의 이사와 임시이사를 선임한 데 대하여 대학교의 교수협의회와 총학생회는 이사선임처분을 다툴 법률상 이익이 있으나, 전국대학노동조합은 법률상 이익이 없다.

③ 구 「주택법」상 입주자나 입주예정자가 사용검사처분의 취소를 구할 법률상 이익이 있다.

④ 경업자에 대한 행정처분이 경업자에게 불리한 내용인 경우, 기존의 업자가 행정처분의 무효확인 또는 취소를 구할 이익이 없다.

3. 「행정기본법」 및 「행정절차법」의 기간이 바르게 연결된 것은?

> ㄱ. 특별한 사정이 없는 경우 행정예고기간 – 30일 이상
> ㄴ. 법령등을 공포한 날부터 일정 기간이 경과한 날부터 시행하는 경우 – 법령등을 공포한 날을 첫날에 산입함
> ㄷ. 청문의 사전통지 기간 – 청문이 시작되는 날부터 10일 전
> ㄹ. 공청회 개최를 알린 후 예정대로 개최하지 못하여 새로 일시 및 장소 등을 정한 경우의 재통지 기간 – 공청회 개최 7일 전

① ㄱ, ㄴ　　　　　　　　② ㄱ, ㄹ
③ ㄴ, ㄷ　　　　　　　　④ ㄷ, ㄹ

4. 행정행위의 하자에 대한 설명으로 옳은 것은? (다툼이 있는 경우 판례에 의함)

① 「국토의 계획 및 이용에 관한 법률」상 도시·군계획시설결정과 실시계획인가는 동일한 법률효과를 목적으로 하는 것이므로 선행처분인 도시·군계획시설결정의 하자는 실시계획인가에 승계된다.

② 처분 당시 당사자가 어떠한 근거와 이유로 처분이 이루어진 것인지를 충분히 알 수 있어서 그에 불복하여 행정구제 절차로 나아가는 데에 별다른 지장이 없었던 것으로 인정되는 경우에도 처분서에 처분의 근거와 이유가 구체적으로 명시되어 있지 않았다면 그 처분은 위법하다.

③ 적법한 건축물에 대한 철거명령의 하자가 중대하고 명백하여 당연무효라고 하더라도, 그 후행행위인 건축물철거 대집행계고처분 역시 당연무효가 되는 것은 아니다.

④ 과세처분 이후 조세 부과의 근거가 되었던 법률규정에 대하여 위헌결정이 내려진 경우, 그 위헌결정의 효력에 위배하여 이루어진 체납처분은 당연무효이다.

5. 확약에 대한 설명으로 가장 옳지 <u>않은</u> 것은? (다툼이 있는 경우 판례에 의함)

① 어업권면허에 선행하는 우선순위결정은 강학상 확약에 불과하고 행정처분은 아니므로, 우선순위결정에 공정력이나 불가쟁력과 같은 효력은 인정되지 아니한다.

② 행정청이 내인가를 한 후 그 본인가신청이 있음에도 내인가를 취소한 것은 인가신청에 대한 거부로 본다.

③ 행정청의 확약에 대해 법률상 이익이 있는 제3자는 확약에 대해 취소소송으로 다툴 수 있다.

④ 법령이 본행정행위를 할 수 있는 권한을 부여한 경우에는 반대규정이 없는 한 확약의 권한도 함께 부여한 것으로 보아 별도의 근거를 요하지 않는 것으로 보는 견해가 있다.

6. 행정입법에 대한 설명으로 옳지 않은 것은? (다툼이 있는 경우 판례에 의함)

① 행정입법부작위에 대해서는 당사자의 신청이 있는 경우에 한하여 부작위위법확인소송의 대상이 된다.

② 다양한 사실관계를 규율하거나 사실관계가 수시로 변화될 것이 예상되는 분야에서는 다른 분야에 비하여 상대적으로 입법위임의 명확성·구체성이 완화된다.

③ 법규명령이 구체적인 집행행위 없이 직접 개인의 권리·의무에 영향을 주는 경우 처분성이 인정된다.

④ 행정규칙인 고시가 법령의 수권에 의해 법령을 보충하는 사항을 정하는 경우에는 근거법령규정과 결합하여 대외적으로 구속력 있는 법규명령의 효력을 갖는다.

7. 손실보상의 절차에 대한 설명으로 옳은 것은? (다툼이 있는 경우 판례에 의함)

① 공유수면매립면허의 고시가 있는 경우 그 사업이 시행되고 그에 의하여 직접 손실이 발생한다고 할 수 있으므로 관행어업권자는 공유수면매립면허의 고시를 이유로 손실보상을 청구할 수 있다.

② 토지소유자는 재결절차를 거치지 아니하고도 곧바로 사업시행자를 상대로 잔여지 가격감소 등으로 인한 손실보상을 청구할 수 있다.

③ 사업시행자가 사업인정을 받은 후 그 사업이 공용수용을 할 만한 공익성을 상실한 경우 그 사업인정에 터잡아 수용권을 행사할 수 없다.

④ '공익사업을 위한 관계 법령에 의한 고시 등이 있는 날' 당시 토지소유자의 주거용 건물이 아닌 건물을 그 후 주거용 건물로 용도변경하였다면 이주대책대상이 되는 주거용 건축물로 인정받을 수 있다.

8. 부작위위법확인소송에 대한 설명으로 옳은 것은? (다툼이 있는 경우 판례에 의함)

① 부작위위법확인소송의 변론종결시까지 행정청의 처분으로 부작위상태가 해소된 때에는 부작위위법확인소송은 소의 이익을 상실하게 된다.

② 부작위위법확인의 소는 신청에 대한 부작위의 위법을 확인하여 소극적인 위법상태를 제거하는 동시에 신청의 실체적 내용이 이유 있는 것인가도 심리하는 것을 목적으로 한다.

③ 검사의 불기소결정은 부작위위법확인소송의 대상이다.

④ 법률의 집행을 위해 시행규칙을 제정할 의무가 있음에도 불구하고 행정청이 시행규칙을 제정하지 않고 있는 경우, 부작위위법확인소송을 통하여 다툴 수 있다.

9. 국가배상책임의 성립요건에 대한 설명으로 옳지 않은 것은? (다툼이 있는 경우 판례에 의함)

① 영업허가취소처분이 행정심판에 의하여 재량권의 일탈을 이유로 취소되었다고 하더라도 그 처분이 당시 시행되던 「공중위생법 시행규칙」에 정해진 행정처분의 기준에 따른 것인 이상 그 영업허가취소처분을 한 행정청 공무원에게 그와 같은 위법한 처분을 한 데 있어 직무집행상의 과실이 있다고 할 수는 없다.

② 공무원에게 부과된 직무상 의무의 내용이 순전히 행정기관 내부의 질서를 유지하기 위한 것이거나 전체적으로 공공일반의 이익을 도모하기 위한 것인 경우, 국가 또는 지방자치단체가 배상책임을 부담하지 아니한다.

③ 소방공무원들이 다중이용업소인 주점의 비상구와 피난시설 등에 대한 점검을 소홀히 함으로써 주점의 피난통로 등에 중대한 피난 장애요인이 있음을 발견하지 못하여 업주들에 대한 적절한 지도·감독을 하지 아니한 경우 직무상 의무 위반과 주점 손님들의 사망 사이에 상당인과관계가 인정된다.

④ 피해자에게 손해를 직접 배상한 경과실이 있는 공무원이 국가에 대하여 국가의 손해배상책임의 범위 내에서 자신이 변제한 금액에 관하여 구상권을 행사하는 것은 허용되지 아니한다.

10. 다음 사례에 대한 판례의 입장으로 옳지 <u>않은</u> 것은?

> 甲은 수형자로서 A교도소 내에서의 난동을 이유로 교도소장으로부터 10일 간의 금치처분을 받았다. 甲은 교도소장을 상대로 난동 당시 담당 교도관의 근무보고서와 징벌위원회 회의록의 공개를 청구하였으나, 교도소장은 「공공기관의 정보공개에 관한 법률」 제9조 제1항 제4호에 근거하여 공개가 교정업무의 수행을 현저히 곤란하게 할 우려가 있다는 사유로 공개를 거부하였다.

① 甲은 취소심판뿐만 아니라 의무이행심판 등을 청구할 수 있다.

② 근무보고서와 달리 회의록의 비공개 심사와 의결은 정보공개대상으로 볼 수 없다.

③ 공개대상인 정보와 비공개정보가 혼합된 경우에 법원은 일부취소를 명할 수 있다.

④ 교도소장의 정보공개신청에 대한 거부도 「행정절차법」상의 처분에 해당되어 「행정절차법」상의 사전통지 의무를 준수하여야 한다.

11. 행정조사에 대한 설명으로 옳은 것은? (다툼이 있는 경우 판례에 의함)

① 행정기관은 유사하거나 동일한 사안에 대하여 각각 조사를 실시함으로써 행정조사가 명확할 수 있도록 하여야 한다.

② 행정조사는 법령등 또는 행정조사운영계획으로 정하는 바에 따라 정기적으로 실시함을 원칙으로 하고 수시조사를 할 수 있는 규정을 둘 수 없다.

③ 우편물 통관검사절차에서 이루어지는 성분 분석 등의 검사가 압수·수색영장 없이 이루어졌다 하더라도 특별한 사정이 없는 한 위법하지 않다.

④ 행정조사는 그 자체가 행정의 결과실현이 아니라 준비적·보조적 단계에 해당되어 사전통지는 별도로 불요하다는 것이 일반적이다.

12. 행정의 실효성 확보수단에 대한 내용으로 옳은 것은? (다툼이 있는 경우 판례에 의함)

① 「행정대집행법」 절차에 따라 「국세징수법」의 예에 의하여 대집행비용을 징수할 수 있음에도 민사소송절차에 의하여 그 비용의 상환을 청구할 수 있다.

② 비상시 또는 위험이 절박한 경우에 있어서 계고·대집행영장의 통지규정에서 정하는 수속을 취할 여유가 없을 경우라도 위의 두 수속 모두를 거치지 아니하고는 대집행을 할 수 없다.

③ 법인이 설립되기 이전에 자연인이 한 행위에 대하여 양벌규정을 적용하여 법인을 처벌할 수는 없다.

④ 「국세징수법」상의 공매통지 자체는 그 상대방인 체납자 등의 법적 지위나 권리·의무에 직접적인 영향을 주는 행정처분에 해당한다고 할 것이므로 공매통지 자체를 항고소송의 대상으로 삼아 그 취소 등을 구할 수 있다.

13. 이행강제금에 대한 설명으로 옳지 <u>않은</u> 것은? (다툼이 있는 경우 판례에 의함)

① 「건축법」상 이행강제금 납부의 최초 독촉은 징수처분으로서 항고소송의 대상이 되는 행정처분이 될 수 있다.

② 「부동산 실권리자명의 등기에 관한 법률」상 장기미등기자가 이행강제금 부과 전에 등기신청의무를 이행하였더라도 동법에 규정된 기간이 지나서 등기신청의무를 이행하였다면 이행강제금을 부과할 수 없다.

③ 「농지법」상 이행강제금은 「비송사건절차법」에 따라 구제를 받을 수 있으며, 항고소송대상인 처분이라 할 수 없다.

④ 시정명령의 이행 기회가 제공되지 아니한 과거의 기간에 대한 이행강제금까지 한꺼번에 부과할 수는 없으나, 이를 위반하여 이루어진 이행강제금 부과처분이라 하여 중대하고도 명백한 하자라고는 할 수 없다.

14. 법률유보원칙에 대한 설명으로 옳지 않은 것은? (다툼이 있는 경우 판례에 의함)

① 법률유보원칙에서 요구되는 행정권 행사의 법적 근거는 작용법적 근거를 말하며 원칙적으로 개별적 근거를 의미한다.
② 법규에 명문의 근거가 없음에도 환경보전이라는 중대한 공익상의 이유로 산림훼손허가를 거부하는 것은 법률유보원칙에 비추어 허용되지 않는다.
③ 법률유보원칙은 국민의 기본권 실현과 관련된 영역에 있어서는 입법자가 그 본질적 사항에 대해서 스스로 결정하여야 한다는 요구까지 내포하고 있다.
④ 헌법재판소는 토지등소유자가 도시환경정비사업을 시행하는 경우, 사업시행인가 신청시 필요한 토지등소유자의 동의정족수를 정하는 것은 국민의 권리와 의무의 형성에 관한 기본적이고 본질적인 사항으로 법률유보 내지 의회유보원칙이 지켜져야 할 영역이라고 한다.

15. 집행정지에 대한 설명으로 옳지 않은 것은? (다툼이 있는 경우 판례에 의함)

① 처분의 효력정지는 처분등의 집행 또는 절차의 속행을 정지함으로써 목적을 달성할 수 있는 경우에는 허용되지 아니한다.
② 집행정지의 소극적 요건으로서의 '공공복리'는 그 처분의 집행과 관련된 구체적이고도 개별적인 공익으로서 이러한 소극적 요건에 대한 주장·소명책임은 행정청에게 있다.
③ 접견허가신청에 대한 교도소장의 거부처분은 집행정지의 대상이 되지 않는다.
④ 취소소송이 제기되면 처분의 효력이나 그 집행은 정지되지 않으나 절차의 속행은 정지된다.

16. 행정행위의 부관에 관한 설명으로 옳지 않은 것은? (다툼이 있는 경우 판례에 의함)

① 행정청은 처분에 재량이 없는 경우에는 법률에 근거가 있는 경우에 부관을 붙일 수 있다.
② 조건이란 행정행위의 효력의 발생 또는 소멸을 장래의 불확실한 사실에 의존시키는 부관을 말하는바 효력의 발생에 관한 조건을 정지조건이라 하고 소멸에 관한 조건을 해제조건이라 한다.
③ 허가에 붙은 기한이 그 허가된 사업의 성질상 부당하게 짧아 그 기한을 허가조건의 존속기간으로 볼 수 있는 경우에도 허가기간이 연장되기 위하여는 그 종기가 도래하기 전에 그 허가기간의 연장에 관한 신청이 있어야 한다.
④ 행정재산에 대한 사용·수익허가에서 공유재산의 관리청이 정한 사용·수익허가의 기간에 대해서는 독립하여 행정소송을 제기할 수 있다.

17. 행정작용의 특성에 대한 설명으로 옳은 것은? (다툼이 있는 경우 판례에 의함)

┌───┐
│ ㄱ. 조세에 관한 소멸시효가 완성된 후에 부과된 조세부 │
│   과처분은 위법한 처분이지만 당연무효라고 볼 수는 │
│   없다.   │
│ ㄴ. 「국유재산법」상 일반재산은 취득시효의 대상이 될 수 │
│   있다.   │
│ ㄷ. 국가는 국유재산의 무단점유자에 대하여 변상금 부 │
│   과·징수권의 행사와는 별도로 민사상 부당이득반환 │
│   청구의 소를 제기할 수 없다.   │
└───┘

① ㄱ   ② ㄱ, ㄷ
③ ㄴ   ④ ㄴ, ㄷ

18. 「행정소송법」상 당사자소송에 대한 내용으로 옳지 <u>않은</u> 것은? (다툼이 있는 경우 판례에 의함)

① 당사자소송으로 제기해야 할 사건을 민사소송으로 잘못 제기한 경우, 수소법원이 행정소송에 대한 관할을 가지고 있지 않다면 당해 소송이 당사자소송으로서의 소송요건을 갖추지 못하였음이 명백하지 않는 한 당사자소송의 관할 법원으로 이송하여야 한다.

② 구 「공익사업을 위한 토지 등의 취득 및 보상에 관한 법률」 에 의한 주거이전비 보상청구는 민사소송에 의한다.

③ 폐광대책비의 일종으로 폐광된 광산에서 업무상 재해를 입은 근로자에게 지급하는 재해위로금의 지급 청구는 당사자소송에 해당한다.

④ 당사자소송을 본안으로 하는 가처분에 대하여는 「행정소송법」상 집행정지에 관한 규정이 준용되지 않고, 「민사집행법」상 가처분에 관한 규정이 준용되어야 한다.

19. 행정지도에 대한 설명으로 옳은 것은? (다툼이 있는 경우 판례에 의함)

① 주무부처 장관의 대학총장들에 대한 학칙시정요구는 규제적·구속적 성격이 강하기 때문에 헌법소원의 대상이 된다.

② 세무당국이 특정 업체와의 주류거래를 일정기간 중지하여 줄 것을 요청한 행위는 항고소송의 대상이다.

③ 행정지도의 한계 일탈로 인해 상대방에게 손해가 발생한 경우 행정기관은 손해배상책임이 없다.

④ 위법한 행정지도에 따라 행한 사인의 행위는 법령에 명시적으로 정함이 없는 한 위법성이 조각된다고 할 수 있다.

20. 행정벌에 대한 설명으로 옳지 <u>않은</u> 것은? (다툼이 있는 경우 판례에 의함)

① 행정벌에 대하여 명문규정이 없는 경우에도 법령의 입법 목적이나 제반 관계규정의 취지 등을 고려하여 과실범을 처벌할 수 있다는 것이 대법원의 입장이다.

② 대법원은 행정형벌과 행정질서벌은 그 성질이나 목적을 달리하는 별개의 것이므로 행정질서벌인 과태료를 납부한 후에 형사처벌을 한다고 하여 이를 일사부재리의 원칙에 반하는 것이라고 할 수는 없다고 보고 있다.

③ 경찰서장이 범칙행위에 대하여 통고처분을 하였는데 통고처분에서 정한 범칙금 납부기간이 경과하지 아니한 경우, 원칙적으로 즉결심판을 청구할 수 없고, 검사도 동일한 범칙행위에 대하여 공소를 제기할 수 없다.

④ 대법원은 행정법규 위반에 대하여 가하는 제재조치로서의 행정처분도 특별한 경우가 아닌 한 고의 또는 과실을 그 요건으로 한다고 판시하였다.

해설편 ▶ p.52

2022년 ___월 ___일 시행

제8회 소방공무원 공개경쟁 채용시험

응시번호	
성명	

회차
8회

응시자 준수사항

☞ 시험지를 받으면 "시험 감독관"의 지시에 따라 다음 사항을 반드시 지켜 주십시오.

1. **시험지 표지의** "문제 책형"을 확인하고, "응시번호 및 성명"을 기재하여 주십시오.

2. **답안지의 책형란에** "문제 책형"을 표기하여 주십시오.

3. **시험이 시작되면** 시험지의 "편철순서", "페이지 수량"을 반드시 확인한 후에 문제를 푸십시오.   ※ 본 시험지는 총 5페이지입니다.

4. **시험이 시작되면** 문제를 주의 깊게 읽고, 문항의 취지에 가장 적합한 하나의 정답만을 고르며, 문제내용에 관한 질문은 받지 않습니다.

eduwill

【 행정법총론 】

1. 행정법의 일반원칙에 대한 설명으로 옳지 <u>않은</u> 것은? (다툼이 있는 경우 판례에 의함)

   ① 신뢰보호원칙에서 행정청의 견해표명이 정당하다는 신뢰에 대한 개인의 귀책사유의 유무는 상대방뿐만 아니라 그로부터 신청행위를 위임받은 수임인 등 관계자 모두를 기준으로 판단하여야 한다.

   ② 헌법재판소의 위헌결정은 행정청이 개인에 대하여 신뢰의 대상이 되는 공적인 견해를 표명한 것이라고 할 수 있으므로 그 결정에 관련한 개인의 행위에 대하여는 신뢰보호의 원칙이 적용된다.

   ③ 부당결부금지의 원칙은 공행정작용에 있어서 부당한 반대급부를 결부시켜서는 아니 된다는 것인데, 이 경우 부당한 반대급부인지의 여부는 '실질적 관련성'을 기준으로 판단한다.

   ④ 청원경찰의 인원감축을 위하여 초등학교 졸업 이하 학력 소지자 집단과 중학교 중퇴 이상 학력 소지자 집단으로 나누어 각 집단별로 같은 감원비율의 인원을 선정한 것은 위법한 재량권 행사이다.

2. 개인적 공권에 대한 설명으로 옳지 <u>않은</u> 것은? (다툼이 있는 경우 판례에 의함)

   ① 사회권적 기본권의 성격을 가지는 연금수급권은 헌법에 근거한 개인적 공권이므로 헌법 규정만으로도 실현할 수 있다.

   ② 개인적 공권이 성립하려면 공법상 강행법규가 국가 기타 행정주체에게 행위의무를 부과해야 하는데, 과거에는 그 의무가 기속행위의 경우에만 인정되었으나, 오늘날에는 재량행위에도 인정된다고 보는 것이 일반적이다.

   ③ 환경영향평가 대상지역 밖의 주민은 공유수면매립면허처분 전과 비교하여 수인한도를 넘는 환경피해를 받을 우려가 있는 때에는 이를 입증함으로써 처분의 무효확인을 구할 법률상 이익을 인정받을 수 있다.

   ④ 수익적 행정처분의 근거가 되는 법률이 해당 업자들 사이의 과당경쟁으로 인한 경영의 불합리를 방지하는 목적도 가지고 있는 경우, 기존업자가 경업자에 대한 면허나 인·허가등의 수익적 행정처분의 취소를 구할 원고적격이 있다.

3. 행정행위의 하자에 관한 설명으로 옳지 <u>않은</u> 것은? (다툼이 있는 경우 판례에 의함)

   ① 조세부과처분의 근거규정이 위헌으로 선언된 경우, 그에 기한 조세부과처분이 위헌결정 전에 이루어졌다 하더라도 위헌결정 이후에 조세채권의 집행을 위해 새로이 착수된 체납처분은 당연무효이다.

   ② 선행처분인 국제항공노선 운수권 배분 실효처분 및 노선면허거부처분에 대하여 이미 불가쟁력이 생겨 그 효력을 다툴 수 없게 되었더라도 후행처분인 노선면허처분을 다투는 단계에서 선행처분의 하자를 다툴 수 있다.

   ③ 재건축주택조합설립인가처분 당시 동의율을 충족하지 못한 하자는 후에 추가동의서가 제출되었다는 사정만으로 치유될 수 없다.

   ④ 헌법재판소의 위헌결정의 효력은 위헌제청을 한 당해 사건은 물론 위헌제청신청은 아니하였지만 당해 법률 또는 법률의 조항이 재판의 전제가 되어 법원에 계속 중인 사건에도 미친다.

4. 사인의 공법행위로서 신고에 대한 설명으로 옳고(○), 그름(×)을 바르게 나열한 것은? (다툼이 있는 경우 판례에 의함)

   > ㄱ. 부동산 투기나 이주대책 요구 등을 방지할 목적으로 주민등록전입신고를 거부하는 것은 「주민등록법」의 입법 목적과 취지 등에 비추어 허용될 수 없다.
   > ㄴ. 구 「체육시설의 설치·이용에 관한 법률」에 의한 골프장이용료 변경신고서는 행정청에 제출하여 접수한 때에 신고가 있었다고 볼 것이고, 행정청의 수리행위가 있어야만 하는 것은 아니다.
   > ㄷ. 사업양도·양수에 따른 지위승계신고가 수리된 경우 사업의 양도·양수가 무효라면 그를 이유로 허가관청을 상대로 신고수리처분의 무효확인을 구할 수 있다.

   ① ㄱ.(○), ㄴ.(×), ㄷ.(○)
   ② ㄱ.(×), ㄴ.(○), ㄷ.(○)
   ③ ㄱ.(○), ㄴ.(○), ㄷ.(×)
   ④ ㄱ.(○), ㄴ.(○), ㄷ.(○)

5. 행정행위의 부관에 관한 내용으로 옳지 <u>않은</u> 것은? (다툼이 있는 경우 판례에 의함)

① 도로점용허가에서 부관인 점용기간을 정함에 있어서 위법 사유가 있다 하더라도 도로점용허가 전체가 위법하게 되지는 않는다.

② 수익적 행정처분에 있어서는 법령에 특별한 근거규정이 없다고 하더라도 그 부관으로서 부담을 붙일 수 있을 뿐만 아니라, 그러한 부담의 내용을 협약을 통하여 정할 수 있다.

③ 행정처분에 이미 부담이 부가되어 있는 상태에서 그 의무의 범위 또는 내용 등을 변경하는 부관의 사후변경은, 법률에 명문의 규정이 있거나 그 변경이 미리 유보되어 있는 경우 또는 상대방의 동의가 있는 경우 등에 허용되는 것이 원칙이다.

④ 행정행위의 부관 중 부담은 행정행위의 불가분적 요소가 아니고 그 존속이 본체인 행정행위의 존재를 전제로 하는 것일 뿐이므로 그 자체로서 행정소송의 대상이 될 수 있다.

6. 행정입법에 대한 설명으로 옳은 것은? (다툼이 있는 경우 판례에 의함)

① 법규명령이 위임의 근거가 없어 무효였더라도 나중에 법개정으로 위임의 근거가 부여되면 소급하여 유효한 법규명령으로 볼 수 있다.

② 고시가 다른 집행행위의 매개 없이 그 자체로서 직접 국민의 구체적인 권리·의무나 법률관계를 규율하는 성격을 가질 때에도 고시의 형식으로 되어 있는 한 항고소송의 대상이 되는 행정처분에 해당되지 않는다.

③ 법령의 위임관계는 반드시 하위법령의 개별조항에서 위임의 근거가 되는 상위법령의 해당 조항을 구체적으로 명시하고 있어야만 한다.

④ 사실상의 준비행위 또는 사전안내로 볼 수 있는 국립대학의 대학입학고사 주요 요강은 공권력 행사이지만 항고소송의 대상이 되는 처분이라 할 수 없다.

7. 행정계약에 대한 설명으로 옳지 <u>않은</u> 것은? (다툼이 있는 경우 판례에 의함)

① 계약직공무원 채용계약해지의 의사표시는 일반공무원에 대한 징계처분과는 다르지만, 「행정절차법」의 처분절차에 의하여 근거와 이유를 제시하여야 한다.

② 구 「중소기업 기술혁신 촉진법」상 중소기업 정보화지원사업의 일환으로 중소기업기술정보진흥원장이 甲 주식회사와 중소기업 정보화지원사업에 관한 협약을 체결한 후 甲 주식회사의 협약불이행으로 인해 사업실패가 초래된 경우, 중소기업기술진흥원장이 협약에 따라 甲에 대해 행한 협약의 해지 및 지급받은 정부지원금의 환수통보는 행정처분에 해당하지 않는다.

③ 「사회기반시설에 대한 민간투자법」상 민간투자사업의 사업시행자 지정은 공법상 계약이 아닌 행정처분에 해당한다.

④ 국가가 사인과 계약을 체결할 때에는 「국가를 당사자로 하는 계약에 관한 법률」에 따른 계약서를 따로 작성하는 등 그 요건과 절차를 이행하여야 한다.

8. 행정행위에 대한 설명으로 옳은 것은? (다툼이 있는 경우 판례에 의함)

① 산림형질변경허가와 같이 재량행위성이 인정되는 허가의 경우 중대한 공익상 필요가 있다고 인정되는 때에는 그 허가를 거부할 수 있으며, 다만 그 경우 별도로 명문의 근거가 있어야 한다.

② 허가의 갱신은 허가취득자에게 종전의 지위를 계속 유지시키는 효과를 갖게 하는 것으로 갱신 후라도 갱신 전 법위반사실을 근거로 허가를 취소할 수 있다.

③ 인가처분에 하자가 없더라도 기본행위의 하자를 이유로 행정청의 인가처분의 취소 또는 무효확인을 구할 법률상 이익이 인정된다.

④ 학교법인 임원에 대한 감독청의 취임승인은 그 대상인 기본행위의 효과를 완성시키는 보충행위이므로 그 기본행위가 불성립 또는 무효인 경우에도 그에 대한 인가가 있게 되면 그 기본행위는 유효가 된다.

9. 행정의 실효성 확보수단에 대한 설명으로 옳지 않은 것은? (다툼이 있는 경우 판례에 의함)

① 대집행 계고처분 취소소송의 변론종결이 종결되기 전에 대집행영장에 의한 통지절차를 거쳐 사실행위로서 대집행의 실행이 완료된 경우에는 계고처분의 취소를 구할 법률상의 이익이 없다.

② 공매에 의하여 재산을 매수한 자는 그 공매처분이 취소된 경우에 그 취소처분의 위법을 주장하여 행정소송을 제기할 법률상 이익이 있다.

③ 세무조사결정은 납세의무자의 권리·의무에 직접 영향을 미치는 공권력의 행사에 따른 행정작용으로서 항고소송의 대상이 된다.

④ 이행강제금은 부작위의무나 비대체적 작위의무에 대한 강제집행수단이기 때문에 대체적 작위의무 위반에 대하여는 부과할 수 없다.

10. 정보공개제도와 개인정보 보호제도에 대한 설명으로 옳은 것은? (다툼이 있는 경우 판례에 의함)

① 「공공기관의 정보공개에 관한 법률」 제9조 제1항 제4호의 '진행 중인 재판에 관련된 정보'에 해당한다는 사유로 정보공개를 거부하기 위해서는 그 정보가 진행 중인 재판의 소송기록 그 자체에 포함된 내용이어야 한다.

② 시장·군수 또는 구청장이 개인의 지문정보를 수집하고, 경찰청장이 이를 보관·전산화하여 범죄수사목적에 이용하는 것은 개인정보자기결정권을 제한하는 것이라 할 수 없다.

③ 공개방법을 선택하여 정보공개를 청구하였더라도 공공기관은 정보공개청구자가 선택한 방법에 따라 정보를 공개하여야 하는 것은 아니며, 원칙적으로 그 공개방법을 선택할 재량권이 있다.

④ 이미 공개된 개인정보를 정보주체의 동의가 있었다고 객관적으로 인정되는 범위 내에서 처리를 할 때는 정보주체의 별도의 동의는 불필요하다고 보아야 하고, 별도의 동의를 받지 아니하였다고 하여 「개인정보 보호법」을 위반한 것으로 볼 수 없다.

11. 행정조사에 대한 설명으로 옳지 않은 것은? (다툼이 있는 경우 판례에 의함)

① 행정기관은 법령등에서 행정조사를 규정하고 있는 경우에 한하여 행정조사를 실시할 수 있지만 조사대상자가 자발적으로 협조하는 경우에는 법령등에서 행정조사를 규정하고 있지 않더라도 행정조사를 실시할 수 있다.

② 음주운전 여부에 대한 조사과정에서 운전자 본인의 동의를 받지 아니하고 법원의 영장도 없이 한 혈액 채취 조사결과를 근거로 한 운전면허 정지·취소 처분은 위법하다.

③ 위법한 세무조사를 통하여 수집된 과세자료에 기초하여 과세처분을 하였더라도 그러한 사정만으로 그 과세처분이 위법하게 되는 것은 아니다.

④ 행정조사는 법령등의 위반에 대한 처벌보다는 법령등을 준수하도록 유도하는 데 중점을 두어야 한다.

12. 다음 중 소송의 유형 연결이 옳지 않은 것은? (다툼이 있는 경우 판례에 의함)

① 재개발조합 조합원의 자격 인정 여부에 관한 다툼 – 당사자소송

② 교육부장관이 추천한 복수의 대학총장 후보자들 전부 또는 일부를 임용제청에서 제외하는 행위에 대한 소송 – 당사자소송

③ 검찰총장이 검사에 대하여 하는 '경고조치'에 대한 소송 – 항고소송

④ 「민주화운동관련자 명예회복 및 보상 등에 관한 법률」에 따른 보상금 등의 지급을 구하는 소송 – 항고소송

13. 행정의 실효성 확보수단에 대한 설명으로 옳은 것은? (다툼이 있는 경우 판례에 의함)

① 「소방기본법」상 소방활동에 방해가 되는 물건 등에 대한 강제처분은 행정상 즉시강제에 해당한다.

② 행정상 즉시강제는 국민의 권리침해를 필연적으로 수반하므로, 이에 대해서는 항상 영장주의가 적용된다.

③ 양벌규정에 의한 영업주의 처벌에 있어서 종업원의 범죄성립이나 처벌은 영업주 처벌의 전제조건이 된다.

④ 통고처분에 따른 범칙금을 납부한 후에 동일한 사건에 대하여 다시 형사처벌을 하는 것이 일사부재리의 원칙에 반하는 것은 아니다.

14. 「행정절차법」상 행정절차에 관한 설명 중 옳지 <u>않은</u> 것은?

① 처분의 전제가 되는 사실이 법원의 재판 등에 의하여 객관적으로 증명된 경우에는 행정청이 당사자에게 의무를 부과하거나 권익을 제한하는 처분을 하는 경우에도 사전통지를 하지 아니할 수 있다.

② 행정청은 당사자등이 제출한 의견을 반영하지 아니하고 처분을 한 경우 당사자등이 처분이 있음을 안 날부터 90일 이내에 그 이유의 설명을 요청하면 서면으로 그 이유를 알려야 한다.

③ 행정청은 공청회를 마친 후 처분을 할 때까지 새로운 사정이 발견되어 공청회를 다시 개최할 필요가 있다고 인정할 때에는 공청회를 다시 개최할 수 있다.

④ 청문규정이 특별히 없더라도 인·허가 등을 취소하는 경우에는 상대방의 청문의 신청 여부와 상관없이 청문을 하여야 한다.

15. 국가배상에 대한 설명으로 옳은 것은? (다툼이 있는 경우 판례에 의함)

```
ㄱ. 국가배상에서 공무원의 직무에는 국가나 지방자치단
   체의 권력적 작용, 비권력적 작용, 단순한 사경제의
   주체로서 하는 작용이 포함된다.
ㄴ. 일본 「국가배상법」이 국가배상청구권의 발생요건 및
   상호보증에 관하여 우리나라 「국가배상법」과 동일한
   내용을 규정하고 있는 점 등에 비추어 우리나라와 일
   본 사이에 우리나라 「국가배상법」 제7조가 정하는 상
   호보증이 있다.
ㄷ. 형벌에 관한 법령이 헌법재판소 위헌결정으로 소급
   하여 효력을 상실한 경우, 위헌 선언 전 그 법령에 기
   초하여 수사가 개시되어 공소가 제기되고 유죄판결
   이 선고되었더라도, 그러한 사정만으로 국가의 손해
   배상책임이 발생한다고 볼 수 없다.
ㄹ. 법령의 위탁에 의해 지방자치단체로부터 대집행을
   수권받은 구 한국토지공사는 지방자치단체의 기관으
   로서 「국가배상법」 제2조 소정의 공무원에 해당한다.
```

① ㄱ, ㄷ   ② ㄱ, ㄹ
③ ㄴ, ㄹ   ④ ㄷ, ㄹ

16. 행정심판에 대한 설명으로 옳지 <u>않은</u> 것은? (다툼이 있는 경우 판례에 의함)

① 재결의 기속력은 재결의 주문 및 그 전제가 된 요건사실의 인정과 판단, 즉 처분 등의 구체적 위법사유에 관한 판단에만 미친다.

② 행정심판에서는 항고소송에서와 달리 처분청이 당초 처분의 근거로 삼은 사유와 기본적 사실관계가 동일성이 인정되지 않는 다른 사유를 처분사유로 추가하거나 변경할 수 있다.

③ 행정심판위원회는 직접 처분을 하였을 때에는 그 사실을 해당 행정청에 통보하여야 하며, 그 통보를 받은 행정청은 행정심판위원회가 한 처분을 자기가 한 처분으로 보아 관계 법령에 따라 관리·감독 등 필요한 조치를 하여야 한다.

④ 행정심판에 있어서 행정처분의 위법·부당 여부는 원칙적으로 처분시를 기준으로 판단하여야 할 것이나, 재결 당시까지 제출된 모든 자료를 종합하여 처분 당시 존재하였던 객관적 사실을 확정하고 그 사실에 기초하여 처분의 위법·부당 여부를 판단할 수 있다.

17. 「질서위반행위규제법」의 내용 중 ㄱ~ㄷ에 들어갈 내용으로 바르게 나열한 것은?

```
• 사전통지 및 의견 제출: 행정청이 질서위반행위에 대하
  여 과태료를 부과하고자 하는 때에는 미리 당사자에게
  대통령령으로 정하는 사항을 통지하고, ( ㄱ ) 이상의
  기간을 정하여 의견을 제출할 기회를 주어야 한다.
• 과태료 부과의 제척기간: 행정청은 질서위반행위가 종
  료된 날(다수인이 질서위반행위에 가담한 경우에는 최
  종행위가 종료된 날을 말한다)부터 ( ㄴ )이 경과한 경
  우에는 해당 질서위반행위에 대하여 과태료를 부과할
  수 없다.
• 관할 법원: 과태료 사건은 다른 법령에 특별한 규정이
  있는 경우를 제외하고는 ( ㄷ )의 지방법원 또는 그 지
  원의 관할로 한다.
```

	ㄱ	ㄴ	ㄷ
①	7일	3년	당사자의 주소지
②	10일	5년	행정청의 소재지
③	10일	5년	당사자의 주소지
④	7일	3년	행정청의 소재지

18. 행정소송에 대한 설명으로 옳지 <u>않은</u> 것은? (다툼이 있는 경우 판례에 의함)

① 추가 또는 변경된 사유가 당초의 처분시 그 사유를 명기하지 않았을 뿐 처분시에 이미 존재하고 있었고 당사자도 그 사실을 알고 있었다면 당초의 처분사유와 동일성이 인정된다.

② 기판력은 사실심변론의 종결시를 기준으로 발생하므로, 처분청은 당해 사건의 사실심변론종결 이전에 주장할 수 있었던 사유를 내세워 확정판결과 저촉되는 처분을 할 수 없다.

③ 사정판결의 경우에는 처분의 적법성이 아닌 처분의 위법성에 대하여 기판력이 발생한다.

④ 한국방송공사 사장은 해임처분 무효확인 또는 취소소송 계속 중 임기가 만료되어 해임처분의 무효확인 또는 취소로 지위를 회복할 수 없다고 할지라도, 그 무효확인 또는 취소로 해임처분일부터 임기만료일까지의 기간에 대한 보수지급을 구할 수 있는 경우에는 해임처분의 무효확인 또는 취소를 구할 법률상 이익이 있다.

19. 「공익사업을 위한 토지 등의 취득 및 보상에 관한 법률」상 손실보상의 원칙에 대한 설명으로 옳지 <u>않은</u> 것은? (다툼이 있는 경우 판례에 의함)

① 농업손실에 대한 보상청구권은 「행정소송법」상 당사자소송에 의해야 한다.

② 「공익사업을 위한 토지 등의 취득 및 보상에 관한 법률」에 의한 잔여지 수용청구를 받아들이지 않은 토지수용위원회의 재결에 대하여 토지소유자가 불복하여 제기하는 소송은 보상금의 증액을 구하는 행정소송에 해당한다.

③ 재결에 의한 수용 또는 사용의 경우 보상액의 산정은 재결 당시의 가격을 기준으로 하고, 해당 공익사업으로 인하여 토지 등의 가격이 변동되었을 때에는 이를 고려하여야 한다.

④ 「국토의 계획 및 이용에 관한 법률」상 토지소유자 등이 도시·군계획시설 사업시행자의 토지의 일시 사용에 대하여 정당한 사유 없이 동의를 거부한 경우, 사업시행자가 토지소유자를 상대로 동의의 의사표시를 구하는 소송은 당사자소송으로 보아야 한다.

20. 다음의 사례에 대한 내용으로 옳지 <u>않은</u> 것은? (다툼이 있는 경우 판례에 의함)

> 병무청장이 법무부장관에게 '가수 甲이 공연을 위하여 국외여행허가를 받고 출국한 후 미국 시민권을 취득함으로써 사실상 병역의무를 면탈하였다.'는 이유로 입국 금지를 요청함에 따라 법무부장관이 甲의 입국금지결정을 하였는데, 甲이 재외공관의 장에게 재외동포(F-4) 체류자격의 사증발급을 신청하자 재외공관장이 처분이유를 기재한 사증발급 거부처분서를 작성해 주지 않은 채 甲의 아버지에게 전화로 사증발급이 불허되었다고 통보하였다.

① 법무부장관의 입국금지결정은 대외적으로 공식적 방법을 통해 표시되지 않았다고 해도 항고소송 대상인 처분에 해당한다.

② 문서형식의 처분을 신속히 처리할 필요가 있거나 사안이 경미한 경우가 아님에도 문서로 하지 않은 경우에는 무효가 된다.

③ '외국인의 출입국에 관한 사항'이라고 하여 행정절차의 준수가 당연히 부정되는 것은 아니다.

④ 처분의 근거 법령이 행정청에 처분의 요건과 효과 판단에 일정한 재량을 부여하였는데도, 행정청이 자신에게 재량권이 없다고 오인한 나머지 전혀 비교·형량하지 않은 채 처분을 하였다면, 이는 재량권 불행사로서 해당 처분을 취소하여야 할 위법사유가 된다.

해설편 ▶ p.60

2022년 ____월 ____일 시행

제9회 소방공무원 공개경쟁 채용시험

응시번호	
성명	

회차
9회

응시자 준수사항

☞ 시험지를 받으면 "시험 감독관"의 지시에 따라 다음 사항을 반드시 지켜 주십시오.

1. **시험지 표지의** "문제 책형"을 확인하고, "응시번호 및 성명"을 기재하여 주십시오.

2. **답안지의 책형란에** "문제 책형"을 표기하여 주십시오.

3. **시험이 시작되면** 시험지의 "편철순서", "페이지 수량"을 반드시 확인한 후에 문제를 푸십시오.   ※ **본 시험지는 총 5페이지입니다.**

4. **시험이 시작되면** 문제를 주의 깊게 읽고, 문항의 취지에 가장 적합한 하나의 정답만을 고르며, 문제내용에 관한 질문은 받지 않습니다.

eduwill

【 행정법총론 】

1. 「행정기본법」의 내용으로 옳지 <u>않은</u> 것은?

> ㄱ. 행정청은 적법한 처분의 경우 당사자의 신청이 있는 경우에만 철회가 가능하다.
> ㄴ. 행정청은 행정작용을 할 때 상대방에게 해당 행정 작용과 실질적인 관련이 없는 의무를 부과해서는 안된다.
> ㄷ. 행정청은 공익 또는 제3자의 이익을 현저히 해칠 우려가 있는 경우를 제외하고는 행정에 대한 국민의 정당하고 합리적인 신뢰를 보호하여야 한다.
> ㄹ. "제재처분"이란 법령등에 따른 의무를 위반하거나 이행하지 아니하였음을 이유로 당사자에게 의무를 부과하거나 권익을 제한하는 처분으로 행정강제는 제외된다.

① ㄱ   ② ㄴ, ㄹ
③ ㄴ, ㄷ   ④ ㄱ, ㄹ

2. 신뢰보호의 원칙에 대한 설명으로 옳지 <u>않은</u> 것은? (다툼이 있는 경우 판례에 의함)

> ㄱ. 행정청이 공적인 의사표명을 하였다면 이후 사실적·법률적 상태의 변경이 있더라도 행정청이 이를 취소하지 않는 한 여전히 공적인 의사표명은 유효하다.
> ㄴ. 건축허가 신청 후 건축허가기준에 관한 관계 법령 및 조례의 규정이 신청인에게 불리하게 개정된 경우, 당사자의 신뢰를 보호하기 위해 처분시가 아닌 신청시 법령에서 정한 기준에 의하여 건축허가 여부를 결정하는 것이 원칙이다.
> ㄷ. 「행정절차법」과 「국세기본법」에서는 법령 등의 해석 또는 행정청의 관행이 일반적으로 국민에게 받아들여졌을 때와 관련하여 신뢰보호의 원칙을 규정하고 있다.
> ㄹ. 신뢰보호원칙의 위반은 「국가배상법」상의 위법 개념을 충족시킨다.

① ㄱ, ㄴ   ② ㄱ, ㄹ
③ ㄴ, ㄷ   ④ ㄷ, ㄹ

3. 행정행위의 부관에 대한 내용으로 옳지 <u>않은</u> 것은? (다툼이 있는 경우 판례에 의함)

① 행정청은 수익적 행정처분으로서 재량행위인 주택재건축 사업시행 인가에 대하여 법령상의 제한에 근거한 것이 아니라 하더라도 공익상 필요 등에 의하여 필요한 범위 내에서 조건을 부과할 수 있다.

② 부담부 행정행위에 있어서 처분의 상대방이 부담을 이행하지 아니한 경우에 당해 부담부 행정행위는 당연히 효력을 상실하게 된다.

③ 부담 이외의 부관으로 인하여 권리를 침해당한 자는 부관부 행정행위 전체에 대해 취소소송을 제기하거나, 행정청에 부관이 없는 행정행위로 변경해 줄 것을 청구한 다음 그것이 거부된 경우 거부처분 취소소송을 제기할 수 있다.

④ 기부채납의 부관이 중대하고 명백한 하자로 인하여 무효라 하더라도 기부채납 이행으로 이루어진 토지의 증여는 그 자체로 사회질서 위반이나 강행규정 위반 등의 특별한 사정이 없는 한 유효하다.

4. 행정행위의 하자에 대한 설명으로 옳지 <u>않은</u> 것은? (다툼이 있는 경우 판례에 의함)

① 무효인 행정행위에 대해서 무효선언을 구하는 의미의 취소소송을 제기하는 경우 취소소송의 제소요건을 구비하여야 한다.

② 징계처분이 중대하고 명백한 하자 때문에 당연무효의 것이라면 징계처분을 받은 자가 이를 용인하였다 하여 그 하자가 치유되는 것은 아니다.

③ 행정행위 효력요건은 정당한 권한있는 기관이 필요한 절차를 거치고 필요한 표시의 형식을 갖추어야 할 뿐만 아니라, 행정행위의 내용이 법률상 효과를 발생할 수 있는 것이어야 되며 그 중의 어느 하나의 요건의 흠결도 당해 행정행위의 취소원인이 된다.

④ 위법하게 구성된 폐기물처리시설 입지선정위원회가 의결을 한 경우, 그에 터 잡아 이루어진 폐기물처리시설 입지결정처분의 하자는 무효사유로 본다.

5. 다음 중 판례의 입장과 일치하지 <u>않는</u> 것은?

① 구 「도로교통법 시행규칙」이 정한 별표의 운전면허행정처분기준은 부령의 형식으로 되어 있으나, 그 규정의 성질과 내용이 운전면허의 취소처분 등에 관한 사무처리기준과 처분절차 등 행정청 내부의 사무처리준칙을 규정한 것에 지나지 아니하므로 대외적 구속력이 없다.

② 행정주체는 그 행정계획에 관련되는 자들의 이익을 공익과 사익 사이에서는 물론이고 공익 상호간과 사익 상호간에도 정당하게 비교·교량하여야 한다는 제한을 받는다.

③ 토지매매대금의 허위신고가 위법한 행정지도에 따른 것이라 하더라도 그 범법행위가 정당화되지는 않는다.

④ 피해자의 의사와 무관하게 주민등록번호가 유출된 경우라고 하더라도 주민등록번호의 변경을 요구할 신청권은 인정되지 않으므로, 구청장의 주민등록번호 변경신청 거부 행위는 항고소송의 대상이 되는 행정처분에 해당하지 않는다.

6. 도로점용허가에 대한 설명으로 옳은 것은? (다툼이 있는 경우 판례에 의함)

① 도로점용허가는 성질상 일반적 금지의 해제에 불과하여 허가의 일정한 요건을 갖춘 경우 기속적으로 판단하여야 한다.

② 위법한 점용허가를 다투지 않고 있다가 제소기간이 도과한 경우에는 처분청이라도 그 점용허가를 취소할 수 없다.

③ 도로점용허가에 사용·수익허가 기간의 부관이 부가된 경우 해당 부관에 대해서는 독립적으로 소를 제기할 수 없다.

④ 점용허가취소처분을 취소하는 확정판결의 기속력은 판결의 주문에 미치는 것으로 그 전제가 되는 처분 등의 구체적 위법사유에 관한 이유 중의 판단에 대해서는 인정되지 않는다.

7. 공익사업을 위한 토지 등의 취득과 관련된 손실보상의 내용으로 옳지 <u>않은</u> 것은? (다툼이 있는 경우 판례에 의함)

① 국가 등의 공적 기관이 직접 수용의 주체가 되는 것이든 그러한 공적 기관의 최종적인 허부판단과 승인결정하에 민간기업이 수용의 주체가 되는 것이든, 양자 사이에 공공필요에 대한 판단과 수용의 범위에 있어서 본질적인 차이가 있는 것은 아니다.

② 도시개발사업의 사업시행자가 이주대책기준을 정하여 이주대책대상자 가운데 이주대책을 수립·실시하여야 할 자를 선정하여 그들에게 공급할 택지 등을 정할 때는 재량을 갖는다.

③ 「공익사업을 위한 토지 등의 취득 및 보상에 관한 법률」상 손실보상은 원칙적으로 토지 등의 현물로 보상하여야 하고, 현금으로 지급하는 것은 다른 법률에 특별한 규정이 있는 경우에 예외적으로 허용된다.

④ 표준지공시지가 결정에 위법이 있는 경우 수용보상금의 증액을 구하는 소송에서 수용대상 토지가격 산정의 기초가 된 비교표준지공시지가 결정의 위법을 독립된 사유로 주장할 수 있다.

8. 「질서위반행위규제법」의 내용으로 가장 옳은 것은?

① 지방자치단체의 조례상의 의무를 위반하여 과태료를 부과하는 행위는 질서위반행위에 해당되지 않는다.

② 법원의 과태료 재판이 확정된 후 법률이 변경되어 그 행위가 질서위반행위에 해당하지 아니하게 된 때에는 변경된 법률에 특별한 규정이 없는 한 과태료의 징수 또는 집행을 면제한다.

③ 과태료를 부과하는 근거 법령이 개정되어 행위시의 법률에 의하면 과태료 부과대상이었으나 재판시의 법률에 의하면 부과대상이 아닌 때에도 특별한 사정이 없는 한 행위시의 법률에 의하여 과태료를 부과할 수 있다.

④ 과태료 부과에 대한 이의제기는 과태료 부과처분의 효력에 영향을 주지 아니한다.

9. 행정행위의 성립과 효력에 대한 내용으로 옳은 것은? (다툼이 있는 경우 판례에 의함)

① 건물 소유자에게 소방시설 불량사항을 시정·보완하라는 명령을 구두로 고지한 것은 「행정절차법」에 위반한 것으로 하자가 중대·명백하여 당연무효이다.

② 개인택시운전자가 운전면허취소사유가 있다면 관할청은 운전면허취소 여부와 상관없이 개인택시면허를 취소할 수 있다.

③ 정보통신윤리위원회가 특정 웹사이트를 청소년유해매체물로 결정하고 청소년보호위원회가 효력발생시기를 명시하여 고시하였으나 정보통신윤리위원회와 청소년보호위원회가 웹사이트 운영자에게는 위 처분이 있었음을 통지하지 않았다면 그 효력이 발생하지 않는다.

④ 산업재해요양보상급여 취소처분이 불복기간의 경과로 인해 확정되면 요양급여청구권 없음이 확정되므로 다시 요양급여를 청구할 수 없다.

10. 다음 중 「행정절차법」에서 규정하고 있지 <u>않은</u> 것은?

① 신고
② 공법상 계약
③ 행정지도
④ 행정예고

11. 국가 등의 손해배상책임에 대한 설명으로 옳지 <u>않은</u> 것은? (다툼이 있는 경우 판례에 의함)

> ㄱ. 토석채취공사 도중 경사지를 굴러 내린 암석이 가스저장시설을 충격하여 화재가 발생한 경우, 토지형질변경허가권자에게 허가 당시 사업자로 하여금 위해방지시설을 설치하게 할 의무는 없다.
>
> ㄴ. 공익근무요원은 「국가배상법」 제2조 제1항 단서의 군인·군무원·경찰공무원 또는 향토예비군대원에 해당하지 않으므로 이중배상청구가 제한되지 않는다.
>
> ㄷ. 노선인정 기타 공용지정을 갖추지 못하였으나 사실상 군민의 통행에 제공되고 있던 도로는 「국가배상법」 제5조의 영조물에 해당한다.
>
> ㄹ. 재판에 대하여 불복절차 내지 시정절차 자체가 없는 경우에는 부당한 재판으로 인하여 불이익 내지 손해를 입은 사람에게 배상책임의 요건이 충족되는 한 국가배상책임이 인정된다.

① ㄱ, ㄷ
② ㄱ, ㄹ
③ ㄴ, ㄷ
④ ㄴ, ㄹ

12. 행정행위의 공정력에 관한 설명으로 옳은 것은? (다툼이 있는 경우 판례에 의함)

① 「행정기본법」상의 공정력이 처분의 적법성을 보장하는 것은 아니다.

② 공정력은 행정행위가 무효인 경우에도 인정된다.

③ 공정력은 행정행위뿐만 아니라 행정의 사실행위에도 인정되는 효력이다.

④ 어떤 행정행위에 공정력이 발생하면 그 처분을 한 처분청이라도 공정력을 부정하지 못한다.

13. 정보공개청구제도와 국민의 개인정보 보호에 대한 설명으로 옳지 <u>않은</u> 것은? (다툼이 있는 경우 판례에 의함)

① 공공기관이 보유·관리하는 정보는 국민의 알 권리 보장 등을 위하여 「공공기관의 정보공개에 관한 법률」에서 정하는 바에 따라 적극적으로 공개하여야 한다.

② 개인정보 단체소송은 개인정보처리자가 「개인정보 보호법」상의 집단분쟁조정을 거부하거나 집단분쟁조정의 결과를 수락하지 아니한 경우에 법원에 제기할 수 있다.

③ 구 「공공기관의 정보공개에 관한 법률 시행령」 제2조 제1호가 정보공개의무기관으로 사립대학교를 들고 있는 것은 모법의 위임범위를 벗어난 것으로 위법하다.

④ 개인정보자기결정권이나 익명표현의 자유도 국가안전보장·질서유지 또는 공공복리를 위하여 필요한 경우에는 헌법 제37조 제2항에 따라 법률로써 제한될 수 있다.

14. 다음 중 판례의 내용과 일치하는 것은?

① 3월의 영업정지처분을 2월의 영업정지처분에 갈음하는 과징금 부과처분으로 변경하는 재결의 경우 취소소송의 대상이 되는 것은 변경된 내용의 당초 처분이지 변경처분은 아니다.

② 이미 고시된 실시계획에 포함된 상세계획으로 관리되는 토지 위의 건물의 용도를 상세계획 승인권자의 변경승인 없이 임의로 판매시설에서 상세계획에 반하는 일반목욕장으로 변경한 사안에서, 그 영업신고를 수리하지 않고 영업소를 폐쇄한 처분은 위법하다.

③ 행정기관의 위법한 행정지도로 일정기간 어업권을 행사하지 못하는 손해를 입은 자가 그 어업권을 타인에게 매도하여 매매대금 상당의 이득을 얻은 경우, 손해배상액의 산정에서 그 이득을 손익상계할 수 있다.

④ 도시계획결정이 소정의 기초조사절차를 적법하게 거치지 아니한 경우에 그 하자는 중대·명백하여 무효에 해당된다.

15. 행정대집행과 대한 설명으로 옳지 <u>않은</u> 것은? (다툼이 있는 경우 판례에 의함)

① 행정대집행의 일반법으로서 「행정대집행법」이 있고, 「건축법」 제85조에 '행정대집행법 적용의 특례'를 규정하고 있다.

② 대집행 요건 충족의 입증책임은 처분 행정청에 있다.

③ 한 장의 문서로 위법건축물에 대한 자진철거를 명함과 동시에 그에 필요한 상당한 기간 경과 후에도 자진철거를 하지 않을 때는 대집행할 뜻을 미리 계고한 경우 당해 계고처분은 부적법하다.

④ 대집행 영장에 의한 통지는 비상시 또는 위험이 절박하여 그 절차를 취할 여유가 없는 경우 당해 수속을 거치지 아니하고 대집행을 할 수 있다.

16. 행정행위의 내용이 바르게 연결된 것을 모두 고른 것은? (다툼이 있는 경우 판례에 의함)

> ㄱ. 보세구역의 설치·운영에 관한 특허 – 설권행위
> ㄴ. 구 「수도권 대기환경개선에 관한 특별법」상 대기오염물질 총량관리사업장 설치의 허가 – 강학상 허가
> ㄷ. 재단법인 정관변경허가 – 보충행위

① ㄱ   ② ㄱ, ㄴ
③ ㄴ   ④ ㄱ, ㄷ

17. 「행정심판법」에 관한 설명으로 옳은 것은?

① 행정심판위원회는 당사자의 동의가 없더라도 심판청구의 신속하고 공정한 해결을 위하여 조정을 할 수 있다.

② 행정심판위원회는 사정재결시 그 재결의 주문에서 그 처분 또는 부작위가 위법하거나 부당하다는 것을 구체적으로 밝혀야 한다.

③ 집행정지로 목적을 달성할 수 있는 경우에도 임시처분이 허용된다.

④ 처분청이 심판청구기간을 법정기간보다 긴 기간으로 잘못 고지한 경우, 심판청구기간은 당해 처분이 있은 날부터 180일이 된다.

18. 행정조사에 대한 내용으로 옳지 <u>않은</u> 것은? (다툼이 있는 경우 판례에 의함)

① 행정기관은 행정조사를 통하여 알게 된 정보를 다른 법률에 따라 내부에서 이용하거나 다른 기관에 제공하는 경우를 제외하고는 원래의 조사목적 이외의 용도로 이용하거나 타인에게 제공하여서는 아니 된다.

② 행정조사를 행하는 행정기관에는 법령 및 조례·규칙에 따라 행정권한이 있는 기관뿐만 아니라 그 권한을 위임 또는 위탁받은 법인·단체 또는 그 기관이나 개인이 포함된다.

③ 조사대상자의 동의가 있는 경우 해가 뜨기 전이나 해가 진 뒤에도 현장조사가 가능하다.

④ 조세부과처분을 위한 과세관청의 세무조사결정은 사실행위로서 납세의무자의 권리·의무에 직접 영향을 미치는 것은 아니므로 항고소송의 대상이 되지 아니한다.

19. 「행정소송법」상 내용으로 옳지 <u>않은</u> 것은? (다툼이 있는 경우 판례에 의함)

> ㄱ. 본안소송이 무효확인소송인 경우에도 집행정지가 가능하다.
> ㄴ. 제소기간에서 '처분이 있음을 안 날'이라고 함은 당해 처분 등이 있었음을 현실적으로 안 날을 의미한다.
> ㄷ. 현역입영대상자가 입영한 후에 현역병입영통지 처분의 취소를 구하는 것은 소익이 없다.
> ㄹ. 권한의 내부위임이 있는 경우 내부수임기관이 착오 등으로 원처분청의 명의가 아닌 자기명의로 처분을 하였다면, 위임기관이 그 처분에 대한 항고소송의 피고가 된다.

① ㄱ, ㄴ   ② ㄱ, ㄹ
③ ㄴ, ㄷ   ④ ㄷ, ㄹ

20. 행정상 의무이행확보수단 중 행정강제에 대한 설명으로 옳지 <u>않은</u> 것은? (다툼이 있는 경우 판례에 의함)

① 「건축법」상 위법 건축물에 대하여 행정청은 대집행과 이행강제금을 선택적으로 활용할 수 있으며, 이러한 선택적 활용이 중첩적 제재에 해당한다고 볼 수 없다.
② 「건축법」상 이행강제금 납부의 최초 독촉은 징수처분으로서 항고소송의 대상이 되는 행정처분이 될 수 있다.
③ 이행강제금은 장래의 의무이행을 심리적으로 강제하기 위한 것으로서 의무이행이 있을 때까지 반복하여 부과할 수 있다.
④ 토지나 건물의 명도의무를 불이행하는 경우에 가장 적절한 행정강제는 행정대집행이다.

해설편 ▶ p.68

2022년 ____월 ____일 시행

제10회 소방공무원 공개경쟁 채용시험

응시번호	
성명	

회차
10회

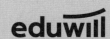

【 행정법총론 】

풀이시간: ___:___ ~ ___:___   제한시간: 16분

1초 합격예측! 모바일 성적분석표

QR 코드로 접속하여 문제풀이 시간을 측정하고, 〈1초 합격예측! 모바일 성적분석표〉 서비스를 통해 지금 바로! 실력을 점검해 보세요.
http://eduwill.kr/BzaV

1. 신뢰보호원칙의 요건에 대한 설명으로 가장 옳지 <u>않은</u> 것은? (다툼이 있는 경우 판례에 의함)

   ① 행정청이 개인에 대하여 신뢰의 대상이 되는 공적인 견해 표명을 하여야 한다.
   ② 행정청의 견해표명이 정당하다고 신뢰한 데에 대하여 그 개인에게 귀책사유가 있더라도 신뢰보호의 원칙이 적용된다.
   ③ 개인이 행정청의 견해표명을 신뢰하고 이에 상응하는 어떠한 행위를 하였어야 한다.
   ④ 행정청이 그 견해표명에 반하는 처분을 함으로써 견해표명을 신뢰한 개인의 이익이 침해되는 결과가 초래되어야 한다.

2. 행정행위의 부관에 대한 내용으로 옳지 <u>않은</u> 것은? (다툼이 있는 경우 판례에 의함)

   ① 처분을 하면서 처분과 관련한 소의 제기를 금지하는 내용의 부제소특약을 부관으로 붙이는 것은 허용되지 않는다.
   ② 행정처분과 부관 사이에 실제적 관련성이 있다고 볼 수 없는 경우, 공무원이 공법상의 제한을 회피할 목적으로 행정처분의 상대방과 사이에 사법상 계약을 체결하는 형식을 취하였더라도 법치행정의 원리에 반하는 것으로서 위법하다고 볼 수 없다.
   ③ 행정청이 한 공유수면매립준공인가 중 매립지 일부에 대하여 한 국가귀속처분은 독립하여 행정소송의 대상으로 삼을 수 없다.
   ④ 부담과 조건의 구별이 명확하지 않은 경우에는 부담으로 보는 것이 행정행위의 상대방에게 유리하다고 본다.

3. 「행정기본법」의 내용으로 옳지 <u>않은</u> 것은? (다툼이 있는 경우 판례에 의함)

   ① 처분은 권한이 있는 기관이 취소 또는 철회하거나 기간의 경과 등으로 소멸되기 전까지는 유효한 것으로 통용된다. 다만, 무효인 처분은 처음부터 그 효력이 발생하지 아니한다.
   ② 행정청은 처분에 재량이 없는 경우에 조건, 기한, 부담, 철회권의 유보 등의 부관을 붙일 수 있다.
   ③ 새로운 법령등은 법령등에 특별한 규정이 있는 경우를 제외하고는 그 법령등의 효력 발생 전에 완성되거나 종결된 사실관계 또는 법률관계에 대해서는 적용되지 아니한다.
   ④ 행정청은 공법상 계약의 상대방을 선정하고 계약 내용을 정할 때 공법상 계약의 공공성과 제3자의 이해관계를 고려하여야 한다.

4. 다음 내용 중 옳지 <u>않은</u> 것은? (다툼이 있는 경우 판례에 의함)

   > ㄱ. 한국자산공사의 공매통지는 항고소송 대상인 처분이다.
   > ㄴ. 구 「청소년 보호법」 제49조 제1항·제2항에 따른 동법 시행령 제40조 [별표 6]의 위반행위의 종별에 따른 과징금 처분기준은 법규명령에 해당하고 규정된 기준은 확정액이다.
   > ㄷ. 행정지도에 따르지 아니하였다는 것을 직접적인 이유로 하는 불이익한 조치는 위법한 행위가 된다.
   > ㄹ. 행정계획과 관련하여 이익형량을 하였으나 정당성과 객관성이 결여된 경우에는 그 행정계획결정은 형량에 하자가 있어 위법하다.

   ① ㄱ, ㄴ   ② ㄱ, ㄹ
   ③ ㄴ, ㄷ   ④ ㄷ, ㄹ

5. 「행정조사기본법」에 대한 내용으로 옳지 <u>않은</u> 것은?

① 행정조사를 실시하기 전에 관련 사항을 미리 통지하는 때에는 증거인멸 등으로 행정조사의 목적을 달성할 수 없다고 판단되는 경우에는 행정조사의 개시와 동시에 출석요구서등을 조사대상자에게 제시하거나 행정조사의 목적 등을 조사대상자에게 구두로 통지할 수 있다.

② 조사대상자의 자발적인 협조를 얻어 행정조사를 실시하고자 하는 경우에 조사대상자가 조사에 응할 것인지에 대한 응답을 하지 아니하는 경우에는 조사에 응한 것으로 본다.

③ 조사원은 사전에 발송된 사항에 한하여 조사대상자를 조사하되, 사전통지한 사항과 관련된 추가적인 행정조사가 필요할 경우에는 조사대상자에게 추가조사의 필요성과 조사내용 등에 관한 사항을 서면이나 구두로 통보한 후 추가조사를 실시할 수 있다.

④ 행정기관의 장은 규정에 따라 자율신고를 하는 자와 자율관리체제를 구축하고 자율관리체제의 기준을 준수한 자에 대하여는 법령등으로 규정한 바에 따라 행정조사의 감면 또는 행정·세제상의 지원을 하는 등 필요한 혜택을 부여할 수 있다.

6. 행정행위에 대한 설명으로 옳은 것은?

① 명령적 행정행위는 국민에게 새로운 권리·능력, 기타 포괄적 법률관계를 발생·변경·소멸시키는 행위이다.

② 명령적 행정행위의 수명자가 하명에 의하여 과하여진 의무를 이행하지 않는 경우에는 행정상 강제집행에 의하여 그 의무이행이 강제되거나 또는 행정상 제재가 부과된다.

③ 공법상 대리는 법률의 규정에 의한 법정대리가 아니라, 본인의 의사에 따른 대리행위이다.

④ 명령적 행정행위는 타인을 위하여 그 행위의 효력을 보충·완성하는 행위와 타인을 대신하여 행하는 행위로 나누어진다.

7. 행정대집행에 관한 설명으로 옳은 것은? (다툼이 있는 경우 판례에 의함)

① 철거대집행 계고처분 후 행한 제2차 계고는 대집행기한의 연기통지가 아니라 새로운 철거의무를 부과한 것이다.

② 철거명령과 계고처분은 계고서라는 명칭의 1장의 문서로 이루어질 수 있다.

③ 행정청이 대집행의 방법으로 건물철거의무의 이행을 실현할 수 있는 경우, 건물철거 대집행과정에서 부수적으로 건물의 점유자들에 대한 퇴거조치를 할 수 없다.

④ 후행처분인 대집행 영장발부 통보처분의 취소소송에서, 선행처분인 계고처분의 위법을 이유로 대집행 영장발부 통보처분이 위법하다는 주장을 할 수 없다.

8. 「행정심판법」상 재결에 해당하지 <u>않는</u> 것은?

① 취소심판에서의 처분취소명령재결

② 취소심판에서의 처분변경명령재결

③ 의무이행심판에서의 처분재결

④ 의무이행심판에서의 처분명령재결

9. 행정행위의 성립이나 효력에 대한 설명으로 옳지 <u>않은</u> 것은? (다툼이 있는 경우 판례에 의함)

① 행정처분의 취소를 구하는 취소소송에서 그 처분의 취소를 선결문제로 하는 부당이득반환청구가 병합된 경우, 그 청구의 인용을 위해서는 그 소송절차에서 판결에 의해 당해 처분이 취소되면 충분하고 그 처분의 취소가 확정되어야 할 필요는 없다.

② 하자있는 수입승인에 기초하여 수입면허를 받고 물품을 통관한 경우, 당해 수입면허가 당연무효가 아닌 이상 무면허수입죄가 성립되지 않는다.

③ 정보통신윤리위원회가 특정 인터넷 웹사이트를 청소년유해매체물로 결정하고 청소년보호위원회가 효력발생시기를 명시하여 고시하면 그 명시된 시점에 효력이 발생하였다고 보아야 한다.

④ 실제로 거주하고 있지 아니하면서 전입신고만을 해 둔 주민등록지에 등기취급의 방법으로 우편물이 도달한 경우 적법한 송달이 이루어진 것으로 추정한다.

10. 행정강제에 대한 설명으로 옳은 것은? (다툼이 있는 경우 판례에 의함)

① 공법인이 대집행권한을 위탁받아 공무인 대집행 실시에 지출한 비용을 「행정대집행법」에 따라 강제징수할 수 있음에도 민사소송절차에 의하여 상환을 청구하는 것은 허용되지 않는다.

② 이행강제금은 심리적 압박을 통하여 간접적으로 의무이행을 확보하는 수단인 행정벌과는 달리 의무이행의 강제를 직접적인 목적으로 하므로, 강학상 직접강제에 해당한다.

③ 관계 법령에 위반하여 장례식장 영업을 하고 있는 자의 장례식장 사용중지의무는 「행정대집행법」 제2조의 규정에 따른 대집행의 대상이 된다.

④ 재범의 위험성이 현저한 자를 상대로 긴급히 보호할 필요가 있는 경우에 단기간의 동행보호를 허용한 구 「사회안전법」상 동행보호규정은 사전영장주의를 규정한 헌법규정에 반한다.

11. 행정행위의 하자에 대한 설명으로 옳지 <u>않은</u> 것은? (다툼이 있는 경우 판례에 의함)

① 조례 제정권의 범위를 벗어나 국가사무를 대상으로 한 무효인 조례의 규정에 근거하여 지방자치단체의 장이 행정처분을 한 경우 그 행정처분은 하자가 중대하나, 명백하지는 아니하므로 당연무효에 해당하지 아니한다.

② 과세관청은 세금부과처분을 취소한 처분에 취소원인인 하자가 있다는 이유로 취소처분을 다시 취소함으로써 원부과처분을 소생시킬 수 있다.

③ 행정처분에 대하여 그 행정처분의 근거가 된 법률이 위헌이라는 이유로 무효확인청구의 소가 제기된 경우에는 다른 특별한 사정이 없는 한 법원으로서는 그 법률이 위헌인지 여부에 대하여는 판단할 필요 없이 그 무효확인청구를 기각하여야 한다.

④ 법치주의 원칙을 강조할 경우 행정행위의 하자의 치유는 원칙적으로 허용될 수 없지만 예외적으로 행정의 무용한 반복을 피하고 당사자의 법적 안정성을 위해 허용될 수 있다.

12. 「공공기관의 정보공개에 관한 법률」상 정보공개에 대한 설명으로 옳지 <u>않은</u> 것은? (다툼이 있는 경우 판례에 의함)

① 정보의 공개 및 우송 등에 드는 비용은 실비(實費)의 범위에서 청구인이 부담한다.

② 공공기관은 공개 청구된 정보가 공공기관이 보유·관리하지 아니하는 정보인 경우로서 「민원 처리에 관한 법률」에 따른 민원으로 처리할 수 있는 경우에는 민원으로 처리할 수 있다.

③ 청구인이 공공기관에 대하여 정보공개를 청구하였다가 거부처분을 받은 것 자체가 법률상 이익의 침해에 해당한다.

④ 「보안관찰법」 소정의 보안관찰 관련 통계자료는 「공공기관의 정보공개에 관한 법률」 소정의 비공개 대상정보에 해당하지 않는다.

13. 행정작용에 대한 내용으로 옳은 것을 모두 고르면? (다툼이 있는 경우 판례에 의함)

ㄱ. 장기성·종합성이 요구되는 행정계획이라 하더라도 그 계획 확정 후 어떤 사정의 변동이 있다면 해당 지역주민에게는 그 계획의 변경을 청구할 권리가 인정된다.

ㄴ. 구 「도시계획법」상 도시계획사업의 시행자가 그 사업에 필요한 토지를 협의취득하는 행위는 사경제 주체로서 행하는 사법상의 법률행위이므로 행정소송의 대상이 되지 않는다.

ㄷ. 공법상 계약의 무효확인을 구하는 당사자소송의 청구는 당해 소송에서 추구하는 권리구제를 위한 다른 직접적인 구제방법이 있는 이상 소송요건을 구비하지 못한 위법한 청구이다.

ㄹ. 후행 도시계획을 결정하는 행정청이 선행 도시계획의 결정·변경에 관한 권한을 가지고 있지 아니한 경우 선행 도시계획과 양립할 수 없는 후행 도시계획결정은 취소사유에 해당한다.

① ㄱ, ㄴ   ② ㄱ, ㄹ
③ ㄴ, ㄷ   ④ ㄷ, ㄹ

14. 적법한 공권력 행사에 따른 재산권의 특별한 희생에 대한 손실보상의 내용으로 옳지 <u>않은</u> 것은? (다툼이 있는 경우 판례에 의함)

① 공공용물에 관하여 적법한 개발행위 등이 이루어져 일정 범위의 사람들의 일반사용이 종전에 비하여 제한받게 되었다 하더라도 특별한 사정이 없는 한 이는 특별한 손실에 해당한다고 할 수 없다.

② 「공익사업을 위한 토지 등의 취득 및 보상에 관한 법률」상 보상금증액소송은 처분청인 토지수용위원회를 피고로 하지 않는다.

③ 공익사업의 시행으로 토석채취허가를 연장받지 못한 경우 그로 인한 손실은 적법한 공권력의 행사로 가하여진 재산상의 특별한 희생으로서 손실보상의 대상이 된다.

④ 공익사업으로 인하여 영업을 폐지하거나 휴업하는 자는 구 「공익사업을 위한 토지 등의 취득 및 보상에 관한 법률」에 규정된 재결 절차를 거치지 않은 채 곧바로 사업시행자를 상대로 영업손실보상을 청구할 수는 없다.

15. 「국가배상법」상 공무원에 의한 손해배상에 대한 설명으로 옳은 것은? (다툼이 있는 경우 판례에 의함)

① 배상청구권의 시효와 관련하여 '가해자를 안다는 것'이 피해자나 그 법정대리인이 가해 공무원의 불법행위가 그 직무를 집행함에 있어서 행해진 것이라는 사실까지 인식함을 요구하지는 않는다.

② 공무를 위탁받아 실질적으로 공무에 종사하고 있더라도 그 위탁이 일시적이고 한정적인 경우에는 「국가배상법」 제2조의 공무원에 해당하지 않는다.

③ 헌법재판소 재판관이 청구기간을 오인하여 청구기간 내에 제기된 헌법소원심판 청구를 위법하게 각하한 경우, 설령 본안판단을 하였더라도 어차피 청구가 기각되었을 것이라는 사정이 있다면 국가배상책임이 인정될 수 없다.

④ 재량권의 행사에 관하여 행정청 내부에 일응의 기준을 정해 둔 경우 그 기준에 따른 행정처분을 하였다면 이에 관여한 공무원에게 그 직무상의 과실이 있다고 할 수 없다.

16. 다음 규정과 관련된 내용으로 옳지 않은 것은? (다툼이 있는 경우 판례에 의함)

> 「행정기본법」 제15조(처분의 효력)
> 처분은 권한이 있는 기관이 취소 또는 철회하거나 기간의 경과 등으로 소멸되기 전까지는 유효한 것으로 통용된다. 다만, 무효인 처분은 처음부터 그 효력이 발생하지 아니한다.

① 「건축법」상 위법건축물에 내려진 시정명령을 이행하지 않아 명령위반죄로 기소된 경우 형사법원은 시정명령의 위법성을 판단할 수 있다.

② 연령미달의 결격자가 이를 속이고 운전면허를 교부받아 운전 중 적발되어 기소된 경우 형사법원은 운전면허처분의 효력을 부인하고 무면허운전죄로 판단할 수 없다.

③ 조세과오납에 따른 부당이득반환청구사안에서 민사법원은 사전통지 및 의견제출절차를 거치지 않은 하자를 이유로 행정행위의 효력을 부인할 수 있다.

④ 행정처분이 위법임을 이유로 배상을 청구하는 경우, 그 행정처분의 취소판결이 있어야만 피고에게 배상을 청구할 수 있는 것은 아니다.

17. 질서위반행위와 과태료처분에 관한 설명으로 옳은 것은?

① 과태료의 부과·징수, 재판 및 집행 등의 절차에 관하여 「질서위반행위규제법」과 타 법률이 달리 규정하고 있는 경우에는 후자를 따른다.

② 과태료 사건은 다른 법령에 특별한 규정이 있는 경우를 제외하고는 당사자의 주소지의 지방법원 또는 그 지원의 관할로 한다.

③ 「민법」상의 의무를 위반하여 과태료를 부과하는 행위는 「질서위반행위규제법」상 질서위반행위에 해당한다.

④ 과태료에는 소멸시효가 없으므로 행정청의 과태료처분이나 법원의 과태료재판이 확정된 이상 일정한 시간이 지나더라도 그 처벌을 면할 수는 없다.

18. 행정절차에 관한 설명으로 옳지 않은 것은? (다툼이 있는 경우 판례에 의함)

① 행정청이 처분을 할 때에는 신청 내용을 모두 그대로 인정하는 경우에 당사자에게 그 근거와 이유를 제시하여야 한다.

② 행정청은 해당 처분의 성질상 의견청취가 현저히 곤란하거나 명백히 불필요하다고 인정될 만한 상당한 이유가 있는 경우에는 처분의 사전통지를 하지 않을 수도 있다.

③ 「국가공무원법」상 직위해제처분의 경우에는 처분의 사전통지 및 의견청취 등에 관한 「행정절차법」의 규정이 별도로 적용되지 않는다.

④ 법령상 청문이 요구되는 경우에, 행정처분의 상대방이 청문일시에 불출석하였다는 이유로 청문을 실시하지 아니하고 한 침해적 행정처분은 위법하다.

19. 행정소송제도에 대한 설명으로 옳지 않은 것은? (다툼이 있는 경우 판례에 의함)

① 중앙노동위원회의 처분에 대한 피고는 합의제행정청인 중앙노동위원회이다.

② 국민권익위원회가 소방청장에게 인사와 관련하여 부당한 지시를 한 사실이 인정된다며 이를 취소할 것을 요구하기로 의결하고 내용을 통지한 경우에 이에 대해 소방청장은 취소를 구할 원고적격이 인정된다.

③ 법원은 당사자소송을 취소소송으로 변경하는 것이 상당하다고 인정할 때에는 청구의 기초에 변경이 없는 한 사실심의 변론종결시까지 원고의 신청에 의하여 결정으로써 소의 변경을 허가할 수 있다.

④ 행정처분의 당연무효를 선언하는 의미에서 그 취소를 구하는 행정소송을 제기하는 경우에는 취소소송의 제소기간을 준수하여야 한다.

20. 다음 행정행위 중 형성적 행정행위에 해당하는 것은? (다툼이 있는 경우 판례에 의함)

> ㄱ. 친일반민족행위자 재산조사위원회의 친일재산 국가 귀속결정
> ㄴ. 주택재개발조합설립인가
> ㄷ. 귀화 허가
> ㄹ. 개인택시 운송사업면허

① ㄱ, ㄴ
② ㄱ, ㄴ, ㄷ
③ ㄴ, ㄷ, ㄹ
④ ㄱ, ㄴ, ㄷ, ㄹ

해설편 ▶ p.75

끝이 좋아야 시작이 빛난다.

– 마리아노 리베라(Mariano Rivera)

여러분의 작은 소리
에듀윌은 크게 듣겠습니다.

본 교재에 대한 여러분의 목소리를 들려주세요.
공부하시면서 어려웠던 점, 궁금한 점,
칭찬하고 싶은 점, 개선할 점, 어떤 것이라도 좋습니다.

에듀윌은 여러분께서 나누어 주신 의견을
통해 끊임없이 발전하고 있습니다.

에듀윌 도서몰 book.eduwill.net
· 부가학습자료 및 정오표: 에듀윌 도서몰 → 도서자료실
· 교재 문의: 에듀윌 도서몰 → 문의하기 → 교재(내용, 출간) / 주문 및 배송

2022 에듀윌 소방공무원 실전동형 모의고사 행정법총론

발 행 일	2022년 1월 13일 초판
편 저 자	김용철
펴 낸 이	이중현
펴 낸 곳	(주)에듀윌
등록번호	제25100-2002-000052호
주　　소	08378 서울특별시 구로구 디지털로34길 55
	코오롱싸이언스밸리 2차 3층

* 이 책의 무단 인용 · 전재 · 복제를 금합니다.　　　ISBN 979-11-360-1458-0 (13350)

www.eduwill.net
대표전화 1600-6700

소방공무원 신규채용(공개경쟁)

응시분야	
성 명	본인 성명 기재

[필적 감정용 기재란]
(예시) 서울소방 안전 대한민국

책 형
Ⓐ
Ⓑ

※시험감독관 기재 – 확인란
책형

	1회		2회		3회		4회		5회
1	① ② ③ ④	1	① ② ③ ④	1	① ② ③ ④	1	① ② ③ ④	1	① ② ③ ④
2	① ② ③ ④	2	① ② ③ ④	2	① ② ③ ④	2	① ② ③ ④	2	① ② ③ ④
3	① ② ③ ④	3	① ② ③ ④	3	① ② ③ ④	3	① ② ③ ④	3	① ② ③ ④
4	① ② ③ ④	4	① ② ③ ④	4	① ② ③ ④	4	① ② ③ ④	4	① ② ③ ④
5	① ② ③ ④	5	① ② ③ ④	5	① ② ③ ④	5	① ② ③ ④	5	① ② ③ ④
6	① ② ③ ④	6	① ② ③ ④	6	① ② ③ ④	6	① ② ③ ④	6	① ② ③ ④
7	① ② ③ ④	7	① ② ③ ④	7	① ② ③ ④	7	① ② ③ ④	7	① ② ③ ④
8	① ② ③ ④	8	① ② ③ ④	8	① ② ③ ④	8	① ② ③ ④	8	① ② ③ ④
9	① ② ③ ④	9	① ② ③ ④	9	① ② ③ ④	9	① ② ③ ④	9	① ② ③ ④
10	① ② ③ ④	10	① ② ③ ④	10	① ② ③ ④	10	① ② ③ ④	10	① ② ③ ④
11	① ② ③ ④	11	① ② ③ ④	11	① ② ③ ④	11	① ② ③ ④	11	① ② ③ ④
12	① ② ③ ④	12	① ② ③ ④	12	① ② ③ ④	12	① ② ③ ④	12	① ② ③ ④
13	① ② ③ ④	13	① ② ③ ④	13	① ② ③ ④	13	① ② ③ ④	13	① ② ③ ④
14	① ② ③ ④	14	① ② ③ ④	14	① ② ③ ④	14	① ② ③ ④	14	① ② ③ ④
15	① ② ③ ④	15	① ② ③ ④	15	① ② ③ ④	15	① ② ③ ④	15	① ② ③ ④
16	① ② ③ ④	16	① ② ③ ④	16	① ② ③ ④	16	① ② ③ ④	16	① ② ③ ④
17	① ② ③ ④	17	① ② ③ ④	17	① ② ③ ④	17	① ② ③ ④	17	① ② ③ ④
18	① ② ③ ④	18	① ② ③ ④	18	① ② ③ ④	18	① ② ③ ④	18	① ② ③ ④
19	① ② ③ ④	19	① ② ③ ④	19	① ② ③ ④	19	① ② ③ ④	19	① ② ③ ④
20	① ② ③ ④	20	① ② ③ ④	20	① ② ③ ④	20	① ② ③ ④	20	① ② ③ ④

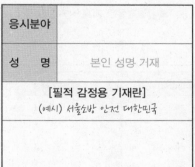

응 시 번 호

(1)

(2)

⓪	⓪	⓪	⓪	⓪	⓪
①	①	①	①	①	①
②	②	②	②	②	②
③	③	③	③	③	③
④	④	④	④	④	④
⑤	⑤	⑤	⑤	⑤	⑤
⑥	⑥	⑥	⑥	⑥	⑥
⑦	⑦	⑦	⑦	⑦	⑦
⑧	⑧	⑧	⑧	⑧	⑧
⑨	⑨	⑨	⑨	⑨	⑨

소방공무원 신규채용(공개경쟁)

응시분야	
성 명	본인 성명 거재

[필적 감정용 기재란]
(예시) 서울소방 안전 대한민국

책 형
Ⓐ
Ⓑ

※시험감독관 기재 – 확인란
책형

	6회		7회		8회		9회		10회
1	① ② ③ ④	1	① ② ③ ④	1	① ② ③ ④	1	① ② ③ ④	1	① ② ③ ④
2	① ② ③ ④	2	① ② ③ ④	2	① ② ③ ④	2	① ② ③ ④	2	① ② ③ ④
3	① ② ③ ④	3	① ② ③ ④	3	① ② ③ ④	3	① ② ③ ④	3	① ② ③ ④
4	① ② ③ ④	4	① ② ③ ④	4	① ② ③ ④	4	① ② ③ ④	4	① ② ③ ④
5	① ② ③ ④	5	① ② ③ ④	5	① ② ③ ④	5	① ② ③ ④	5	① ② ③ ④
6	① ② ③ ④	6	① ② ③ ④	6	① ② ③ ④	6	① ② ③ ④	6	① ② ③ ④
7	① ② ③ ④	7	① ② ③ ④	7	① ② ③ ④	7	① ② ③ ④	7	① ② ③ ④
8	① ② ③ ④	8	① ② ③ ④	8	① ② ③ ④	8	① ② ③ ④	8	① ② ③ ④
9	① ② ③ ④	9	① ② ③ ④	9	① ② ③ ④	9	① ② ③ ④	9	① ② ③ ④
10	① ② ③ ④	10	① ② ③ ④	10	① ② ③ ④	10	① ② ③ ④	10	① ② ③ ④
11	① ② ③ ④	11	① ② ③ ④	11	① ② ③ ④	11	① ② ③ ④	11	① ② ③ ④
12	① ② ③ ④	12	① ② ③ ④	12	① ② ③ ④	12	① ② ③ ④	12	① ② ③ ④
13	① ② ③ ④	13	① ② ③ ④	13	① ② ③ ④	13	① ② ③ ④	13	① ② ③ ④
14	① ② ③ ④	14	① ② ③ ④	14	① ② ③ ④	14	① ② ③ ④	14	① ② ③ ④
15	① ② ③ ④	15	① ② ③ ④	15	① ② ③ ④	15	① ② ③ ④	15	① ② ③ ④
16	① ② ③ ④	16	① ② ③ ④	16	① ② ③ ④	16	① ② ③ ④	16	① ② ③ ④
17	① ② ③ ④	17	① ② ③ ④	17	① ② ③ ④	17	① ② ③ ④	17	① ② ③ ④
18	① ② ③ ④	18	① ② ③ ④	18	① ② ③ ④	18	① ② ③ ④	18	① ② ③ ④
19	① ② ③ ④	19	① ② ③ ④	19	① ② ③ ④	19	① ② ③ ④	19	① ② ③ ④
20	① ② ③ ④	20	① ② ③ ④	20	① ② ③ ④	20	① ② ③ ④	20	① ② ③ ④

응 시 번 호

(1)

(2)

⓪	⓪	⓪	⓪	⓪	⓪
①	①	①	①	①	①
②	②	②	②	②	②
③	③	③	③	③	③
④	④	④	④	④	④
⑤	⑤	⑤	⑤	⑤	⑤
⑥	⑥	⑥	⑥	⑥	⑥
⑦	⑦	⑦	⑦	⑦	⑦
⑧	⑧	⑧	⑧	⑧	⑧
⑨	⑨	⑨	⑨	⑨	⑨

자르는 선

소방공무원 신규채용(공개경쟁)

응시분야	
성 명	본인 성명 기재

[필적 감정용 기재란]
(예시) 서울소방 안전 대한민국

책 형
Ⓐ
Ⓑ

※시험감독관 기재 – 확인란
책형

응 시 번 호						
(1)						
(2)	⓪ ⓪ ⓪ ⓪ ⓪ ⓪					
	① ① ① ① ① ①					
	② ② ② ② ② ②					
	③ ③ ③ ③ ③ ③					
	④ ④ ④ ④ ④ ④					
	⑤ ⑤ ⑤ ⑤ ⑤ ⑤					
	⑥ ⑥ ⑥ ⑥ ⑥ ⑥					
	⑦ ⑦ ⑦ ⑦ ⑦ ⑦					
	⑧ ⑧ ⑧ ⑧ ⑧ ⑧					
	⑨ ⑨ ⑨ ⑨ ⑨ ⑨					

연습용 답안 (1~20번, 각 칸 ① ② ③ ④, 5개 열)

소방공무원 신규채용(공개경쟁)

응시분야	
성 명	본인 성명 기재

[필적 감정용 기재란]
(예시) 서울소방 안전 대한민국

책 형
Ⓐ
Ⓑ

※시험감독관 기재 – 확인란
책형

응 시 번 호						
(1)						
(2)	⓪ ⓪ ⓪ ⓪ ⓪ ⓪					
	① ① ① ① ① ①					
	② ② ② ② ② ②					
	③ ③ ③ ③ ③ ③					
	④ ④ ④ ④ ④ ④					
	⑤ ⑤ ⑤ ⑤ ⑤ ⑤					
	⑥ ⑥ ⑥ ⑥ ⑥ ⑥					
	⑦ ⑦ ⑦ ⑦ ⑦ ⑦					
	⑧ ⑧ ⑧ ⑧ ⑧ ⑧					
	⑨ ⑨ ⑨ ⑨ ⑨ ⑨					

연습용 답안 (1~20번, 각 칸 ① ② ③ ④, 5개 열)

38개월* 베스트셀러 1위
에듀윌 공무원 교재

7·9급공무원 교재
※ 기본서·단원별 기출&예상 문제집은 국어/영어/한국사/행정학/행정법총론/(운전직)사회로 구성되어 있음.

기본서(국어)

기본서(영어)

기본서(한국사)

기본서(행정법총론)

기본서(운전직 사회)

단원별 기출&예상 문제집(국어)

7·9급공무원 교재
※ 기출문제집은 국어/영어/한국사/행정학/행정법총론/(운전직)사회로 구성되어 있음.

기출문제집(국어)

기출문제집(영어)

기출문제집(한국사)

기출문제집(행정학)

기출문제집(운전직 사회)

기출PACK
공통과목(국어+영어+한국사)
/전문과목(행정법총론+행정학)

7·9급공무원 교재
※ 실전동형 모의고사는 국어/영어/한국사/행정학/행정법총론으로 구성되어 있음.

실전동형 모의고사
(행정법총론)

봉투모의고사 실전형1/2/3
(국어+영어+한국사)

PSAT 기본서
(언어논리/자료해석/상황판단)

PSAT 기출문제집

PSAT 민경채 기출문제집

7급 기출문제집
(행정학/행정법/헌법)

경찰공무원 교재

기본서(경찰학)

기본서(형사법)

기본서(헌법)

기출문제집
(경찰학/형사법/헌법)

실전동형 모의고사
1차 시험 대비
(경찰학/형사법/헌법)

경찰면접

소방공무원 교재

기출문제집
(한국사/영어/행정법총론
/소방학+관계법규)

실전동형 모의고사
(한국사/영어/행정법총론/
소방학+관계법규)

봉투모의고사
(국어+한국사+영어)/(소방학+관계법규)

군무원 교재　　　　　　※ 기출문제집은 국어/행정법/행정학으로 구성되어 있음.

기출문제집(국어)

기출문제집(행정학)

봉투모의고사
(국어+행정법+행정학)

계리직공무원 교재　　　　　　※ 단원별 문제집은 한국사/우편상식/금융상식/컴퓨터일반으로 구성되어 있음.

기본서(한국사)

기본서(우편상식)

기본서(금융상식)

기본서(컴퓨터일반)

단원별 문제집(한국사)

기출문제집
(한국사+우편·금융상식+컴퓨터일반)

영어 집중 교재

기출 영단어(빈출순)

매일 3문 독해
(기본완성/실력완성)

빈출 문법(4주 완성)

단기 공략(핵심 요약집)

한국사 집중 교재

흐름노트

행정학 집중 교재

단권화 요약노트

국어 집중 교재

매일 기출한자(빈출순)

문법 단권화 요약노트

비문학 데일리 독해

기출판례집(빈출순) 교재

행정법

헌법

형사법

더 많은
공무원 교재

취업, 공무원, 자격증 시험준비의 흐름을 바꾼 화제작!

에듀윌 히트교재 시리즈

에듀윌 교육출판연구소가 만든 히트교재 시리즈!
YES24, 교보문고, 알라딘, 인터파크, 영풍문고 등 전국 유명 온/오프라인 서점에서 절찬 판매 중!

공인중개사 기초서/기본서/핵심요약집/문제집/기출문제집/실전모의고사 외 11종

주택관리사 기초서/기본서/핵심요약집/문제집/기출문제집/실전모의고사

7·9급공무원 기본서/단원별 기출&예상 문제집/기출문제집/기출팩/실전, 봉투모의고사

공무원 국어 한자·문법·독해/영어 단어·문법·독해/한국사 모의고사·흐름노트/행정학 요약노트/행정법 판례집/헌법 판례집

7급공무원 PSAT 기본서/기출문제집

계리직공무원 기본서/문제집/기출문제집

군무원 기출문제집/봉투모의고사

경찰공무원 기본서/기출문제집/모의고사/판례집/면접

소방공무원 기출문제집/실전, 봉투모의고사

맞춤형 화장품 조제관리사

검정고시 고졸/중졸 기본서/기출문제집/실전모의고사/총정리

사회복지사(1급) 기본서/기출문제집/핵심요약집

직업상담사(2급) 기본서/기출문제집

경비 기본서/기출/1차 한권끝장/2차 모의고사

전기기사 필기/실기/기출문제집

전기기능사 필기/실기

2022
에듀윌
소방공무원

해설편
행정법총론

김용철 편저

eduwill

소방공무원 교육 **1위**
전문 교수진 해설강의 **ALL 무료**

해설편

행정법총론

2022

에듀윌 소방공무원

실전동형 모의고사 10회
해설편

행정법총론

eduwill

문제편 p.12

01	①	02	②	03	③	04	④	05	①
06	②	07	③	08	①	09	④	10	②
11	④	12	③	13	②	14	①	15	④
16	③	17	③	18	④	19	①	20	②

▶풀이시간: /15분 나의 점수: /100점

01 행정의 실효성 확보수단 〉 행정벌 〉 행정질서벌　난이도 중 | 답 ①

「질서위반행위규제법」에 대한 설명으로 옳지 <u>않은</u> 것은? (다툼이 있는 경우 판례에 의함)

① 질서위반행위 후 법률이 변경되어 그 행위가 질서위반행위에 해당하지 아니하게 된 경우, 법률에 특별한 규정이 없는 한 질서위반행위의 성립은 행위시의 법률에 따른다.
② 당사자가 행정청의 과태료 부과에 불복하여 이의제기를 한 경우, 행정청의 과태료 부과처분은 그 효력을 상실한다.
③ 신분에 의하여 성립하는 질서위반행위에 신분이 없는 자가 가담한 때에는 신분이 없는 자에 대하여도 질서위반행위가 성립한다.
④ 「질서위반행위규제법」에 따르면 고의 또는 과실이 없는 질서위반행위에는 과태료를 부과하지 아니한다.

| 정답해설 |
① 행위시에 질서위반행위에 해당되었던 행위가 법률이 개정되어 더 이상 질서위반행위에 해당하지 않을 경우에는 행정청은 개정된 법률을 적용하여 과태료를 부과하지 않는다(「질서위반행위규제법」 제3조 제2항).

| 오답해설 |
② 행정청의 과태료 부과에 불복하는 당사자는 과태료 부과 통지를 받은 날부터 60일 이내에 해당 행정청에 서면으로 이의제기를 할 수 있고 이의제기가 있는 경우에는 행정청의 과태료 부과처분은 그 효력을 상실한다(동법 제20조 제1항·제2항).
③ 신분에 의하여 성립하는 질서위반행위에 신분이 없는 자가 가담한 때에는 신분이 없는 자에 대하여도 질서위반행위가 성립한다. 다만 신분에 의한 과태료의 가중이나 감경 등의 효력은 미치지 않는다(동법 제12조 제2항·제3항).
④ 고의 또는 과실이 없는 질서위반행위는 과태료를 부과하지 아니한다(동법 제7조).

「질서위반행위규제법」은 과태료의 부과대상인 질서위반행위에 대하여도 책임주의 원칙을 채택하여 제7조에서 "고의 또는 과실이 없는 질서위반행위는 과태료를 부과하지 아니한다."고 규정하고 있으므로, 질서위반행위를 한 자가 자신의 책임 없는 사유로 위반행위에 이르렀다고 주장하는 경우 법원으로서는 그 내용을 살펴 행위자에게 고의나 과실이 있는지를 따져보아야 한다(대결 2011.7.14.자 2011마364).

02 행정법 통칙 〉 행정법의 법원 〉 「행정기본법」　난이도 중 | 답 ②

다음 중 「행정기본법」의 내용으로 옳은 것은?

ㄱ. 행정청은 적법한 처분이 중대공익을 위하여 필요한 경우에는 그 처분의 전부 또는 일부를 장래를 향하여 철회할 수 있다.
ㄴ. 행정청은 재량인 처분을 포함하여 법률로 정하는 바에 따라 완전히 자동화된 시스템으로 처분을 할 수 있다.
ㄷ. 행정청은 법령등을 위반하지 아니하는 범위에서 행정목적을 달성하기 위하여 필요한 경우에는 서면 또는 구술의 방법으로 공법상 계약을 체결할 수 있다.
ㄹ. 제재처분의 근거가 되는 법률에는 제재처분의 주체, 사유, 유형 및 상한을 명확하게 규정하여야 한다.

① ㄱ, ㄷ　　　　② ㄱ, ㄹ
③ ㄴ, ㄷ　　　　④ ㄴ, ㄹ

| 정답해설 |
② ㄱ, ㄹ이 옳은 내용이다.
ㄱ. 중대한 공익적 사유가 있는 경우에 행정청은 처분을 철회할 수 있다.

「행정기본법」 제19조 【적법한 처분의 철회】 ① 행정청은 적법한 처분이 다음 각 호의 어느 하나에 해당하는 경우에는 그 처분의 전부 또는 일부를 장래를 향하여 철회할 수 있다.
1. 법률에서 정한 철회 사유에 해당하게 된 경우
2. 법령등의 변경이나 사정변경으로 처분을 더 이상 존속시킬 필요가 없게 된 경우
3. 중대한 공익을 위하여 필요한 경우

ㄹ. 제재처분의 근거가 되는 법률에는 제재처분의 주체, 사유, 유형 및 상한을 명확하게 규정하여야 한다. 이 경우 제재처분의 유형 및 상한을 정할 때에는 해당 위반행위의 특수성 및 유사한 위반행위와의 형평성 등을 종합적으로 고려하여야 한다(동법 제22조 제1항).

| 오답해설 |
ㄴ. 행정청은 법률로 정하는 바에 따라 완전히 자동화된 시스템(인공지능 기술을 적용한 시스템을 포함한다)으로 처분을 할 수 있다. 다만, 처분에 재량이 있는 경우는 그러하지 아니하다(동법 제20조).
ㄷ. 공법상 계약은 계약서를 작성하여야 한다. 구술의 방법에 대하여는 규정하고 있지 않다.

「행정기본법」 제27조 【공법상 계약의 체결】 ① 행정청은 법령등을 위반하지 아니하는 범위에서 행정목적을 달성하기 위하여 필요한 경우에는 공법상 법률관계에 관한 계약(이하 "공법상 계약"이라 한다)을 체결할 수 있다. 이 경우 계약의 목적 및 내용을 명확하게 적은 계약서를 작성하여야 한다.

03 행정의 실효성 확보수단 〉 행정강제 〉 강제집행　난이도 중 | 답 ③

행정의 실효성 확보수단에 관한 설명으로 옳은 것은? (다툼이 있는 경우 판례에 의함)

① 「건축법」상 이행강제금 부과처분은 항고소송으로 다툴 수 없다.
② 이행강제금은 대체적 작위의무의 위반에 대하여 부과할 수 없다.
③ 「건축법」상 이행강제금의 납부의무는 상속인에게 승계될 수 없는 일신전속적인 성질의 것이다.

④ 병무청장의 「병역법」에 따라 병역의무 기피자의 인적사항을 인터넷 홈페이지에 공개하는 결정은 항고소송의 대상이 되는 행정처분이 아니다.

| 정답해설 |

③ 구 「건축법」(2005.11.8. 법률 제7696호로 개정되기 전의 것)상의 이행강제금은 구 「건축법」의 위반행위에 대하여 시정명령을 받은 후 시정기간 내에 당해 시정명령을 이행하지 아니한 건축주 등에 대하여 부과되는 간접강제의 일종으로서 그 이행강제금 납부의무는 상속인 기타의 사람에게 승계될 수 없는 일신전속적인 성질의 것이므로 이미 사망한 사람에게 이행강제금을 부과하는 내용의 처분이나 결정은 당연무효이고, 이행강제금을 부과받은 사람의 이의에 의하여 비송사건절차법에 의한 재판절차가 개시된 후에 그 이의한 사람이 사망한 때에는 사건 자체가 목적을 잃고 절차가 종료한다(대결 2006.12.8. 자 2006마470).

| 오답해설 |

① 「건축법」상 이행강제금은 종래 비송사건절차법에 의하여 구제되었으나 법개정에 따라 이 규정이 삭제되어 구제에 대한 특별한 규정이 없게 되었다. 이제는 항고소송 대상인 처분이다.

② 이행강제금은 비대체적 작위의무, 부작위의무, 대체적 작위의무에 부과할 수 있다.

④ 병무청장이 「병역법」 제81조의2 제1항에 따라 병역의무 기피자의 인적사항 등을 인터넷 홈페이지에 게시하는 등의 방법으로 공개한 경우 병무청장의 공개결정을 항고소송의 대상이 되는 행정처분으로 보아야 한다(대판 2019.6.27. 2018두49130).

04 행정구제 〉 사전구제 〉 행정절차　　난이도 하 | 답 ④

「행정절차법」의 내용으로 옳지 <u>않은</u> 것은? (다툼이 있는 경우 판례에 의함)

① 처분을 할 때 해당 처분의 영향이 광범위하여 널리 의견을 수렴할 필요가 있다고 행정청이 인정하는 경우에는 공청회를 개최한다.

② 행정청은 인허가 등의 취소시 의견제출기한 내에 당사자등의 신청이 있는 경우에는 청문을 한다.

③ 청문·공청회 또는 의견제출을 거쳤을 때에는 신속히 처분하여 해당 처분이 지연되지 아니하도록 하여야 한다.

④ 행정청은 처분을 할 때에는 이해관계인에게 그 근거와 이유를 제시하여야 한다.

| 정답해설 |

④ 이유제시는 처분서에 적시되며, 처분서는 처분의 상대방에게 송달되는 것이지 이해관계인에게 송달되지 않는다.

| 오답해설 |

①

> 「행정절차법」 제22조 【의견청취】 ② 행정청이 처분을 할 때 다음 각 호의 어느 하나에 해당하는 경우에는 공청회를 개최한다.
> 1. 다른 법령등에서 공청회를 개최하도록 규정하고 있는 경우
> 2. 해당 처분의 영향이 광범위하여 널리 의견을 수렴할 필요가 있다고 행정청이 인정하는 경우
> 3. 국민생활에 큰 영향을 미치는 처분으로서 대통령령으로 정하는 처분에 대하여 대통령령으로 정하는 수 이상의 당사자등이 공청회 개최를 요구하는 경우

②

> 「행정절차법」 제22조 【의견청취】 ① 행정청이 처분을 할 때 다음 각 호의 어느 하나에 해당하는 경우에는 청문을 한다.
> 1. 다른 법령등에서 청문을 하도록 규정하고 있는 경우
> 2. 행정청이 필요하다고 인정하는 경우
> 3. 다음 각 목의 처분시 제21조 제1항 제6호에 따른 의견제출기한 내에 당사자등의 신청이 있는 경우

가. 인허가 등의 취소
나. 신분·자격의 박탈
다. 법인이나 조합 등의 설립허가의 취소

③ 행정청은 청문·공청회 또는 의견제출을 거쳤을 때에는 신속히 처분하여 해당 처분이 지연되지 아니하도록 하여야 한다(동법 제22조 제5항).

05 행정작용 〉 행정행위 〉 행정행위의 내용　　난이도 중 | 답 ①

허가에 관한 설명으로 옳은 것은? (다툼이 있는 경우 판례에 의함)

① 허가권자는 중대한 공익상의 필요가 없는 경우에 관계 법령에서 정한 제한사유 이외의 사유를 들어 적법한 건축허가 신청을 거부할 수 없다.

② 허가는 반드시 신청을 전제로 한다.

③ 허가에 취소나 철회사유가 발생하면 전부취소나 철회가 가능할 뿐 일부취소 또는 일부철회는 불가능하다.

④ 허가가 있으면 당해 허가의 대상이 된 행위에 대한 금지가 해제될 뿐만 아니라 타법에 의한 금지까지 해제된다.

| 정답해설 |

① 허가는 원칙적으로 기속행위에 해당된다. 따라서 상대방이 법정의 요건을 모두 구비하여 신청한 경우라면, 중대한 공익상의 사유 등이 없는 한 허가를 거부할 수 없다.

> 건축행정청은 건축허가신청이 「건축법」 등 관계 법령에서 정하는 어떠한 제한에 해당되지 않는 이상 같은 법령에서 정하는 건축허가를 하여야 하고, 중대한 공익상의 필요가 없음에도 불구하고 요건을 갖춘 자에 대한 허가를 관계 법령에서 정하는 제한사유 이외의 사유를 들어 거부할 수는 없다(대판 2018.6.28. 2015두47737).

| 오답해설 |

② 허가는 원칙적으로 출원을 요하는 처분이기는 하나, 출원없는 허가도 가능할 수 있고(통행금지해제 등) 출원과 다른 수정허가도 가능하다.

③ 허가에 하자가 발생하였을 경우, 처분에 가분성이 있으면 일부 취소나 철회도 가능하다(여러 운전면허를 취득한 자에 대하여 특정면허만 취소하는 경우 등).

④ 타법상의 한계를 가지고 있다. 따라서 인·허가가 의제되는 경우가 아닌 한 하나의 허가를 받았다고 해서 다른 허가를 받았다고 볼 수 없다.

06 행정작용 〉 행정행위 〉 행정행위의 효력　　난이도 중 | 답 ②

행정행위의 효력에 대한 설명으로 옳지 <u>않은</u> 것은? (다툼이 있는 경우 판례에 의함)

① 행정처분이 당연무효임을 전제로 하여 민사소송을 제기한 때에는 그 행정처분이 당연무효인지의 여부가 선결문제가 되므로 법원은 이를 심사할 수 있다.

② 행정처분이나 행정심판 재결이 불복기간의 경과로 인하여 확정될 경우 확정력은 처분으로 인하여 법률상 이익을 침해받은 자가 처분이나 재결의 효력을 더 이상 다툴 수 없다는 의미에서 판결에 있어서와 같은 기판력이 인정된다.

③ 과세처분에 대해 이의신청을 하고 이에 따라 직권취소가 이루어졌다면 특별한 사정이 없는 한 불가변력이 발생한다.

④ 위법한 행정처분으로 인해 피해를 입은 자가 제기한 국가배상청구소송에서 민사법원은 행정행위의 위법성 여부를 확인하여 배상청구를 인용할 수 있다.

| 정답해설 |

② 불가쟁력은 처분의 위·적법 여부와 상관없이 일정기간의 경과로서 처분의 효력이 확정되는 형식적 확정력이다. 확정판결에 의해 처분의 위·적법 여부가 확정되는 기판력과는 동일한 개념이 아니다.

> 행정처분이나 행정심판 재결이 불복기간의 경과로 확정될 경우 그 확정력은 처분으로 인하여 법률상 이익을 침해받은 자가 당해 처분이나 재결의 효력을 더 이상 다툴 수 없다는 의미일 뿐, 판결에 있어서와 같은 기판력이 인정되는 것은 아니어서 처분의 기초가 된 사실관계나 법률적 판단이 확정되고, 당사자들이나 법원이 이에 기속되어 모순되는 주장이나 판단을 할 수 없게 되는 것은 아니다(대판 1993.4.13. 92누17181).

| 오답해설 |

① 과세처분이 당연무효라고 볼 수 없는 한 과세처분에 취소할 수 있는 위법사유가 있다 하더라도 그 과세처분은 행정행위의 공정력 또는 집행력에 의하여 그것이 적법하게 취소되기 전까지는 유효하다 할 것이므로, 민사소송절차에서 그 과세처분의 효력을 부인할 수 없다(대판 1999.8.20. 99다20179).

③ 과세처분이 이의신청에 의해 행정청이 직권으로 취소하면, 취소에 하자가 있다고 해도 이를 다시 취소하여 과세처분을 되살릴 수 없다. 따라서 과세처분이 행정청에 의해 직권으로 취소되면 확정적으로 과세처분의 효력은 소멸한다(불가변력).

> 과세처분에 관한 이의신청절차에서 과세관청이 이의신청 사유가 옳다고 인정하여 과세처분을 직권으로 취소한 이상 그 후 특별한 사유 없이 이를 번복하고 종전 처분을 되풀이하는 것은 허용되지 않는다(대판 2010.9.30. 2009두1020).

④ 「행정소송법」 제11조 제1항은 선결문제 심판권에 대한 예시적인 규정으로 보는 것이 통설이며, 판례 또한 민사법원이 행정행위의 위법성 여부에 대해 심사할 수 있다고 하는 입장이다.

> 위법한 행정대집행이 완료되면 그 처분의 무효확인 또는 취소를 구할 소의 이익은 없다 하더라도, 미리 그 행정처분의 취소판결이 있어야만, 그 행정처분의 위법임을 이유로 한 손해배상 청구를 할 수 있는 것은 아니다(대판 1972.4.28. 72다337).

> 행정처분의 취소를 구하는 항고소송에서 처분청은 당초 처분의 근거로 삼은 사유와 기본적 사실관계가 동일성이 있다고 인정되는 한도 내에서만 다른 사유를 추가 또는 변경할 수 있고, 이러한 기본적 사실관계의 동일성 유무는 처분사유를 법률적으로 평가하기 이전의 구체적 사실에 착안하여 그 기초인 사회적 사실관계가 기본적인 점에서 동일한지에 따라 결정되므로, 추가 또는 변경된 사유가 처분 당시에 이미 존재하고 있었다거나 당사자가 그 사실을 알고 있었다고 하여 당초의 처분사유와 동일성이 있다고 할 수 없다. 그리고 이러한 법리는 행정심판 단계에서도 그대로 적용된다(대판 2014.5.16. 2013두26118).

④ 행정심판청구서는 처분청을 경유하여 제출하거나, 행정심판위원회에 직접 제출할 수 있다.

> 「행정심판법」 제23조【심판청구서의 제출】 ① 행정심판을 청구하려는 자는 제28조에 따라 심판청구서를 작성하여 피청구인이나 위원회에 제출하여야 한다. 이 경우 피청구인의 수만큼 심판청구서 부본을 함께 제출하여야 한다.

---

08 행정법 통칙 〉 행정법의 법원 〉 행정법의 일반원칙　　난이도 중 | 답 ①

행정법의 일반원칙에 대한 설명으로 옳은 것은? (다툼이 있는 경우 판례에 의함)

① 법령 개정에 대한 신뢰와 관련하여, 법령에 따른 개인의 행위가 국가에 의하여 일정한 방향으로 유인된 경우에 특별히 보호가치가 있는 신뢰이익이 인정될 수 있다.
② 행정청 내부의 사무처리준칙에 해당하는 지침의 공표만으로도 신청인은 보호가치 있는 신뢰를 갖게 된다.
③ 신뢰보호원칙이 적용되기 위한 행정청의 공적 견해표명이 있었는지 여부는 전적으로 행정조직상의 권한분장에 의해 결정된다.
④ 위법한 행정처분이라도 수차례에 걸쳐 반복적으로 행하여졌다면 그러한 처분은 행정청에 대하여 자기구속력을 갖게 된다.

| 정답해설 |

① 개인의 신뢰이익에 대한 보호가치는 ㉠ 법령에 따른 개인의 행위가 국가에 의하여 일정방향으로 유인된 신뢰의 행사인지, ㉡ 아니면 단지 법률이 부여한 기회를 활용한 것으로서 원칙적으로 사적 위험부담의 범위에 속하는 것인지 여부에 따라 달라진다 할 것이다. 만일 법령에 따른 개인의 행위가 단지 법령이 반사적으로 부여하는 기회의 활용을 넘어서 국가에 의하여 일정 방향으로 유인된 것이라면 특별히 보호가치가 있는 신뢰이익이 인정될 수 있고, 원칙적으로 개인의 신뢰보호가 국가의 법령개정이익에 우선된다고 볼 여지가 있다(헌재 2002.11.28. 2002헌바45).

| 오답해설 |

②
> [1] 상급행정기관이 하급행정기관에 대하여 업무처리지침이나 법령의 해석적용에 관한 기준을 정하여 발하는 이른바 '행정규칙이나 내부지침'은 일반적으로 행정조직 내부에서만 효력을 가질 뿐 대외적인 구속력을 갖는 것은 아니므로 행정처분이 그에 위반하였다고 하여 그러한 사정만으로 곧바로 위법하게 되는 것은 아니다.
> [2] 행정청 내부의 사무처리준칙에 해당하는 이 사건 지침이 그 정한 바에 따라 되풀이 시행되어 행정관행이 이루어졌다고 인정할 만한 자료를 찾아볼 수 없을 뿐만 아니라, 이 사건 지침의 공표만으로는 원고가 이 사건 지침에 명시된 요건을 충족할 경우 사업자로 선정되어 벼 매입자금 지원 등의 혜택을 받을 수 있다는 보호가치 있는 신뢰를 가지게 되었다고 보기도 어렵다(대판 2009.12.24. 2009두7967).

③ 공적 견해표명이 있었는지의 여부를 판단하는 데 있어 반드시 행정조직상의 형식적인 권한분장에 구애될 것은 아니고 담당자의 조직상의 지위와 임무, 당해 언동을 하게 된 구체적인 경위 및 그에 대한 상대방의 신뢰가능성에 비추어 실질에 의하여 판단하여야 한다(대판 1997.9.12. 96누18380).
④ 평등의 원칙은 본질적으로 같은 것을 자의적으로 다르게 취급함을 금지하는 것이고, 위법한 행정처분이 수차례에 걸쳐 반복적으로 행하여졌다 하더라도 그러한 처분이 위법한 것인 때에는 행정청에 대하여 자기구속력을 갖게 된다고 할 수 없다(대판 2009.6.25. 2008두13132).

---

07 행정구제 〉 행정쟁송 〉 행정심판　　난이도 하 | 답 ③

행정심판에 관한 설명으로 옳은 것은? (다툼이 있는 경우 판례에 의함)

① 행정심판 재결에는 특별한 사유가 없는 한 불가변력이 발생하지 않는다.
② 취소심판에는 처분사유의 추가·변경이 허용되지 않는다.
③ 「행정심판법」은 무효등확인심판에서는 사정재결을 할 수 없음을 명문으로 규정하고 있다.
④ 청구인은 행정심판청구서를 피청구인인 행정청에 제출할 수 없다.

| 정답해설 |

③ 무효등확인소송은 사정재결의 대상이 되지 않는다.

> 「행정심판법」 제44조【사정재결】 ① 위원회는 심판청구가 이유가 있다고 인정하는 경우에도 이를 인용(認容)하는 것이 공공복리에 크게 위배된다고 인정하면 그 심판청구를 기각하는 재결을 할 수 있다. 이 경우 위원회는 재결의 주문(主文)에서 그 처분 또는 부작위가 위법하거나 부당하다는 것을 구체적으로 밝혀야 한다.
> ② 위원회는 제1항에 따른 재결을 할 때에는 청구인에 대하여 상당한 구제방법을 취하거나 상당한 구제방법을 취할 것을 피청구인에게 명할 수 있다.
> ③ 제1항과 제2항은 무효등확인심판에는 적용하지 아니한다.

| 오답해설 |

① 행정심판 재결은 준법률행위적 행정행위로서 준사법적 작용인 확인행위이다. 따라서 불가변력이 발생하여 행정심판위원회는 자신의 재결을 스스로 변경하거나 취소할 수 없다.
② 처분사유의 추가·변경의 법리는 행정소송뿐 아니라 행정심판에서도 동일하게 적용된다는 것이 대법원의 입장이다.

09 정보공개와 개인정보 > 개인정보 > 「개인정보 보호법」 난이도 하 | 답 ④

「개인정보 보호법」에 관한 설명으로 옳은 것은?

① 법인의 정보는 이 법의 보호대상이다.
② 개인정보처리자가 이 법에 위반한 행위로 정보주체에게 손해를 입힌 경우, 개인정보처리자의 손해배상책임은 무과실책임이다.
③ 개인정보 보호에 관한 사무를 독립적으로 수행하기 위하여 행정 안전부장관 소속으로 개인정보 보호위원회를 둔다.
④ 정보주체의 권리침해행위의 금지·중지를 구하는 단체소송을 제 기하려면 법원의 허가를 받아야 한다.

| 정답해설 |
④ 단체소송은 법원의 허가를 받아야 가능하다.

「개인정보 보호법」 제54조 【소송허가신청】 ① 단체소송을 제기하는 단체는 소 장과 함께 다음 각 호의 사항을 기재한 소송허가신청서를 법원에 제출하여 야 한다.
1. 원고 및 그 소송대리인
2. 피고
3. 정보주체의 침해된 권리의 내용
② 제1항에 따른 소송허가신청서에는 다음 각 호의 자료를 첨부하여야 한다.
1. 소제기단체가 제51조 각 호의 어느 하나에 해당하는 요건을 갖추고 있음 을 소명하는 자료
2. 개인정보처리자가 조정을 거부하였거나 조정결과를 수락하지 아니하였음 을 증명하는 서류

| 오답해설 |
① 살아있는 개인만이 이 법의 보호대상이다. 따라서 법인이나 사자(死者)는 해당되 지 않는다.

「개인정보 보호법」 제2조 【정의】 이 법에서 사용하는 용어의 뜻은 다음과 같다.
1. "개인정보"란 살아 있는 개인에 관한 정보로서 다음 각 목의 어느 하나에 해당하는 정보를 말한다.

② 과실책임에 해당한다. 따라서 고의나 과실이 없음을 입증하지 못하면 손해배상 책임을 면할 수 없다.

「개인정보 보호법」 제39조 【손해배상책임】 ① 정보주체는 개인정보처리자가 이 법을 위반한 행위로 손해를 입으면 개인정보처리자에게 손해배상을 청구할 수 있다. 이 경우 그 개인정보처리자는 고의 또는 과실이 없음을 입증하지 아니하면 책임을 면할 수 없다.

③ 개인정보 보호에 관한 사무를 독립적으로 수행하기 위하여 국무총리 소속으로 개인정보 보호위원회(이하 "보호위원회"라 한다)를 둔다(동법 제7조 제1항).

10 종합문제(행정입법, 행정계획, 행정지도, 항고소송) 난이도 중 | 답 ②

다음 판례의 내용으로 옳은 것은?

① 국립대학의 대학입학고사 주요요강은 행정쟁송의 대상인 행정처 분에 해당되지만 헌법소원의 대상인 공권력의 행사에는 해당되지 않는다.
② 행정지도가 강제성을 띠지 않은 비권력적 작용으로서 행정지도의 한계를 일탈하지 아니하였다면 그로 인하여 상대방에게 어떤 손 해가 발생하였다 하더라도 행정기관은 그에 대한 손해배상책임이 없다.
③ 「도시 및 주거환경정비법」에 기초하여 주택재건축정비사업조합이 수립한 사업시행계획은 인가·고시를 통해 확정되어도 이해관계 인에 대한 직접적인 구속력이 없는 행정계획으로서 독립된 행정 처분에 해당하지 아니한다.
④ 부작위위법확인소송에서 사인의 신청권의 존재 여부는 원고적격 의 문제와는 관련이 없다.

| 정답해설 |
② 행정지도가 강제성을 띠지 않은 비권력적 작용으로서 행정지도의 한계를 일탈 하지 아니하였다면, 그로 인하여 상대방에게 어떤 손해가 발생하였다 하더라도 행정기관은 그에 대한 손해배상책임이 없다(대판 2008.9.25. 2006다18228).

| 오답해설 |
① 국립대학인 서울대학교의 "94학년도 대학입학고사 주요요강"은 사실상의 준비 행위 내지 사전안내로서 행정쟁송의 대상이 될 수 있는 행정처분이나 공권력의 행사는 될 수 없지만 그 내용이 국민의 기본권에 직접 영향을 끼치는 내용이고 앞으로 법령의 뒷받침에 의하여 그대로 실시될 것이 틀림없을 것으로 예상되어 그로 인하여 직접적으로 기본권 침해를 받게 되는 사람에게는 사실상의 규범작 용으로 인한 위험성이 이미 현실적으로 발생하였다고 보아야 할 것이므로 이는 헌법소원의 대상이 되는 헌법재판소법 제68조 제1항 소정의 공권력의 행사에 해당된다고 할 것이며, 이 경우 헌법소원 외에 달리 구제방법이 없다.
③ 재건축정비사업조합이 이러한 행정주체의 지위에서 위 법에 기초하여 수립한 사업시행계획은 인가·고시를 통해 확정되면 이해관계인에 대한 구속적 행정계 획으로서 독립된 행정처분에 해당한다(대결 2009.11.2. 자 2009마596).
④ 법규상 조리상 정당한 신청권이 없는 경우, 신청에 대한 행정청의 부작위는 항고 소송대상인 부작위위법확인소송대상이 되지 않는다.

부작위위법확인소송은 처분의 신청을 한 자로서 부작위의 위법의 확인을 구할 법률상 이익이 있는 자만이 제기할 수 있는 것으로서 「행정소송법」 제36조) 당 사자가 행정청에 대하여 어떤 행정행위를 하여 줄 것을 신청하지 아니하였거나 당사자가 그러한 행정행위를 하여 줄 것을 요구할 수 있는 법규상 또는 조리상 의 권리를 가지고 있지 아니하는 등의 경우에는 원고적격이 없거나 항고소송의 대상인 위법한 부작위가 있다고 할 수 없어 그 부작위위법확인의 소는 부적법하 다고 할 것이다(대판 2007.10.26. 2005두7853).

11 행정구제 > 행정쟁송 > 사정판결 난이도 중 | 답 ④

사정판결에 대한 설명으로 옳지 않은 것은? (다툼이 있는 경우 판례 에 의함)

① 사정판결을 하는 경우 원고의 청구는 기각되나, 소송비용은 피고 인 행정청이 부담한다.
② 무효등확인소송과 부작위위법확인소송에서는 인정되지 않는다.
③ 사정판결이 확정되면 사정판결의 대상이 된 행정처분이 위법하다 는 점에 대하여 기판력이 발생한다.
④ 원고는 이 소송에서 구제에 관한 손해배상, 제해시설의 설치 등의 구제방법에 대한 민사소송의 청구를 당해 취소소송이 계속된 법 원에 병합하여 제기할 수 없다.

| 정답해설 |
④ 원고는 피고인 행정청이 속하는 국가 또는 공공단체를 상대로 손해배상, 제해시 설의 설치 그 밖에 적당한 구제방법의 청구를 당해 취소소송등이 계속된 법원에 병합하여 제기할 수 있다(행정소송법 제28조 제3항).

| 오답해설 |
① 소송비용은 원칙적으로 패소측에서 부담함이 원칙이다. 하지만 사정판결의 경우 에는 비록 기각판결에 해당하지만 원고의 청구에 이유있음까지 부정되는 것은 아니라서 승소측 행정청이 부담한다.

「행정소송법」 제32조 【소송비용의 부담】 취소청구가 제28조의 규정(사정판결) 에 의하여 기각되거나 행정청이 처분등을 취소 또는 변경함으로 인하여 청 구가 각하 또는 기각된 경우에는 소송비용은 피고의 부담으로 한다.

② 사정판결은 취소소송에서만 적용된다.
③ 사정판결의 경우 판결문의 주문에 처분의 위법을 명시하여야 한다(동법 제28조 후단). → 해당 규정은 소송비용에 대한 고려와 함께 기판력을 염두에 둔 입법취 지를 가진다.

12 행정구제 > 손해전보 > 국가배상   난이도 중 | 답 ③

행정상 손해배상에 관한 설명으로 옳지 <u>않은</u> 것은? (다툼이 있는 경우 판례에 의함)

① 대한변호사협회의 장(長)은 국가로부터 위탁받은 공행정사무인 '변호사등록에 관한 사무'를 수행하는 범위 내에서는 「국가배상법」 제2조에서 정한 공무원에 해당한다.

② 피의자가 변호인과의 접견을 거절하였지만 그 의사에 임의성 또는 진정성이 없다고 볼 만한 사정이 있는데도 접견을 불허한 경우 변호인의 접견교통권 침해로 인한 국가배상책임이 성립한다.

③ 배상청구권의 시효와 관련하여 '가해자를 안다는 것'은 피해자나 그 법정대리인이 가해 공무원의 불법행위가 그 직무를 집행함에 있어서 행해진 것이라는 사실까지 인식함을 요구하지 않는다.

④ 소음 등을 포함한 공해 등의 위험지역으로 이주하여 거주하는 것이 피해자가 위험의 존재를 인식하고 그로 인한 피해를 용인하면서 접근한 것이라고 볼 수 있는 경우 가해자의 면책이 인정될 수 있다.

| 정답해설 |
③ 가해자를 안다는 것은 피해자나 그 법정대리인이 가해 공무원이 국가 또는 지방자치단체와 공법상 근무관계가 있다는 사실을 알고, 또한 일반인이 당해 공무원의 불법행위가 국가 또는 지방자치단체의 직무를 집행함에 있어서 행해진 것이라고 판단하기에 족한 사실까지 인식하는 것을 의미한다(대판 2008.5.29. 2004다33469).

| 오답해설 |
① 대한변호사협회는 변호사와 지방변호사회의 지도·감독에 관한 사무를 처리하기 위하여 변호사법에 의하여 설립된 공법인으로서, 변호사등록은 피고 협회가 변호사법에 의하여 국가로부터 위탁받아 수행하는 공행정사무에 해당한다(헌재 2019.11.28. 2017헌마759 참조). 따라서 피고 2는 피고 협회의 장(長)으로서 국가로부터 위탁받은 공행정사무인 '변호사등록에 관한 사무'를 수행하는 범위 내에서는 「국가배상법」 제2조에서 정한 공무원에 해당한다(대판 2021.1.28. 2019다260197).

② 피의자가 변호인과의 접견을 거절하였지만 그 의사에 임의성 또는 진정성이 없다고 볼 만한 사정이 있는데도 접견을 불허한 경우 변호인의 접견교통권 침해로 인한 국가배상책임이 성립한다(대판 2018.12.27. 2016다266736).

④ 소음 등을 포함한 공해 등의 위험지역으로 이주하여 들어가서 거주하는 경우와 같이 위험의 존재를 인식하면서 그로 인한 피해를 용인하며 접근한 것으로 볼 수 있는 경우에 그 피해가 직접 생명이나 신체에 관련된 것이 아니라 정신적 고통이나 생활방해의 정도에 그치고, 그 침해행위에 상당한 고도의 공공성이 인정되는 때에는 위험에 접근한 후 실제로 입은 피해 정도가 위험에 접근할 당시에 인식하고 있었던 위험의 정도를 초과하는 것이거나 위험에 접근한 후에 그 위험이 특별히 증대하였다는 등의 특별한 사정이 없는 한 가해자의 면책을 인정하여야 하는 경우도 있을 수 있다(대판 2004.3.12. 2002다14242).

13 종합문제(행정소송, 공법상 계약 등)   난이도 중 | 답 ②

행정작용이나 행정구제에 대한 설명으로 옳은 것(○)과 옳지 않은 것(×)이 바르게 연결된 것은? (다툼이 있는 경우 판례에 의함)

> ㄱ. 「국가를 당사자로 하는 계약에 관한 법률」에 따른 입찰절차에서의 낙찰자의 결정은 「행정소송법」상 처분에 해당하여 항고소송대상이 된다.
> ㄴ. 「사회간접자본시설에 대한 민간투자법」에 근거한 서울–춘천간 고속도로 민간투자시설사업의 사업시행자 지정은 공법상 계약에 해당하여 당사자소송의 대상이다.
> ㄷ. 지방자치단체가 사인과 체결한 자원회수시설에 대한 위탁운영협약은 사법상 계약에 해당하므로 그에 관한 다툼은 민사소송의 대상이 된다.

> ㄹ. 지방자치단체가 체결하는 이른바 '공공계약'이 사경제의 주체로서 상대방과 대등한 위치에서 체결하는 사법상 계약에 해당하는 경우, 그 계약에는 법령에 특별한 정함이 있는 경우 외에는 사적 자치와 계약자유의 원칙 등 사법의 원리가 그대로 적용된다.

	ㄱ	ㄴ	ㄷ	ㄹ
①	○	×	×	○
②	×	×	○	○
③	○	○	×	×
④	×	○	○	×

| 정답해설 |
② ㄱ. (×), ㄴ. (×), ㄷ. (○), ㄹ. (○)이다.

ㄱ. (×) 「국가를 당사자로 하는 계약에 관한 법률」에 따른 입찰절차에서의 낙찰자의 결정은 …(중략)… 이 경우 낙찰자의 결정으로 바로 계약이 성립된다고 볼 수는 없어 낙찰자는 지방자치단체에 대하여 계약을 체결하여 줄 것을 청구할 수 있는 권리를 갖는 데 그치고, 이러한 점에서 위 법률에 따른 낙찰자 결정의 법적 성질은 입찰과 낙찰행위가 있은 후에 더 나아가 본계약을 따로 체결한다는 취지로서 계약의 편무예약에 해당한다(대판 2006.6.29. 2005다41603).

ㄴ. (×) 지방자치단체의 장이 공유재산법에 근거하여 기부채납 및 사용·수익허가 방식으로 민간투자사업을 추진하는 과정에서 사업시행자를 지정하기 위한 전 단계에서 공모제안을 받아 일정한 심사를 거쳐 우선협상대상자를 선정하는 행위와 이미 선정된 우선협상대상자를 그 지위에서 배제하는 행위는 민간투자사업의 세부내용에 관한 협상을 거쳐 공유재산법에 따른 공유재산의 사용·수익허가를 우선적으로 부여받을 수 있는 지위를 설정하거나 또는 이미 설정된 지위를 박탈하는 조치이므로 모두 항고소송의 대상이 되는 행정처분으로 보아야 한다(대판 2020.4.29. 2017두31064).

ㄷ. (○) 이 사건 협약(자원회수시설에 대한 위탁운영협약)은 지방자치단체인 피고가 사인인 원고 등에게 이 사건 시설의 운영을 위탁하고 그 위탁운영비용을 지급하는 것을 내용으로 하는 용역계약으로서, 상호 대등한 입장에서 당사자의 합의에 따라 체결한 사법상 계약에 해당한다(대판 2019.10.17. 2018두60588).

ㄹ. (○) 지방자치단체가 일방 당사자가 되는 이른바 '공공계약'이 사경제의 주체로서 상대방과 대등한 위치에서 체결하는 사법상 계약에 해당하는 경우 그에 관한 법령에 특별한 정함이 있는 경우를 제외하고는 사적 자치와 계약자유의 원칙 등 사법의 원리가 그대로 적용된다(대판 2018.2.13. 2014두11328).

14 행정작용 > 행정행위 > 행정행위의 성립과 효력   난이도 중 | 답 ①

행정행위의 성립과 효력에 대한 설명으로 옳지 않은 것은? (다툼이 있는 경우 판례에 의함)

① 납세자의 송달할 장소가 여러 곳임에도 그중 일부 장소에만 방문하여 수취인 부재로 확인된 경우 곧바로 납세고지서를 공시송달할 수 있다.

② 보통우편에 의한 송달과 달리 등기우편에 의한 송달은 반송 등 기타 특별한 사유가 없는 한 배달된 것으로 추정된다.

③ 면허관청이 임의로 출석한 상대방의 편의를 위하여 구두로 면허정지사실을 알렸다면 이는 무효에 해당한다.

④ 「건축법」상 위법건축물에 내려진 시정명령을 이행하지 않아 명령위반죄로 기소된 경우 형사법원은 이를 판단할 수 있다.

| 정답해설 |
① 납세자의 송달할 장소가 여러 곳임에도 그중 일부 장소에만 방문하여 수취인 부재로 확인된 경우 곧바로 납세고지서를 공시송달할 수 없고 피고가 보유하는 과세자료 등에 의하여 확인되는 원고의 영업소라고 할 수 있는 원고의 사업장 소재지에 납세고지서의 송달을 시도해 보지 않은 채 원고의 주소지만 두 차례 방문한 다음 수취인 부재를 이유로 곧바로 이 사건 납세고지서를 공시송달한 것은 「국세기본법」 제11조 제1항 제3호, 「국세기본법 시행령」 제7조의2 제2호에서 정한 공시송달의 요건을 갖추지 못하였다(대판 2015.10.29. 2015두43599).

| 오답해설 |
② 우편물이 등기취급의 방법으로 발송된 경우에는 반송되는 등의 특별한 사정이 없는 한 그 무렵 수취인에게 배달되었다고 보아야 한다(대판 2007.12.27. 2007다51758).
③ 면허관청이 운전면허정지처분을 하면서 별지 52호 서식의 통지서에 의하여 면허정지사실을 통지하지 아니하거나 처분집행예정일 7일 전까지 이를 발송하지 아니한 경우에는 특별한 사정이 없는 한 위 관계 법령이 요구하는 절차·형식을 갖추지 아니한 조치로서 그 효력이 없고, 이와 같은 법리는 면허관청이 임의로 출석한 상대방의 편의를 위하여 구두로 면허정지사실을 알렸다고 하더라도 마찬가지이다(대판 1996.6.14. 95누17823).
④ 행정청으로부터 시정명령을 받은 자가 이를 위반한 경우, 그로 인하여 「개발제한구역법」 제32조 제2호에 정한 처벌을 하기 위하여는 시정명령이 적법한 것이라야 하고, 시정명령이 당연무효가 아니더라도 위법한 것으로 인정되는 한 「개발제한구역법」 제32조 제2호 위반죄가 성립될 수 없다(대판 2017.9.21. 2017도7321).

15 행정의 실효성 확보수단 〉 행정강제 〉 강제집행　난이도 중 | 답 ④

행정강제에 대한 설명으로 옳지 않은 것은? (다툼이 있는 경우 판례에 의함)

① 계고처분의 후속절차인 대집행에 위법이 있다고 하여 그와 같은 후속절차에 위법성이 있다는 점을 들어 선행절차인 계고처분이 부적법하다는 사유로 삼을 수는 없다.
② 공유수면에 설치한 건물을 철거하여 공유수면을 원상회복하여야 할 의무는 대체적 작위의무에 해당하므로 행정대집행의 대상이 된다.
③ 건물의 점유자가 철거의무자일 때에는 건물철거의무에 퇴거의무도 포함되어 있는 것이어서 별도로 퇴거를 명하는 집행권원이 필요하지 않다.
④ 법률상 시설설치금지의무를 위반하여 시설을 설치한 경우 별다른 규정이 없어도 대집행요건이 충족된다.

| 정답해설 |
④ 부작위의무는 대체적 작위의무로 전환되지 않는 한 대집행 대상이 되지 않고 요건에 해당되지 않는다.

장례식장의 사용을 중지할 것과 이를 불이행할 경우 「행정대집행법」에 의하여 대집행하겠다는 내용의 이 사건 처분은, 이 사건 처분에 따른 '장례식장 사용중지 의무'가 원고 이외의 '타인이 대신'할 수도 없고, 타인이 대신하여 '행할 수 있는 행위'라고도 할 수 없는 비대체적 부작위 의무에 대한 것이므로, 그 자체로 위법함이 명백하다고 할 것인데도, 원심은 그 판시와 같은 이유를 들어 이 사건 처분이 적법하다고 판단하고 말았으니, 거기에는 대집행계고처분의 요건에 관한 법리를 오해한 위법이 있다고 할 것이다(대판 2005.9.28. 2005두7464).

| 오답해설 |
① 계고처분의 후속절차인 대집행에 위법이 있다고 하더라도, 그와 같은 후속절차에 위법성이 있다는 점을 들어 선행절차인 계고처분이 부적법하다는 사유로 삼을 수는 없다(대판 1997.2.14. 96누15428).
② 건물을 철거하여 이 사건 공유수면을 원상회복하여야 할 의무는 대체적 작위의무에 해당하므로 행정대집행의 대상이 된다(대판 2017.4.28. 2016다213916).
③ 관계 법령상 행정대집행의 절차가 인정되어 행정청이 행정대집행의 방법으로 건물의 철거 등 대체적 작위의무의 이행을 실현할 수 있는 경우에는 따로 민사소송의 방법으로 그 의무의 이행을 구할 수 없다. 한편 건물의 점유자가 철거의무자일 때에는 건물철거의무에 퇴거의무도 포함되어 있는 것이어서 별도로 퇴거를 명하는 집행권원이 필요하지 않다(대판 2017.4.28. 2016다213916).

16 행정작용 〉 행정행위 〉 행정행위의 성질과 내용　난이도 하 | 답 ③

행정행위에 대한 성질이나 내용에 대한 연결이 옳지 않은 것은? (다툼이 있는 경우 판례에 의함)

ㄱ. 토지의 형질변경행위를 수반하는 건축허가 - 재량행위
ㄴ. "경찰공무원의 채용시험 또는 경찰간부후보생 공개경쟁선발시험에서 부정행위를 한 응시자에 대하여는 당해 시험을 정지 또는 무효로 하고, 그로부터 5년간 이 영에 의한 시험에 응시할 수 없게 한다."라고 규정한 「경찰공무원 임용령」 - 재량준칙
ㄷ. 사립학교 법인이사의 선임승인행위 - 설권행위
ㄹ. 조합설립추진위원회 구성승인처분 - 보충행위

① ㄱ, ㄴ　　② ㄱ, ㄹ
③ ㄴ, ㄷ　　④ ㄷ, ㄹ

| 정답해설 |
③ ㄴ, ㄷ이 틀린 내용이다.
ㄴ. 「경찰공무원 임용령」 제46조 제1항은 행정청 내부의 사무처리기준을 규정한 재량준칙이 아니라 일반 국민이나 법원을 구속하는 법규명령에 해당하므로, 그에 의한 처분은 재량행위가 아니라 기속행위이다(대판 2008.5.29. 2007두18321).
ㄷ. 사립학교 이사선임의 승인행위는 강학상 보충행위로서 인가에 해당한다.

구 「사립학교법」(2005.12.29. 법률 제7802호로 개정되기 전의 것) 제20조 제1항, 제2항은 학교법인의 이사장·이사·감사 등의 임원은 이사회의 선임을 거쳐 관할청의 승인을 받아 취임하도록 규정하고 있는바, 관할청의 임원취임승인행위는 학교법인의 임원선임행위의 법률상 효력을 완성케 하는 보충적 법률행위이다(대판 2007.12.27. 2005두9651).

| 오답해설 |
ㄱ. 토지의 형질변경행위를 수반하는 건축허가는 결국 재량행위에 속한다(대판 2005.7.14. 2004두6181).
ㄹ. 조합설립추진위원회(이하 '추진위원회'라고 한다)의 구성을 승인하는 처분은 조합의 설립을 위한 주체에 해당하는 비법인 사단인 추진위원회를 구성하는 행위를 보충하여 그 효력을 부여하는 처분이다(대판 2013.12.26. 2011두8291).

17 행정의 실효성 확보수단 〉 행정강제 〉 「행정조사기본법」　난이도 중 | 답 ③

「행정조사기본법」과 관련된 내용으로 옳지 않은 것은? (다툼이 있는 경우 판례에 의함)

① 조사대상자가 조사대상 선정기준에 대한 열람을 신청한 경우에 행정기관은 그 열람이 당해 행정조사업무를 수행할 수 없을 정도로 조사활동에 지장을 초래한다는 이유로 열람을 거부할 수 있다.
② 행정기관의 장은 법령등에 특별한 규정이 있는 경우를 제외하고는 행정조사의 결과를 확정한 날로부터 7일 이내에 그 결과를 조사대상자에게 통지하여야 한다.
③ 정기조사 또는 수시조사를 실시한 행정기관의 장은 상급청의 지시가 없는 한, 동일한 사안에 대하여 동일한 조사대상자를 재조사하여서는 아니 된다.
④ 조사대상자의 자발적인 협조를 얻어 실시하는 행정조사의 경우에는 법령등의 근거 없이도 행할 수 있으며, 이러한 행정조사에 대하여 조사대상자가 조사에 응할 것인지에 대한 응답을 하지 아니하는 경우에는 법령등에 특별한 규정이 없는 한 그 조사를 거부한 것으로 본다.

| 정답해설 |
③ 상급청의 지시와는 상관이 없고 위법이 의심되는 새로운 증거를 확보한 경우에는 재조사를 할 수 있다.

「행정조사기본법」제15조【중복조사의 제한】① 제7조에 따라 정기조사 또는 수시조사를 실시한 행정기관의 장은 동일한 사안에 대하여 동일한 조사대상자를 재조사 하여서는 아니 된다. 다만, 당해 행정기관이 이미 조사를 받은 조사대상자에 대하여 위법행위가 의심되는 새로운 증거를 확보한 경우에는 그러하지 아니하다.

| 오답해설 |

①

「행정조사기본법」제8조【조사대상의 선정】① 행정기관의 장은 행정조사의 목적, 법령준수의 실적, 자율적인 준수를 위한 노력, 규모와 업종 등을 고려하여 명백하고 객관적인 기준에 따라 행정조사의 대상을 선정하여야 한다.
② 조사대상자는 조사대상 선정기준에 대한 열람을 행정기관의 장에게 신청할 수 있다.
③ 행정기관의 장이 제2항에 따라 열람신청을 받은 때에는 다음 각 호의 어느 하나에 해당하는 경우를 제외하고 신청인이 조사대상 선정기준을 열람할 수 있도록 하여야 한다.
1. 행정기관이 당해 행정조사업무를 수행할 수 없을 정도로 조사활동에 지장을 초래하는 경우
2. 내부고발자 등 제3자에 대한 보호가 필요한 경우

② 행정기관의 장은 법령등에 특별한 규정이 있는 경우를 제외하고는 행정조사의 결과를 확정한 날부터 7일 이내에 그 결과를 조사대상자에게 통지하여야 한다(동법 제24조).
④ 자발적 협조에 의한 행정조사는 법적 근거가 없어도 가능하며, 조사의 상대방은 조사에 응할지 여부에 대하여 응답하지 않을 수 있고, 이는 거부한 것으로 본다.

「행정조사기본법」제5조【행정조사의 근거】행정기관은 법령등에서 행정조사를 규정하고 있는 경우에 한하여 행정조사를 실시할 수 있다. 다만, 조사대상자의 자발적인 협조를 얻어 실시하는 행정조사의 경우에는 그러하지 아니하다.
제20조【자발적인 협조에 따라 실시하는 행정조사】① 행정기관의 장이 제5조 단서에 따라 조사대상자의 자발적인 협조를 얻어 행정조사를 실시하고자 하는 경우 조사대상자는 문서·전화·구두 등의 방법으로 당해 행정조사를 거부할 수 있다.
② 제1항에 따른 행정조사에 대하여 조사대상자가 조사에 응할 것인지에 대한 응답을 하지 아니하는 경우에는 법령등에 특별한 규정이 없는 한 그 조사를 거부한 것으로 본다.

18 행정작용 〉 행정행위 〉 행정행위의 부관   난이도 중 | 답 ④

행정행위의 부관과 관련하여 아래 사안의 경우에 옳은 것은? (다툼이 있는 경우 판례에 의함)

A 고속국도 관리청이 고속도로 부지와 접도구역에 송유관 매설을 갑(甲)에게 허가하면서 갑(甲)과의 협약에 따라 송유관 시설을 이전하게 될 경우 그 비용을 갑(甲)에게 부담하도록 하였으나 그 후 「도로법 시행규칙」이 개정되어 접도구역에는 관리청의 허가 없이도 송유관을 매설할 수 있게 되었다.

① 부관은 행정청이 행정처분 당시에 일방적으로 내용을 정하여 붙일 수 있을 뿐 처분의 상대방과 협약의 형식으로 부관을 붙일 수는 없다.
② 위 부관의 내용은 부관의 종류 중 강학상 조건에 해당한다.
③ 송유관 매설허가에 붙은 위 부관은 부당결부금지원칙에 반하는 위법하다.
④ 처분 당시에 부관이 적법하였다면 근거법이 개정되어 더 이상 부관을 붙일 수 없게 되었다고 해도 소급하여 부관이 위법하게 되는 것은 아니다.

| 정답해설 |
④ 부관은 처분의 일부에 해당된다. 따라서 처분의 위법여부를 판단하는 기준 시점과 동일해서 처분시에 부관이 적법하였다면 이후 법이 개정되어 부관을 붙일 수 없게 되었다고 해도 부관이 위법하게 되지 않는다.

행정청이 수익적 행정처분을 하면서 부가한 부담의 위법 여부는 처분 당시 법령을 기준으로 판단하여야 하고, 부담이 처분 당시 법령을 기준으로 적법하다면 처분 후 부담의 전제가 된 주된 행정처분의 근거 법령이 개정됨으로써 행정청이 더 이상 부관을 붙일 수 없게 되었다 하더라도 곧바로 위법하게 되거나 그 효력이 소멸하게 되는 것은 아니다(대판 2009.2.12. 2005다65500).

| 오답해설 |
① 부관은 행정청이 일방적으로 붙일 수 있으나 상대방과의 협약을 통해 내용을 정할 수 있다.

수익적 행정처분에 있어서는 법령에 특별한 근거규정이 없다고 하더라도 그 부관으로서 부담을 붙일 수 있고, 그와 같은 부담은 행정청이 행정처분을 하면서 일방적으로 부가할 수도 있지만 부담을 부가하기 이전에 상대방과 협의하여 부담의 내용을 협약의 형식으로 미리 정한 다음 행정처분을 하면서 이를 부가할 수도 있다(대판 2009.2.12. 2005다65500).

② 사안의 부관은 그 내용이 비용부담을 먼저 이행하여야 송유관을 매설할 수 있도록 한 것이 아니라, 이후 이전하게 되는 경우에 비용을 부담하도록 의무를 부과한 점에서 조건이 아닌 부담에 해당된다.
③ 피고의 사업이 공익성을 갖는다고 하더라도 비영리사업이라고 볼 수는 없고, 피고로서는 처음부터 이러한 경제적 이해관계를 고려하여 이 사건 협약을 체결한 것이라고 할 것이므로, 이 사건 협약 중 접도구역에 매설된 송유관 이설비용을 피고가 부담하도록 한 부분이 부당결부금지원칙에 위반된 것이라고 할 수는 없다(대판 2009.2.12. 2005다65500).

19 행정작용 〉 행정행위 〉 행정행위의 하자   난이도 상 | 답 ①

행정행위의 성립 당시에 위법이나 부당이 있는 경우에 대한 설명으로 옳지 않은 것은? (다툼이 있는 경우 판례에 의함)

① 임용 당시 법령상 공무원임용 결격사유가 있었더라도 임용권자의 과실에 의하여 임용결격자임을 밝혀내지 못한 경우라면 그 임용행위가 당연무효가 된다고 할 수는 없다.
② 절차상 하자로 인하여 무효인 행정처분이 있은 후 행정청이 관계 법령에서 정한 절차를 갖추어 다시 동일한 행정처분을 하였다면 당해 행정처분은 종전의 무효인 행정처분과 관계없이 새로운 행정처분이라고 보아야 한다.
③ 과세처분 이후 조세 부과의 근거가 되었던 법률규정에 대하여 위헌결정이 내려진 경우, 그 위헌결정의 효력에 위배하여 이루어진 체납처분은 당연무효이다.
④ 토지등급결정내용의 개별통지가 있다고 볼 수 없어 토지등급결정이 무효인 이상, 토지소유자가 그 결정 이전이나 이후에 토지등급 결정내용을 알았다거나 또는 그 결정 이후 매년 정기등급수정의 결과가 토지소유자 등의 열람에 공하여졌다 하더라도 개별통지의 하자가 치유되는 것은 아니다.

| 정답해설 |
① 결격자에 대한 임용은 임용권자의 과실로 그 사실을 밝혀 내지 못하였다고 해도 무효에 해당된다.

임용 당시 공무원 임용결격사유가 있었다면, 비록 국가의 과실에 의하여 임용결격자임을 밝혀내지 못하였다고 하더라도 그 임용행위는 당연무효로 보아야 하고, 그 임용행위시에 소급하여 무효로 된다. 당연무효인 임용행위에 의하여 공무원의 신분을 취득할 수는 없으므로, 임용결격자가 공무원으로 임용되어 사실상 근무하여 왔다고 하더라도 적법한 공무원으로서의 신분을 취득하지 못하고, 임용결격사유가 소멸된 후에 계속 근무하여 왔다고 하더라도 그때부터 무효인 임용행위가 유효로 되어 적법한 공무원의 신분을 회복하는 것은 아니다(대판 2005.7.28. 2003두469).

| 오답해설 |

② 절차상 또는 형식상 하자로 인하여 무효인 행정처분이 있은 후 행정청이 관계 법령에서 정한 절차 또는 형식을 갖추어 다시 동일한 행정처분을 하였다면 당해 행정처분은 종전의 무효인 행정처분과 관계없이 새로운 행정처분이라고 보아야 한다(대판 2014.3.13. 2012두1006).

③ 과세처분 이후 조세 부과의 근거가 되었던 법률규정에 대하여 위헌결정이 내려 진 경우, 그 조세채권의 집행을 위한 체납처분이 당연무효이다(대판 2012.2.16. 2010두10907).

④ 토지등급결정내용의 개별통지가 있다고 볼 수 없어 토지등급결정이 무효인 이 상, 토지소유자가 그 결정 이전이나 이후에 토지등급결정내용을 알았다거나 또 는 그 결정 이후 매년 정기 등급수정의 결과가 토지소유자 등의 열람에 공하여 졌다 하더라도 개별통지의 하자가 치유되는 것은 아니다(대판 1997.5.28. 96누 5308).

20 행정구제 〉 손해전보 〉 손실보상 　　　난이도 상 | 답 ②

토지의 수용이나 사용, 또는 제한에 관한 손실보상의 내용으로 옳지 않은 것은? (다툼이 있는 경우 판례에 의함)

① 토지소유자의 재결신청의 청구에도 사업시행자가 재결신청을 하 지 않는 경우에 구제방법은 거부처분취소소송이나 부작위위법확 인소송이다.

② 사업시행자는 토지소유자가 토지의 일시사용신청을 거부하는 경 우에 민사소송을 청구할 수 있으며 가처분으로 임시구제가 가능 하다.

③ 건축허가를 받아 건축에 착수하지 않고 있는 사이에 해당 지역에 사업인정고시가 있게 되었다면 건축을 위해 별도의 건축허가가 필요하다.

④ 보상계획 공고 등이 있은 이후에 해당 토지에 지장물 등을 설치하 는 경우에 보상대상이 되지 않는다.

| 정답해설 |

② 민사소송이 아닌 당사자소송을 청구할 수 있으며 이 경우 「민사집행법」상의 가 처분의 임시구제를 받을 수 있다.

> 「국토의 계획 및 이용에 관한 법률」 제130조 제3항에서 정한 토지소유자 등이 사업시행자의 일시 사용에 대하여 정당한 사유 없이 동의를 거부하는 경우, 사 업시행자가 토지소유자 등을 상대로 동의의 의사표시를 구하는 당사자소송이 허용되고 현저한 손해를 피하기 위해 필요한 경우, 사업시행자가 「행정소송법」 제8조 제2항, 「민사집행법」 제300조 제2항에 따라 '임시의 지위를 정하기 위한 가처분'을 신청할 수 있다(대판 2019.9.9. 2016다262550).

| 오답해설 |

① 토지소유자나 관계인의 재결신청 청구에도 사업시행자가 재결신청을 하지 않 을 때 토지소유자나 관계인은 사업시행자를 상대로 거부처분취소소송 또는 부 작위위법확인소송의 방법으로 다투어야 한다. 구체적인 사안에서 토지소유자 나 관계인의 재결신청 청구가 적법하여 사업시행자가 재결신청을 할 의무가 있 는지는 본안에서 사업시행자의 거부처분이나 부작위가 적법한가를 판단하는 단 계에서 고려할 요소이지, 소송요건 심사단계에서 고려할 요소가 아니다(대판 2019.8.29. 2018두57865).

③ 「건축법」상 건축허가를 받았으나 허가받은 건축행위에 착수하지 않고 있는 사이 에 구 「공익사업을 위한 토지 등의 취득 및 보상에 관한 법률」상 사업인정고시 가 된 경우, 고시된 토지에 건축물을 건축하려는 자는 구 「공익사업을 위한 토지 등의 취득 및 보상에 관한 법률」 제25조에 정한 허가를 따로 받아야 하며 그 허 가 없이 건축된 건축물에 관하여 손실보상을 청구할 수 없다(대판 2014.11.13. 2013두19738).

④ 구 공익사업법 제15조 제1항에 따른 사업시행자의 보상계획공고 등으로 공익사 업의 시행과 보상 대상 토지의 범위 등이 객관적으로 확정된 후 해당 토지에 지 장물을 설치하는 경우에 그 공익사업의 내용, 해당 토지의 성질, 규모 및 보상계 획공고 등 이전의 이용실태, 설치되는 지장물의 종류, 용도, 규모 및 그 설치시기 등에 비추어 그 지장물이 해당 토지의 통상의 이용과 관계없거나 이용 범위를 벗어나는 것으로 손실보상만을 목적으로 설치되었음이 명백하다면, 그 지장물은 예외적으로 손실보상의 대상에 해당하지 아니한다고 보아야 한다.

문제편 p.18

01	②	02	③	03	④	04	①	05	④
06	④	07	④	08	③	09	③	10	④
11	②	12	①	13	④	14	③	15	②
16	③	17	④	18	②	19	③	20	④

▶ 풀이시간: /17분 나의 점수: /100점

01 종합문제(법치행정, 행정법의 효력, 행정상 법률관계)   난이도 중 | 답 ②

다음 내용 중 옳은 것만을 모두 고른 것은? (다툼이 있는 경우 판례에 의함)

ㄱ. 도시환경정비사업의 시행자인 토지등소유자가 사업시행인가를 신청하기 전에 얻어야 하는 토지등소유자의 동의요건은 법률로서 제정되어야 할 중요사항이다.

ㄴ. 법률에 예외규정이 없는데도 조례로 새로운 납세의무를 부과하는 요건에 관한 규정을 신설하면서 시행시기 이전에 종결한 과세요건사실에 소급하여 적용하도록 할 수 있다.

ㄷ. 국립의료원 부설주차장 위탁관리용역운영계약은 공법상 계약이다.

ㄹ. 행정재산·공유재산 사용·수익에 대한 허가나 관리청의 이에 대한 거부행위는 행정처분이다.

① ㄱ, ㄷ
② ㄱ, ㄹ
③ ㄴ, ㄷ
④ ㄴ, ㄹ

| 정답해설 |
② ㄱ, ㄹ이 옳은 내용이다.
ㄱ. 토지소유자의 사업시행인가를 얻기 위한 동의요건은 중요사항이라 법률유보원칙이 적용된다.

> 토지등소유자가 도시환경정비사업을 시행하는 경우 사업시행인가 신청시 필요한 토지등소유자의 동의는 개발사업의 주체 및 정비구역 내 토지등소유자를 상대로 수용권을 행사하고 각종 행정처분을 발할 수 있는 행정주체로서의 지위를 가지는 사업시행자를 지정하는 문제로서 그 동의요건을 정하는 것은 국민의 권리와 의무의 형성에 관한 기본적이고 본질적인 사항이므로 국회가 스스로 행하여야 하는 사항에 속하는 것임에도 불구하고 사업시행인가 신청에 필요한 동의정족수를 토지등소유자가 자치적으로 정하여 운영하는 규약에 정하도록 한 것은 법률유보원칙에 위반된다(헌재 2011.8.30. 2009헌바128).

ㄹ. 공유재산의 관리청이 행정재산의 사용·수익에 대한 허가는 순전히 사경제주체로서 행하는 사법상의 행위가 아니라 관리청이 공권력을 가진 우월적 지위에서 행하는 행정처분으로서(대판 1997.4.11. 96누17325 참조) 특정인에게 행정재산을 사용할 수 있는 권리를 설정하여 주는 강학상 특허에 해당하고, 이러한 행정재산의 사용·수익허가처분의 성질에 비추어 국민에게는 행정재산의 사용·수익허가를 신청할 법규상 또는 조리상의 권리가 있다고 할 것이므로 공유재산의 관리청이 이러한 신청을 거부한 행위 역시 행정처분에 해당한다(대판 1998.2.27. 97누1105).

| 오답해설 |
ㄴ. 조세법률주의를 규정한 헌법 제38조, 제59조의 취지에 의하면 국민에게 새로운 납세의무나 종전보다 가중된 납세의무를 부과하는 규정은 그 시행 이후에 부과요건이 충족되는 경우만을 적용대상으로 삼을 수 있음이 원칙이므로, 법률에서 특별히 예외규정을 두지 아니하였음에도 하위 법령인 조례에서 새로운 납세의

무를 부과하는 요건에 관한 규정을 신설하면서 그 시행시기 이전에 이미 종결한 과세요건사실에 소급하여 이를 적용하도록 하는 것은 허용될 수 없다(대판 2011.9.2. 2008두17363 전원합의체).

ㄷ. 국립의료원 부설주차장 위탁관리용역운영계약은 행정재산의 사용수익허가로서 강학상 설권행위이다.

> 국립의료원 부설주차장에 관한 이 사건 위탁관리용역운영계약에 대하여 관리청이 순전히 사경제주체로서 행한 사법상 계약임을 전제로, 가산금에 관한 별도의 약정이 없는 이상 원고에게 가산금을 지급할 의무가 없다고 주장하여 그 부존재의 확인을 구한다는 것이다. 그러나 기록에 의하면, 위 운영계약의 실질은 행정재산인 위 부설주차장에 대한 「국유재산법」 제24조 제1항에 의한 사용·수익 허가로서 이루어진 것임을 알 수 있으므로, 이는 위 국립의료원이 원고의 신청에 의하여 공권력을 가진 우월적 지위에서 행한 행정처분으로서 특정인에게 행정재산을 사용할 수 있는 권리를 설정하여 주는 강학상 특허에 해당한다(대판 2006.3.9. 2004다31074).

02 행정구제 > 행정쟁송 > 행정소송   난이도 중 | 답 ③

다음 설명 중 옳지 않은 것은? (다툼이 있는 경우 판례에 의함)

① 「공업배치 및 공장설립에 관한 법률」상 관리기관인 행정청의 분양대상기업체 선정행위는 항고소송의 대상이 되는 행정처분에 해당하지 않는다.

② 부가가치세 환급세액지급청구는 당사자소송에 의한다.

③ 행정처분이 있음을 안 날부터 90일을 넘겨 행정심판을 청구하였다가 부적법하다는 이유로 각하재결을 받은 후 재결서를 송달받은 날부터 90일 내에 원래의 처분에 대하여 취소소송을 제기한 경우, 취소소송의 제소기간을 준수한 것으로 볼 수 있다.

④ 절차상 또는 형식상 하자로 무효인 행정처분에 대하여 행정청이 적법한 절차 또는 형식을 갖추어 다시 동일한 행정처분을 하였다면, 종전의 무효인 행정처분에 대한 무효확인 청구는 과거의 법률관계의 효력을 다투는 것에 불과하므로 무효확인을 구할 법률상 이익이 없다.

| 정답해설 |
③ 처분이 있음을 안 날부터 90일 이내에 행정심판을 청구하지도 않고 취소소송을 제기하지도 않은 경우에는 그 후 제기된 취소소송은 제소기간을 경과한 것으로서 부적법하고, 처분이 있음을 안 날부터 90일을 넘겨 청구한 부적법한 행정심판청구에 대한 재결이 있은 후 재결서를 송달받은 날부터 90일 이내에 원래의 처분에 대하여 취소소송을 제기하였다고 하여 취소소송이 다시 제소기간을 준수한 것으로 되는 것은 아니다(대판 2011.11.24 2011두18786).

| 오답해설 |
① 시장, 구청장 등 관리기관이 농공단지 안에 있는 토지를 매각하는 경우 분양대상기업체의 선정순위, 분양의 시기·방법 및 조건, 분양가격의 결정 등에 관한 절차에 대하여 「공업배치 및 공장설립에 관한 법률」 등에서 일부 공법인적 규율을 하고 있다고 하더라도 그와 같은 사정만으로는 그 선정행위가 항고소송의 대상이 되는 행정처분에 해당한다고 할 수 없다(대판 2006.3.10. 2003두4751).

② 납세의무자에 대한 국가의 부가가치세 환급세액 지급의무에 대응하는 국가에 대한 납세의무자의 부가가치세 환급세액 지급청구는 민사소송이 아니라 「행정소송법」 제3조 제2호에 규정된 당사자소송의 절차에 따라야 한다(대판 2013.3.21. 2011다95564 전원합의체).

④ 절차상 또는 형식상 하자로 무효인 행정처분에 대하여 행정청이 적법한 절차 또는 형식을 갖추어 다시 동일한 행정처분을 하였다면, 종전의 무효인 행정처분에 대한 무효확인 청구는 과거의 법률관계의 효력을 다투는 것에 불과하므로 무효확인을 구할 법률상 이익이 없다(대판 2010.4.29. 2009두16879).

03 행정법 통칙 〉 행정상 법률관계 〉 사인의 공법행위 　난이도 중 | 답 ④

사인의 공법행위인 신고에 대한 설명으로 옳은 것은? (다툼이 있는 경우 판례에 의함)

① 건축주명의변경신고는 수리를 필요로 하지 않는 신고이지만 그 수리의 거부는 처분이다.

② 국제표준무도를 교습하는 학원을 설립·운영하려는 사람이 「체육시설의 설치·이용에 관한 법률」상 무도학원업으로 신고하거나 또는 「학원의 설립·운영 및 과외교습에 관한 법률」상 평생직업교육학원으로 등록하려고 할 때, 관할 행정청이 소관 법령에 따른 신고 또는 등록의 요건을 갖춘 학원의 신고 또는 등록의 수리를 거부할 수 있다.

③ 인·허가의제로서의 건축신고는 수리를 요하지 않는 신고이나 그에 대한 수리 거부는 처분에 해당한다.

④ 행정청이 「국토의 계획 및 이용에 관한 법률」에 따른 개발행위허가 기준에 부합하지 않는다는 점을 이유로 구 「건축법」상 가설건축물 축조신고의 수리를 거부할 수 없다.

| 정답해설 |

④ 원고들이 피고에게 「국토계획법」상 개발행위허가를 신청한 것이 아니라 구 「건축법」상 가설건축물 축조신고를 한 것인 이상, 피고로서는 구 건축법령에서 정하고 있는 가설건축물 축조의 요건이 충족되었는지를 확인하여 그 신고 수리 여부를 결정하여야 할 뿐, 「국토계획법」상 개발행위허가의 요건을 충족하지 못한다는 사유로 가설건축물 축조신고의 수리를 거부할 수는 없다(대판 2019.1.10. 2017두75606).

| 오답해설 |

① 건축주명의변경신고는 수리를 요하는 신고에 해당한다. 단순한 건축신고와 구분하여야 한다.

> 건축주명의변경신고 수리거부행위는 행정청이 허가대상건축물 양수인의 건축주명의변경신고라는 구체적인 사실에 관한 법집행으로서 그 신고를 수리하여야 할 법령상의 의무를 지고 있음에도 불구하고 그 신고의 수리를 거부함으로써, …(중략)… 양수인의 권리의무에 직접 영향을 미치는 것으로서 취소소송의 대상이 되는 처분이라고 하지 않을 수 없다(대판 1992.3.31. 91누4911).

② 수리를 요하는 신고에 해당하여도 원칙적으로 법이 정한 요건을 갖추어 신고를 하면 수리를 거부할 수 없다.

> 국제표준무도를 교습하는 학원을 설립·운영하려는 사람이 「체육시설의 설치·이용에 관한 법률」상 무도학원업으로 신고하거나 또는 「학원의 설립·운영 및 과외교습에 관한 법률」상 평생직업교육학원으로 등록하려고 할 때, 관할 행정청이 소관 법령에 따른 신고 또는 등록의 요건을 갖춘 학원의 신고 또는 등록의 수리를 거부할 수 없다(대판 2018.6.21. 2015두48655 전원합의체).

③ 인·허가의제로서의 건축신고는 수리를 요하는 신고이고 수리 거부는 처분이다.

> 인·허가의제 효과를 수반하는 건축신고는 일반적인 건축신고와는 달리, 특별한 사정이 없는 한 행정청이 그 실체적 요건에 관한 심사를 한 후 수리하여야 하는 이른바 '수리를 요하는 신고'로 보는 것이 옳다(대판 2011.1.20. 2010두14954).

04 행정구제 〉 손해전보 〉 행정절차 　난이도 중 | 답 ①

행정절차에 대한 내용으로 옳지 않은 것은? (다툼이 있는 경우 판례에 의함)

① 원고가 피고의 사무실을 방문하여 피고 소속 공무원에게 '처분을 좀 연기해 달라'는 내용의 서류를 제출한 것은 「여객자동차 운수사업법」이 필요적으로 실시하도록 규정한 청문을 실시한 것으로 볼 수 있다.

② 신청에 대한 거부처분은 「행정절차법」 제22조 제3항에서 말하는 '당사자의 권익을 제한하는 처분'에 해당하지 않아 처분의 사전통지대상이나 의견청취대상이 되지 않는다.

③ 행정청은 청문이 시작되는 날부터 7일 전까지 청문 주재자에게 청문과 관련한 필요한 자료를 미리 통지하여야 한다.

④ 법인이나 조합 등의 설립허가의 취소 등의 처분시 의견제출기한 내에 당사자등의 신청이 있는 경우에는 청문을 한다.

| 정답해설 |

① 행정처분의 사유에 대하여 당사자에게 변명과 유리한 자료를 제출할 기회를 부여함으로써 위법사유의 시정가능성을 고려하고, 처분의 신중과 적정을 기하려는 청문제도의 취지에 비추어 볼 때, 원고가 이 사건 처분 전에 피고의 사무실에 방문하여 피고 소속 공무원에게 '처분을 좀 연기해 달라'는 내용의 서류를 제출한 것을 들어, 「여객자동차 운수사업법」과 「행정절차법」이 필요적으로 실시하도록 규정하고 있는 청문을 실시한 것으로 볼 수는 없다(대판 2017.4.7. 2016두63224).

| 오답해설 |

② 신청에 따른 처분이 이루어지지 아니한 경우에는 아직 당사자에게 권익이 부과되지 아니하였으므로 특별한 사정이 없는 한 신청에 대한 거부처분이라고 하더라도 직접 당사자의 권익을 제한하는 것은 아니어서 신청에 대한 거부처분을 여기에서 말하는 '당사자의 권익을 제한하는 처분'에 해당한다고 할 수 없는 것이어서 처분의 사전통지대상이 된다고 할 수 없다(대판 2003.11.28. 2003두674).

③ 청문을 실시하는 경우에 주재자에게도 7일 전에 미리 사전통지를 하도록 「행정절차법」은 규정하고 있다. → [비교] 청문의 상대방에 대한 사전통지는 10일이다.

> 「행정절차법」 제21조 【처분의 사전 통지】 ② 행정청은 청문을 하려면 청문이 시작되는 날부터 10일 전까지 제1항 각 호의 사항을 당사자등에게 통지하여야 한다. 이 경우 제1항 제4호부터 제6호까지의 사항은 청문 주재자의 소속·직위 및 성명, 청문의 일시 및 장소, 청문에 응하지 아니하는 경우의 처리방법 등 청문에 필요한 사항으로 갈음한다.
>
> 제28조 【청문 주재자】 ② 행정청은 청문이 시작되는 날부터 7일 전까지 청문 주재자에게 청문과 관련한 필요한 자료를 미리 통지하여야 한다.

④ 청문은 법인이나 조합의 설립허가 등의 취소의 경우 의견제출 내에 신청이 있으면 청문을 실시한다.

> 「행정절차법」 제22조 【의견청취】 ① 행정청이 처분을 할 때 다음 각 호의 어느 하나에 해당하는 경우에는 청문을 한다.
> 1. 다른 법령등에서 청문을 하도록 규정하고 있는 경우
> 2. 행정청이 필요하다고 인정하는 경우
> 3. 다음 각 목의 처분시 제21조 제1항 제6호에 따른 의견제출기한 내에 당사자등의 신청이 있는 경우
> 　가. 인허가 등의 취소
> 　나. 신분·자격의 박탈
> 　다. 법인이나 조합 등의 설립허가의 취소

05 행정구제 〉 행정쟁송 〉 행정소송 　난이도 상 | 답 ④

행정소송에 대한 내용으로 옳은 것은? (다툼이 있는 경우 판례에 의함)

① 행정처분의 당연무효를 선언하는 의미에서 그 취소를 구하는 행정소송을 제기하는 경우에는 취소소송의 제소기간을 준수하지 않아도 된다.

② 무효등확인소송은 처분등의 무효등의 확인을 구할 정당한 이익이 있는 자가 청구할 수 있다.

③ 중앙행정기관, 중앙행정기관의 부속기관과 합의제행정기관 또는 그 장이나 국가의 사무를 위임 또는 위탁받은 공공단체 또는 그 장이 피고가 되는 취소소송을 제기하는 경우에는 대법원소재지를 관할하는 행정법원으로 한다.

④ 소득세관할 주민세 부과처분의 취소를 구하는 항고소송의 피고는 소득세 납세지를 관할하는 시장·군수가 되어야 한다.

| 정답해설 |

④ 「지방세법」 제177조의4에 의하면, 소득세할 주민세 부과처분의 취소를 구하는 항고소송의 피고는 소득세 납세지를 관할하는 시장·군수가 되어야 하는 것이고, 세무서장을 상대로 주민세 부과처분의 취소를 구하는 소는 피고적격이 없는 자를 상대로 한 것이어서 부적법하다(대판 2005.2.25. 2004두11459).

| 오답해설 |

① 행정처분의 당연무효를 선언하는 의미에서 그 취소를 구하는 행정소송을 제기하는 경우에는 전치절차와 그 제소기간의 준수 등 취소소송의 제소요건을 갖추어야 한다(대판 1987.6.9. 87누219).

② 무효등확인소송도 법률상 이익이 있는 자가 원고적격이 된다.

> 「행정소송법」 제35조【무효등확인소송의 원고적격】무효등확인소송은 처분등의 효력 유무 또는 존재 여부의 확인을 구할 법률상 이익이 있는 자가 제기할 수 있다.

③ 종래에는 "제기한다."로 규정되어 전속관할이었지만 「행정소송법」 개정으로 "~ 대법원 소재지를 관할하는 행정법원에 제기할 수 있다."로 개정되어 임의관할로 변경되었다. 유의하여야 한다.

> 「행정소송법」 제9조【재판관할】② 제1항에도 불구하고 다음 각 호의 어느 하나에 해당하는 피고에 대하여 취소소송을 제기하는 경우에는 대법원 소재지를 관할하는 행정법원에 제기할 수 있다.
> 1. 중앙행정기관. 중앙행정기관의 부속기관과 합의제행정기관 또는 그 장
> 2. 국가의 사무를 위임 또는 위탁받은 공공단체 또는 그 장

06 행정구제 〉 손해전보 〉 손실보상   난이도 상 | 답 ④

특별한 희생은 입법자에 의해 입법되어 보상규정을 가지게 되는 침해를 의미한다는 이론과 부합하는 것은?

① 보상을 요하지 않는 사회적 제약과 보상을 요하는 특별한 희생의 사이에는 일정한 침해의 강도와 본질이 있어 이를 넘어서게 되면 특별한 희생이다.
② 우리 대법원의 유추적용설과 가장 유사한 입장이다.
③ 보상규정의 유무에 의해 보상이 좌우되어서는 아니 된다.
④ 보상규정이 없는 침해의 경우 위헌이 되며, 이는 단순 위헌이 아닌 입법자에게 입법개선을 요구하는 헌법불합치결정을 하여야 한다는 견해와 유사하다.

| 정답해설 |

④ 분리이론에 관한 내용이다. 독일의 헌법재판소에 의해서 등장된 이론으로서 특별한 희생이란 입법자에 의해 침해규정과 보상규정을 모두 갖춘 경우에만 해당되며 보상규정이 없는 경우에는 특별한 희생이 될 수 없어 침해에 대한 취소소송이나 입법자에 의한 보상규정의 입법을 통해서만 해결될 수 있다는 입장이다.

| 오답해설 |

① 경계이론에 대한 내용으로, 사회적 제약과 특별한 희생은 일정한 경계가 있어 이를 넘어서는 침해는 특별한 희생이고 보상규정 유무와 상관없이 보상을 요한다는 입장이다.
② 우리 대법원은 경계이론의 입장을 취하고 있다. 보상규정이 없어도 유추적용 등을 통해 보상할 수 있다는 입장이다.
③ 분리이론은 보상규정에 따라 보상 여부가 달라져야 한다는 입장이다. 보상규정 유무와 상관이 없다는 것은 경계이론의 입장이다.

| 더 알아보기 | 경계이론과 분리이론

경계이론 (대법원)	• 보상을 요하지 않는 사회적 제약과 보상을 요하는 특별희생의 사이에는 일정한 경계를 두고 있어 그 경계를 도과하게 되면 특별희생이 되어 보상을 요한다는 이론 • 보상규정이 없는 경우: 일정경계를 넘어서는 침해는 보상규정의 유무와 관계없이 특별희생이므로 보상을 하여야 함 • 따라서 수용유사적 침해이론과 관련 • 독일 연방최고법원과 우리 대법원의 입장
분리이론 (헌재)	• 특별한 희생은 입법자에 의하여 입법되어 보상규정을 가지게 되는 침해를 의미한다는 이론 • 보상규정이 없는 경우: 특별희생이 아니므로 보상을 하지 않음. 문제는 정도를 지나친 침해의 경우에도 보상규정이 없는 경우에는 침해의 취소쟁송과 입법자의 입법을 통해서 해결이 가능함 • 독일의 자갈채취사건에서 반영됨 • 우리의 헌법재판소의 태도

07 행정구제 〉 손해전보 〉 손해배상   난이도 중 | 답 ④

공공의 영조물의 설치·관리의 하자로 인한 「국가배상법」상 배상책임에 대한 설명으로 옳은 것은? (다툼이 있는 경우 판례에 의함)

① 광역시와 국가 모두가 도로의 점유자 및 관리자, 비용부담자로서의 책임을 중첩적으로 지는 경우 국가만이 「국가배상법」에 따라 궁극적으로 손해를 배상할 책임이 있는 자가 된다.
② 예산부족은 절대적인 면책사유가 된다.
③ 「국가배상법」 제5조 제1항의 '공공의 영조물'이란 국가 또는 지방자치단체에 의하여 공공의 목적에 공여된 유체물 내지 물적 설비로서 국가 또는 지방자치단체가 소유권, 임차권 그 밖의 권한에 기하여 관리하고 있는 경우를 말하는 것으로, 그러한 권원 없이 사실상 관리하고 있는 경우는 포함되지 않는다.
④ 영조물의 설치·관리에 있어서 항상 완전무결한 상태를 유지할 정도의 고도의 안전성을 갖추지 아니하였다고 하여 영조물의 설치 또는 관리에 하자가 있다고 단정할 수 없다.

| 정답해설 |

④ 「국가배상법」 제5조 제1항 소정의 영조물의 설치 또는 관리의 하자라 함은 영조물이 그 용도에 따라 통상 갖추어야 할 안전성을 갖추지 못한 상태에 있음을 말하는 것으로서, 영조물이 완전무결한 상태에 있지 아니하고 그 기능상 어떠한 결함이 있다는 것만으로 영조물의 설치 또는 관리에 하자가 있다고 할 수 없는 것이고, 위와 같은 안전성의 구비 여부를 판단함에 있어서는 당해 영조물의 용도, 그 설치장소의 현황 및 이용 상황 등 제반 사정을 종합적으로 고려하여 설치관리자가 그 영조물의 위험성에 비례하여 사회통념상 일반적으로 요구되는 정도의 방호조치의무를 다하였는지 여부를 그 기준으로 삼아야 할 것이며, 객관적으로 보아 시간적·장소적으로 영조물의 기능상 결함으로 인한 손해발생의 예견가능성과 회피가능성이 없는 경우, 즉 그 영조물의 결함이 영조물의 설치관리자의 관리행위가 미칠 수 없는 상황 아래에 있는 경우에는 영조물의 설치·관리상의 하자를 인정할 수 없다(대판 2007.9.21. 2005다65678).

| 오답해설 |

① 광역시와 국가 모두가 도로의 점유자 및 관리자, 비용부담자로서의 책임을 중첩적으로 지는 경우에는, 광역시와 국가 모두 「국가배상법」 제6조 제2항 소정의 궁극적으로 손해를 배상할 책임이 있는 자라고 할 것이고, 결국 광역시와 국가의 내부적인 부담 부분은, 그 도로의 인계·인수 경위, 사고의 발생 경위, 광역시와 국가의 그 도로에 관한 분담비용 등 제반 사정을 종합하여 결정함이 상당하다(대판 1998.7.10. 96다42819).
② 하자의 유무는 객관적 견지에서 본 안전성의 문제이고 그 설치자의 재정사정이나 영조물의 사용목적에 의한 사정은 안전성을 요구하는데 대한 정도 문제로서 참작사유에는 해당할지언정 안전성을 결정지을 절대적 요건에는 해당하지 아니한다 할 것이다(대판 1967.2.21. 66다1723).
③ 「국가배상법」 제5조 제1항 소정의 "공공의 영조물"이라 함은 국가 또는 지방자치단체에 의하여 특정 공공의 목적에 공여된 유체물 내지 물적 설비를 지칭하며, 특정 공공의 목적에 공여된 물이라 함은 일반공중의 자유로운 사용에 직접적으로 제공되는 공공용물에 한하지 아니하고, 행정주체 자신의 사용에 제공되는 공용물도 포함하며 국가 또는 지방자치단체가 소유권, 임차권 그밖의 권한에 기하여 관리하고 있는 경우뿐만 아니라 사실상의 관리를 하고 있는 경우도 포함한다(대판 1995.1.24. 94다45302).

08 행정작용 〉 행정입법 〉 법규명령   난이도 상 | 답 ③

행정부의 입법활동에 관한 헌법재판소나 대법원 판례의 입장으로 옳지 않은 것은?

① 구 「청소년 보호법 시행령」 제40조 [별표 6]의 위반행위의 종별에 따른 과징금 처분기준의 법적 성격은 법규명령이다.

② 행정처분이 법규성이 없는 내부지침 등의 규정에 위배된다고 하더라도 그 이유만으로 처분이 위법하게 되는 것은 아니고, 또 그 내부지침 등에서 정한 요건에 부합한다고 하여 반드시 그 처분이 적법한 것이라고 할 수도 없다.

③ 헌법재판소 판례에 의하면 헌법상 위임입법의 형식은 열거적이기 때문에, 국민의 권리·의무에 관한 사항을 고시 등 행정규칙으로 정하도록 위임한 법률 조항은 위헌이다.

④ 상위법령에서 세부사항 등을 시행규칙으로 정하도록 위임하였음에도 이를 고시 등 행정규칙으로 정하였다면 대외적 구속력을 가지는 법규명령으로서 효력이 인정될 수 없다.

| 정답해설 |

③ 헌법이 인정하고 있는 위임입법의 형식은 예시적인 것으로 보아야 할 것이고, 그것은 법률이 행정규칙에 위임하더라도 그 행정규칙은 위임된 사항만을 규율할 수 있으므로, 국회입법의 원칙과 상치되지도 않는다(헌재 2004.10.28. 99헌바91).

| 오답해설 |

① 구 「청소년 보호법」 제49조 제1항·제2항에 따른 같은 법 시행령 제40조 [별표 6]의 위반행위의 종별에 따른 과징금 처분기준은 법규명령이기는 하나, …(중략)… 종합적으로 고려하여 사안에 따라 적정한 과징금의 액수를 정하여야 할 것이므로 그 수액은 정액이 아니라 최고한도액이다(대판 2001.3.9. 99두5207).

② 행정처분이 법규성이 없는 내부지침 등의 규정에 위배된다고 하더라도 그 이유만으로 처분이 위법하게 되는 것은 아니고, 또 내부지침 등에서 정한 요건에 부합한다고 하여 반드시 그 처분이 적법한 것이라고 할 수도 없다. 처분의 적법 여부는 그러한 내부지침 등에서 정한 요건에 합치하는지 여부가 아니라 일반 국민에 대하여 구속력을 가지는 법률 등 법규성이 있는 관계 법령의 규정을 기준으로 판단하여야 한다(대판 2018.6.15. 2015두40248).

④ 행정규칙이나 규정이 상위법령의 위임범위를 벗어난 경우에는 법규명령으로서 대외적 구속력을 인정할 여지는 없다. 이는 행정규칙이나 규정 '내용'이 위임범위를 벗어난 경우뿐 아니라 상위법령의 위임규정에서 특정하여 정한 권한행사의 '절차'나 '방식'에 위배되는 경우도 마찬가지이므로, 상위법령에서 세부사항 등을 시행규칙으로 정하도록 위임하였음에도 이를 고시 등 행정규칙으로 정하였다면 그 역시 대외적 구속력을 가지는 법규명령으로서 효력이 인정될 수 없다(대판 2012.7.5. 2010다72076).

09 행정작용 〉 행정행위 〉 부관   난이도 하 | 답 ③

행정행위의 부관에 대한 설명으로 옳지 않은 것은? (다툼이 있는 경우 판례에 의함)

① 행정행위의 부관은 법령이 직접 행정행위의 조건이나 기한 등을 정한 경우와 구별되어야 한다.

② 일정기간 내 공사에 착수할 것을 조건으로 하는 공유수면매립면허는 해제조건에 해당한다.

③ 허가에 붙은 기한이 그 허가된 사업의 성질상 부당하게 짧은 경우에 그 기한은 허가조건의 존속기간이 아니라 허가 자체의 존속기간으로 보아야 한다.

④ 재량행위에는 법령상의 제한에 근거한 것이 아니라 하더라도 공익상 필요에 의하여 부관을 붙일 수 있다.

| 정답해설 |

③ 성질상 부당하게 짧은 기한에 대하여 대법원은 허가의 조건의 존속기간(=갱신기간)으로 보고 있다.

일반적으로 행정처분에 효력기간이 정하여져 있는 경우에는 그 기간의 경과로 그 행정처분의 효력은 상실되고, 다만 허가에 붙은 기한이 그 허가된 사업의 성질상 부당하게 짧은 경우에는 이를 그 허가 자체의 존속기간이 아니라 그 허가조건의 존속기간으로 보아 그 기한이 도래함으로서 그 조건의 개정을 고려한다는 뜻으로 해석할 수는 있지만, 그와 같은 경우라 하더라도 그 허가기간이 연장되기 위해서는 그 종기가 도래하기 전에 그 허가기간의 연장에 관한 신청이 있어야 하며, 만일 그러한 연장신청이 없는 상태에서 허가기간이 만료하였다면 그 허가의 효력은 상실된다(대판 2007.10.11. 2005두12404).

| 오답해설 |

① 부관은 행정청이 행정처분을 함에 있어 붙이는 행정작용이다. 법에 규정된 법정부관은 입법작용을 통해 부과되는 부관으로서 행정행위로서의 부관이 아니다.

② 일정기간 내에 공사를 착수할 수 있는 공유수면매립면허를 받았으므로 해제조건이다. 주어진 일정기간이 경과되도록 공사를 착수하지 않으면 공유수면매립면허는 소멸된다.

④ 재량행위에는 법의 근거가 없어도 부관을 붙일 수 있다. 과거에는 판례로써만 인정되는 원칙이었으나, 「행정기본법」 제17조 제1항을 통해 법률로써 규정되었다.

> 「행정기본법」 제17조 【부관】 ① 행정청은 처분에 재량이 있는 경우에는 부관(조건, 기한, 부담, 철회권의 유보 등을 말한다. 이하 이 조에서 같다)을 붙일 수 있다.
> ② 행정청은 처분에 재량이 없는 경우에는 법률에 근거가 있는 경우에 부관을 붙일 수 있다.

| 더 알아보기 | 재량처분의 부관에 관한 판례

> 재량행위에 있어서는 법령상의 근거가 없다고 하더라도 부관을 붙일 수 있는데, 그 부관의 내용은 적법하고 이행 가능하여야 하며 비례의 원칙 및 평등의 원칙에 적합하고 행정처분의 본질적 효력을 해하지 아니하는 한도의 것이어야 한다(대판 1997.3.14. 96누16698).

10 행정작용 〉 행정행위 〉 행정행위의 내용   난이도 상 | 답 ④

다음 내용 중 바르게 연결된 것은? (다툼이 있는 경우 판례에 의함)

> (가) 인위적인 권리나 능력을 부여하는 행정행위
> (나) 제3자들의 법률행위를 보충하여 효력을 부여하는 행정행위
> (다) 일반적·상대적 금지를 해제하여 자연적 자유를 회복하는 행정행위

> (A) 주택재건축정비사업조합설립에 있어 조합설립추진위원회의 구성을 승인하는 처분
> (B) 개발촉진지구 안에서 시행되는 지역개발사업에서 지정권자의 실시계획승인처분
> (C) 주택재개발정비사업조합이 수립한 관리처분계획의 인가
> (D) 「자동차관리법」상 사업자단체 조합설립인가
> (E) 체류자격변경허가

① (가)에 해당되는 행위는 (B), (D), (E)이다.

② (나)에 해당하는 행위는 (A), (B), (C)이다.

③ (다)는 원칙적으로 재량에 해당되어 요건이 충족된 경우에도 공익을 위해 거부가 가능하다.

④ (나)에 해당되는 행위는 법률행위의 하자를 이유로 직접 (나)를 소송대상으로 삼을 수 없다.

| 정답해설 |

(가)는 설권행위로서 특허, (나)는 보충행위로서 인가, (다)는 자연적 자유를 회복시켜주는 허가에 해당한다.

(A) 보충행위인 인가에 해당한다. → (나)

조합설립추진위원회(이하 '추진위원회'라 한다) 구성승인은 조합의 설립을 위한 주체인 추진위원회의 구성행위를 보충하여 효력을 부여하는 처분이다(대판 2014.2.27. 2011두2248).

(B) 설권행위로서 특허에 해당한다. → (가)

개발촉진지구 안에서 시행되는 지역개발사업(국가 또는 지방자치단체가 직접 시행하는 경우를 제외한다. 이하 '지구개발사업'이라 한다)에서 지정권자의 실시계획승인처분은 단순히 시행자가 작성한 실시계획에 대한 보충행위로서의 성질을 가지는 것이 아니라 시행자에게 구 「지역균형개발법」상 지구개발사업을 시행할 수 있는 지위를 부여하는 일종의 설권적 처분의 성격을 가진 독립된 행정처분으로 보아야 한다(대판 2014.9.26. 2012두5619).

(C) 인가로서 보충행위에 해당한다. → (나)

「도시재개발법」 제34조에 의한 행정청의 인가는 주택개량재개발조합의 관리처분계획에 대한 법률상의 효력을 완성시키는 보충행위로서 그 기본 되는 관리처분계획에 하자가 있을 때에는 그에 대한 인가가 있었다 하여도 기본행위인 관리처분계획이 유효한 것으로 될 수 없다(대판 2001.12.11. 2001두7541).

(D) 인가로서 보충행위에 해당한다. → (나)

「자동차관리법」상 자동차관리사업자로 구성하는 사업자단체인 조합 또는 협회(이하 '조합 등'이라고 한다)의 설립인가처분은 국토해양부장관 또는 시·도지사(이하 '시·도지사 등'이라고 한다)가 자동차관리사업자들의 단체결성행위를 보충하여 효력을 완성시키는 처분에 해당한다(대판 2015.5.29. 2013두635).

(E) 체류자격변경허가는 설권행위로서 특허에 해당한다. → (가)

체류자격변경허가는 신청인에게 당초의 체류자격과 다른 체류자격에 해당하는 활동을 할 수 있는 권한을 부여하는 일종의 설권적 처분의 성격을 가진다(대판 2016.7.14. 2015두48846).

④ 보충행위인 인가로서, 주된 법률행위의 하자를 이유로 보충행위인 인가에 대하여 소송을 청구할 수 없다.

기본행위인 사업시행계획에는 하자가 없는데 보충행위인 인가처분에 고유한 하자가 있다면 그 인가처분의 무효확인이나 취소를 구하여야 할 것이지만, 인가처분에는 고유한 하자가 없는데 사업시행계획에 하자가 있다면 사업시행계획의 무효확인이나 취소를 구하여야 할 것이지 사업시행계획의 무효를 주장하면서 곧바로 그에 대한 인가처분의 무효확인이나 취소를 구하여서는 아니 된다(대판 2021.2.10. 2020두48031).

| 오답해설 |
③ 허가는 원칙적으로 기속에 해당되어 요건이 충족되면 거부할 수 있지만 허가신청을 거부할 수 없다.

11 행정법 통칙 > 행정법의 법원 > 행정법의 일반원칙   난이도 상 | 답 ②

행정법의 일반원칙에 대한 설명으로 옳지 <u>않은</u> 것은? (다툼이 있는 경우 판례에 의함)

① 행정행위를 한 처분청은 그 행위에 하자가 있는 경우에는 별도의 법적 근거가 없더라도 스스로 이를 취소할 수 있고, 다만 수익적 행정처분을 취소할 때에는 이를 취소하여야 할 공익상의 필요와 취소로 인하여 당사자가 입게 될 기득권과 신뢰보호 및 법률생활 안정의 침해 등 불이익을 비교·교량한 후 이루어져야 할 것이다.
② 생물학적 동등성 시험 자료 일부가 조작되었음을 이유로 해당 의약품의 회수 및 폐기를 명했다면 신뢰보호 위반이라 할 수 있다.
③ 지침의 공표만으로 신청인이 보호가치 있는 신뢰를 갖게 되었다고 볼 수 없으므로 지침을 위반한 처분이라 해서 그 처분이 행정의 자기구속의 원칙 및 행정규칙에 관련된 신뢰보호의 원칙에 위배되거나 재량권을 일탈·남용한 위법이라 할 수 없다.

④ 개정된 「독점규제 및 공정거래에 관한 법률」이 시행되기 전에 이루어진 법 위반행위에 관하여 공정거래위원회가 현행법 시행 이후 '최초로 조사하는 사건'에 대해서, 현행법 시행일 당시 구법에 따른 처분시효가 경과하지 않은 경우, 현행법이 적용되고 이와 같은 해석이 헌법상 법률불소급이나 행정처분에 대한 신뢰보호 원칙에 위반되지 않는다.

| 정답해설 |
② 생물학적 동등성 시험 자료 일부가 조작되었음을 이유로 해당 의약품의 회수 및 폐기를 명한 사안에서, 그 행정처분으로 제약회사가 입게 될 경제적 손실이라는 불이익과 생물학적 동등성이 사전에 제대로 확인되지 않은 의약품이 유통되어 국민건강이 침해될 수 있는 위험을 예방하기 위한 공익상의 필요를 단순 비교하기 어려운 점 등에 비추어, 위 처분이 재량권을 일탈·남용하여 위법하다고 볼 수 없다(대판 2008.11.13. 2008두8628).

| 오답해설 |
① 처분청은 행정처분에 하자가 있는 경우에는 별도의 법적 근거가 없더라도 스스로 이를 취소할 수 있고, 다만 수익적 행정처분을 취소할 때에는 이를 취소하여야 할 중대한 공익상 필요와 취소로 인하여 처분상대방이 입게 될 기득권과 법적 안정성에 대한 침해 정도 등 불이익을 비교·교량한 후 공익상 필요가 처분상대방이 입을 불이익을 정당화할 만큼 강한 경우에 한하여 취소할 수 있다(대판 2020.7.23. 2019두31839).
③ 지침을 근거로 반복적 처분이 이루어져 행정의 관행이 이루어지는 경우 신뢰보호 등을 근거로 자기구속의 법리가 적용이 된다. 단순히 지침의 공표만으로는 아직은 자기구속의 법리는 인정될 수 없다.

이 사건 지침의 공표만으로는 원고가 이 사건 지침에 명시된 요건을 충족할 경우 사업자로 선정되어 벼 매입자금 지원 등의 혜택을 받을 수 있다는 보호가치 있는 신뢰를 가지게 되었다고 보기도 어렵다(대판 2009.12.24. 2009두7967).

④ 개정된 「독점규제 및 공정거래에 관한 법률」이 시행(2012.6.22.)되기 전에 이루어진 법 위반행위에 관하여 공정거래위원회가 현행법 시행 이후 '최초로 조사하는 사건'에 대해서, 현행법 시행일 당시 구법 제49조 제4항에 따른 처분시효가 경과하지 않은 경우, 현행법 제49조 제4항이 적용되고 및 이와 같은 해석이 헌법상 법률불소급이나 행정처분에 대한 신뢰보호 원칙에 위반되지 않는다(대판 2021.1.14. 2018두60601).

12 행정구제 > 행정쟁송 > 행정소송   난이도 중 | 답 ①

다음 중 판결의 효력에 대한 설명으로 옳지 <u>않은</u> 것은?

① 거부처분에 대한 무효등확인소송의 인용판결은 판결의 기속력을 확보하기 위하여 간접강제가 인정된다.
② 행정청의 거부처분을 취소하는 판결이 확정된 경우 확정판결의 당사자인 처분 행정청은 그 행정소송의 사실심 변론종결 이후 발생한 새로운 사유를 내세워 다시 이전의 신청에 대하여 거부처분을 할 수 있다.
③ 제3자효 행정처분의 취소소송에서 절차의 하자로 취소의 확정판결이 있은 경우 당해 행정청은 재처분의무가 있다.
④ 취소판결의 기속력은 그 사건의 당사자인 행정청과 그 밖의 관계행정청에게 확정판결의 취지에 따라 행동하여야 할 의무를 지우는 것으로 이는 인용판결에 한하여 인정된다.

| 정답해설 |
① 간접강제의 효력은 거부처분취소소송과 부작위법확인소송에만 인정한다. 거부처분에 대한 무효등확인소송은 행정심판과 달리 간접강제가 인정되고 있지 않다.

「행정소송법」제34조【거부처분 취소판결의 간접강제】① 행정청이 제30조 제2항의 규정에 의한 처분을 하지 아니하는 때에는 제1심 수소법원은 당사자의 신청에 의하여 결정으로써 상당한 기간을 정하고 행정청이 그 기간 내에 이행하지 아니하는 때에는 그 지연기간에 따라 일정한 배상을 할 것을 명하거나 즉시 손해배상을 할 것을 명할 수 있다.

제38조【준용규정】① 제9조, 제10조, 제13조 내지 제17조, 제19조, 제22조 내지 제26조, 제29조 내지 제31조 및 제33조의 규정은 무효등확인소송의 경우에 준용한다. → 제38조 제1항은 무효등확인소송이 취소소송을 준용하는 규정이다.

거부처분에 대한 무효확인 판결이 간접강제의 대상이 되는지 여부(소극)
「행정소송법」제38조 제1항이 무효확인 판결에 관하여 취소판결에 관한 규정을 준용함에 있어서 같은 법 제30조 제2항을 준용한다고 규정하면서도 같은 법 제34조는 이를 준용한다는 규정을 두고 있지 않으므로, 행정처분에 대하여 무효확인 판결이 내려진 경우에는 그 행정처분이 거부처분인 경우에도 행정청에 판결의 취지에 따른 재처분의무가 인정될 뿐 그에 대하여 간접강제까지 허용되는 것은 아니라고 할 것이다(대결 1998.12.24. 자 98무37).

| 오답해설 |
② 「행정소송법」제30조 제2항에 의하면, 행정청의 거부처분을 취소하는 판결이 확정된 경우에는 그 처분을 행한 행정청은 판결의 취지에 따라 이전의 신청에 대하여 재처분할 의무가 있고, 이 경우 확정판결의 당사자인 처분 행정청은 그 행정소송의 사실심 변론종결 이후 발생한 새로운 사유를 내세워 다시 이전의 신청에 대하여 거부처분을 할 수 있으며, 그러한 처분도 이 조항에 규정된 재처분에 해당한다(대판 1999.12.28. 98두1895).
③ 판결에 의하여 취소되는 처분이 당사자의 신청을 거부하는 것을 내용으로 하는 경우에는 그 처분을 행한 행정청은 판결의 취지에 따라 다시 이전의 신청에 대한 처분을 하여야 한다(「행정소송법」제30조 제2항).
④ 기속력은 피고 행정청과 관계행정청을 구속하는 효력이라서 인용판결에만 발생한다. 따라서 기각판결의 경우 행정청은 소송대상인 처분에 대하여 직권으로 취소할 수 있다.

13 행정구제 〉 행정쟁송 〉 행정소송　　난이도 중 | 답 ④

행정소송에 대한 설명 중 옳은 것은? (다툼이 있는 경우에는 판례에 의함)
① 소방공무원의 초과근무수당 지급청구소송은 민사소송에 해당한다.
② 토지구획정리사업지구 안의 토지에 관한 소유권이나 지상권을 가지고 있지 않은 자도 토지구획정리사업 시행인가처분의 취소를 구할 법률상의 이익이 있다.
③ 행정소송의 제기요건은 법원의 직권조사사항이므로 행정소송에 있어서 처분청의 처분권한 유무는 직권조사사항이다.
④ 병무청장이 「병역법」제81조의2 제1항에 따라 병역의무 기피자의 인적사항 등을 인터넷 홈페이지에 게시하는 등의 방법으로 공개한 경우, 병무청장의 공개결정이 항고소송의 대상이 되는 행정처분이다.

| 정답해설 |
④ 병무청장이 「병역법」제81조의2 제1항에 따라 병역의무 기피자의 인적사항 등을 인터넷 홈페이지에 게시하는 등의 방법으로 공개한 경우, 병무청장의 공개결정이 항고소송의 대상이 되는 행정처분이다(대판 2019.6.27. 2018두49130).

| 오답해설 |
① 지방소방공무원의 초과근무수당 지급청구권은 법령의 규정에 의하여 직접 그 존부나 범위가 정하여지고 법령에 규정된 수당의 지급요건에 해당하는 경우에는 곧바로 발생한다고 할 것이므로, 지방소방공무원이 자신이 소속된 지방자치단체를 상대로 초과근무수당의 지급을 구하는 청구에 관한 소송은 「행정소송법」제3조 제2호에 규정된 당사자소송의 절차에 따라야 한다(대판 2013.3.28. 2012다102629).
② 토지구획정리사업지구 안의 토지에 관한 소유권이나 지상권을 가지고 있지 않은 자는 개인으로서 단독 또는 공동으로 토지구획정리사업의 주체가 되거나 7인 이상이 조합을 구성하여 그 조합이 토지구획정리사업의 주체가 되어 토지

구획정리사업 시행인가를 받을 법률상의 자격 및 권리가 없으므로 토지구획정리사업 시행인가처분의 취소를 구할 법률상의 이익이 없다(대판 2003.11.13. 2001두4962).
③ 처분 여부는 소송의 대상적격으로 소송의 요건문제이고, 원칙적으로 직권심리 사항에 해당한다. 하지만 처분권한이 있는지 여부는 처분의 하자문제로 본안심리 대상이며, 원칙적으로 변론주의를 취한다.

행정소송에 있어서 처분청의 처분권한 유무는 직권조사사항이 아니다(대판 1997.6.19. 95누8669 전원합의체).

14 행정작용 〉 비권력적 행정 〉 공법상 계약　　난이도 중 | 답 ③

공법상 계약에 대한 설명으로 옳지 않은 것은? (다툼이 있는 경우 판례에 의함)
① 공법상 계약은 「행정절차법」에 규정이 없으나, 최근 신설된 「행정기본법」에 공법상 계약체결이 규정되어 있다.
② 공법상 채용계약에 대한 해지의 의사표시는 공무원에 대한 징계처분과 달라서 「행정절차법」에 의하여 그 근거와 이유를 제시하여야 하는 것은 아니다.
③ 산업단지관리공단이 구 「산업집적활성화 및 공장설립에 관한 법률」제38조 제2항에 따른 변경계약의 취소는 당사자소송 대상이 된다.
④ 공법상 계약의 무효확인을 구하는 당사자소송의 청구는 당해 소송에서 추구하는 권리구제를 위한 다른 직접적인 구제방법이 있는 이상 소송요건을 구비하지 못한 위법한 청구이다.

| 정답해설 |
③ 산업단지관리공단이 구 「산업집적활성화 및 공장설립에 관한 법률」제38조 제2항에 따른 변경계약의 취소가 항고소송의 대상이 되는 행정처분에 해당한다(대판 2017.6.15. 2014두46843).

| 오답해설 |
① 기존의 「행정절차법」에는 규정이 없었으나, 최근 「행정기본법」이 신설되면서 공법상 계약에 대한 규정을 두고 있다.

「행정기본법」제27조【공법상 계약의 체결】① 행정청은 법령등을 위반하지 아니하는 범위에서 행정목적을 달성하기 위하여 필요한 경우에는 공법상 법률관계에 관한 계약(이하 "공법상 계약"이라 한다)을 체결할 수 있다. 이 경우 계약의 목적 및 내용을 명확하게 적은 계약서를 작성하여야 한다.
② 행정청은 공법상 계약의 상대방을 선정하고 계약 내용을 정할 때 공법상 계약의 공공성과 제3자의 이해관계를 고려하여야 한다.

② 계약직공무원에 관한 현행 법령의 규정에 비추어 볼 때, 계약직공무원 채용계약해지의 의사표시는 일반공무원에 대한 징계처분과는 달라서 항고소송의 대상이 되는 처분 등의 성격을 가진 것으로 인정되지 아니하고, 일정한 사유가 있을 때에 국가 또는 지방자치단체가 채용계약 관계의 한쪽 당사자로서 대등한 지위에서 행하는 의사표시로 취급되는 것으로 이해되므로, 이를 징계해고 등에서와 같이 그 징계사유에 한하여 효력 유무를 판단하여야 하거나, 행정처분과 같이 「행정절차법」에 의하여 근거와 이유를 제시하여야 하는 것은 아니다(대판 2002.11.26. 2002두5948).
④ 항고소송과 달리 공법상 계약에 대한 당사자소송의 무효등확인소송은 보충성이 있어 즉시확정의 이익이 있어야 한다.

| 더 알아보기 | 항고소송과 당사자소송에서의 무효등확인소송

당사자소송에서의 무효등확인소송	공법상 계약의 무효확인을 구하는 당사자소송은 확인소송이므로 확인의 이익(즉시확정의 이익)이 요구된다. …(중략)… 위와 같이 직접적인 권리구제의 방법이 있는 이상 무효확인소송을 허용하지 않는다고 해서 당사자의 권리구제를 봉쇄하는 것도 아니다(대판 2008.6.12. 2006두16328).

항고소송에서의 무효등확인소송	행정처분의 근거 법률에 의하여 보호되는 직접적이고 구체적인 이익이 있는 경우에는 「행정소송법」 제35조에 규정된 '무효확인을 구할 법률상 이익'이 있다고 보아야 하고, 이와 별도로 무효확인소송의 보충성이 요구되는 것은 아니므로 행정처분의 무효를 전제로 한 이행소송 등과 같은 직접적인 구제수단이 있는지 여부를 따질 필요가 없다고 해석함이 상당하다(대판 2008.3.20. 2007두6342).

15 행정작용 > 행정행위 > 행정행위의 효력　　난이도 중 | 답 ②

행정행위의 효력요건과 효력에 관한 설명으로 옳은 것은? (다툼이 있는 경우 판례에 의함)

① 행정처분의 취소를 구하는 취소소송에 당해 처분의 취소를 선결문제로 하는 부당이득반환청구가 병합된 경우에 부당이득이 인용되려면 처분의 취소가 확정되어야 한다.

② 무단으로 공유재산 등을 사용·수익·점유하는 자가 변상금부과처분에 따라 납부하였다면 변상금부과처분이 당연무효이거나 취소되기 전에는 사법상 부당이득반환청구로서 납부액의 반환을 구할 수 없다.

③ 송달받을 자의 주소등을 통상적인 방법으로 확인할 수 없는 경우에는 송달받을 자가 알기 쉽도록 관보, 공보, 게시판, 인터넷 중 하나 이상에 공고하여야 한다.

④ 행정처분에 대한 제소기간이 도과한 후 그 처분에 대한 무효확인의 소를 제기한 경우 당해 행정처분의 근거법률이 위헌인지 여부가 당해 사건 재판의 전제가 될 수 있다.

| 정답해설 |
② 무단으로 공유재산 등을 사용·수익·점유하는 자가 관리청의 변상금부과처분에 따라 그에 해당하는 돈을 납부한 경우라면 위 변상금부과처분이 당연무효이거나 행정소송을 통해 먼저 취소되기 전에는 사법상 부당이득반환청구로써 위 납부액의 반환을 구할 수 없다(대판 2013.1.24. 2012다79828).

| 오답해설 |
① 「행정소송법」 제10조는 처분의 취소를 구하는 취소소송에 당해 처분과 관련되는 부당이득반환소송을 관련 청구로 병합할 수 있다고 규정하고 있는바, 이 조항을 둔 취지에 비추어 보면, 취소소송에 병합할 수 있는 당해 처분과 관련되는 부당이득반환소송에는 당해 처분의 취소를 선결문제로 하는 부당이득반환청구가 포함되고, 이러한 부당이득반환청구가 인용되기 위해서는 그 소송절차에서 판결에 의해 당해 처분이 취소되면 충분하고 그 처분의 취소가 확정되어야 하는 것은 아니라고 보아야 한다(대판 2009.4.9. 2008두23153).

③

> 「행정절차법」 제14조 【송달】 ④ 다음 각 호의 어느 하나에 해당하는 경우에는 송달받을 자가 알기 쉽도록 관보, 공보, 게시판, 일간신문 중 하나 이상에 공고하고 인터넷에도 공고하여야 한다.
> 1. 송달받을 자의 주소등을 통상적인 방법으로 확인할 수 없는 경우
> 2. 송달이 불가능한 경우

④ 행정처분에 대한 제소기간이 도과한 후 그 처분에 대한 무효확인의 소를 제기한 경우 당해 행정처분의 근거법률이 위헌인지 여부가 당해 사건 재판의 전제가 되지 않는다(헌재 2014.1.28. 2010헌바251).

16 행정법 통칙 > 행정법의 법원 > 「행정기본법」　　난이도 하 | 답 ③

「행정기본법」에 관한 내용으로 옳은 것만을 고른 것은?

> ㄱ. 법령등 또는 처분에서 국민의 권익을 제한하거나 의무를 부과하는 경우 권익이 제한되거나 의무가 지속되는 기간의 계산은 기간을 일, 주, 월 또는 연으로 정한 경우에는 기간의 첫날을 산입하지 않는다.
> ㄴ. 행정작용은 법률에 위반되어서는 아니 되며, 국민의 권리를 제한하거나 의무를 부과하는 경우와 그 밖에 국민생활에 중요한 영향을 미치는 경우에는 법률에 근거하여야 한다.
> ㄷ. 누구든지 법령등의 내용에 의문이 있으면 법령을 소관하는 중앙행정기관의 장(이하 "법령소관기관"이라 한다)과 자치법규를 소관하는 지방자치단체의 장에게 법령해석을 요청할 수 있다.
> ㄹ. 행정에 관하여 다른 법률에 특별한 규정이 있는 경우에도 「행정기본법」에서 정하는 바에 따른다.

① ㄱ, ㄴ　　　　　② ㄱ, ㄹ
③ ㄴ, ㄷ　　　　　④ ㄷ, ㄹ

| 정답해설 |
③ ㄴ, ㄷ이 옳은 내용이다.
ㄴ. 행정작용은 법률에 위반되어서는 아니 되며, 국민의 권리를 제한하거나 의무를 부과하는 경우와 그 밖에 국민생활에 중요한 영향을 미치는 경우에는 법률에 근거하여야 한다(「행정기본법」 제8조).
ㄷ. 누구든지 법령등의 내용에 의문이 있으면 법령을 소관하는 중앙행정기관의 장(이하 "법령소관기관"이라 한다)과 자치법규를 소관하는 지방자치단체의 장에게 법령해석을 요청할 수 있다(동법 제40조 제1항).

| 오답해설 |
ㄱ. 첫날을 산입한다.

> 「행정기본법」 제6조 【행정에 관한 기간의 계산】 ② 법령등 또는 처분에서 국민의 권익을 제한하거나 의무를 부과하는 경우 권익이 제한되거나 의무가 지속되는 기간의 계산은 다음 각 호의 기준에 따른다. 다만, 다음 각 호의 기준에 따르는 것이 국민에게 불리한 경우에는 그러하지 아니하다.
> 1. 기간을 일, 주, 월 또는 연으로 정한 경우에는 기간의 첫날을 산입한다.
> 2. 기간의 말일이 토요일 또는 공휴일인 경우에도 기간은 그 날로 만료한다.

ㄹ. 행정에 관하여 다른 법률에 특별한 규정이 있는 경우를 제외하고는 이 법에서 정하는 바에 따른다(동법 제5조 제1항).

17 행정의 실효성 확보수단 > 행정벌 > 행정질서벌　　난이도 중 | 답 ④

「질서위반행위규제법」에 대한 설명으로 옳지 않은 것은?

① 자신의 행위가 위법하지 아니한 것으로 오인하고 행한 질서위반행위는 그 오인에 정당한 이유가 있는 때에 한하여 과태료를 부과하지 아니한다.

② 법인의 대표자, 법인 또는 개인의 대리인·사용인 및 그 밖의 종업원이 업무에 관하여 법인 또는 그 개인에게 부과된 법률상의 의무를 위반한 때에는 법인 또는 그 개인에게 과태료를 부과한다.

③ 행정청은 당사자가 납부기한까지 과태료를 납부하지 아니한 때에는 납부기한을 경과한 날부터 체납된 과태료에 대하여 100분의 3에 상당하는 가산금을 징수한다.

④ 행정청의 과태료 부과에 불복하는 당사자는 과태료 부과 통지를 받은 날부터 14일 이내에 해당 행정청에 서면으로 이의제기를 할 수 있고 이의제기가 있는 경우에는 행정청의 과태료 부과처분은 그 효력을 상실한다.

| 정답해설 |

④ 행정의 과태료 부과에 불복하는 당사자는 제17조 제1항에 따른 과태료 부과
통지를 받은 날부터 60일 이내에 해당 행정청에 서면으로 이의제기를 할 수 있
다(「질서위반행위규제법」 제20조 제1항).

| 오답해설 |

① 자신의 행위가 위법하지 아니한 것으로 오인하고 행한 질서위반행위는 그 오인
에 정당한 이유가 있는 때에 한하여 과태료를 부과하지 아니한다(동법 제8조).

② 법인의 대표자, 법인 또는 개인의 대리인·사용인 및 그 밖의 종업원이 업무에
관하여 법인 또는 그 개인에게 부과된 법률상의 의무를 위반한 때에는 법인 또
는 그 개인에게 과태료를 부과한다(동법 제11조 제1항).

③ 행정청은 당사자가 납부기한까지 과태료를 납부하지 아니한 때에는 납부기한을
경과한 날부터 체납된 과태료에 대하여 100분의 3에 상당하는 가산금을 징수한
다(동법 제24조 제1항). → 종래 100분의 5에서 법령의 개정으로 100의 3으로
가산금이 변경되었다.

18 행정의 실효성 확보수단 〉 행정강제 〉 행정대집행   난이도 중 | 답 ②

행정대집행에 대한 설명으로 옳지 않은 것은? (다툼이 있는 경우 판
례에 의함)

① 행정청이 건물철거 대집행 과정에서 부수적으로 건물의 점유자들
에 대한 퇴거 조치를 할 수 있고 이 경우 필요하면 경찰의 도움을
받을 수 있다.

② 아무런 권원 없이 국유재산에 설치한 시설물에 대하여 행정청이
행정대집행을 실시하지 않는 경우, 그 국유재산에 대한 사용청구
권을 가지고 있는 자가 국가를 대위하여 민사소송으로 그 시설물
의 철거를 구할 수 없다.

③ 구 「공공용지의 취득 및 손실보상에 관한 특례법」에 의한 협의취
득시 건물소유자가 매매대상 건물에 대한 철거의무를 부담하겠다
는 취지의 약정을 한 경우, 그 철거의무가 「행정대집행법」에 의한
대집행의 대상이 되지 않는다.

④ 구 「토지수용법」상 피수용자 등이 기업자에 대하여 부담하는 수용
대상 토지의 인도의무가 「행정대집행법」에 의한 대집행의 대상이
되지 않는다.

| 정답해설 |

② 아무런 권원 없이 국유재산에 설치한 시설물에 대하여 행정청이 행정대집행을
실시하지 않는 경우, 그 국유재산에 대한 사용청구권을 가지고 있는 자가 국가
를 대위하여 민사소송으로 그 시설물의 철거를 구할 수 있다(대판 2009.6.11.
2009다1122).

| 오답해설 |

① 행정청이 행정대집행의 방법으로 건물철거의무의 이행을 실현할 수 있는 경우에
는 건물철거 대집행 과정에서 부수적으로 건물의 점유자들에 대한 퇴거 조치를
할 수 있고, 점유자들이 적법한 행정대집행을 위력을 행사하여 방해하는 경우 형
법상 공무집행방해죄가 성립하므로, 필요한 경우에는 「경찰관 직무집행법」에 근
거한 위험발생 방지조치 또는 형법상 공무집행방해죄의 범행방지 내지 현행범체
포의 차원에서 경찰의 도움을 받을 수도 있다(대판 2017.4.28. 2016다213916).

③ 「구 공공용지의 취득 및 손실보상에 관한 특례법」(2002.2.4. 법률 제6656호 「공
익사업을 위한 토지 등의 취득 및 보상에 관한 법률」 부칙 제2조로 폐지)에 따른
토지 등의 협의취득은 공공사업에 필요한 토지 등을 그 소유자와의 협의에 의하
여 취득하는 것으로서 공공기관이 사경제주체로서 행하는 사법상 매매 내지 사
법상 계약의 실질을 가지는 것이므로, 그 협의취득시 건물소유자가 매매대상 건
물에 대한 철거의무를 부담하겠다는 취지의 약정을 하였다고 하더라도 이러한
철거의무는 공법상의 의무가 될 수 없고, 이 경우에도 「행정대집행법」을 준용하
여 대집행을 허용하는 별도의 규정이 없는 한 위와 같은 철거의무는 「행정대집행
법」에 의한 대집행의 대상이 되지 않는다(대판 2006.10.13. 2006두7096).

④ 피수용자 등이 기업자에 대하여 부담하는 수용대상 토지의 인도의무에 관한 구
「토지수용법」 제63조, 제64조, 제77조 규정에서의 '인도'에는 명도도 포함되는
것으로 보아야 하고, 이러한 명도의무는 그것을 강제적으로 실현하면서 직접적
인 실력행사가 필요한 것이지 대체적 작위의무라고 볼 수 없으므로 특별한 사정
이 없는 한 「행정대집행법」에 의한 대집행의 대상이 될 수 있는 것이 아니다(대
판 2005.8.19. 2004다2809).

19 행정구제 〉 행정쟁송 〉 「행정심판법」   난이도 중 | 답 ③

「행정심판법」상의 내용으로 옳은 것은?

① 위원회는 심판청구가 적법하지 아니한 경우 보정을 할 수 있고 이
기간은 재결기간에 산입한다.

② 행정심판은 행정청과 국민과의 공적인 관계인 처분에 대한 쟁송
제도로서 민사에서의 조정제도는 행정심판에 인정될 수 없다.

③ 당사자의 신청을 거부하거나 부작위로 방치한 처분의 이행을 명
하는 재결이 있으면 행정청은 지체 없이 이전의 신청에 대하여 재
결의 취지에 따라 처분을 하여야 한다.

④ 당사자의 신청을 거부하거나 부작위로 방치한 처분의 이행명령이
재결이 있었음에도 행정청이 이행하지 않을 경우 청구인은 배상
을 통해서는 이행의 집행을 간접강제할 수 없다.

| 정답해설 |

③ 당사자의 신청을 거부하거나 부작위로 방치한 처분의 이행을 명하는 재결이 있
으면 행정청은 지체 없이 이전의 신청에 대하여 재결의 취지에 따라 처분을 하
여야 한다(「행정심판법」 제49조 제3항).

| 오답해설 |

① 제1항에 따른 보정기간은 제45조에 따른 재결기간에 산입하지 아니한다(동법
제32조 제5항).

② 위원회는 당사자의 권리 및 권한의 범위에서 당사자의 동의를 받아 심판청구의
신속하고 공정한 해결을 위하여 조정을 할 수 있다. 다만, 그 조정이 공공복리에
적합하지 아니하거나 해당 처분의 성질에 반하는 경우에는 그러하지 아니하다
(동법 제43조의2 제1항).

④ 이행명령재결에 피청구인이 처분을 이행하지 않으면 청구인의 신청에 의해 직
접강제가 가능하고 간접강제인 배상도 가능하다.

> 「행정심판법」 제49조【재결의 기속력 등】 ② 재결에 의하여 취소되거나 무효
> 또는 부존재로 확인되는 처분이 당사자의 신청을 거부하는 것을 내용으로
> 하는 경우에는 그 처분을 한 행정청은 재결의 취지에 따라 다시 이전의 신청
> 에 대한 처분을 하여야 한다.
> ③ 당사자의 신청을 거부하거나 부작위로 방치한 처분의 이행을 명하는 재
> 결이 있으면 행정청은 지체 없이 이전의 신청에 대하여 재결의 취지에 따라
> 처분을 하여야 한다.
>
> 제50조의2【위원회의 간접강제】① 위원회는 피청구인이 제49조 제2항(제49
> 조 제4항에서 준용하는 경우를 포함한다) 또는 제3항에 따른 처분을 하지 아
> 니하면 청구인의 신청에 의하여 결정으로 상당한 기간을 정하고 피청구인이
> 그 기간 내에 이행하지 아니하는 경우에는 그 지연기간에 따라 일정한 배상
> 을 하도록 명하거나 즉시 배상을 할 것을 명할 수 있다.

20 행정작용 〉 비권력적 행정 〉 행정계획   난이도 중 | 답 ④

행정계획에 대한 설명으로 옳지 않은 것은? (다툼이 있는 경우 판례
에 의함)

① 행정주체가 행정계획을 입안·결정하면서 이익형량을 전혀 행하
지 않거나 이익형량의 고려대상에 포함시켜야 할 사항을 누락하
거나 또는 이익형량의 정당성과 객관성이 결여된 경우 그 행정계
획은 형량하자로 위법하다.

② 후행도시계획을 결정하는 행정청이 선행도시계획의 결정·변경에
관한 권한을 가지고 있지 아니한 경우 선행도시계획과 양립할 수
없는 후행도시계획결정은 무효에 해당한다.

③ 구 「도시계획법」상 도시기본계획은 도시의 기본적인 공간구조와
장기발전방향을 제시하는 종합계획으로서 도시계획입안의 지침
이 되므로 일반 국민에 대한 직접적인 구속력은 없다.

④ 판례는 도시계획구역 내 토지 등을 소유하고 있는 주민은 도시계
획입안권자가 아니라는 이유로 도시계획변경입안신청의 거부에
대해 처분성을 부인하였다.

| 정답해설 |

④ 지구단위계획구역의 지정 및 변경과 지구단위계획의 수립 및 변경에 관한 사항'
에 관하여 '도시계획도서와 계획설명서를 첨부'하여 도시계획의 입안을 제안할
수 있고, 위 입안제안을 받은 입안권자는 그 처리결과를 제안자에게 통보하도
록 규정하고 있는 점 등과 헌법상 개인의 재산권 보장의 취지에 비추어 보면, 도
시계획구역 내 토지 등을 소유하고 있는 주민으로서는 입안권자에게 도시계획
입안을 요구할 수 있는 법규상 또는 조리상의 신청권이 있다고 할 것이고, 이러
한 신청에 대한 거부행위는 항고소송의 대상이 되는 행정처분에 해당한다(대판
2004.4.28. 2003두1806).

| 오답해설 |

① 행정주체가 행정계획을 입안·결정하면서 이익형량을 전혀 행하지 않거나 이익
형량의 고려대상에 마땅히 포함시켜야 할 사항을 빠뜨린 경우 또는 이익형량을
하였으나 정당성과 객관성이 결여된 경우에는 행정계획결정은 형량에 하자가
있어 위법하게 된다(대판 2012.1.12. 2010두5806).

② 도시계획의 결정을 하는 행정청이 선행 도시계획의 결정·변경 등에 관한 권한
을 가지고 있지 아니한 경우에 선행 도시계획과 서로 양립할 수 없는 내용이 포
함된 후행 도시계획결정을 하는 것은 아무런 권한 없이 선행 도시계획결정을 폐
지하고, 양립할 수 없는 새로운 내용이 포함된 후행 도시계획결정을 하는 것으
로서, 선행 도시계획결정의 폐지 부분은 권한 없는 자에 의하여 행해진 것으로
서 무효이고, 같은 대상지역에 대하여 선행 도시계획결정이 적법하게 폐지되지
아니한 상태에서 그 위에 다시 한 후행 도시계획결정 역시 위법하고, 그 하자는
중대하고도 명백하여 다른 특별한 사정이 없는 한 무효라고 보아야 한다(대판
2000.9.8. 99두11257).

③ 도시기본계획은 일반 국민에 대한 직접적인 구속력이 없어 행정처분에 해당하
지 아니함 도시기본계획은 도시의 기본적인 공간구조와 장기발전방향을 제시
하는 종합계획으로서 그 계획에는 토지이용계획, 환경계획, 공원녹지계획 등 장
래의 도시개발의 일반적인 방향이 제시되지만, 그 계획은 도시계획입안의 지침
이 되는 것에 불과하여 일반 국민에 대한 직접적인 구속력은 없는 것이다(대판
2002.10.11. 2000두8226).

문제편 p.24

01	②	02	①	03	①	04	①	05	①
06	④	07	④	08	④	09	③	10	①
11	①	12	③	13	②	14	①	15	④
16	②	17	③	18	②	19	①	20	③

▶풀이시간:　　/17분　나의 점수:　　/100점

01　행정법 통칙 > 행정법의 법원 > 행정법의 일반원칙　난이도 중 | 답 ②

다음 (가)~(라)의 원리와 이에 대한 설명으로 옳은 것은? (다툼이 있는 경우 판례에 의함)

> (가) 재량권 행사의 준칙이 정한 바에 따라 되풀이 시행되어 행정관행이 이루어지게 되면 평등의 원칙이나 신뢰보호의 원칙에 따라 행정기관은 상대방에 대한 관계에서 그 규칙에 따라야 할 자기구속을 받게 된다.
> (나) 이 원칙은 행정기관의 일정한 언동의 정당성 또는 존속성에 대한 사인의 보호가치 있는 신뢰는 보호해 주어야 한다는 원칙을 말한다.
> (다) 이러한 원칙에 따라 규제의 대상과 수단은 규제의 목적을 실현하는 데 필요한 최소한의 범위 안에서 가장 효과적인 방법으로 객관성, 투명성 및 공정성이 확보되도록 설정하여야 한다.
> (라) 행정청의 공권력 행사가 상대방의 반대급부와 결부된 경우, 공권력행사와 반대급부 사이에는 실질적인 관련성이 있어야 한다는 원칙이다.

① (가)원칙은 위법한 행정이 반복적으로 이루어져 국민들에게 일반적으로 받아들여진 경우에 적용될 수 있는 원칙이다.
② 헌법재판소의 위헌결정은 행정청이 개인에 대하여 신뢰의 대상이 되는 공적 견해를 표명한 것이라고 할 수 없으므로 그 결정에 관련한 개인의 행위에 대하여는 (나)원칙이 적용될 수 없다.
③ 구 「독점규제 및 공정거래에 관한 법률」에서 형사처벌과 아울러 과징금의 부과처분을 할 수 있도록 규정하고 있어 (다)원칙에 반한다고 할 수 있다.
④ 고속국도 관리청이 고속도로 부지와 접도구역에 송유관 매설을 허가하면서 상대방과 체결한 협약에 따라 송유관 시설을 이전하게 될 경우 그 비용을 상대방에게 부담하도록 하였으나 그 후 근거법령이 개정되어 더 이상 부관을 붙일 수 없게 되면 협약에 포함된 부관은 (라)원칙에 반하게 된다.

| 정답해설 |
(가)는 행정의 자기구속원칙, (나)는 신뢰보호원칙, (다) 비례원칙, (라) 부당결부금지원칙에 해당한다.
② 헌법재판소의 위헌결정은 신뢰보호원칙에서 말하는 신뢰보호원칙상의 공적 견해에 해당하지 않는다.

| 오답해설 |
① 자기구속의 법리는 위법인 경우에는 인정되지 않는다.

> 행정청이 조합설립추진위원회의 설립승인 심사에서 위법한 행정처분을 한 선례가 있다고 하여 그러한 기준을 따라야 할 의무가 없는 점 등에 비추어, 평등의 원칙이나 신뢰보호의 원칙 또는 자기구속의 원칙 등에 위배되고 재량권을 일탈·남용하여 자의적으로 조합설립추진위원회 승인처분을 한 것으로 볼 수 없다(대판 2009.6.25. 2008두13132).

③ 형사처벌과 과징금의 병과는 목적과 성질이 서로 달라 병과할 수 있도록 규정하고 있더라도 비례원칙 위반이라 할 수 없다.

> 구 「독점규제 및 공정거래에 관한 법률」에서 형사처벌과 아울러 과징금의 부과처분을 할 수 있도록 규정하고 있다 하더라도 이중처벌금지원칙이나 무죄추정원칙에 위반된다거나 사법권이나 재판청구권을 침해한다고 볼 수 없고, 또한 같은 법 제55조의3 제1항에 정한 각 사유를 참작하여 부당지원행위의 불법의 정도에 비례하여 상당한 금액의 범위 내에서만 과징금을 부과할 수 있도록 하고 있음에 비추어 비례원칙에 반한다고 할 수도 없다(대판 2004.4.9. 2001두6197).

④ 처분시에 적법한 부관은 사후 법령의 개정으로 부관을 붙일 수 없게 되었더라도 부관의 효력이 소멸한다거나 부당결부에 해당하지 않는다.

> 고속국도 관리청이 고속도로 부지와 접도구역에 송유관 매설을 허가하면서 상대방과 체결한 협약에 따라 송유관 시설을 이전하게 될 경우 그 비용을 상대방에게 부담하도록 하였고, 그 후 도로법 시행규칙이 개정되어 접도구역에는 관리청의 허가가 없이도 송유관을 매설할 수 있게 된 사안에서, 위 협약이 효력을 상실하지 않을 뿐만 아니라 위 협약에 포함된 부관이 부당결부금지의 원칙에도 반하지 않는다(대판 2009.2.12. 2005다65500).

02　행정구제 > 행정쟁송 > 행정소송　난이도 중 | 답 ①

거부처분에 대한 설명 중 옳지 않은 것은? (다툼이 있는 경우 판례에 의함)

① 「의료보호법」상 진료기관의 보호비용 청구에 대하여 보호기관이 심사 결과 지급을 거부한 경우에는 곧바로 공법상 당사자소송으로 지급을 청구를 할 수 있다.
② 지방자치단체장이 신축공사를 중지하라는 명령을 한 경우, 위 회사에게는 중지명령의 원인사유가 해소되었음을 이유로 당해 공사중지명령의 해제를 요구할 수 있는 권리가 조리상 인정된다.
③ 건축계획심의신청에 대한 반려처분이 항고소송의 대상이 되는 행정처분에 해당한다.
④ 거부처분이 항고소송의 대상적격을 갖기 위해서는 국민에게 그 행위발동을 요구할 법규상 또는 조리상의 신청권이 있어야 하는 바, 여기에서 '신청인의 법률관계에 어떤 변동을 일으키는 것'이라는 의미는 신청인의 실체상의 권리관계에 직접적인 변동을 일으키는 것은 물론, 그렇지 않다 하더라도 신청인이 실체상의 권리자로서 권리를 행사함에 중대한 지장을 초래하는 것도 포함한다.

| 정답해설 |
① 구 「의료보호법」에 따른 진료기관의 보호기관에 대한 진료비지급청구권은 계약 등의 법률관계에 의하여 발생하는 사법상의 권리가 아니라 법에 의하여 정책적으로 특별히 인정되는 공법상의 권리라고 할 것이고, 법령의 요건에 해당하는 것만으로 바로 구체적인 진료비지급청구권이 발생하는 것이 아니라 보호기관의 심사결정에 의하여 비로소 구체적인 청구권이 발생한다고 할 것이므로, 진료기관은 법령이 규정한 요건에 해당하여 진료비를 지급받을 추상적인 권리가 있다 하더라도 진료기관의 보호비용 청구에 대하여 보호기관이 심사 결과 지급을 거

부한 경우에는 곧바로 민사소송은 물론 공법상 당사자소송으로도 지급 청구를 할 수는 없고, 지급거부 결정의 취소를 구하는 항고소송을 제기하는 방법으로 구제받을 수밖에 없다(대판 1999.11.26. 97다42250).

| 오답해설 |
② 지방자치단체장이 공장시설을 신축하는 회사에 대하여 사업승인 내지 건축허가 당시 부가하였던 조건을 이행할 때까지 신축공사를 중지하라는 명령을 한 경우, 위 회사에게는 중지명령의 원인사유가 해소되었음을 이유로 당해 공사중지명령의 해제를 요구할 수 있는 권리가 조리상 인정된다(대판 2007.5.11. 2007두1811).
③ 건축계획심의신청에 대한 반려처분이 항고소송의 대상이 되는 행정처분에 해당한다(대판 2007.10.11. 2007두1316).
④ 국민의 적극적 행위 신청에 대하여 행정청이 그 신청에 따른 행위를 하지 않겠다고 거부한 행위가 항고소송의 대상이 되는 행정처분에 해당하는 것이라고 하려면, 그 신청한 행위가 공권력의 행사 또는 이에 준하는 행정작용이어야 하고, 그 거부행위가 신청인의 법률관계에 어떤 변동을 일으키는 것이어야 하며, 그 국민에게 그 행위발동을 요구할 법규상 또는 조리상의 신청권이 있어야 하는바, 여기에서 '신청인의 법률관계에 어떤 변동을 일으키는 것'이라는 의미는 신청인의 실체상의 권리관계에 직접적인 변동을 일으키는 것은 물론, 그렇지 않다 하더라도 신청인이 실체상의 권리자로서 권리를 행사함에 중대한 지장을 초래하는 것도 포함한다(대판 2007.10.11. 2007두1316).

03 행정구제 〉 사전구제 〉 행정절차 난이도 중 | 답 ①

행정절차상 이유제시에 대한 내용으로 옳지 않은 것은? (다툼이 있는 경우 판례에 의함)

① 세액산출의 근거가 기재되지 않은 납세고지서에 의한 부과처분은 강행법규에 위반하여 당연무효라고 보는 것이 판례의 태도이다.
② 판례는 당사자가 근거규정 등을 명시하여 신청하는 인·허가 등에 대하여 행정청이 거부처분을 하면서 당사자가 그 근거를 알 수 있을 정도로 상당한 이유를 제시한 경우에는, 당해 처분의 근거 및 이유를 구체적 조항 및 내용까지 명시하지 않았더라도 그로 말미암아 그 처분을 위법한 것으로 볼 수는 없다는 입장이다.
③ 이유제시의 하자치유는 행정쟁송의 제기 이전까지의 문제이고, 처분사유의 추가·변경은 원칙적으로 행정소송의 제기 이후부터 사실심 변론종결시 이전 사이에 문제된다.
④ 택지초과소유부담금 납부고지서에 필요적 기재사항이 누락되었지만 앞서 보낸 예정통지서에 그 기재사항이 제대로 기재된 경우에는 그 하자의 치유가 인정된다.

| 정답해설 |
① 과세처분에 과세표준과 세율, 세액 및 그 산출근거가 명시되지 아니하였을 경우에 그 과세처분이 위법하다는 것은 그 하자가 당해 과세처분을 무효라고 하는데까지는 이르지 아니하고 취소할 수 있는 사유에 해당된다(대판 1984.4.10. 83누657).

| 오답해설 |
② 「행정절차법」 제23조 제1항은 행정청은 처분을 하는 때에는 당사자에게 그 근거와 이유를 제시하여야 한다고 규정하고 있는바, 일반적으로 당사자가 근거규정 등을 명시하여 신청하는 인·허가 등을 거부하는 처분을 함에 있어 당사자가 그 근거를 알 수 있을 정도로 상당한 이유를 제시한 경우에는 당해 처분의 근거 및 이유를 구체적 조항 및 내용까지 명시하지 않았더라도 그로 말미암아 그 처분이 위법한 것이 된다고 할 수 없다(대판 2002.5.17. 2000두8912).
③ 행정청은 기본적 사실관계의 동일성이 있다고 인정되는 한도 내에서만 다른 처분사유를 추가·변경할 수 있다고 할 것이나 이는 사실심 변론종결시까지만 허용된다(대판 1999.8.20. 98두17043).
④ 납부의무자에게 교부한 택지초과소유부담금 부과대상 예정통지서에 납부고지서의 필요적 기재사항이 제대로 기재되어 있어, 납부의무자가 이를 기초로 같은 법 시행령 제31조 제2항에 의거한 택지초과소유부담금 부과 전 이의신청을 하였다면, 납부의무자로서는 부과처분에 대한 불복 여부의 결정 및 불복신청에 전혀 지장을 받지 않았을 것이므로, 그 예정통지서는 그 후 발부된 납세고지서와 결합하여 납세고지서의 하자를 보완하는 기능을 갖는다(대판 1996.11.15. 96누12504).

04 행정작용 〉 행정행위 〉 행정행위의 하자 난이도 상 | 답 ①

행정처분의 근거법률이 위헌결정된 경우, 당해 처분의 효력 등에 관한 설명 중 옳은 것을 모두 고른 것은? (다툼이 있는 경우 판례에 의함)

> ㄱ. 법률이 위헌으로 결정된 후 그 법률에 근거하여 발령되는 행정처분은 위헌결정의 기속력에 반하므로 그 하자가 중대하고 명백하여 당연무효가 된다.
> ㄴ. 법률에 근거하여 행정청이 행정처분을 한 후에 헌법재판소가 그 법률을 위헌으로 결정하였다면 결과적으로 그 행정처분은 하자가 있는 것이 된다고 할 것이라서 당연무효사유라고 봄이 상당하다.
> ㄷ. 행정처분에 대하여 그 행정처분의 근거가 된 법률이 위헌이라는 이유로 무효확인청구의 소가 제기된 경우에는 다른 특별한 사정이 없는 한 법원으로서는 그 법률이 위헌인지 여부에 대하여는 판단할 필요 없이 그 무효확인청구를 각하하여야 한다.
> ㄹ. 행정처분이 있은 후에 집행단계에서 그 처분의 근거된 법률이 위헌으로 결정되는 경우 그 처분의 집행이나 집행력을 유지하기 위한 행위는 위헌결정의 기속력에 위반되어 허용되지 않는다.
> ㅁ. 취소소송의 제기기간을 경과하여 불가쟁력이 발생한 행정처분에도 위헌결정의 소급효가 미친다.

① ㄱ, ㄹ
② ㄱ, ㄷ, ㄹ
③ ㄴ, ㄹ
④ ㄴ, ㄹ, ㅁ

| 정답해설 |
① ㄱ, ㄹ이 옳은 내용이다.
ㄱ. 근거법이 위헌결정을 받게 되면 그 법에 따라 이루어진 처분은 취소에 해당된다고 해도 이후에 이루어진 처분이나 처분을 집행하기 위한(혹은 집행을 유지하기 위한)행위는 헌법재판소 위헌결정의 기속력에 반하여 무효이다.

> 위와 같은 위헌결정 이후에 조세채권의 집행을 위한 새로운 체납처분에 착수하거나 이를 속행하는 것은 더 이상 허용되지 않고, 나아가 이러한 위헌결정의 효력에 위배하여 이루어진 체납처분은 그 사유만으로 하자가 중대하고 객관적으로 명백하여 당연무효라고 보아야 한다(대판 2012.2.16. 2010두10907 전원합의체).

ㄹ. 과세처분의 근거법이 위헌인 경우에 이를 집행하기 위한 행정은 무효이다.

> 과세관청이 구 「국세기본법」 제39조 제1항 제2호 (다)목에 따라 乙에게 과세처분을 하였는데, 이후 위 규정에 대해 헌법재판소의 위헌결정이 있었으나 과세관청이 조세채권의 집행을 위해 乙의 예금채권에 압류처분을 한 사안에서, 압류처분이 당연무효라고 본 원심판단의 결론이 정당하다(대판 2012.2.16. 2010두10907 전원합의체).

| 오답해설 |
ㄴ. 행정청이 어느 법률에 근거하여 행정처분을 한 후에 헌법재판소가 그 법률을 위헌으로 결정하였다면 결과적으로 그 행정처분은 법률의 근거 없이 행하여진 것과 마찬가지가 되어 하자 있는 것이 된다고 할 것이나, 하자 있는 행정처분이 당연무효가 되기 위하여는 그 하자가 중대할 뿐만 아니라 명백한 것이어야 하는데 일반적으로 법률이 헌법에 위반된다는 사정은 헌법재판소의 위헌 결정이 있기 전에는 객관적으로 명백한 것이라고 할 수는 없으므로, 특별한 사정이 없는 한 이러한 하자는 그 행정처분의 취소사유에 해당할 뿐 당연무효사유는 아니다(대판 1995.12.5. 95다39137).
ㄷ. 어느 행정처분에 대하여 그 행정처분의 근거가 된 법률이 위헌이라는 이유로 무효확인청구의 소가 제기된 경우에는 다른 특별한 사정이 없는 한 법원으로서는 그 법률이 위헌인지 여부에 대하여는 판단할 필요 없이 그 무효확인청구를 기각하여야 한다(대판 1994.10.28. 92누9463).
ㅁ. 위헌인 법률에 근거한 행정처분이 당연무효인지의 여부는 위헌결정의 소급효와는 별개의 문제로서, 위헌결정의 소급효가 인정된다고 하여 위헌인 법률에 근거한 행정처분이 당연무효가 된다고는 할 수 없고, 오히려 이미 취소소송의 제기기간을 경과하여 확정력이 발생한 행정처분에는 위헌결정의 소급효가 미치지 않는다고 보아야 한다(대판 1994.10.28. 92누9463).

05 행정작용 〉 행정입법 〉 법규명령
난이도 중 | 답 ①

행정입법에 관한 설명 중 옳지 <u>않은</u> 것은? (다툼이 있는 경우 판례에 의함)

① 법률조항의 위임에 따라 대통령령으로 규정한 내용이 헌법에 위반되는 경우에는 그로 인하여 모법인 해당 수권(授權) 법률조항도 위헌으로 된다.
② 법령의 위임이 없음에도 법령의 처분요건에 해당하는 사항을 부령에서 변경하여 규정한 경우 그 부령의 규정은 행정명령에 지나지 않아 대외적 구속력이 없다.
③ 상위법령에서 세부사항 등을 시행규칙으로 정하도록 위임하였음에도 이를 고시 등 행정규칙으로 정하였다면 이때 고시 등 행정규칙은 대외적 구속력을 갖는 법규명령으로서 효력이 인정될 수 없다.
④ 헌법재판소는 대법원규칙인 구 「법무사법 시행규칙」에 대해, 법규명령이 별도의 집행행위를 기다리지 않고 직접 기본권을 침해하는 것일 때에는 헌법 제107조 제2항의 명령·규칙에 대한 대법원의 최종심사권에도 불구하고 헌법소원심판의 대상이 된다고 한다.

| 정답해설 |
① 모법인 상위법이 위헌이면 이에 기한 시행령은 실효되지만, 시행령의 내용이 헌법에 위반된다고 하여 상위법인 수권조항이 위헌이 되는 것은 아니다.

> 법률조항의 위임에 따라 대통령령으로 규정한 내용이 헌법에 위반되는 경우일지라도, 시행령의 위헌성이 곧 그 모법인 법률의 위헌성을 가져오는 것은 아니다(헌재 1998.6.25. 95헌바35).

| 오답해설 |
② 법령에서 행정처분의 요건 중 일부 사항을 부령으로 정할 것을 위임한 데 따라 시행규칙 등 부령에서 이를 정한 경우에 그 부령의 규정은 국민에 대해서도 구속력이 있는 법규명령에 해당한다고 할 것이지만, 법령의 위임이 없음에도 법령에 규정된 처분 요건에 해당하는 사항을 부령에서 변경하여 규정한 경우에는 그 부령의 규정은 행정청 내부의 사무처리 기준 등을 정한 것으로서 행정조직 내에서 적용되는 <u>행정명령의 성격을 지닐 뿐 국민에 대한 대외적 구속력은 없다고 보아야 한다</u>(대판 2013.9.12. 2011두10584).
③ 행정규칙이나 규정이 상위법령의 위임범위를 벗어난 경우에는 법규명령으로서 대외적 구속력을 인정할 여지는 없다. 이는 행정규칙이나 규정 '내용'이 위임범위를 벗어난 경우뿐 아니라 상위법령의 위임규정에서 특정하여 정한 권한행사의 '절차'나 '방식'에 위배되는 경우도 마찬가지이므로, <u>상위법령에서 세부사항 등을 시행규칙으로 정하도록 위임하였음에도 이를 고시 등 행정규칙으로 정하였다면 그 역시 대외적 구속력을 가지는 법규명령으로서 효력이 인정될 수 없다</u>(대판 2012.7.5. 2010다72076).
④ 법령 자체에 의한 직접적인 기본권침해 여부가 문제되었을 경우 그 법령의 효력을 직접 다투는 것을 소송물로 하여 일반법원에 구제를 구할 수 있는 절차는 존재하지 아니하므로(일반법원에 명령·규칙을 직접 대상으로 하여 행정소송을 제기한 경우에 이것이 허용되어 구제된 예를 발견할 수 없다) 이 경우에는 <u>다른 구제절차를 거칠 것 없이 바로 헌법소원심판을 청구할 수 있는 것이다</u>(헌재 1990.10.15. 89헌마178).

06 행정작용 〉 비권력적 행정 〉 행정계획
난이도 중 | 답 ④

행정계획에 관한 다음 설명 중 옳지 <u>않은</u> 것은? (다툼이 있는 경우 판례에 의함)

① 산업단지개발계획상 산업단지 안의 토지소유자로서 산업단지개발계획에 적합한 시설을 설치하여 입주하려는 자에게 산업단지지정권자 또는 그로부터 권한을 위임받은 기관에 대하여 산업단지개발계획의 변경을 요청할 수 있는 법규상 또는 조리상 신청권이 인정된다.

② 구 「도시계획법」상 도시기본계획은 도시의 기본적인 공간구조와 장기발전방향을 제시하는 종합계획으로서 도시계획입안의 지침이 되므로 일반 국민에 대한 직접적인 구속력은 없다.
③ 주택재건축정비사업조합이 법에 기초하여 수립한 사업시행계획이 인가·고시를 통해 확정되면 그 사업시행계획은 이해관계인에 대한 구속적 행정계획으로서 독립된 행정처분에 해당한다.
④ 문화재보호구역 내에 있는 토지소유자는 문화재보호구역의 지정해제를 요구할 수 있는 법규상 또는 조리상 신청권이 있다고 할 수 없다.

| 정답해설 |
④ 문화재보호구역 내에 있는 토지소유자 등으로서는 <u>위 보호구역의 지정해제를 요구할 수 있는 법규상 또는 조리상의 신청권이 있다고 할 것이고, 이러한 신청에 대한 거부행위는 항고소송의 대상이 되는 행정처분에 해당한다</u>(대판 2004.4.27. 2003두8821).

| 오답해설 |
① 산업단지개발계획상 산업단지 안의 토지소유자로서 산업단지개발계획에 적합한 시설을 설치하여 입주하려는 자는 산업단지지정권자 또는 그로부터 권한을 위임받은 기관에 대하여 산업단지개발계획의 변경을 요청할 수 있는 법규상 또는 조리상 신청권이 있고, 이러한 신청에 대한 거부행위는 항고소송의 대상이 되는 행정처분에 해당한다고 보아야 한다(대판 2017.8.29. 2016두44186).
② 도시기본계획은 일반 국민에 대한 직접적인 구속력이 없어 행정처분에 해당하지 아니한다. 도시기본계획은 도시의 기본적인 공간구조와 장기발전방향을 제시하는 종합계획으로서 그 계획에는 토지이용계획, 환경계획, 공원녹지계획 등 장래의 도시개발의 일반적인 방향이 제시되지만, 그 계획은 도시계획입안의 지침이 되는 것에 불과하여 일반 국민에 대한 직접적인 구속력은 없는 것이다(대판 2002.10.11. 2000두8226).
③ 조합이 이러한 행정주체의 지위에서 도시정비법에 기초하여 수립한 이 사건 <u>사업시행계획은 인가·고시를 통해 확정되면 이해관계인에 대한 구속적 행정계획으로서 독립된 행정처분에 해당하고</u>, 이와 같은 사업시행계획안에 대한 조합 총회결의는 그 행정처분에 이르는 절차적 요건 중 하나에 불과한 것으로서, 그 계획이 확정된 후에는 항고소송의 방법으로 계획의 취소 또는 무효확인을 구할 수 있을 뿐, 절차적 요건에 불과한 총회결의 부분만을 대상으로 그 효력 유무를 다투는 확인의 소를 제기하는 것은 허용되지 아니한다(대결 2009.11.2. 자 2009마596).

| 더 알아보기 | 관리처분계획안이 인가를 받게 되는 경우 관리처분계획의 법적 성질

> 「도시 및 주거환경정비법」상 주택재건축정비사업조합이 같은 법 제48조에 따라 수립한 관리처분계획에 대하여 관할 행정청의 인가·고시까지 있게 되면 관리처분계획은 행정처분으로서 효력이 발생하게 되므로, 총회결의의 하자를 이유로 하여 행정처분의 효력을 다투는 항고소송의 방법으로 관리처분계획의 취소 또는 무효확인을 구하여야 하고, 그와 별도로 행정처분에 이르는 절차적 요건 중 하나에 불과한 총회결의 부분만을 따로 떼어내어 효력 유무를 다투는 확인의 소를 제기하는 것은 특별한 사정이 없는 한 허용되지 않는다(대판 2009.9.17. 2007다2428 전원합의체).

07 행정법 통칙 〉 행정상 법률관계 〉 공법·사법관계
난이도 중 | 답 ④

공법관계와 사법관계의 구별과 관련된 판례의 내용 중 옳지 <u>않은</u> 것은? (다툼이 있는 경우 판례에 의함)

① 국가나 지방자치단체에 근무하는 청원경찰에 대한 징계처분의 시정을 구하는 소송은 행정소송에 해당한다.
② 일반재산(구 잡종재산)인 국유림을 대부하는 행위는 법률이 대부계약의 취소사유나 대부료의 산정방법 등을 정하고 있고, 대부료의 징수에 관하여 「국세징수법」 중 체납처분에 관한 규정을 준용하도록 정하고 있더라도 사법관계로 파악된다.
③ 서울특별시지하철공사 임원 및 직원에 대한 징계처분은 위 공사 사장이 공권력 발동주체로서 행정처분을 행한 것으로 볼 수 없으므로 이에 대한 불복절차는 민사소송절차에 의하여야 할 것이지 행정소송에 의할 수는 없는 것이다.

④ 「국가를 당사자로 하는 계약에 관한 법률」에 따라 국가가 당사자로 되는 입찰방식에 의한 사인과 체결하는 이른바 공공계약은 국가에 이루어진 공법관계이다.

| **정답해설** |

④ 국가를 당사자로 하는 계약이나 「공공기관의 운영에 관한 법률」의 적용 대상인 공기업이 일방 당사자가 되는 계약(이하 편의상 '공공계약'이라 한다)은 국가 또는 공기업(이하 '국가 등'이라 한다)이 사경제의 주체로서 상대방과 대등한 지위에서 체결하는 사법(사법)상의 계약으로서 본질적인 내용은 사인 간의 계약과 다를 바가 없으므로, 법령에 특별한 정함이 있는 경우를 제외하고는 서로 대등한 입장에서 당사자의 합의에 따라 계약을 체결하여야 하고 당사자는 계약의 내용을 신의성실의 원칙에 따라 이행하여야 하는 등[구 「국가를 당사자로 하는 계약에 관한 법률(2012.12.18. 법률 제11547호로 개정되기 전의 것. 이하 '국가계약법'이라 한다)」 제5조 제1항] 사적 자치와 계약자유의 원칙을 비롯한 사법의 원리가 원칙적으로 적용된다(대판 2017.12.21. 2012다74076 전원합의체).

| **오답해설** |

① 지방자치단체에서 근무하는 청원경찰의 근무관계는 그 임용권자가 행정기관의 장이고, 국가나 지방자치단체로부터 보수를 받으며, 직무상의 불법행위에 대해서도 「민법」이 아닌 「국가배상법」이 적용되는 등의 특질이 있으며 그 외 임용자격·직무·복무의무내용 등을 종합하여 볼 때, 그 근무관계를 사법상의 고용계약관계로 보기는 어려우므로, 그에 대한 징계처분의 시정을 구하는 소는 행정소송의 대상이지 민사소송의 대상이 아니다(대판 1993.7.23. 92다47564).

② 잡종재산인 국유림을 대부하는 행위는 국가가 사경제주체로서 상대방과 대등한 위치에서 행하는 사법상의 법률행위라 할 것이고, … (중략) … 잡종재산인 국유림에 관한 대부료의 납입고지 역시 사법상의 이행청구에 해당한다고 할 것이어서 행정소송의 대상으로 되지 아니한다(대판 1993.12.21. 93누13735).

③ 서울특별시지하철공사의 임원과 직원의 근무관계의 성질은 특별권력관계라고는 볼 수 없고 사법관계에 속할 뿐만 아니라, 위 지하철공사의 사장이 그 이사회의 결의를 거쳐 제정된 인사규정에 의거하여 소속직원에 대한 징계처분을 한 경우 위 사장은 「행정소송법」 제13조 제1항 본문과 제2조 제2항 소정의 행정청에 해당되지 않으므로 공권력발동주체로서 위 징계처분을 행한 것으로 볼 수 없고, 따라서 이에 대한 불복절차는 민사소송에 의할 것이지 행정소송에 의할 수는 없다(대판 1989.9.12. 89누2103).

| **더 알아보기** | 일반재산의 대부나 대부료의 부과는 사법관계, 대부료의 징수는 공법관계

> 공유 일반재산의 대부료와 연체료를 납부기한까지 내지 아니한 경우에도 「공유재산 및 물품 관리법」 제97조 제2항에 의하여 지방세 체납처분의 예에 따라 이를 징수할 수 있다. 이와 같이 공유 일반재산의 대부료의 징수에 관하여도 지방세 체납처분의 예에 따른 간이하고 경제적인 특별한 구제절차가 마련되어 있으므로, 특별한 사정이 없는 한 민사소송으로 공유 일반재산의 대부료의 지급을 구하는 것은 허용되지 아니한다(대판 2017.4.13. 2013다207941).

08 행정작용 〉 행정행위 〉 행정행위의 내용　난이도 중 | 답 ④

행정행위에 대한 다음 내용으로 옳지 않은 것은? (다툼이 있는 경우 판례에 의함)

① 구 「도시계획법」상의 개발제한구역 내에서의 건축물 용도변경에 대한 허가는 예외적 허가로서 재량행위에 해당한다.
② 행정청의 의사가 외부에 표시되어 행정청이 자유롭게 취소·철회할 수 없는 구속을 받게 되는 시점에 행정행위가 성립하는 것이며, 행정행위의 성립 여부는 행정청의 의사를 공식적인 방법으로 외부에 표시하였는지 여부를 기준으로 판단해야 한다.
③ 건축주가 적법한 용도변경 절차를 거치지 않고 허가받은 용도 이외의 다른 용도로 사용하는 경우라도 건축허가가 소급해서 위법해지는 것은 아니다.
④ 주택재건축조합이 재건축결의에서 결정된 내용과 다르게 사업시행계획을 작성하여 사업시행인가를 받았다면 인가처분이 근거조항상의 적법요건을 갖추고 있더라도 그 사업시행인가는 하자가 있는 것으로 보아야 한다.

| **정답해설** |

④ 조합이 사업시행계획을 재건축결의에서 결정된 내용과 달리 작성한 경우 이러한 하자는 기본행위인 사업시행계획 작성행위의 하자이고, 이에 대한 보충행위인 행정청의 인가처분이 그 근거 조항인 위 법 제28조의 적법요건을 갖추고 있는 이상은 그 인가처분 자체에 하자가 있는 것이라 할 수 없다(대판 2008.1.10. 2007두16691).

| **오답해설** |

① 도시의 무질서한 확산을 방지하고 도시주변의 자연환경을 보전하여 도시민의 건전한 생활환경을 확보하기 위하여 지정되는 개발제한구역 내에서는 구역 지정의 목적상 건축물의 건축이나 그 용도변경은 원칙적으로 금지되고, 다만 구체적인 경우에 위와 같은 구역 지정의 목적에 위배되지 아니할 경우 예외적으로 허가에 의하여 그러한 행위를 할 수 있게 되어 있음이 위와 같은 관련 규정의 체재와 문언상 분명한 한편, 이러한 건축물의 용도변경에 대한 예외적인 허가는 그 상대방에게 수익적인 것에 틀림이 없으므로, 이는 그 법률적 성질이 재량행위 내지 자유재량행위에 속하는 것이라고 할 것이고, 따라서 그 위법 여부에 대한 심사는 재량권 일탈·남용의 유무를 그 대상으로 한다(대판 2001.2.9. 98두17593).

② 일반적으로 처분이 주체·내용·절차와 형식의 요건을 모두 갖추고 외부에 표시된 경우에는 처분의 존재가 인정된다. 행정의사가 외부에 표시되어 행정청이 자유롭게 취소·철회할 수 없는 구속을 받게 되는 시점에 처분이 성립하고, 그 성립 여부는 행정청이 행정의사를 공식적인 방법으로 외부에 표시하였는지를 기준으로 판단해야 한다(대판 2019.7.11. 2017두38874).

③ 건축주가 나중에 신축한 건축물을 허가받은 용도 이외의 다른 용도로 사용할 의도나 가능성이 있는지 여부에 의하여 좌우되는 것이 아니고, 건축주가 적법한 용도변경 절차를 거치지 않고 허가받은 용도 이외의 다른 용도로 사용하더라도 무단 용도변경이 문제될 뿐, 건축허가가 소급해서 위법해지는 것은 아니다(대판 2014.11.27. 2013두16111).

09 행정법 통칙 〉 행정법의 법원 〉 「행정기본법」　난이도 하 | 답 ③

「행정기본법」에 대한 설명으로 옳은 것(○)과 옳지 않은 것(×)이 바르게 연결한 것은?

> ㄱ. 행정에 관한 기간의 계산에 관하여는 이 법 또는 다른 법령등에 특별한 규정이 있는 경우를 제외하고는 「행정절차법」을 준용한다.
> ㄴ. 자격이나 신분 등을 취득 또는 부여할 수 없거나 인가, 허가, 지정, 승인, 영업등록, 신고 수리 등을 필요로 하는 영업 또는 사업 등을 할 수 없는 사유는 명령으로 정한다.
> ㄷ. 당사자의 신청에 따른 처분은 법령등에 특별한 규정이 있거나 처분 당시의 법령등을 적용하기 곤란한 특별한 사정이 있는 경우를 제외하고는 처분 당시의 법령등에 따른다.
> ㄹ. 거짓이나 그 밖의 부정한 방법으로 처분을 받은 경우에 행정청은 당사자에게 권리나 이익을 부여하는 처분을 취소하려면 취소로 인하여 당사자가 입게 될 불이익을 취소로 달성되는 공익과 비교·형량(衡量)하여야 한다.

	ㄱ	ㄴ	ㄷ	ㄹ
①	×	×	○	○
②	○	○	×	○
③	×	×	○	×
④	○	○	○	×

| **정답해설** |

③ ㄱ. (×), ㄴ. (×), ㄷ. (○), ㄹ. (×)이다.

ㄱ. (×) 행정에 관한 기간의 계산에 관하여는 이 법 또는 다른 법령등에 특별한 규정이 있는 경우를 제외하고는 「민법」을 준용한다(「행정기본법」 제6조 제1항).

ㄴ. (×) 자격이나 신분 등을 취득 또는 부여할 수 없거나 인가, 허가, 지정, 승인, 영업등록, 신고 수리 등(이하 "인허가"라 한다)을 필요로 하는 영업 또는 사업 등을 할 수 없는 사유(이하 이 조에서 "결격사유"라 한다)는 법률로 정한다(동법 제16조 제1항).

「행정기본법」 제6조【행정에 관한 기간의 계산】② 법령등 또는 처분에서 국민의 권익을 제한하거나 의무를 부과하는 경우 권익이 제한되거나 의무가 지속되는 기간의 계산은 다음 각 호의 기준에 따른다. 다만, 다음 각 호의 기준에 따르는 것이 국민에게 불리한 경우에는 그러하지 아니하다.
1. 기간을 일, 주, 월 또는 연으로 정한 경우에는 기간의 첫날을 산입한다.
2. 기간의 말일이 토요일 또는 공휴일인 경우에도 기간은 그 날로 만료한다.

ㄷ. (○) 신청에 의한 처분은 특별한 규정이 없으면 처분시 법령을 기준으로 한다(동법 제14조 제2항).
ㄹ. (×) 거짓이나 부정한 방법에 의한 수익적 처분의 취소는 형량을 하지 않아도 된다.

「행정기본법」 제18조【위법 또는 부당한 처분의 취소】② 행정청은 제1항에 따라 당사자에게 권리나 이익을 부여하는 처분을 취소하려는 경우에는 취소로 인하여 당사자가 입게 될 불이익을 취소로 달성되는 공익과 비교·형량(衡量)하여야 한다. 다만, 다음 각 호의 어느 하나에 해당하는 경우에는 그러하지 아니하다.
1. 거짓이나 그 밖의 부정한 방법으로 처분을 받은 경우
2. 당사자가 처분의 위법성을 알고 있었거나 중대한 과실로 알지 못한 경우

10 행정작용 〉 비권력적 행정 〉 행정지도 난이도 하 | 답 ①

「행정절차법」상의 행정지도에 대한 내용으로 옳은 것은?

① 행정지도를 행하는 자는 신분을 밝혀야 한다.
② 행정지도는 지도의 명확성을 위해 서면방식을 원칙으로 한다.
③ 행정지도 불이행을 이유로 하는 행정청의 불이익조치는 필요한 최소범위에 국한된다.
④ 행정지도를 행하는 자는 미리 행정지도의 내용 등에 대한 사전통지를 하여 의견을 제출할 수 있는 기회를 부여하여야 한다.

| 정답해설 |
① 행정지도를 하는 자는 그 상대방에게 그 행정지도의 취지 및 내용과 신분을 밝혀야 한다(「행정절차법」 제49조 제1항).

| 오답해설 |
② 행정지도가 말로 이루어지는 경우에 상대방이 제1항의 사항을 적은 서면의 교부를 요구하면 그 행정지도를 하는 자는 직무 수행에 특별한 지장이 없으면 이를 교부하여야 한다(「행정절차법」 제49조 제2항).
③ 행정기관은 행정지도의 상대방이 행정지도에 따르지 아니하였다는 것을 이유로 불이익한 조치를 하여서는 아니 된다(동법 제48조 제2항).
④ 행정지도의 상대방은 해당 행정지도의 방식·내용 등에 관하여 행정기관에 의견제출을 할 수 있다(동법 제50조).

11 행정작용 〉 행정행위 〉 행정행위의 취소와 철회 난이도 중 | 답 ①

행정행위의 취소·철회에 대한 설명 중 옳은 것은? (다툼이 있는 경우 판례에 의함)

ㄱ. 변상금 부과처분에 대한 취소소송이 진행 중이라도 그 부과권자는 위법한 처분을 스스로 취소하고 그 하자를 보완하여 다시 적법한 부과처분을 할 수도 있다.
ㄴ. 수익적 처분에 대한 취소권제한의 법리는 쟁송취소에는 동일하게 적용되지 않는다.
ㄷ. 행정처분에 있어 여러 개의 처분사유 중 일부가 적법하지 않으면 다른 처분사유로써 그 처분의 정당성이 인정된다고 하더라도, 그 처분은 위법하게 된다.
ㄹ. 행정청이 행한 공사중지명령의 상대방에게는 그 명령 이후에 그 원인사유가 소멸하였음을 들어 행정청에게 공사중지명령의 철회를 요구할 수 있는 조리상의 신청권이 없다.

① ㄱ, ㄴ ② ㄱ, ㄹ
③ ㄴ, ㄷ ④ ㄷ, ㄹ

| 정답해설 |
① ㄱ, ㄴ이 옳은 내용이다.
ㄱ. 소멸시효는 객관적으로 권리가 발생하여 그 권리를 행사할 수 있는 때로부터 진행하고 그 권리를 행사할 수 없는 동안만은 진행하지 아니하는데, 여기서 권리를 행사할 수 없는 경우라 함은 그 권리행사에 법률상의 장애사유가 있는 경우를 말하는데, 변상금 부과처분에 대한 취소소송이 진행 중이라도 그 부과권자로서는 위법한 처분을 스스로 취소하고 그 하자를 보완하여 다시 적법한 부과처분을 할 수도 있는 것이어서 그 권리행사에 법률상의 장애사유가 있는 경우에 해당한다고 할 수 없으므로, 그 처분에 대한 취소소송이 진행되는 동안에도 그 부과권의 소멸시효가 진행된다(대판 2006.2.10. 2003두5686).
ㄴ. 수익적 행정처분에 대한 취소권 등의 행사는 기득권의 침해를 정당화할 만한 중대한 공익상의 필요 또는 제3자의 이익보호의 필요가 있는 때에 한하여 허용될 수 있다는 법리는, 처분청이 수익적 행정처분을 직권으로 취소·철회하는 경우에 적용되는 법리일 뿐 쟁송취소의 경우에는 적용되지 않는다(대판 2019.10.17. 2018두104).

| 오답해설 |
ㄷ. 여러 처분사유에 관하여 하나의 제재처분을 하였을 때 그중 일부가 인정되지 않는다고 하더라도 나머지 처분사유들만으로도 처분의 정당성이 인정되는 경우에는 그 처분을 위법하다고 보아 취소하여서는 아니 된다(대판 2020.5.14. 2019두63515).
ㄹ. 행정청이 행한 공사중지명령의 상대방은 그 명령 이후에 그 원인사유가 소멸하였음을 들어 행정청에게 공사중지명령의 철회를 요구할 수 있는 조리상의 신청권이 있다할 것이다(대판 2005.4.14. 2003두7590).

12 행정의 실효성 확보수단 〉 행정강제 〉 강제집행과 즉시강제 난이도 중 | 답 ③

행정의 실효성 확보수단에 대한 설명으로 옳지 않은 것은? (다툼이 있는 경우 판례에 의함)

① 행정대집행이 가능한 경우에는 민사강제를 통해 위법건축물을 철거할 수 없다.
② '조사대상자의 자발적인 협조를 얻어 실시하는 행정조사'는 개별 법령 등에서 행정조사를 규정하고 있는 경우에도 실시할 수 있다.
③ 「국세징수법」에 따른 가산금은 행정법상 금전급부불이행에 대한 제재로 가해지는 금전부담이므로 그 고지는 항고소송의 대상이 되는 처분이다.
④ 행정상 즉시강제는 법치국가의 요청인 예측가능성과 법적 안정성에 반하고 기본권 침해의 소지가 큰 권력작용이므로 행정강제는 행정상 강제집행을 원칙으로 하고 행정상 즉시강제는 예외적으로 인정되어야 한다.

| 정답해설 |
③ 「국세징수법」 제21조, 제22조가 규정하는 가산금 또는 중가산금은 국세를 납부기한까지 납부하지 아니하면 과세청의 확정절차 없이도 법률 규정에 의하여 당연히 발생하는 것이므로 가산금 또는 중가산금의 고지가 항고소송의 대상이 되는 처분이라고 볼 수 없다(대판 2005.6.10. 2005다15482).

| 오답해설 |
① 행정대집행의 절차가 인정되는 경우에는 따로 민사소송의 방법으로 공작물의 철거, 수거 등을 구할 수는 없다(대판 2000.5.12. 99다18909).
② '조사대상자의 자발적인 협조를 얻어 실시하는 행정조사'의 경우에는 그러한 제한이 없이 실시가 허용된다(「행정조사기본법」 제5조 단서). 「행정조사기본법」 제5조는 행정기관이 정책을 결정하거나 직무를 수행하는 데에 필요한 정보나 자료를 수집하기 위하여 행정조사를 실시할 수 있는 근거에 관하여 정한 것으로서, 이러한 규정의 취지와 아울러 문언에 비추어 보면, 단서에서 정한 '조사대상자의 자발적인 협조를 얻어 실시하는 행정조사'는 개별 법령 등에서 행정조사를 규정하고 있는 경우에도 실시할 수 있다(대판 2016.10.27. 2016두41811).

④ 행정상 즉시강제는 법치국가의 요청인 예측가능성과 법적 안정성에 반하고 기본권 침해의 소지가 큰 권력작용이므로 행정강제는 행정상 강제집행을 원칙으로 하고 행정상 즉시강제는 예외적으로 인정되어야 한다(헌재 2002.10.31. 2000헌가12).

13 행정의 실효성 확보수단 〉 행정벌 〉 행정질서벌 난이도 하 | 답 ②

질서위반행위규제에 대한 설명으로 옳지 <u>않은</u> 것은? (다툼이 있는 경우 판례에 의함)

① 질서위반행위의 성립과 과태료 처분은 행위시의 법률에 따르지만, 반드시 그러한 것은 아니다.
② 19세가 되지 아니한 자의 질서위반행위는 과태료를 부과하지 아니한다. 다만, 다른 법률에 특별한 규정이 있는 경우에는 그러하지 아니하다.
③ 과태료재판은 행정소송에서와 같은 신뢰보호가 문제되지 않는다.
④ 심신(心神)장애로 인하여 행위의 옳고 그름을 판단할 능력이 없거나 그 판단에 따른 행위를 할 능력이 없는 자의 질서위반행위는 과태료를 부과하지 아니한다.

| 정답해설 |
② 14세가 되지 아니한 자의 질서위반행위는 과태료를 부과하지 아니한다. 다만, 다른 법률에 특별한 규정이 있는 경우에는 그러하지 아니하다(「질서위반행위규제법」 제9조).

| 오답해설 |
①
> 「질서위반행위규제법」 제3조 【법 적용의 시간적 범위】 ① 질서위반행위의 성립과 과태료 처분은 행위시의 법률에 따른다.
> ② 질서위반행위 후 법률이 변경되어 그 행위가 질서위반행위에 해당하지 아니하게 되거나 과태료가 변경되기 전의 법률보다 가볍게 된 때에는 법률에 특별한 규정이 없는 한 변경된 법률을 적용한다.
> ③ 행정청의 과태료 처분이나 법원의 과태료 재판이 확정된 후 법률이 변경되어 그 행위가 질서위반행위에 해당하지 아니하게 된 때에는 변경된 법률에 특별한 규정이 없는 한 과태료의 징수 또는 집행을 면제한다.

③ 법원이 비송사건절차법에 따라서 하는 과태료 재판은 관할 관청이 부과한 과태료처분에 대한 당부를 심판하는 행정소송절차가 아니라 법원이 직권으로 개시·결정하는 것이므로, 원칙적으로 과태료 재판에서는 행정소송에서와 같은 신뢰보호의 원칙 위반 여부가 문제로 되지 아니하고, 다만 위반자가 그 의무를 알지 못하는 것이 무리가 아니었다고 할 수 있어 그것을 정당시할 수 있는 사정이 있을 때 또는 그 의무의 이행을 그 당사자에게 기대하는 것이 무리라고 하는 사정이 있을 때 등 그 의무 해태를 탓할 수 없는 정당한 사유가 있는 때에는 이를 부과할 수 없다(대결 2006.4.28. 자 2003마715).
④ 심신장애의 경우에 감경 또는 면제규정이 있다.
> 「질서위반행위규제법」 제10조 【심신장애】 ① 심신(心神)장애로 인하여 행위의 옳고 그름을 판단할 능력이 없거나 그 판단에 따른 행위를 할 능력이 없는 자의 질서위반행위는 과태료를 부과하지 아니한다.
> ② 심신장애로 인하여 제1항에 따른 능력이 미약한 자의 질서위반행위는 과태료를 감경한다.
> ③ 스스로 심신장애 상태를 일으켜 질서위반행위를 한 자에 대하여는 제1항 및 제2항을 적용하지 아니한다.

14 행정의 실효성 확보수단 〉 새로운 수단 〉 과징금 난이도 중 | 답 ①

다음 과징금에 대한 설명 중 옳은 것은? (다툼이 있는 경우 판례에 의함)

① 장의자동차에 대한 사업구역을 위반하였음을 이유로 한 과징금 부과처분을 취소한 재결에 대하여 처분의 상대방이 아닌 제3자에게 그 취소를 구할 법률상 이익이 없다.
② 제재적 처분인 면허의 정지나 취소에 갈음하는 과징금의 부과에 대해 현행법상 규정은 없다.
③ 과징금 부과처분이 법이 정한 한도액을 초과하여 위법할 경우 법원으로서는 그 전부를 취소하지 않고, 그 한도액을 초과한 부분이나 법원이 적정하다고 인정되는 부분을 초과한 부분만을 취소할 수 있다.
④ 과징금 채무는 일신전속적 의무의 성질을 가지므로 과징금을 부과 받은 자가 사망한 경우 그 상속인에게 승계되지 않는다.

| 정답해설 |
① 면허받은 장의자동차운송사업구역에 위반하였음을 이유로 한 행정청의 과징금 부과처분에 의하여 동종업자의 영업이 보호되는 결과는 사업구역제도의 반사적 이익에 불과하기 때문에 그 과징금부과처분을 취소한 재결에 대하여 처분의 상대방 아닌 제3자는 그 취소를 구할 법률상 이익이 없다(대판 1992.12.8. 91누13700).

| 오답해설 |
② 변형된 과징금제도는 「여객자동차운수법」, 「가축분뇨의 관리 및 이용에 관한 법률」, 「건강기능식품에 관한 법률」, 「건설산업기본법」 등 여러 법률에 규정되어 있다.
③ 자동차운수사업면허조건 등을 위반한 사업자에 대하여 행정청이 행정제재수단으로 사업 정지를 명할 것인지, 과징금을 부과할 것인지, 과징금을 부과키로 한다면 그 금액은 얼마로 할 것인지에 관하여 재량권이 부여되었다 할 것이므로 <u>과징금 부과처분이 법이 정한 한도액을 초과하여 위법할 경우 법원으로서는 그 전부를 취소할 수밖에 없고, 그 한도액을 초과한 부분이나 법원이 적정하다고 인정되는 부분을 초과한 부분만을 취소할 수 없다</u>(대판 1998.4.10. 98두2270).
④ 「부동산 실권리자명의 등기에 관한 법률」 제5조에 의하여 부과된 과징금 채무는 대체적 급부가 가능한 의무이므로, 위 과징금을 부과받은 자가 사망한 경우 그 상속인에게 포괄승계된다(대판 1999.5.14. 99두35).

15 정보공개와 개인정보 〉 정보공개 〉 정보공개의 내용 난이도 중 | 답 ④

정보공개에 대한 설명으로 옳은 것은? (다툼이 있는 경우 판례에 의함)

① 정보공개를 청구하는 자가 공공기관에 대해 정보의 사본 또는 출력물의 교부의 방법으로 공개방법을 선택하여 정보공개청구를 한 경우에 공개청구를 받은 공공기관은 그 공개방법을 선택할 재량권을 가진다.
② 사면대상자들의 사면실시건의서와 그와 관련된 국무회의 안건자료에 관한 정보는 구 「공공기관의 정보공개에 관한 법률」에서 정한 비공개사유에 해당한다.
③ 「공공기관의 정보공개에 관한 법률」에 의하면 정보공개를 청구하여 정보공개 여부에 대한 결정의 통지를 받은 자가 정당한 사유 없이 해당 정보의 공개를 다시 청구하는 경우에 해당 청구를 종결 처리할 수 없다.
④ 소송대리인이 소송상 유리한 자료를 획득하기 위하여 정보공개청구를 하였다 하더라도 그러한 사정만으로 정보공개청구가 권리의 남용에 해당한다고 볼 수 없다.

| 정답해설 |
④ 원고가 피고의 전 직원이었던 소외인의 소송대리인으로서 소송상 유리한 자료를 획득하기 위하여 이 사건 정보공개청구를 하였다 하더라도 그러한 사정만으로 원고의 이 사건 정보공개청구가 권리의 남용에 해당한다고 볼 수 없다(대판 2008.10.23. 2007두1798).

| 오답해설 |

① 정보의 사본 또는 복제물의 교부를 제한할 수 있는 사유에 해당하지 않는 한 정보공개청구자가 선택한 공개방법에 따라 정보를 공개하여야 하므로 그 공개방법을 선택할 재량권이 없다고 해석함이 상당하다(대판 2003.12.12. 2003두8050).

② 사면대상자들의 사면실시건의서와 그와 관련된 국무회의 안건자료에 관한 정보가 구 「공공기관의 정보공개에 관한 법률」에서 정한 비공개사유에 해당하지 않는다(대판 2006.12.7. 2005두241).

③ 개정된 법령은 일정한 경우에 정보공개신청을 종결처리할 수 있는 규정을 두고 있다.

> 「공공기관의 정보공개에 관한 법률」 제11조의2【반복청구 등의 처리】① 공공기관은 제11조에도 불구하고 제10조 제1항 및 제2항에 따른 정보공개 청구가 다음 각 호의 어느 하나에 해당하는 경우에는 정보공개 청구 대상 정보의 성격, 종전 청구와의 내용적 유사성·관련성, 종전 청구와 동일한 답변을 할 수밖에 없는 사정 등을 종합적으로 고려하여 해당 청구를 종결 처리할 수 있다. 이 경우 종결 처리 사실을 청구인에게 알려야 한다.
> 1. 정보공개를 청구하여 정보공개 여부에 대한 결정의 통지를 받은 자가 정당한 사유 없이 해당 정보의 공개를 다시 청구하는 경우
> 2. 정보공개 청구가 제11조 제5항에 따라 민원으로 처리되었으나 다시 같은 청구를 하는 경우

16 행정구제 〉 손해전보 〉 국가배상　　난이도 중 | 답 ②

국가의 손해배상에 대한 다음의 설명으로 옳지 않은 것은? (다툼이 있는 경우 판례에 의함)

① 국회의원의 입법행위는 그 입법 내용이 헌법의 문언에 명백히 위배됨에도 불구하고 국회가 굳이 당해 입법을 한 것과 같은 특수한 경우가 아닌 한 「국가배상법」 제2조 제1항 소정의 위법행위에 해당된다고 볼 수 없다.

② 「국가배상법」상 공무원의 직무행위는 객관적으로 직무행위로서의 외형을 갖추고 있어야 할 뿐만 아니라 주관적 공무집행의 의사도 있어야 한다.

③ 공무원에게 부과된 직무상 의무는 전적으로 또는 부수적으로 사회구성원 개인의 안전과 이익을 보호하기 위해 설정된 것이어야 국가배상책임이 인정된다.

④ 법무법인 소속 변호사 갑의 지시로 법무법인 직원 을이 구금된 피의자 병의 변호인선임서를 경찰서에 제시하며 체포영장에 대한 등사신청을 하였으나 담당 경찰관 정이 '변호사가 직접 와서 신청하라'고 말하면서 등사를 거부한 행위는 국가배상의 대상이 된다.

| 정답해설 |

② 직무집행을 판단하는 기준은 실제 직무 여부나 공무원의 직무집행의사에 의하지 않고 객관적으로 관찰하여 직무로 보여지는지의 여부에 따른다.

> 「국가배상법」 제2조 제1항의 '직무를 집행함에 당하여'라 함은 직접 공무원의 직무집행행위이거나 그와 밀접한 관련이 있는 행위를 포함하고, 이를 판단함에 있어서는 행위 자체의 외관을 객관적으로 관찰하여 공무원의 직무행위로 보여질 때에는 비록 그것이 실질적으로 직무행위가 아니거나 또는 행위자로서는 주관적으로 공무집행의 의사가 없었다고 하더라도 그 행위는 공무원이 '직무를 집행함에 당하여' 한 것으로 보아야 한다(대판 2005.1.14. 2004다26805).

| 오답해설 |

① 국회의원의 입법행위는 그 입법 내용이 헌법의 문언에 명백히 위배됨에도 불구하고 국회가 굳이 당해 입법을 한 것과 같은 특수한 경우가 아닌 한 「국가배상법」 제2조 제1항 소정의 위법행위에 해당한다고 볼 수 없고, 같은 맥락에서 국가가 일정한 사항에 관하여 헌법에 의하여 부과되는 구체적인 입법의무를 부담하고 있음에도 불구하고 그 입법에 필요한 상당한 기간이 경과하도록 고의 또는 과실로 이러한 입법의무를 이행하지 아니하는 등 극히 예외적인 사정이 인정되는 사안에 한정하여 국가배상법 소정의 배상책임이 인정될 수 있으며, 위와 같은 구체적인 입법의무 자체가 인정되지 않는 경우에는 애당초 부작위로 인한 불법행위가 성립할 여지가 없다(대판 2008.5.29. 2004다33469).

③ 공무원에게 부과된 직무상 의무의 내용이 단순히 공공 일반의 이익을 위한 것이거나 행정기관 내부의 질서를 규율하기 위한 것이 아니고 전적으로 또는 부수적으로 사회구성원 개인의 안전과 이익을 보호하기 위하여 설정된 것이라면, 공무원이 그와 같은 직무상 의무를 위반함으로 인하여 피해자가 입은 손해에 대하여는 상당인과관계가 인정되는 범위 내에서 국가가 배상책임을 지는 것이고, 이때 상당인과관계의 유무를 판단함에 있어서는 일반적인 결과발생의 개연성은 물론 직무상 의무를 부과하는 법령 기타 행동규범의 목적, 그 수행하는 직무의 목적 내지 기능으로부터 예견가능한 행위 후의 사정, 가해행위의 태양 및 피해의 정도 등을 종합적으로 고려하여야 한다(대판 2003.4.25. 2001다59842).

④ 법무법인 소속 변호사 갑의 지시로 법무법인 직원 을이 구금된 피의자 병의 변호인선임서를 경찰서에 제시하며 체포영장에 대한 등사신청을 하였으나 담당 경찰관 정이 '변호사가 직접 와서 신청하라'고 말하면서 등사를 거부하자 갑이 국가배상청구를 한 사안에서, 정의 등사 거부행위가 변호인 갑의 체포영장에 대한 열람등사청구권을 침해하는 것으로 위법하다고 보아 국가배상책임을 인정한 원심판단은 정당하다(대판 2012.9.13. 2010다24879).

17 행정구제 〉 손해전보 〉 손실보상　　난이도 상 | 답 ③

공용수용 및 그에 따른 행정상 손실보상청구에 관한 설명으로 옳은 것은? (다툼이 있는 경우 판례에 의함)

① 건축허가를 받아 건축에 착수하지 않고 있는 사이에 해당 지역에 사업인정고시가 있게 되었다 해도 건축을 위해 별도의 건축허가가 필요한 것은 아니다.

② 공유수면 매립면허의 고시가 있는 경우 그 사업이 시행되므로, 그로 인하여 곧바로 손실이 발생한다고 할 수 있고 실질적이고 현실적인 피해가 발생할 때를 기다릴 필요없이 손실보상청구권이 발생한다.

③ 「공익사업을 위한 토지 등의 취득 및 손실보상에 관한 법률」에 의하면, 사업인정고시가 있은 후 협의를 할 수 없는 때에는 사업시행자는 토지수용위원회에 재결을 신청할 수 있다.

④ 보상금합의가 이루어진 이후에도 손실보상기준에 맞지 않으면 보상금을 추가로 청구할 수 있다.

| 정답해설 |

③ 제26조에 따른 협의가 성립되지 아니하거나 협의를 할 수 없을 때(제26조 제2항 단서에 따른 협의의 요구가 없을 때를 포함한다)에는 사업시행자는 사업인정고시가 된 날부터 1년 이내에 대통령령으로 정하는 바에 따라 관할 토지수용위원회에 재결을 신청할 수 있다(「공익사업을 위한 토지 등의 취득 및 보상에 관한 법률」 제28조 제1항).

| 오답해설 |

① 「건축법」상 건축허가를 받았으나 허가받은 건축행위에 착수하지 않고 있는 사이에 구 「공익사업을 위한 토지 등의 취득 및 보상에 관한 법률」상 사업인정고시가 된 경우, 고시된 토지에 건축물을 건축하려는 자는 구 「공익사업을 위한 토지 등의 취득 및 보상에 관한 법률」 제25조에 정한 허가를 따로 받아야 하며 그 허가 없이 건축된 건축물에 관하여 손실보상을 청구할 수 없다(대판 2014.11.13. 2013두19738).

② 공유수면 매립면허의 고시가 있다고 하여 반드시 그 사업이 시행되고 그로 인하여 손실이 발생한다고 할 수 없으므로, 매립면허 고시 이후 매립공사가 실행되어 관행어업권자에게 실질적이고 현실적인 피해가 발생한 경우에만 공유수면 매립법에서 정하는 손실보상청구권이 발생하였다고 할 것이다(대판 2010.12.9. 2007두6571).

④ 「공익사업을 위한 토지 등의 취득 및 보상에 관한 법률」에 의한 보상을 하면서 손실보상금에 관한 당사자 간의 합의가 성립한 경우, 그 합의 내용이 같은 법에서 정하는 손실보상 기준에 맞지 않는다는 이유로 그 기준에 따른 손실보상금 청구를 추가로 할 수 없다(대판 2013.8.22. 2012다3517).

18 행정구제 〉 행정쟁송 〉 행정심판　　　　난이도 중 | 답 ②

행정심판과 관련된 내용으로 옳지 <u>않은</u> 것은? (다툼이 있는 경우 판례에 의함)

> ㄱ. 행정심판청구를 인용하는 재결이 행정청을 기속하도록 규정한 「행정심판법」 규정은 헌법에 위배되지 않는다.
> ㄴ. 「지방자치법」 규정에 의해 이의신청을 제기해야 할 사람이 처분청에 표제를 '행정심판청구서'로 한 서류를 제출한 경우, 서류의 내용에 이의신청 요건에 맞는 불복취지와 사유가 충분히 기재되어 있더라도 이를 처분에 대한 이의신청으로 볼 수 없다.
> ㄷ. 행정심판청구는 엄격한 형식을 요하지 아니하는 서면행위로 해석된다.
> ㄹ. 법인이 아닌 사단 또는 재단은 심판청구를 할 수 없다.
> ㅁ. 청구인들이 선정대표자를 선정하지 아니한 경우에 위원회는 청구인들에게 선정대표자를 선정할 것을 권고할 수 있다.

① ㄱ, ㄴ, ㄷ
② ㄴ, ㄹ
③ ㄴ, ㄹ, ㅁ
④ ㄴ, ㄷ, ㄹ, ㅁ

| 정답해설 |

② ㄴ, ㄹ이 틀린 내용이다.

ㄴ. 「지방자치법」 제140조 제3항의 이의신청을 제기해야 할 사람이 처분청에 표제를 '행정심판청구서'로 한 서류를 제출한 경우, 서류의 내용에 이의신청 요건에 맞는 불복취지와 사유가 충분히 기재되어 있다면 이를 처분에 대한 이의신청으로 볼 수 있다(대판 2012.3.29. 2011두26886).

ㄹ. 법인이 아닌 사단 또는 재단으로서 대표자나 관리인이 정하여져 있는 경우에는 그 사단이나 재단의 이름으로 심판청구를 할 수 있다(「행정심판법」 제14조).

| 오답해설 |

ㄱ. 헌법 제101조 제1항과 제107조 제2항은 입법권 및 행정권으로부터 독립된 사법권의 권한과 심사범위를 규정한 것일 뿐이다. 헌법 제107조 제3항은 행정심판의 심리절차에서도 관계인의 충분한 의견진술 및 자료제출과 당사자의 자유로운 변론 보장 등과 같은 대심구조적 사법절차가 준용되어야 한다는 취지일 뿐, 사법절차의 심급제에 따른 불복할 권리까지 준용되어야 한다는 취지는 아니다. 그러므로 이 사건 법률조항은 헌법 제101조 제1항, 제107조 제2항 및 제3항에 위배되지 아니한다(헌재 2014.6.26. 2013헌바122).

ㄷ. 행정심판청구는 엄격한 형식을 요하지 아니하는 서면행위로 해석된다(대판 2000.6.9. 98두2621).

ㅁ. 청구인들이 제1항에 따라 선정대표자를 선정하지 아니한 경우에 위원회는 필요하다고 인정하면 청구인들에게 선정대표자를 선정할 것을 권고할 수 있다(「행정심판법」 제15조 제2항).

19 종합문제(행정행위, 공법상 계약 등)　　　　난이도 중 | 답 ①

대법원의 판례의 내용으로 옳지 <u>않은</u> 것은? (다툼이 있는 경우 판례에 의함)

① 재결이 확정된 경우에는 처분의 기초가 된 사실관계나 법률적 판단이 확정되고 당사자들이나 법원은 이에 기속되어 모순되는 주장이나 판단을 할 수 없게 된다.
② 비록 납세고지서에 기재사항의 일부가 누락되었다고 해도 이미 앞서 보낸 예고통지서에 필요적 기재사항이 기재되어 있다면 흠이 보완되었다고 볼 수 있다.
③ 지방계약직공무원에 대하여 채용계약상 특별한 약정이 없는 한 「지방공무원법」, 「지방공무원징계 및 소청 규정」에서 정한 징계 절차에 의하지 않고서는 보수를 삭감할 수 없다.
④ 처분을 하면서 처분에 불복에 대한 안내를 하지 않았다고 해도 이는 위법한 처분이라 할 수 없다.

| 정답해설 |

① 행정심판의 재결은 피청구인인 행정청을 기속하는 효력을 가지므로 재결청이 취소심판의 청구가 이유 있다고 인정하여 처분청에 처분을 취소할 것을 명하면 처분청으로서는 재결의 취지에 따라 처분을 취소하여야 하지만, 나아가 재결에 판결에서와 같은 기판력이 인정되는 것은 아니어서 재결이 확정된 경우에도 처분의 기초가 된 사실관계나 법률적 판단이 확정되고 당사자들이나 법원이 이에 기속되어 모순되는 주장이나 판단을 할 수 없게 되는 것은 아니다(대판 2015.11.27. 2013다6759).

| 오답해설 |

② 부과처분에 앞서 보낸 과세예고 통지서에 납세고지서의 필요적 기재사항이 제대로 기재되어 있었다면 납세의무자로서는 과세처분에 대한 불복 여부의 결정 및 불복신청에 전혀 지장을 받지 않았음이 명백하므로 비록 납세고지서에 그 기재사항의 일부가 누락되었더라도 이로써 납세고지서의 흠결이 보완되거나 하자가 치유될 수 있다(대판 1993.7.13. 92누13981).

③ 「근로기준법」 등의 입법 취지, 「지방공무원법」과 지방공무원 징계 및 소청 규정의 여러 규정에 비추어 볼 때, 채용계약상 특별한 약정이 없는 한, 지방계약직공무원에 대하여 「지방공무원법」, 지방공무원 징계 및 소청 규정에 정한 징계절차에 의하지 않고서는 보수를 삭감할 수 없다고 봄이 상당하다(대판 2008.6.12. 2006두16328).

④ 처분청이 「행정절차법」 제26조에 따른 고지의무를 이행하지 않았다는 이유만으로 행정심판의 대상이 되는 행정처분이 위법하지 않으며 이러한 법리가 구 「건축법」 제80조 제3항의 '이의제기 방법 및 이의제기 기관' 고지의무에 관해서도 마찬가지로 적용된다(대판 2018.2.8. 2017두66633).

20 행정구제 〉 행정쟁송 〉 당사자소송　　　　난이도 하 | 답 ③

공법상 당사자소송의 대상에 대한 설명으로 옳지 <u>않은</u> 것은? (다툼이 있는 경우 판례에 의함)

> ㄱ. 명예퇴직한 법관이 미지급 명예퇴직수당액의 지급을 구하는 소송은 당사자소송이다.
> ㄴ. 당사자소송의 제소기간은 취소소송을 준용한다.
> ㄷ. 당사자소송의 재판관할은 원고의 주소지를 원칙으로 한다.
> ㄹ. 공법상 당사자소송에서 재산권의 청구를 인용하는 판결을 하는 경우 가집행선고를 할 수 있다.

① ㄱ, ㄴ
② ㄱ, ㄹ
③ ㄴ, ㄷ
④ ㄷ, ㄹ

| 정답해설 |

③ ㄴ, ㄷ이 틀린 내용이다.

ㄴ. 당사자소송에 관하여 법령에 제소기간이 정하여져 있는 때에는 그 기간은 불변기간으로 한다(「행정소송법」 제41조).

ㄷ. 제9조의 규정은 당사자소송의 경우에 준용한다. 다만, 국가 또는 공공단체가 피고인 경우에는 관계행정청의 소재지를 피고의 소재지로 본다(동법 제40조).

| 오답해설 |

ㄱ. 명예퇴직한 법관이 미지급 명예퇴직수당액에 대하여 가지는 권리는 명예퇴직수당 지급대상자 결정절차를 거쳐 명예퇴직수당규칙에 의하여 확정된 공법상 법률관계에 관한 권리로서, 그 지급을 구하는 소송은 「행정소송법」의 당사자소송에 해당하며, 그 법률관계의 당사자인 국가를 상대로 제기하여야 한다(대판 2016.5.24. 2013두14863).

ㄹ. 「행정소송법」 제8조 제2항에 의하면 행정소송에도 「민사소송법」의 규정이 일반적으로 준용되므로 법원으로서는 공법상 당사자소송에서 재산권의 청구를 인용하는 판결을 하는 경우 가집행선고를 할 수 있다(대판 2000.11.28. 99두3416).
→ 당사자소송에서 가집행선고가 제한되는 경우는 국가를 상대로 하는 경우이다. 다른 공공단체 등을 상대로 하는 경우에는 가집행선고가 제한되지 않는다.

「행정소송법」 제43조 【가집행선고의 제한】 국가를 상대로 하는 당사자소송의 경우에는 가집행선고를 할 수 없다.

문제편 p.30

01	③	02	①	03	②	04	②	05	④
06	①	07	③	08	①	09	③	10	②
11	②	12	③	13	①	14	③	15	④
16	①	17	④	18	③	19	④	20	②

▶ 풀이시간: /16분   나의 점수: /100점

01 행정법 통칙 > 행정법의 법원 > 「행정기본법」   난이도 하 | 답 ③

「행정기본법」 내용으로 옳지 <u>않은</u> 것은? (다툼이 있는 경우 판례에 의함)

① 행정청은 권한 행사의 기회가 있음에도 불구하고 장기간 권한을 행사하지 아니하여 국민이 그 권한이 행사되지 아니할 것으로 믿을 만한 정당한 사유가 있는 경우에는 그 권한을 행사해서는 아니 된다.
② 처분은 권한이 있는 기관이 취소 또는 철회하거나 기간의 경과 등으로 소멸되기 전까지는 유효한 것으로 통용된다.
③ 법령의 개념에는 법규만 해당될 뿐이며 행정규칙은 포함되지 않는다.
④ 자격이나 신분 등을 취득 또는 부여할 수 없거나 인가, 허가, 지정, 승인, 영업등록, 신고 수리 등을 필요로 하는 영업 또는 사업 등을 할 수 없는 사유는 법률로 정한다.

| 정답해설 |
③ 신설된 「행정기본법」에 법령에는 행정규칙이 포함되어 있다.

> 「행정기본법」 제2조 【정의】 ① 이 법에서 사용하는 용어의 뜻은 다음과 같다.
>   1. "법령등"이란 다음 각 목의 것을 말한다.
>   가. 법령: 다음의 어느 하나에 해당하는 것
>   1) 법률 및 대통령령·총리령·부령
>   2) 국회규칙·대법원규칙·헌법재판소규칙·중앙선거관리위원회규칙 및 감사원규칙
>   3) 1) 또는 2)의 위임을 받아 중앙행정기관(「정부조직법」 및 그 밖의 법률에 따라 설치된 중앙행정기관을 말한다. 이하 같다)의 장이 정한 훈령·예규 및 고시 등 행정규칙
>   나. 자치법규: 지방자치단체의 조례 및 규칙

| 오답해설 |
① 실권의 법리에 해당되는 내용으로 「행정기본법」에 규정되어 있다.

> 「행정기본법」 제12조 【신뢰보호의 원칙】 ① 행정청은 공익 또는 제3자의 이익을 현저히 해칠 우려가 있는 경우를 제외하고는 행정에 대한 국민의 정당하고 합리적인 신뢰를 보호하여야 한다.
>   ② 행정청은 권한 행사의 기회가 있음에도 불구하고 장기간 권한을 행사하지 아니하여 국민이 그 권한이 행사되지 아니할 것으로 믿을 만한 정당한 사유가 있는 경우에는 그 권한을 행사해서는 아니 된다. 다만, 공익 또는 제3자의 이익을 현저히 해칠 우려가 있는 경우는 예외로 한다.

② 공정력의 내용에 대한 「행정기본법」의 규정이다.

> 「행정기본법」 제15조 【처분의 효력】 처분은 권한이 있는 기관이 취소 또는 철회하거나 기간의 경과 등으로 소멸되기 전까지는 유효한 것으로 통용된다. 다만, 무효인 처분은 처음부터 그 효력이 발생하지 아니한다.

④ 자격이나 신분 등을 취득 또는 부여할 수 없거나 인가, 허가, 지정, 승인, 영업등록, 신고 수리 등(이하 "인허가"라 한다)을 필요로 하는 영업 또는 사업 등을 할 수 없는 사유(이하 이 조에서 "결격사유"라 한다)는 법률로 정한다(동법 제16조 제1항).

02 행정법 통칙 > 행정상 법률관계 > 사인의 공법행위   난이도 중 | 답 ①

사인의 공법행위에 대한 설명으로 옳은 것은? (다툼이 있는 경우 판례에 의함)

① 「의료법」상 의원개설신고는 수리를 요하지 않는 신고에 해당하며, 이에 대한 신고필증 교부는 신고사실의 확인행위로서 신고필증의 교부가 없다 하여 개설신고의 효력을 부정할 수 없다.
② 「민법」의 법률행위에 관한 규정은 공법행위에도 적용될 수 있어 공법행위인 영업재개업신고에 비진의의사표시의 효력에 관한 「민법」 제107조 규정이 적용된다.
③ 예탁금회원제 골프장의 회원을 모집하고자 하는 자의 회원모집계획서 제출을 수리를 필요로 하는 신고로 볼 수는 없다.
④ 사업의 양도행위가 무효라고 주장하는 양도자에게는 민사쟁송으로 양도·양수행위의 무효를 구함이 없이 바로 허가관청을 상대로 하여 행정소송으로 신고수리처분의 무효확인을 구할 법률상 이익이 없다.

| 정답해설 |
① 「의료법 시행규칙」 제22조 제3항에 의하면 의원개설 신고서를 수리한 행정관청이 소정의 신고필증을 교부하도록 되어있다 하여도 이는 신고사실의 확인행위로서 신고필증을 교부하도록 규정한 것에 불과하고 그와 같은 신고필증의 교부가 없다 하여 개설신고의 효력을 부정할 수 없다 할 것이다(대판 1985.4.23. 84도2953).

| 오답해설 |
② 「민법」의 법률행위에 관한 규정은 행위의 격식화를 특색으로 하는 공법행위에 당연히 타당하다고 말할 수 없으므로 공법행위인 영업재개업신고에 「민법」 제107조는 적용될 수 없다(대판 1978.7.25. 76누276).
③ 예탁금회원제 골프장의 회원을 모집하고자 하는 자의 회원모집계획서 제출은 수리를 요하는 신고에서의 신고에 해당하며, 이에 대한 시·도지사 등의 검토결과 통보는 수리행위로서 행정처분에 해당한다(대판 2009.2.26. 2006두16243).
④ 사업양도·양수에 따른 허가관청의 지위승계신고의 수리는 적법한 사업의 양도·양수가 있었음을 전제로 하는 것이므로, 그 수리대상인 사업양도·양수가 존재하지 아니하거나 무효인 때에는 수리를 하였다 하더라도 그 수리는 유효한 대상이 없는 것으로서 당연히 무효라 할 것이고, <u>사업의 양도행위가 무효라고 주장하는 양도자는 민사쟁송으로 양도·양수행위의 무효를 구함이 없이 막바로 허가관청을 상대로 하여 행정소송으로 위 신고수리처분의 무효확인을 구할 법률상 이익이 있다</u>(대판 2005.12.23. 2005두3554).

03 행정법 통칙 〉 행정법의 법원 〉 행정법의 일반원칙   난이도 중 | 답 ②

(A)에서 말하는 행정법의 일반원칙에 대한 설명으로 옳지 <u>않은</u> 것은? (다툼이 있는 경우 판례에 의함)

> 재량권 행사의 준칙인 규칙이 규정한 바에 따라 되풀이 시행되어 행정관행이 정착되면, 평등의 원칙이나 신뢰보호의 원칙에 따라 행정기관은 그 상대방에 대한 관계에서 그 규칙에 따라야 할 (A)을 당하게 되고, 그러한 경우에는 대외적인 구속력을 가지게 된다 할 것이다.

① 이러한 법리는 위법한 행정이 반복된 경우에는 적용되기 어렵다.
② (A)에 해당되는 개념은 자기구속에 해당되지만 대법원은 이러한 법리를 인정하고 있지는 않다.
③ 헌법재판소에 의하면 이러한 법리는 행정규칙이 법규로 전환되는 기능을 가질 수 있다.
④ 재량준칙이 단순히 공표된 데 불과한 경우에는 위 원칙이 인정되기 어렵다.

| 정답해설 |
② 재량권 행사의 준칙인 행정규칙이 그 정한 바에 따라 되풀이 시행되어 행정관행이 이루어지게 되면 평등의 원칙이나 신뢰보호의 원칙에 따라 행정기관은 그 상대방에 대한 관계에서 그 규칙에 따라야 할 자기구속을 받게 되므로, 이러한 경우에는 특별한 사정이 없는 한 그를 위반하는 처분은 평등의 원칙이나 신뢰보호의 원칙에 위배되어 재량권을 일탈·남용한 위법한 처분이 된다(대판 2009.12.24. 2009두7967).

| 오답해설 |
① 행정의 자기구속의 원리는 위법한 행정행위에 대하여는 인정되지 않는다.

> 평등의 원칙은 본질적으로 같은 것을 자의적으로 다르게 취급함을 금지하는 것이고, 위법한 행정처분이 수차례에 걸쳐 반복적으로 행하여졌다 하더라도 그러한 처분이 위법한 것인 때에는 행정청에 대하여 자기구속력을 갖게 된다고 할 수 없다(대판 2009.6.25. 2008두13132).

③ 행정조직 내부에서만 효력을 갖는 행정규칙이라 하더라도 재량권 행사의 준칙인 행정규칙이 그 정한 바에 따라 되풀이 시행되어 행정관행이 이룩되어 평등의 원칙 등에 따라 행정기관이 그 규칙에 따라야 할 자기구속을 당하게 되는 경우에는 대외적 구속력을 가지게 되어 헌법소원의 대상이 되는 경우가 있다(헌재 2005.5.26. 2004헌마49).
④ 행정청 내부의 사무처리준칙에 해당하는 이 사건 지침이 그 정한 바에 따라 되풀이 시행되어 행정관행이 이루어졌다고 인정할 만한 자료를 찾아볼 수 없을 뿐만 아니라, 이 사건 지침의 공표만으로는 원고가 이 사건 지침에 명시된 요건을 충족할 경우 사업자로 선정되어 벼 매입자금 지원 등의 혜택을 받을 수 있다는 보호가치 있는 신뢰를 가지게 되었다고 보기도 어렵다(대판 2009.12.24. 2009두7967).

04 행정작용 〉 비권력적 행정 〉 행정지도   난이도 중 | 답 ②

행정지도에 관한 설명으로 옳지 <u>않은</u> 것은? (다툼이 있는 경우 판례에 의함)

① 행정지도도 헌법소원대상이 될 수 있다.
② 행정지도는 비권력적 작용이므로 「국가배상법」이 정한 배상청구의 요건인 공무원의 직무에 포함되지 않는다.
③ 행정지도가 통상의 방법에 의하지 아니하고 사실상 지시하는 방법으로 행하여진 경우, 그 행정지도는 위헌이다.
④ 무효인 조례 규정에 터잡은 행정지도에 따라 취득세를 신고·납부한 경우, 그 신고행위의 하자가 중대하고 명백하다고 할 수 없다.

| 정답해설 |
② 「국가배상법」상 직무행위의 범위에 관한 통설·판례의 입장인 광의설에 의하면, 행정작용이면 권력행위뿐만 아니라 비권력행위도 당해 직무에 포함된다고 한다. 따라서 비권력적 사실행위인 행정지도도 직무행위의 범위에 포함된다.

| 오답해설 |
① 교육인적자원부장관의 대학총장들에 대한 이 사건 학칙시정요구는 「고등교육법」 제6조 제2항, 동법 시행령 제4조 제3항에 따른 것으로서 그 법적 성격은 대학총장의 임의적인 협력을 통하여 사실상의 효과를 발생시키는 행정지도의 일종이지만, 그에 따르지 않을 경우 일정한 불이익조치를 예정하고 있어 사실상 상대방에게 그에 따를 의무를 부과하는 것과 다를 바 없으므로 단순한 행정지도로서의 한계를 넘어 규제적·구속적 성격을 상당히 강하게 갖는 것으로서 헌법소원의 대상이 되는 공권력의 행사라고 볼 수 있다(헌재 2003.6.26. 2002헌마337).
③ 행정지도가 통상의 방법에 의하지 아니하고 사실상 지시하는 방법으로 행하여진 경우, 그 행정지도는 위헌이다(대판 1999.7.23. 96다21706).
④ 무효인 조례 규정에 터잡은 행정지도에 따라 스스로 납세의무자로 믿고 자진신고 납부하였다 하더라도, 신고행위가 없어 부과처분에 의해 조세채무가 확정된 경우에 조세를 납부한 자와의 균형을 고려하건대, 그 신고행위의 하자가 중대하고 명백한 것이라고 단정할 수 없다(대판 1995.11.28. 95다18185).

05 행정작용 〉 행정행위 〉 행정행위의 취소와 철회   난이도 중 | 답 ④

행정행위의 취소와 철회에 대해 설명 중 옳지 <u>않은</u> 것은? (다툼이 있는 경우 판례에 의함)

① 처분청은 불가쟁력이 발생하더라도 불가변력에 해당되지 않는 처분은 직권으로 취소하거나 철회할 수 있다.
② 영업허가취소처분이 행정쟁송절차에 의하여 취소된 경우 영업허가취소처분 이후의 영업행위를 무허가영업이라고 볼 수는 없다.
③ 건축주가 적법한 용도변경 절차를 거치지 않고 허가받은 용도 이외의 다른 용도로 사용하는 경우 건축허가가 소급해서 위법해지는 것은 아니다.
④ 행정처분을 한 처분청은 그 처분에 하자가 있는 경우에는 원칙적으로 별도의 법적 근거가 없더라도 스스로 이를 직권으로 취소할 수 있고, 이러한 경우 이해관계인에게는 처분청에 대하여 그 취소를 요구할 신청권이 부여된 것으로 볼 수 있다.

| 정답해설 |
④ 산림법령에는 채석허가처분을 한 처분청이 산림을 복구한 자에 대하여 복구설계서승인 및 복구준공통보를 한 경우 그 취소신청과 관련하여 아무런 규정을 두고 있지 않고, 원래 행정처분을 한 처분청은 그 처분에 하자가 있는 경우에는 원칙적으로 별도의 법적 근거가 없더라도 스스로 이를 직권으로 취소할 수 있지만, 그와 같이 직권취소를 할 수 있다는 사정만으로 이해관계인에게 처분청에 대하여 그 취소를 요구할 신청권이 부여된 것으로 볼 수는 없으므로, 처분청이 위와 같이 법규상 또는 조리상의 신청권이 없이 한 이해관계인의 복구준공통보 등의 취소신청을 거부하더라도, 그 거부행위는 항고소송의 대상이 되는 처분에 해당하지 않는다(대판 2006.6.30. 2004두701).

| 오답해설 |
① 불가쟁력은 처분의 상대방이나 이해관계인이 처분의 효력을 더 이상 다툴 수 없다는 의미일 뿐 행정청이 취소나 철회를 할 수 없다는 의미는 아니다. 불가쟁력이 발생한 처분도 행정청은 직권으로 취소하거나 철회할 수 있다.
② 영업의 금지를 명한 영업허가취소처분 자체가 나중에 행정쟁송절차에 의하여 취소되었다면 그 영업허가취소처분은 그 처분시에 소급하여 효력을 잃게 되며, 그 영업허가취소처분에 복종할 의무가 원래부터 없었음이 확정되었다고 봄이 타당하고, 영업허가취소처분이 장래에 향하여서만 효력을 잃게 된다고 볼 것은 아니므로 그 영업허가취소처분 이후의 영업행위를 무허가영업이라고 볼 수는 없다(대판 1993.6.25. 93도277).
③ 건축주가 나중에 신축한 건축물을 허가받은 용도 이외의 다른 용도로 사용할 의도나 가능성이 있는지 여부에 의하여 좌우되는 것이 아니고, 건축주가 적법한 용도변경 절차를 거치지 않고 허가받은 용도 이외의 다른 용도로 사용하더라도 무단 용도변경이 문제될 뿐, 건축허가가 소급해서 위법해지는 것은 아니다(대판 2014.11.27. 2013두16111).

06 행정의 실효성 확보수단 > 행정강제 > 「행정조사기본법」 난이도 중 | 답 ①

「행정조사기본법」에 대한 내용으로 옳은 것은?

① 행정기관의 장이 행정조사운영계획을 수립하는 때에는 행정조사의 기본원칙에 따라야 한다.
② 조사대상자는 법령에 규정이 있는 경우에는 조사대상 선정기준에 대한 열람을 행정기관의 장에게 신청할 수 있다.
③ 조사원은 현장조사 중에 주요 증거 자료·서류·물건 등에 대해서는 조사대상자 등의 입회가 없더라도 영치할 수 있다.
④ 행정조사를 실시하고자 하는 행정기관의 장은 제17조에 따른 사전통지를 한 후 이에 따른 개별조사계획을 수립하여야 한다.

| 정답해설 |
① 행정기관의 장이 행정조사운영계획을 수립하는 때에는 제4조에 따른 행정조사의 기본원칙에 따라야 한다(「행정조사기본법」 제6조 제2항).

| 오답해설 |
② 조사대상자는 조사대상 선정기준에 대한 열람을 행정기관의 장에게 신청할 수 있다(동법 제8조 제2항).
③ 조사원이 현장조사 중에 자료·서류·물건 등(이하 이 조에서 "자료등"이라 한다)을 영치하는 때에는 조사대상자 또는 그 대리인을 입회시켜야 한다(동법 제13조 제1항).
④ 행정조사를 실시하고자 하는 행정기관의 장은 제17조에 따른 사전통지를 하기 전에 개별조사계획을 수립하여야 한다(동법 제16조 제1항).

07 행정구제법 > 손해전보 > 손해배상 난이도 상 | 답 ③

국가배상에 관한 설명으로 옳지 않은 것은? (다툼이 있는 경우 판례에 의함)

① 甲이 국가의 의뢰로 도라산역사 내 벽면 및 기둥들에 벽화를 제작·설치하였는데, 국가가 작품 설치일로부터 약 3년 만에 벽화를 철거하여 소각한 경우 국가는 「국가배상법」 제2조 제1항에 따라 갑에게 위자료를 지급할 의무가 있다.
② 피의자가 변호인과의 접견을 거절하였지만 그 의사에 임의성 또는 진정성이 없다고 볼 만한 사정이 있는데도 접견을 불허한 경우 변호인의 접견교통권 침해로 인한 국가배상책임이 성립한다.
③ 전투·훈련 등 직무집행과 관련하여 공상을 입은 군인 등이 먼저 「국가배상법」에 따라 손해배상금을 지급받은 다음 「보훈보상대상자 지원에 관한 법률」이 정한 보상금 등 보훈급여금의 지급을 청구하는 경우, 보훈지청장은 「국가배상법」에 따라 손해배상을 받았다는 사정을 들어 지급을 거부할 수 있다.
④ 국가배상청구소송에서 공공의 영조물에 하자가 있다는 입증책임은 피해자가 지지만, 관리주체에게 손해발생의 예견가능성과 회피가능성이 없다는 입증책임은 관리주체가 진다.

| 정답해설 |
③ 군인 등이 직무집행과 관련하여 공상을 입는 등의 이유로 구 「국가유공자 등 예우 및 지원에 관한 법률」이 정한 국가유공자 요건에 해당하여 보상금 등 보훈급여금을 지급받을 수 있는 경우, 국가를 상대로 국가배상을 청구할 수 없으나, 직무집행과 관련하여 공상을 입은 군인 등이 먼저 「국가배상법」에 따라 손해배상금을 지급받은 다음 구 「국가유공자 등 예우 및 지원에 관한 법률」이 정한 보상금 등 보훈급여금의 지급을 청구하는 경우, 「국가배상법」에 따라 손해배상을 받았다는 이유로 그 지급을 거부할 수 없다(대판 2017.2.3. 2014두40012).

| 오답해설 |
① 甲이 국가의 의뢰로 도라산역사 내 벽면 및 기둥들에 벽화를 제작·설치하였는데, 국가가 작품 설치일로부터 약 3년 만에 벽화를 철거하여 소각한 사안에서, 국가는 「국가배상법」 제2조 제1항에 따라 갑에게 위자료를 지급할 의무가 있다(대판 2015.8.27. 2012다204587).

② 피의자가 변호인과의 접견을 거절하였지만 그 의사에 임의성 또는 진정성이 없다고 볼 만한 사정이 있는데도 접견을 불허한 경우 변호인의 접견교통권 침해로 인한 국가배상책임이 성립한다(대판 2018.12.27. 2016다266736).
④ 영조물의 관리상의 하자에서 점유자가 면책되기 위해서는 불가항력적 사유와 주의에 해태 없음을 입증하여야 한다.

> 고속도로의 관리상 하자가 인정되는 이상 고속도로의 점유관리자는 그 하자가 불가항력에 의한 것이거나 손해의 방지에 필요한 주의를 해태하지 아니하였다는 점을 주장·입증하여야 비로소 그 책임을 면할 수 있다(대판 2008.3.13. 2007다29287).

08 행정구제법 > 행정쟁송 > 행정심판 난이도 상 | 답 ①

「행정심판법」의 내용으로 옳지 않은 것은?

> ㄱ. 위원회는 당사자의 권리 및 권한의 범위에서 당사자의 동의를 받아 심판청구의 신속하고 공정한 해결을 위하여 조정을 할 수 있으나, 조정에 대해 재결과 같은 기속력은 없다.
> ㄴ. 재결은 피청구인 또는 위원회가 심판청구서를 받은 날부터 60일 이내에 하여야 한다. 다만, 부득이한 사정이 있는 경우에는 위원장이 직권으로 30일을 연장할 수 있다.
> ㄷ. 청구인은 간접강제인 배상에 따른 결정(재결의 간접강제)에 불복하는 경우 그 결정에 대하여 민사소송을 제기할 수 있다.
> ㄹ. 법령의 규정에 따라 공고하거나 고시한 처분이 재결로써 취소되거나 변경되면 처분을 한 행정청은 지체 없이 그 처분이 취소 또는 변경되었다는 것을 공고하거나 고시하여야 한다.

① ㄱ, ㄷ   ② ㄱ, ㄹ
③ ㄴ, ㄷ   ④ ㄴ, ㄹ

| 정답해설 |
① ㄱ, ㄷ이 틀린 내용이다.
ㄱ. 위원회는 당사자의 권리 및 권한의 범위에서 당사자의 동의를 받아 심판청구의 신속하고 공정한 해결을 위하여 조정을 할 수 있고, 조정에 대해 기속력이 준용된다.

> 「행정심판법」 제43조의2 【조정】 ① 위원회는 당사자의 권리 및 권한의 범위에서 당사자의 동의를 받아 심판청구의 신속하고 공정한 해결을 위하여 조정을 할 수 있다. 다만, 그 조정이 공공복리에 적합하지 아니하거나 해당 처분의 성질에 반하는 경우에는 그러하지 아니하다.
> ② 위원회는 제1항의 조정을 함에 있어서 심판청구된 사건의 법적·사실적 상태와 당사자 및 이해관계자의 이익 등 모든 사정을 참작하고, 조정의 이유와 취지를 설명하여야 한다.
> ③ 조정은 당사자가 합의한 사항을 조정서에 기재한 후 당사자가 서명 또는 날인하고 위원회가 이를 확인함으로써 성립한다.
> ④ 제3항에 따른 조정에 대하여는 제48조부터 제50조까지, 제50조의2, 제51조의 규정을 준용한다.

ㄷ. 청구인은 재결의 간접강제인 배상에 따른 결정에 불복하는 경우 그 결정에 대하여 행정소송을 제기할 수 있다.

> 「행정심판법」 제50조의2 【위원회의 간접강제】 ① 위원회는 피청구인이 제49조 제2항(제49조 제4항에서 준용하는 경우를 포함한다) 또는 제3항에 따른 처분을 하지 아니하면 청구인의 신청에 의하여 결정으로 상당한 기간을 정하고 피청구인이 그 기간 내에 이행하지 아니하는 경우에는 그 지연기간에 따라 일정한 배상을 하도록 명하거나 즉시 배상을 할 것을 명할 수 있다.
> ② 위원회는 사정의 변경이 있는 경우에는 당사자의 신청에 의하여 제1항에 따른 결정의 내용을 변경할 수 있다.
> ③ 위원회는 제1항 또는 제2항에 따른 결정을 하기 전에 신청 상대방의 의견을 들어야 한다.
> ④ 청구인은 제1항 또는 제2항에 따른 결정에 불복하는 경우 그 결정에 대하여 행정소송을 제기할 수 있다.

| 오답해설 |

ㄴ.

> 「행정심판법」 제45조【재결기간】 ① 재결은 제23조에 따라 피청구인 또는 위
> 원회가 심판청구서를 받은 날부터 60일 이내에 하여야 한다. 다만, 부득이한
> 사정이 있는 경우에는 위원장이 직권으로 30일을 연장할 수 있다.

ㄹ.

> 「행정심판법」 제49조【재결의 기속력 등】 ⑤ 법령의 규정에 따라 공고하거나
> 고시한 처분이 재결로써 취소되거나 변경되면 처분을 한 행정청은 지체 없
> 이 그 처분이 취소 또는 변경되었다는 것을 공고하거나 고시하여야 한다.

09 행정구제법 〉 사전구제 〉 「행정절차법」 난이도 중 | 답 ③

「행정절차법」상의 내용으로 가장 옳지 않은 것은?

① 행정청은 다수의 행정청이 관여하는 처분을 구하는 신청을 접수
한 경우에는 관계 행정청과의 신속한 협조를 통하여 그 처분이 지
연되지 않도록 하여야 한다.

② 당사자등은 공표된 처분기준이 명확하지 아니한 경우 해당 행정
청에 그 해석 또는 설명을 요청할 수 있고, 이 경우 해당 행정청은
특별한 사정이 없으면 그 요청에 따라야 한다.

③ 행정청은 부득이한 사유로 처리기간 내에 처분을 처리하기 곤란
한 경우에는 30일 범위에서 그 기간을 연장할 수 있다.

④ 행정청은 처분 후 1년 이내에 당사자등이 요청하는 경우에는 청
문·공청회 또는 의견제출을 위하여 제출받은 서류나 그 밖의 물
건을 반환하여야 한다.

| 정답해설 |

③

> 「행정절차법」 제19조【처리기간의 설정·공표】 ① 행정청은 신청인의 편의를
> 위하여 처분의 처리기간을 종류별로 미리 정하여 공표하여야 한다.
> ② 행정청은 부득이한 사유로 제1항에 따른 처리기간 내에 처분을 처리하기
> 곤란한 경우에는 해당 처분의 처리기간의 범위에서 한 번만 그 기간을 연장
> 할 수 있다.
> ③ 행정청은 제2항에 따라 처리기간을 연장할 때에는 처리기간의 연장 사유
> 와 처리 예정 기한을 지체 없이 신청인에게 통지하여야 한다.
> ④ 행정청이 정당한 처리기간 내에 처리하지 아니하였을 때에는 신청인은
> 해당 행정청 또는 그 감독 행정청에 신속한 처리를 요청할 수 있다.
> ⑤ 제1항에 따른 처리기간에 산입하지 아니하는 기간에 관하여는 대통령령
> 으로 정한다.

| 오답해설 |

① 행정청은 다수의 행정청이 관여하는 처분을 구하는 신청을 접수한 경우에는 관
계 행정청과의 신속한 협조를 통하여 그 처분이 지연되지 아니하도록 하여야 한
다(동법 제18조).

② 당사자등은 공표된 처분기준이 명확하지 아니한 경우 해당 행정청에 그 해석 또
는 설명을 요청할 수 있다. 이 경우 해당 행정청은 특별한 사정이 없으면 그 요
청에 따라야 한다(동법 제20조 제3항).

④ 행정청은 처분 후 1년 이내에 당사자등이 요청하는 경우에는 청문·공청회 또는
의견제출을 위하여 제출받은 서류나 그 밖의 물건을 반환하여야 한다(동법 제22
조 제6항).

10 행정구제법 〉 행정쟁송 〉 행정소송 난이도 상 | 답 ②

다음 설명 중 옳지 않은 것은? (다툼이 있는 경우 판례에 의함)

① 기존의 행정처분을 변경하는 후속처분의 내용이 종전처분의 유효
를 전제로 내용 중 일부만을 추가·철회·변경하는 것이고 그 부분
이 내용과 성질상 나머지 부분과 불가분적인 것이 아닌 경우 종전
처분이 항고소송의 대상이 될 수 있다.

② 「공익사업을 위한 토지 등의 취득 및 보상에 관한 법률」상의 공익
사업시행자가 하는 이주대책대상자 확인·결정의 법적 성질은 처
분이라 할 수 없어 이에 대한 쟁송방법은 당사자소송에 의한다.

③ 건축허가취소처분을 받은 건축물 소유자가 건축물 완공 후에도
취소처분의 취소를 구할 법률상 이익을 가진다.

④ 한국환경산업기술원장이 환경기술개발사업 협약을 체결한 甲 주
식회사 등에게 연차평가 실시 결과 절대평가 60점 미만으로 평가
되었다는 이유의 연구개발 중단 조치 및 연구비 집행중지 조치는
항고쟁송 대상인 처분이다.

| 정답해설 |

② 「공익사업을 위한 토지 등의 취득 및 보상에 관한 법률」상의 공익사업시행자가
하는 이주대책대상자 확인·결정의 법적 성질은 행정처분이고 이에 대한 쟁송방
법은 항고소송이다(대판 2014.2.27. 2013두10885).

| 오답해설 |

① 기존의 행정처분을 변경하는 내용의 행정처분이 뒤따르는 경우, 후속처분이 종
전처분을 완전히 대체하는 것이거나 주요 부분을 실질적으로 변경하는 내용인
경우에는 특별한 사정이 없는 한 종전처분은 효력을 상실하고 후속처분만이 항
고소송의 대상이 되지만, 후속처분의 내용이 종전처분의 유효를 전제로 내용 중
일부만을 추가·철회·변경하는 것이고 추가·철회·변경된 부분이 내용과 성질
상 나머지 부분과 불가분적인 것이 아닌 경우에는, 후속처분에도 불구하고 종전
처분이 여전히 항고소송의 대상이 된다(대판 2015.11.19. 2015두295).

③ 건축허가를 받아 건축물을 완공하였더라도 건축허가가 취소되면 그 건축물은
철거 등 시정명령의 대상이 되고 이를 이행하지 않은 건축주 등은 「건축법」 제
80조에 따른 이행강제금 부과처분이나 「행정대집행법」 제2조에 따른 행정대집
행을 받게 되며, 나아가 「건축법」 제79조 제2항에 의하여 다른 법령상의 인·
허가 등을 받지 못하게 되는 등의 불이익을 입게 된다. 따라서 건축허가취소
처분을 받은 건축물 소유자는 그 건축물이 완공된 후에도 여전히 위 취소처분
의 취소를 구할 법률상 이익을 가진다고 보아야 한다(대판 2015.11.12. 2015두
47195).

④ 한국환경산업기술원장이 환경기술개발사업 협약을 체결한 甲 주식회사 등에게
연차평가 실시 결과 절대평가 60점 미만으로 평가되었다는 이유로 연구개발 중
단 조치 및 연구비 집행중지 조치를 한 사안에서, 각 조치가 항고소송의 대상이
되는 행정처분에 해당한다(대판 2015.12.24. 2015두264).

11 행정작용 〉 행정행위 〉 행정행위의 내용 난이도 상 | 답 ②

인·허가의제제도에 대한 내용으로 옳지 않은 것은? (다툼이 있는 경
우 판례에 의함)

> ㄱ. 건축불허가처분을 하면서 건축불허가 사유 외에 형질변경불허
> 가 사유를 들고 있는 경우, 그 건축불허가처분 외에 별개로 형
> 질변경불허가처분이 존재한다.
> ㄴ. 주택건설사업계획 승인처분에 따라 의제된 지구단위계획결정
> 에 하자가 있음을 이해관계인이 다투고자 하는 경우, 주된 처
> 분(주택건설사업계획 승인처분)과 의제된 인·허가(지구단위
> 계획결정) 중 의제되는 인·허가인 지구단위계획결정을 다투
> 어야 한다.
> ㄷ. 의제된 인·허가인 지구단위계획결정이 주택건설사업계획 승
> 인처분과 별도로 항고소송의 대상이 되는 처분에 해당한다.

ㄹ. 구 「중소기업창업 지원법」에 따른 사업계획승인의 경우, 의제
된 인·허가만 취소 내지 철회함으로써 사업계획에 대한 승인
의 효력은 유지하면서 해당 의제된 인·허가의 효력만을 소멸
시킬 수 없다.

① ㄱ, ㄴ   ② ㄱ, ㄹ
③ ㄴ, ㄷ   ④ ㄷ, ㄹ

| 정답해설 |

② ㄱ, ㄹ이 틀린 내용이다.

ㄱ. 구 「건축법」(1999.2.8. 법률 제5895호로 개정되기 전의 것) 제8조 제1항, 제3항, 제5항에 의하면, 건축허가를 받은 경우에는 「도시계획법」 제4조에 의한 토지의 형질변경허가나 「농지법」 제36조에 의한 농지전용허가 등을 받은 것으로 보며, 한편 건축허가권자가 건축허가를 하고자 하는 경우 당해 용도·규모 또는 형태의 건축물을 그 건축하고자 하는 대지에 건축하는 것이 건축법 관련 규정이나 「도시계획법」 제4조, 「농지법」 제36조 등 관계 법령의 규정에 적합한지의 여부를 검토하여야 하는 것일 뿐, 건축불허가처분을 하면서 그 처분사유로 건축불허가 사유뿐만 아니라 형질변경불허가 사유나 농지전용불허가 사유를 들고 있다고 하여 그 건축불허가처분 외에 별개로 형질변경불허가처분이나 농지전용불허가처분이 존재하는 것이 아니다(대판 2001.1.16. 99두10988).

ㄹ. 구 「중소기업창업 지원법」에 따른 사업계획승인의 경우, 의제된 인허가만 취소 내지 철회함으로써 사업계획에 대한 승인의 효력은 유지하면서 해당 의제된 인허가의 효력만을 소멸시킬 수 있다(대판 2018.7.12. 2017두48734).

| 오답해설 |

ㄴ, ㄷ. 인허가의제 대상이 되는 처분에 어떤 하자가 있더라도, 그로써 해당 인허가의제의 효과가 발생하지 않을 여지가 있게 될 뿐이고, 그러한 사정이 주택건설사업계획 승인처분 자체의 위법사유가 될 수는 없다. 또한 의제된 인허가는 통상적인 인허가와 동일한 효력을 가지므로, 적어도 '부분 인허가 의제'가 허용되는 경우에는 그 효력을 제거하기 위한 법적 수단으로 의제된 인허가의 취소나 철회가 허용될 수 있고, 이러한 직권 취소·철회가 가능한 이상 그 의제된 인허가에 대한 쟁송취소 역시 허용된다. 따라서 주택건설사업계획 승인처분에 따라 의제된 인허가가 위법함을 다투고자 하는 이해관계인은, 주택건설사업계획 승인처분의 취소를 구할 것이 아니라 의제된 인허가의 취소를 구하여야 하며, 의제된 인허가는 주택건설사업계획 승인처분과 별도로 항고소송의 대상이 되는 처분에 해당한다(대판 2018.11.29. 2016두38792).

12   행정구제법 〉 행정쟁송 〉 행정소송   난이도 중 | 답 ③

ㄱ~ㄷ의 법적 성질이 바르게 연결된 것은?

ㄱ. 중소기업 정보화지원사업에 따른 지원금 출연을 위하여 중소
기업청장이 체결하는 협약
ㄴ. 기반시설부담금 납부의무자의 환급신청에 대하여 행정청이 전
부 또는 일부 환급을 거부하는 결정
ㄷ. 교육부장관이 대학에서 추천한 복수의 총장 후보자들 전부 또
는 일부를 임용제청에서 제외하는 행위

	ㄱ	ㄴ	ㄷ
①	사법상 계약	비권력적 작용	행정처분
②	사법상 계약	행정처분	비권력적 작용
③	공법상 계약	행정처분	행정처분
④	공법상 계약	비권력적 작용	행정처분

| 정답해설 |

③ ㄱ. 공법상 계약, ㄴ. 행정처분, ㄷ. 행정처분이다.

ㄱ. 중소기업기술정보진흥원장이 甲주식회사와 중소기업 정보화지원사업 지원대상인 사업의 지원에 관한 협약을 체결하였는데, 협약이 甲회사에 책임이 있는 사업실패로 해지되었다는 이유로 협약에서 정한 대로 지급받은 정부지원금을 반

환할 것을 통보한 사안에서, 중소기업 정보화지원사업에 따른 지원금 출연을 위하여 중소기업청장이 체결하는 협약은 공법상 대등한 당사자 사이의 의사표시의 합치로 성립하는 공법상 계약에 해당하는 점 … (대판 2015.8.27. 2015두41449).

ㄴ. 납부의무자의 환급신청에 대하여 행정청이 전부 또는 일부 환급을 거부하는 결정은 행정청이 공권력의 주체로서 행하는 구체적 사실에 관한 법집행으로서 납부의무자의 권리·의무에 직접 영향을 미치므로 항고소송의 대상인 처분에 해당한다고 보아야 한다(대판 2018.6.28. 2016두50990).

ㄷ. 교육부장관이 대학에서 추천한 복수의 총장 후보자들 전부 또는 일부를 임용제청에서 제외하는 행위가 항고소송의 대상이 되는 처분에 해당한다(대판 2018.6.15. 2016두57564).

13   행정작용법 〉 행정행위 〉 행정행위의 부관   난이도 하 | 답 ①

부관에 대한 설명으로 옳은 것은? (다툼이 있는 경우 판례에 의함)

① 하천부지 점용허가에 부관을 붙일 수 있다.
② 행정청이 수익적 행정행위를 하면서 협약의 형식으로 부담을 부가하였는데 부담의 전제가 된 주된 행정처분의 근거법령이 개정되어 부관을 붙일 수 없게 되면 협약의 효력은 소멸한다.
③ 행정처분에 붙인 부담인 부관이 무효가 되면 그 부담의 이행으로 한 사법상 법률행위도 당연히 무효가 된다.
④ 행정청이 여객자동차 운송사업자에 대한 면허를 발급하고 난 이후에는 운송사업자의 동의가 있더라도 특정한 의무를 정하며 이를 위반할 경우 감차명령을 할 수 있다는 내용의 조건을 붙일 수 없다.

| 정답해설 |

① 하천부지 점용허가 여부는 관리청의 재량에 속하고 재량행위에 있어서는 법령상의 근거가 없어도 부관을 붙일 것인가의 여부는 당해 행정청의 재량에 속하며, 또한 구 「하천법」(2004.1.20. 법률 제7101호로 개정되기 전의 것) 제33조 단서가 하천의 점용허가에는 하천의 오염으로 인한 공해 기타 보건위생상 위해를 방지함에 필요한 부관을 붙이도록 규정하고 있으므로, 하천부지 점용허가의 성질의 면으로 보나 법규정으로 보나 부관을 붙일 수 있음은 명백하다(대판 2008.7.24. 2007두25930·25947·25954).

| 오답해설 |

② 행정처분의 상대방이 수익적 행정처분을 얻기 위하여 행정청과 사이에 행정처분에 부가할 부담에 관한 협약을 체결하고 행정청이 수익적 행정처분을 하면서 협약상의 의무를 부담으로 부가하였으나 부담의 전제가 된 주된 행정처분의 근거 법령이 개정됨으로써 행정청이 더 이상 부관을 붙일 수 없게 된 경우에도 곧바로 협약의 효력이 소멸하는 것은 아니다(대판 2009.2.12. 2005다65500).

③ 행정처분에 부담인 부관을 붙인 경우 부관의 무효화에 의하여 본체인 행정처분 자체의 효력에도 영향이 있게 될 수는 있지만, 그 처분을 받은 사람이 부담의 이행으로 사법상 매매 등의 법률행위를 한 경우에는 그 부관은 특별한 사정이 없는 한 법률행위를 하게 된 동기 내지 연유로 작용하였을 뿐이므로 이는 법률행위의 취소사유가 될 수 있음은 별론으로 하고 그 법률행위 자체를 당연히 무효화하는 것은 아니다(대판 2009.6.25. 2006다18174).

④ 관할 행정청이 여객자동차운송사업자에 대한 면허 발급 이후 운송사업자의 동의하에 운송사업자가 준수할 의무를 정하고 이를 위반할 경우 감차명령을 할 수 있다는 내용의 면허 조건을 붙일 수 있고 조건을 위반한 경우 「여객자동차 운수사업법」 제85조 제1항 제38호에 따라 감차명령을 할 수 있다. 이때 감차명령이 항고소송의 대상이 되는 처분에 해당한다(대판 2016.11.24. 2016두45028).

14 행정의 실효성 확보수단 〉 행정벌 〉 통고처분 난이도 중 | 답 ③

통고처분에 관한 설명으로 옳지 않은 것은? (다툼이 있는 경우 판례에 의함)

① 통고처분을 받은 자가 법정기한 내에 통고된 내용을 불이행한 경우에는 통고처분은 효력을 상실하고, 통고권자의 검찰 고발로서 형사법원에 의한 형사소송절차가 진행된다.

② 통고처분은 정식재판에 갈음하여 행정청이 벌금 또는 과료에 상당하는 금액을 납부할 것을 명하는 것을 말하며, 이는 사법권한의 일부를 행정기관에 이전한 것이라 할 수 있다.

③ 지방국세청장 또는 세무서장이 조세범칙행위에 대하여 고발을 한 이후에 동일한 조세범칙행위에 대하여 행한 통고처분의 효력은 위법이라 할 수 없고 통고된 내용을 이행하면 일사부재리 효력이 발생한다.

④ 통고처분권자가 통고처분을 하지 아니한 채 고발하였다는 것만으로는 그 고발 및 이에 기한 공소의 제기가 부적법하게 되는 것은 아니다.

| 정답해설 |
③ 지방국세청장 또는 세무서장이 「조세범 처벌절차법」 제17조 제1항에 따라 통고처분을 거치지 아니하고 즉시 고발하였다면 이로써 조세범칙사건에 대한 조사 및 처분절차는 종료되고 형사사건절차로 이행되어 지방국세청장 또는 세무서장으로서는 동일한 조세범칙행위에 대하여 더 이상 통고처분을 할 권한이 없다. 따라서 지방국세청장 또는 세무서장이 조세범칙행위에 대하여 고발을 한 후에 동일한 조세범칙행위에 대하여 통고처분을 하였더라도, 이는 법적 권한 소멸 후에 이루어진 것으로서 특별한 사정이 없는 한 효력이 없고, 조세범칙행위자가 이러한 통고처분을 이행하였더라도 「조세범 처벌절차법」 제15조 제3항에서 정한 일사부재리의 원칙이 적용될 수 없다(대판 2016.9.28. 2014도10748).

| 오답해설 |
① 통고처분은 재산형에 해당되는 범칙자에 대해 행정기관의 장이 임의적 금전급부의무를 부과하는 행정작용으로서 통고처분의 상대방이 이에 불복하여 금전납부를 이행하지 않으면 통고처분은 효력이 소멸되고 검사의 기소에 따라 형사소송절차가 진행된다.

② 통고처분에 상대방이 납부를 하게 되면 일사부재리의 효력이 발생하게 되어 더 이상 동일한 사유로 처벌되지 않는다. 따라서 통고처분의 성질은 사법권의 일부가 행정기관의 장에게 이전된 것으로 인정된다.

> 범칙금의 납부에 따라 확정판결에 준하는 효력이 인정되는 범위는 범칙금 통고의 이유에 기재된 당해 범칙행위 자체 및 그 범칙행위와 동일성이 인정되는 범칙행위에 한정된다(대판 2012.9.13. 2011도6911).

④ 관세청장 또는 세관장이 관세범에 대하여 통고처분을 하지 아니한 채 고발하였다는 것만으로는 그 고발 및 이에 기한 공소의 제기가 부적법하게 되는 것은 아니다(대판 2007.5.11. 2006도1993).

15 정보공개와 개인정보 〉 정보공개 〉 정보공개제도 난이도 하 | 답 ④

정보공개제도에 대한 설명으로 옳지 않은 것은? (다툼이 있는 경우 판례에 의함)

① 현행법상 모든 국민은 정보공개청구권이 인정된다.

② 외국인의 경우에도 일정한 경우에는 정보공개청구권이 인정된다.

③ 이미 공개되어 널리 알려진 정보라고 해서 공개청구권이 없는 것은 아니며 공공기관의 비공개가 정당화되지 않는다.

④ 공공기관이 청구된 대상의 정보를 청구인이 신청한 공개방법 이외의 방법으로 공개하기로 한 경우에는 소송을 통해 다툴 수 없다.

| 정답해설 |
④ 공공기관이 공개청구의 대상이 된 정보를 청구인이 신청한 공개방법 이외의 방법으로 공개하기로 하는 결정을 한 경우, 정보공개방법에 관한 부분에 대하여 일부 거부처분을 한 것이고 이에 대하여 항고소송으로 다툴 수 있다(대판 2016.11.10. 2016두44674).

| 오답해설 |
①

> 「공공기관의 정보공개에 관한 법률」 제5조 【정보공개 청구권자】 ① 모든 국민은 정보의 공개를 청구할 권리를 가진다.
> ② 외국인의 정보공개 청구에 관하여는 대통령령으로 정한다.

②

> 「공공기관의 정보공개에 관한 법률 시행령」 제3조 【외국인의 정보공개 청구】 법 제5조 제2항에 따라 정보공개를 청구할 수 있는 외국인은 다음 각 호의 어느 하나에 해당하는 자로 한다.
> 1. 국내에 일정한 주소를 두고 거주하거나 학술·연구를 위하여 일시적으로 체류하는 사람
> 2. 국내에 사무소를 두고 있는 법인 또는 단체

③ 법 제8조 제2항은 정보공개청구의 대상이 이미 널리 알려진 사항이라 하더라도 그 공개의 방법만을 제한할 수 있도록 규정하고 있을 뿐 공개 자체를 제한하고 있지는 아니하므로, 공개청구의 대상이 되는 정보가 이미 다른 사람에게 공개하여 널리 알려져 있다거나 인터넷이나 관보 등을 통하여 공개하여 인터넷검색이나 도서관에서의 열람 등을 통하여 쉽게 알 수 있다는 사정만으로는 소의 이익이 없다거나 비공개결정이 정당화될 수는 없다(대판 2008.11.27. 2005두15694).

16 행정작용 〉 행정입법 〉 법규명령 난이도 중 | 답 ①

행정입법에 대한 설명으로 가장 옳지 않은 것은? (다툼이 있는 경우 판례에 의함)

① 특히 긴급한 필요가 있거나 미리 법률로 자세히 정할 수 없는 부득이한 사정이 있어 법률에 형벌의 종류·상한·폭을 명확히 규정하더라도, 행정형벌에 대한 위임입법은 허용되지 않는다.

② 포괄적 위임인지 여부에 대한 판단은 위임의 근거조항 하나로 판단하는 것은 아니다.

③ 「공익사업을 위한 토지 등의 취득 및 보상에 관한 법률」 제68조 제3항의 위임에 따라 협의취득의 보상액 산정에 관한 구체적 기준을 정하고 있는 「공익사업을 위한 토지 등의 취득 및 보상에 관한 법률 시행규칙」 제22조는 대외적인 구속력을 가진다.

④ 헌법이 인정하고 있는 위임입법의 형식은 예시적인 것으로 보아야 할 것이고, 그것은 법률이 행정규칙에 위임하더라도 그 행정규칙은 위임된 사항만을 규율할 수 있으므로 국회입법의 원칙과 상치되지도 않는다.

| 정답해설 |
① 사회현상의 복잡다기화와 국회의 전문적·기술적 능력의 한계 및 시간적 적응능력의 한계로 인하여 형사처벌에 관련된 모든 법규를 예외 없이 형식적 의미의 법률에 의하여 규정한다는 것은 사실상 불가능할 뿐만 아니라 실제에 적합하지도 아니하기 때문에, 특히 긴급한 필요가 있거나 미리 법률로써 자세히 정할 수 없는 부득이한 사정이 있는 경우에 한하여 수권법률(위임법률)이 구성요건의 점에서는 처벌대상인 행위가 어떠한 것인지 이를 예측할 수 있을 정도로 구체적으로 정하고, 형벌의 점에서는 형벌의 종류 및 그 상한과 폭을 명확히 규정하는 것을 전제로 위임입법이 허용된다(대판 2000.10.27. 2000도1007).

| 오답해설 |
② 법률에 이미 대통령령으로 규정될 내용 및 범위의 기본사항이 구체적으로 규정되어 있어서 누구라도 당해 법률로부터 대통령령 등에 규정될 내용의 대강을 예측할 수 있어야 함을 의미하고, 이러한 예측가능성의 유무는 당해 특정조항 하나만을 가지고 판단할 것은 아니고 관련 법조항 전체를 유기적·체계적으로 종합 판단하여야 하며 각 대상법률의 성질에 따라 구체적·개별적으로 검토

하여 법률조항과 법률의 입법 취지를 종합적으로 고찰할 때 합리적으로 그 대강이 예측될 수 있는 것이라면 위임의 한계를 일탈하지 아니한 것이다(대판 2007.10.26. 2007두9884).

③ 「공익사업을 위한 토지 등의 취득 및 보상에 관한 법률」(이하 '공익사업법'이라 한다) 제68조 제3항은 협의취득의 보상액 산정에 관한 구체적 기준을 시행규칙에 위임하고 있고, 위임 범위 내에서 「공익사업을 위한 토지 등의 취득 및 보상에 관한 법률 시행규칙」 제22조는 토지에 건축물 등이 있는 경우에는 건축물 등이 없는 상태를 상정하여 토지를 평가하도록 규정하고 있는데, 이는 비록 행정규칙의 형식이나 공익사업법의 내용이 될 사항을 구체적으로 정하여 내용을 보충하는 기능을 갖는 것이므로, 「공익사업법」 규정과 결합하여 대외적인 구속력을 가진다(대판 2012.3.29. 2011다104253).

④ 헌법이 인정하고 있는 위임입법의 형식은 예시적인 것으로 보아야 할 것이고, 그것은 법률이 행정규칙에 위임하더라도 그 행정규칙은 위임된 사항만을 규율할 수 있으므로, 국회입법의 원칙과 상치되지도 않는다. 다만 고시와 같은 형식으로 입법위임을 할 때에는 적어도 「행정규제기본법」 제4조 제2항 단서에서 정한 바와 같이 법령이 전문적·기술적 사항이나 경미한 사항으로서 업무의 성질상 위임이 불가피한 사항에 한정된다 할 것이고, 그러한 사항이라 하더라도 포괄위임금지의 원칙상 법률의 위임은 반드시 구체적·개별적으로 한정된 사항에 대하여 행하여져야 한다(헌재 2006.12.28. 2005헌바59).

17 행정의 실효성 확보수단 〉 행정강제 〉 강제집행 난이도 중 | 답 ④

행정상 강제집행에 대한 설명으로 옳은 것은? (다툼이 있는 경우 판례에 의함)

> ㄱ. 사용자가 이행하여야 할 행정법상 의무의 내용을 초과하는 것을 '불이행 내용'으로 기재한 이행강제금 부과예고서를 통하여 이행강제금 부과를 예고한 뒤에 이행강제금을 부과한 것은 원칙적으로 위법이라 할 수 없다.
> ㄴ. 무허가건축행위에 대한 형사처벌과 시정명령 위반에 대한 이행강제금의 부과는 그 처벌 내지 제재 대상이 되는 기본적 사실관계로서의 행위를 달리하며, 또한 그 보호법익과 목적에서도 차이가 있으므로 이중처벌에 해당한다고 할 수 없다.
> ㄷ. 납세자 아닌 제3자의 재산을 대상으로 한 체납압류처분의 효력은 당연무효이다.

① ㄱ
② ㄱ, ㄴ
③ ㄱ, ㄹ
④ ㄴ, ㄷ

| 정답해설 |
④ ㄴ, ㄷ이 옳은 내용이다.
ㄴ. 무허가건축행위에 대한 형사처벌과 시정명령 위반에 대한 이행강제금의 부과는 그 처벌 내지 제재 대상이 되는 기본적 사실관계로서의 행위를 달리하며, 또한 그 보호법익과 목적에서도 차이가 있으므로 이중처벌에 해당한다고 할 수 없다(헌재 2003.3.26. 2001헌바80).
ㄷ. 납세의무자 또는 특별징수의무자가 아닌 제3자의 재산을 대상으로 한 압류처분은 그 처분의 내용이 법률상 실현될 수 없는 것이어서 당연무효이다(대판 2013.1.24. 2010두27998).

| 오답해설 |
ㄱ. 사용자가 이행하여야 할 행정법상 의무의 내용을 초과하는 것을 '불이행 내용'으로 기재한 이행강제금 부과예고서에 의하여 이행강제금 부과예고를 한 다음 이행강제금을 부과한 경우, 이행강제금 부과예고 및 이행강제금 부과처분이 위법하다(대판 2015.6.24. 2011두2170).

18 정보공개와 개인정보 〉 개인정보 〉 개인정보의 내용 난이도 중 | 답 ③

개인정보에 대한 설명으로 옳지 않은 것은? (다툼이 있는 경우 판례에 의함)

① 개인정보자기결정권의 보호대상이 되는 개인정보는 반드시 개인의 내밀한 영역에 속하는 정보에 국한되지 않고 공적 생활에서 형성되었거나 이미 공개된 개인정보까지 포함한다.

② 「개인정보 보호법」은 개인정보의 누설이나 권한 없는 처리 또는 다른 사람의 이용에 제공하는 등 부당한 목적으로 사용한 행위를 처벌하도록 규정하고 있다. 여기에서 '누설'이라 함은 아직 이를 알지 못하는 타인에게 알려주는 일체의 행위를 말한다.

③ 개인정보 처리위탁에 있어 수탁자는 「개인정보 보호법」 제17조에 의해 개인정보처리자가 정보주체의 개인정보를 제공할 수 있는 '제3자'에 해당한다.

④ 인터넷 포털사이트 등의 개인정보 유출사고로 주민등록번호가 불법 유출되어 그 피해자가 주민등록번호 변경을 신청한 것은 조리상 주민등록번호의 변경요구신청권을 인정함이 타당하다.

| 정답해설 |
③ 개인정보 처리위탁에 있어 수탁자는 위탁자로부터 위탁사무 처리에 따른 대가를 지급받는 것 외에는 개인정보 처리에 관하여 독자적인 이익을 가지지 않고, 정보제공자의 관리·감독 아래 위탁받은 범위 내에서만 개인정보를 처리하게 되므로, 「개인정보 보호법」 제17조와 「정보통신망법」 제24조의2에 정한 '제3자'에 해당하지 않는다(대판 2017.4.7. 2016도13263).

| 오답해설 |
① 헌법 제10조의 인간의 존엄과 가치, 행복추구권과 헌법 제17조의 사생활의 비밀과 자유에서 도출되는 개인정보자기결정권은 자신에 관한 정보가 언제 누구에게 어느 범위까지 알려지고 또 이용되도록 할 것인지를 정보주체가 스스로 결정할 수 있는 권리이다. 개인정보자기결정권의 보호대상이 되는 개인정보는 개인의 신체, 신념, 사회적 지위, 신분 등과 같이 인격 주체성을 특징짓는 사항으로서 개인의 동일성을 식별할 수 있게 하는 일체의 정보를 의미하며, 반드시 개인의 내밀한 영역에 속하는 정보에 국한되지 않고 공적 생활에서 형성되었거나 이미 공개된 개인정보까지도 포함한다(대판 2016.3.10. 2012다105482).
② 구 「개인정보 보호법」은 개인정보의 누설이나 권한 없는 처리 또는 타인의 이용에 제공하는 등 부당한 목적으로 사용한 행위를 처벌하도록 규정하고 있다(제23조 제2항, 제11조). 여기에서 '누설'이라 함은 아직 이를 알지 못하는 타인에게 알려주는 일체의 행위를 말한다(대판 2015.7.9. 2013도13070).
④ 피해자의 의사와 무관하게 주민등록번호가 유출된 경우에는 조리상 주민등록번호의 변경을 요구할 신청권을 인정함이 타당하고, 구청장의 주민등록번호 변경신청 거부행위는 항고소송의 대상이 되는 행정처분에 해당한다(대판 2017.6.15. 2013두2945).

19 행정구제 〉 행정쟁송 〉 집행정지 난이도 중 | 답 ④

집행정지에 관한 기술 중 옳지 않은 것은? (다툼이 있는 경우 판례에 의함)

① 집행정지결정에 불복하는 경우 즉시항고가 가능하지만 이에 집행정지결정의 집행을 정지하는 효력은 없다.

② 집행정지결정에는 기속력이 발생한다.

③ 신청에 대한 거부처분에 대하여는 집행정지의 필요성이 없다.

④ 「행정소송법」에서 정한 요건을 결여하였다는 이유로 효력정지 신청을 기각한 결정에 대하여, 행정처분 자체의 적법 여부를 가지고 불복사유로 삼을 수 있다.

| 정답해설 |
④ 집행정지요건에 처분의 적법성 여부는 포함되어 있지 않다. 처분의 적법 여부는 본안에서 판단되는 사안으로 집행정지를 결정하는 경우에는 고려하지 않는다. 집행정지결정(인용, 기각)에 대한 불복사유가 될 수 없다.

「행정소송법」 제23조 제2항에서 정한 요건을 결여하였다는 이유로 효력정지 신청을 기각한 결정에 대하여, 행정처분 자체의 적법 여부를 가지고 불복사유로 삼을 수 없다(대결 2011.4.21. 자 2010무111).

| 오답해설 |
① 제2항의 규정에 의한 집행정지의 결정 또는 기각의 결정에 대하여는 즉시항고할 수 있다. 이 경우 집행정지의 결정에 대한 즉시항고에는 결정의 집행을 정지하는 효력이 없다(행정소송법 제23조 제5항).
② 제30조 제1항의 규정은 제2항의 규정에 의한 집행정지의 결정에 이를 준용한다(동법 제23조 제6항). → [비교] 제30조 제1항은 기속력에 대한 규정이다.
③ 허가신청에 대한 거부처분은 그 효력이 정지되더라도 그 처분이 없었던 것과 같은 상태를 만드는 것에 지나지 아니하는 것이고 그 이상으로 행정청에 대하여 어떠한 처분을 명하는 등 적극적인 상태를 만들어 내는 경우를 포함하지 아니하는 것이므로, 교도소장이 접견을 불허한 처분에 대하여 효력정지를 한다 하여도 이로 인하여 위 교도소장에게 접견의 허가를 명하는 것이 되는 것도 아니고 또 당연히 접견이 되는 것도 아니어서 접견허가거부처분에 의하여 생길 회복할 수 없는 손해를 피하는 데 아무런 보탬도 되지 아니하니 접견허가거부처분의 효력을 정지할 필요성이 없다(대결 1991.5.2. 자 91두15).

20 행정작용 > 비권력적 행정 > 공법상 계약, 행정계획　　난이도 중 | 답 ②

행정작용에 관한 설명으로 옳지 않은 것은? (다툼이 있는 경우 판례에 의함)

① 자동차운수사업면허조건 등을 위반한 사업자에 대한 과징금 부과처분이 법이 정한 한도액을 초과하여 위법한 경우 법원은 그 처분 전부를 취소하여야 한다.
② 구 「영유아보육법」 제45조 제1항 각 호의 사유가 인정되는 경우, 행정청에 어린이집 운영정지 처분을 할 것인지 또는 이에 갈음하여 과징금을 부과할 것인지를 선택할 수 있는 재량이 인정될 수 없다.
③ 같은 위반행위에 대하여 과징금과 벌금은 동시에 부과할 수 있다.
④ 비구속적 행정계획안이나 행정지침이라도 국민의 기본권에 직접적으로 영향을 끼치고, 앞으로 법령의 뒷받침에 의하여 그대로 실시될 것이 틀림없을 것으로 예상될 수 있을 때에는, 공권력행위로서 예외적으로 헌법소원의 대상이 된다.

| 정답해설 |
② 정지나 취소, 철회에 갈음하는 과징금(=변형된 형태의 과징금)은 원칙적으로 행정청의 재량으로서 운영정지 대신 행정청은 이에 해당되는 과징금을 부과할 수 있다. 구 「영유아보육법」 제45조 제1항 각 호의 사유가 인정되는 경우, 행정청에는 운영정지 처분이 영유아 및 보호자에게 초래할 불편의 정도 또는 그 밖에 공익을 해칠 우려가 있는지 등을 고려하여 어린이집 운영정지 처분을 할 것인지 또는 이에 갈음하여 과징금을 부과할 것인지를 선택할 수 있는 재량이 인정된다(대판 2015.6.24. 2015두39378).

| 오답해설 |
① 자동차운수사업면허조건 등을 위반한 사업자에 대하여 행정청이 행정제재수단으로 사업 정지를 명할 것인지, 과징금을 부과할 것인지, 과징금을 부과키로 한다면 그 금액은 얼마로 할 것인지에 관하여 재량권이 부여되었다 할 것이므로 과징금 부과처분이 법이 정한 한도액을 초과하여 위법할 경우 법원으로서는 그 전부를 취소할 수밖에 없고, 그 한도액을 초과한 부분이나 법원이 적정하다고 인정되는 부분을 초과한 부분만을 취소할 수 없다(대판 1998.4.10. 98두2270).
③ 「공정거래법」에서 형사처벌과 아울러 과징금의 병과를 예정하고 있더라도 이중처벌금지원칙에 위반된다고 볼 수 없으며, 이 과징금 부과처분에 대하여 공정력과 집행력을 인정한다고 하여 이를 확정판결 전의 형벌집행과 같은 것으로 보아 무죄추정의 원칙에 위반된다고도 할 수 없다(헌재 2003.7.24. 2001헌가25).
④ 비구속적 행정계획안이나 행정지침이라도 국민의 기본권에 직접적으로 영향을 끼치고, 앞으로 법령의 뒷받침에 의하여 그대로 실시될 것이 틀림없을 것으로 예상될 수 있을 때에는, 공권력행위로서 예외적으로 헌법소원의 대상이 된다(헌재 2000.6.1. 99헌마538).

01 행정법 통칙 〉 행정법의 법원 〉 신뢰보호원칙 　난이도 중 | 답 ③

신뢰보호원칙에 대한 설명으로 옳지 <u>않은</u> 것은? (다툼이 있는 경우 판례에 의함)

① 「행정절차법」에 명문의 근거가 있다.
② 확약이 있은 후에 사실적·법률적 상태가 변경되었다면, 그 확약은 행정청의 별다른 의사표시를 기다리지 않고 실효된다.
③ 법률에 따른 개인의 행위가 국가에 의하여 일정 방향으로 유인된 신뢰의 행사가 아니라 단지 법률이 부여한 기회를 활용한 것이라 하더라도, 신뢰보호의 이익이 인정된다.
④ 개정 법령이 기존의 사실 또는 법률관계를 적용대상으로 하면서 종전보다 불리한 법률효과를 규정하고 있는 경우에도 그러한 사실 또는 법률관계가 개정 법률이 시행되기 이전에 이미 종결된 것이 아니라면, 이를 헌법상 금지되는 소급입법이라고 할 수는 없다.

| 정답해설 |
③ 개인의 신뢰이익에 대한 보호가치는 ⊙ 법령에 따른 개인의 행위가 국가에 의하여 일정 방향으로 유인된 신뢰의 행사인지, ⓒ 아니면 단지 법률이 부여한 기회를 활용한 것으로서 원칙적으로 사적 위험부담의 범위에 속하는 것인지 여부에 따라 달라진다. 만일 법률에 따른 개인의 행위가 단지 법률이 반사적으로 부여하는 기회의 활용을 넘어서 국가에 의하여 일정 방향으로 유인된 것이라면 특별히 보호가치가 있는 신뢰이익이 인정될 수 있고, 원칙적으로 개인의 신뢰보호가 국가의 법률 개정이익에 우선된다고 볼 여지가 있다(헌재 2002.11.28. 2002헌바45).

| 오답해설 |
① 신뢰보호원칙은 「행정절차법」, 「국세기본법」 등에서 찾아볼 수 있다.

「행정절차법」 제4조 【신의성실 및 신뢰보호】 ② 행정청은 법령등의 해석 또는 행정청의 관행이 일반적으로 국민들에게 받아들여졌을 때에는 공익 또는 제3자의 정당한 이익을 현저히 해칠 우려가 있는 경우를 제외하고는 새로운 해석 또는 관행에 따라 소급하여 불리하게 처리하여서는 아니 된다.

「국세기본법」 제15조 【신의·성실】 납세자가 그 의무를 이행할 때에는 신의에 따라 성실하게 하여야 한다. 세무공무원이 직무를 수행할 때에도 또한 같다.

② 행정청이 상대방에게 장차 어떤 처분을 하겠다고 확약 또는 공적인 의사표명을 하였다고 하더라도, 그 자체에서 상대방으로 하여금 언제까지 처분의 발령을 신청 하도록 유효기간을 두었는데도 그 기간 내에 상대방의 신청이 없었다거나 확약 또는 공적인 의사표명이 있은 후에 사실적·법률적 상태가 변경되었다면, 그와 같은 확약 또는 공적인 의사표명은 행정청의 별다른 의사표시를 기다리지 않고 실효된다(대판 1996.8.20. 95누10877).
④ 법률불소급원칙은 원칙적으로 진정소급의 금지를 말한다. 법시행일에도 종결되지 않고 진행 중인 사안에 소급적용하는 부진정소급의 경우는 원칙적으로 허용된다. 다만 부진정소급입법을 필요로 하는 공익과 법령의 존속을 신뢰하는 개인의 신뢰이익 사이의 형량에 의하여 부진정소급입법이 제한될 수 있다.

행정처분은 그 근거 법령이 개정된 경우에도 경과규정에서 달리 정함이 없는 한 처분 당시 시행되는 개정 법령과 그에 정한 기준에 의하는 것이 원칙이고, 그 개정 법령이 기존의 사실 또는 법률관계를 적용대상으로 하면서 국민의 재산권과 관련하여 종전보다 불리한 법률효과를 규정하고 있는 경우에도 그러한 사실 또는 법률관계가 개정 법률이 시행되기 이전에 이미 완성 또는 종결된 것이 아니라면 이를 헌법상 금지되는 소급입법에 의한 재산권 침해라고 할 수는 없으며, 그러한 개정 법령의 적용과 관련하여서는 개정 전 법령의 존속에 대한 국민의 신뢰가 개정 법령의 적용에 관한 공익상의 요구보다 더 보호가치가 있다고 인정되는 경우에 그러한 국민의 신뢰를 보호하기 위하여 그 적용이 제한될 수 있는 여지가 있을 따름이다(대판 2009.4.23. 2008두8918).

02 행정작용 〉 행정행위 〉 행정행위의 하자 　난이도 중 | 답 ②

행정행위의 하자에 대한 내용으로 옳은 것은? (다툼이 있는 경우 판례에 의함)

① 하자 있는 행정행위의 치유는 행정경제를 도모하기 위하여 원칙적으로 허용된다.
② 위헌결정 이전에 이미 부담금 부과처분과 압류처분 및 이에 기한 압류등기가 이루어지고 각 처분이 확정되었다고 하여도, 특별한 사정이 없는 한 기존의 압류등기나 교부청구만으로는 다른 사람에 의하여 개시된 경매절차에서 배당을 받을 수 없다.
③ 행정처분의 위법 여부는 행정처분이 행하여졌을 때의 법령과 사실 상태가 아니라 사실심 변론종결시를 기준으로 판단해야 한다.
④ 보충역편입처분에 하자가 있다고 할지라도 그것이 중대하고 명백하지 않으면, 그 하자를 이유로 공익근무요원 소집처분의 효력을 다툴 수 있다.

| 정답해설 |
② 위헌결정 이전에 이미 부담금 부과처분과 압류처분 및 이에 기한 압류등기가 이루어지고 위 각 처분이 확정되었다고 하여도, 위헌결정 이후에는 별도의 행정처분인 매각처분. 분배처분 등 후속 체납처분 절차를 진행할 수 없는 것은 물론이고, 기존의 압류등기나 교부청구만으로는 다른 사람에 의하여 개시된 경매절차에서 배당을 받을 수도 없다(대판 2002.7.12. 2002두3317).

| 오답해설 |
① 하자 있는 행정행위에 있어서 하자의 치유는 행정행위의 성질이나 법치주의의 관점에서 원칙적으로 허용될 수 없고, 행정행위의 무용한 반복을 피하고 당사자의 법적 안정성을 보호하기 위하여 국민의 권익을 침해하지 아니하는 범위 내에서 예외적으로만 허용된다(대판 2001.6.26. 99두11592).
③ 행정처분의 위법 여부는 행정처분이 있을 때의 법령과 사실상태를 기준으로 판단하여야 하며, 법원은 행정처분 당시 행정청이 알고 있었던 자료뿐만 아니라 사실심 변론종결 당시까지 제출된 모든 자료를 종합하여 처분 당시 존재하였던 객관적 사실을 확정하고 그 사실에 기초하여 처분의 위법 여부를 판단할 수 있다(대판 2019.7.25. 2017두55077).
④ 「병역법」상 공익근무요원 소집처분이 보충역편입처분을 전제로 하는 것이기는 하나 각각 단계적으로 별개의 법률효과를 발생하는 독립된 행정처분이라고 할 것이므로, 따라서 보충역편입처분의 기초가 되는 신체등위 판정에 잘못이 있다는 이유로 이를 다투기 위하여는 신체등위판정을 기초로 한 보충역편입처분에 대하여 쟁송을 제기하여야 할 것이지, 보충역편입처분에 하자가 있다고 할지라도 그것이 당연무효라고 볼만한 특단의 사정이 없는 한 그 위법을 이유로 공익근무요원 소집처분의 효력을 다툴 수 없다(대판 2002.12.10. 2001두5422).

03 행정구제 > 사전구제 > 「행정절차법」　난이도 중 | 답 ④

「행정절차법」의 내용으로 옳은 것은? (다툼이 있는 경우 판례에 의함)

> ㄱ. 행정청은 부득이한 사유로 처분의 처리기간 내에 처분을 처리하기 곤란한 경우에는 해당 처분의 처리기간의 범위에서 3번까지만 그 기간을 연장할 수 있다.
> ㄴ. 신청에 대한 거부처분의 경우에는 일정한 사전통지 등의 절차를 준수하여야 한다.
> ㄷ. 처분을 신청할 때 전자문서로 하는 경우에는 행정청의 컴퓨터 등에 입력된 때에 신청한 것으로 본다.
> ㄹ. 문서를 송달받을 자 또는 그 사무원등이 정당한 사유 없이 송달받기를 거부하는 때에는 그 사실을 수령확인서에 적고, 문서를 송달할 장소에 놓아둘 수 있다.

① ㄱ, ㄴ
② ㄱ, ㄹ
③ ㄴ, ㄷ
④ ㄷ, ㄹ

| 정답해설 |
④ ㄷ, ㄹ이 옳은 내용이다.
ㄷ.

> 「행정절차법」 제17조 【처분의 신청】 ① 행정청에 처분을 구하는 신청은 문서로 하여야 한다. 다만, 다른 법령등에 특별한 규정이 있는 경우와 행정청이 미리 다른 방법을 정하여 공시한 경우에는 그러하지 아니하다.
> ② 제1항에 따라 처분을 신청할 때 전자문서로 하는 경우에는 행정청의 컴퓨터 등에 입력된 때에 신청한 것으로 본다.

ㄹ. 교부에 의한 송달은 수령확인서를 받고 문서를 교부함으로써 하며, 송달하는 장소에서 송달받을 자를 만나지 못한 경우에는 그 사무원·피용자(被傭者) 또는 동거인으로서 사리를 분별할 지능이 있는 사람(이하 이 조에서 "사무원등"이라 한다)에게 문서를 교부할 수 있다. 다만, 문서를 송달받을 자 또는 그 사무원등이 정당한 사유 없이 송달받기를 거부하는 때에는 그 사실을 수령확인서에 적고, 문서를 송달할 장소에 놓아둘 수 있다(동법 제14조 제2항).

| 오답해설 |
ㄱ. 행정청은 부득이한 사유로 제1항에 따른 처리기간 내에 처분을 처리하기 곤란한 경우에는 해당 처분의 처리기간의 범위에서 한 번만 그 기간을 연장할 수 있다(동법 제19조 제2항).
ㄴ. 특별한 사정이 없는 한 신청에 대한 거부처분이라고 하더라도 직접 당사자의 권익을 제한하는 것은 아니어서 신청에 대한 거부처분을 여기에서 말하는 '당사자의 권익을 제한하는 처분'에 해당한다고 할 수 없는 것이어서 처분의 사전통지 대상이 된다고 할 수 없다(대판 2003.11.28. 2003두674).

04 행정작용 > 행정행위 > 행정행위의 효력　난이도 중 | 답 ①

다음 중 행정행위의 효력에 대한 설명으로 옳지 않은 것은? (다툼이 있는 경우 판례에 의함)

① 행정처분이 불복기간의 경과로 인하여 확정될 경우, 처분의 기초가 된 사실관계나 법률적 판단이 확정되고 당사자들이나 법원이 이에 기속되어 모순되는 주장이나 판단을 할 수 없다.
② 불가변력은 모든 행정행위에 공통되는 것이 아니라 행정심판의 재결 등과 같이 예외적이고 특별한 경우에 처분청 등 행정청에 대한 구속으로 인정되는 실체법적 효력을 의미한다.
③ 처분 등의 취소소송, 무효등확인소송, 부작위위법확인의 소송의 확정판결은 제3자에게도 효력이 있다.
④ 행정행위의 불가변력은 당해 행정행위에 대하여서만 인정되는 것이고, 동종의 행정행위라 하더라도 그 대상을 달리할 때에는 이를 인정할 수 없다.

| 정답해설 |
① 불가쟁력은 처분의 위법이나 적법 여부와 상관없이 불복기간이 경과됨으로써 확정되어지는 효력이다. 제시된 뒷 문장은 기판력에 대한 설명으로 확정판결에 따라 처분의 위법여부 및 처분의 기초가 된 사실이나 법률적 판단이 실질적으로 확정되어 소송의 당사자나 후소법원이 더 이상 모순되는 주장이나 판단을 할 수 없는 효력을 말한다. 처분의 불가쟁력이 판결의 기판력의 효력을 가지는 것은 아니다.

| 오답해설 |
② 불가변력은 준사법적 행위나 확인적 행위에서 인정되므로 모든 행정행위에 공통되는 것이 아니라 행정심판의 재결 등과 같이 예외적이고 특별한 경우에 처분청 등 행정청에 대한 구속으로 인정되는 실체법적 효력을 의미한다.
③

> 「행정소송법」 제29조 【취소판결등의 효력】 ① 처분등을 취소하는 확정판결은 제3자에 대하여도 효력이 있다.
> 제38조(준용규정) ① 제9조, 제10조, 제13조 내지 제17조, 제19조, 제22조 내지 제26조, 제29조 내지 제31조 및 제33조의 규정은 무효등확인소송의 경우에 준용한다.
> ② 제9조, 제10조, 제13조 내지 제19조, 제20조, 제25조 내지 제27조, 제29조 내지 제31조, 제33조 및 제34조의 규정은 부작위위법확인소송의 경우에 준용한다.

④ 국민의 권리와 이익을 옹호하고 법적안정을 도모하기 위하여 특정한 행위에 대하여는 행정청이라 하여도 이것을 자유로이 취소, 변경 및 철회할 수 없다는 행정행위의 불가변력은 당해 행정행위에 대하여서만 인정되는 것이고, 동종의 행정행위라 하더라도 그 대상을 달리할 때에는 이를 인정할 수 없다(대판 1974.12.10. 73누129).

| 더 알아보기 | 불가쟁력과 불가변력

구분	불가쟁력	불가변력
성질	형식적 확정력, 절차적 효력	실질적 확정력, 실체적 효력
범위	모든 행정행위	특정의 행정행위
대상	상대방과 이행관계인	국가기관

05 행정작용 > 행정행위 > 행정행위의 내용　난이도 중 | 답 ②

행정행위의 내용에 대한 설명으로 옳지 않은 것은? (다툼이 있는 경우 판례에 의함)

① 공유수면매립면허의 공동명의자 사이의 면허로 인한 권리·의무 양도약정은 면허관청의 인가를 받지 않은 이상 법률상 아무런 효력도 발생할 수 없다.
② 특허는 주로 특정인을 대상으로 행해지나 이에 한정되지 않으며 불특정 다수인에게 행해지기도 한다.
③ 재단법인의 임원 취임이 재단법인의 정관에 근거한다 할지라도 이에 대해 주무관청이 당연히 인가하여야 하는 것은 아니며 인가 여부를 재량으로 결정할 수 있다.
④ 가행정행위는 그 효력발생이 시간적으로 잠정적이라는 것 외에는 보통의 행정행위와 같은 것이므로 가행정행위로 인한 권리침해에 대한 구제도 보통의 행정행위와 다르지 않다.

| 정답해설 |
② 특허는 출원이나 동의를 효력요건으로 하는 협력을 요하는 행정처분이다(쌍방적 행정행위). 따라서 출원이나 동의 없이 불특정 다수인에 대한 일반처분 형식으로 특허를 발하는 것은 허용되지 않는다.

| 오답해설 |
① 공유수면매립의 면허로 인한 권리·의무의 양도·양수에 있어서의 면허관청의 인가는 효력요건으로서, 위 각 규정은 강행규정이라고 할 것인바, 위 면허의 공동명의자 사이의 면허로 인한 권리·의무양도약정은 면허관청의 인가를 받지 않은 이상 법률상 아무런 효력도 발생할 수 없다(대판 1991.6.25. 90누5184).
③ 재단법인의 임원 취임이 사법인인 재단법인의 정관에 근거한다 할지라도 이에 대한 행정청의 승인(인가)행위는 법인에 대한 주무관청의 감독권에 연유하는 이

상 그 인가행위 또는 인가거부행위는 공법상의 행정처분으로서, 그 임원 취임을 인가 또는 거부할 것인지 여부는 주무관청의 권한에 속하는 사항이라고 할 것이고, 재단법인의 임원 취임 승인신청에 대하여 주무관청이 이에 기속되어 이를 당연히 승인(인가)하여야 하는 것은 아니다(대판 2000.1.28. 98두16996).

④ 가행정행위는 종국적인 행정 이전에 행정의 공백을 방지하기 위한 임시적 효력의 행정행위로서 행정행위(예 직위해제처분, 소득세원천징수 등)의 하나이다. 따라서 항고소송의 대상이 된다.

06 행정구제 〉 손해전보 〉 손실보상 난이도 상 | 답 ①

공익사업을 위한 토지 등의 취득과 관련된 손실보상의 내용으로 옳지 않은 것은? (다툼이 있는 경우 판례에 의함)

① 당해 공익사업시행으로 인한 개발이익은 완전보상의 범위에 포함되는 피수용토지의 객관적 가치 내지 피수용자의 손실에 해당한다.

② 잔여지 수용청구권은 그 요건을 구비한 때에는 잔여지를 수용하는 토지수용위원회의 재결이 없더라도 그 청구에 의하여 수용의 효과가 발생하는 형성권적 성질을 가진다.

③ 사업폐지에 대한 손실보상청구권은 공법상의 권리로서 행정소송절차에 의해야 한다.

④ 사업시행자가 해당 공익사업을 수행할 의사와 능력이 있어야 한다는 것은 사업인정의 요건에 해당한다.

| 정답해설 |
① 개발이익은 공공사업의 시행에 의하여 비로소 발생하는 것이므로, 그것이 피수용 토지가 수용 당시 갖는 객관적 가치에 포함된다고 볼 수도 없다. 따라서 개발이익은 그 성질상 완전보상의 범위에 포함되는 피수용자의 손실이라고 볼 수 없으므로, 이러한 개발이익을 배제하고 손실보상액을 산정한다 하여 헌법이 규정한 정당한 보상의 원칙에 위반되지 않는다(헌재 2009.12.29. 2009헌바142).

| 오답해설 |
② 구 「공익사업을 위한 토지 등의 취득 및 보상에 관한 법률」(2007.10.17. 법률 제8665호로 개정되기 전의 것) 제74조 제1항에 규정되어 있는 잔여지 수용청구권은 손실보상의 일환으로 토지소유자에게 부여되는 권리로서 그 요건을 구비한 때에는 잔여지를 수용하는 토지수용위원회의 재결이 없더라도 그 청구에 의하여 수용의 효과가 발생하는 형성권적 성질을 가진다(대판 2010.8.19. 2008두822).

③ 사업폐지 등에 대한 보상청구권은 공익사업의 시행 등 적법한 공권력의 행사에 의한 재산상의 특별한 희생에 대하여 전체적인 공평부담의 견지에서 공익사업의 주체가 그 손해를 보상하여 주는 손실보상의 일종으로 공법상의 권리임이 분명하므로 그에 관한 쟁송은 민사소송이 아닌 행정소송절차에 의하여야 할 것이다(대판 2012.10.11. 2010다23210).

④ 해당 공익사업을 수행하여 공익을 실현할 의사나 능력이 없는 자에게 타인의 재산권을 공권력적·강제적으로 박탈할 수 있는 수용권을 설정하여 줄 수는 없으므로, 사업시행자에게 해당 공익사업을 수행할 의사와 능력이 있어야 한다는 것도 사업인정의 한 요건이라고 보아야 한다(대판 2011.1.27. 2009두1051).

07 행정의 실효성 확보수단 〉 행정벌 〉 「질서위반행위규제법」 난이도 중 | 답 ③

「질서위반행위규제법」상 과태료에 대한 설명으로 옳은 것은?

① 당사자가 의견제출기한 이내에 과태료를 자진하여 납부하였다고 하여 과태료를 감경할 수 있는 것은 아니다.

② 위법성의 착오는 과태료 부과에 영향을 미치지 않는다.

③ 과태료는 당사자가 과태료 부과처분에 대하여 이의를 제기하지 아니한 채 「질서위반행위규제법」에 따른 이의제기 기한이 종료한 후 사망한 경우에는 그 상속재산에 대하여 집행할 수 있다.

④ 하나의 행위가 2 이상의 질서위반행위에 해당하는 경우에는 각 질서위반행위에 대하여 정한 과태료를 가중하여 부과한다.

| 정답해설 |
③

> 「질서위반행위규제법」 제24조의2 【상속재산 등에 대한 집행】 ① 과태료는 당사자가 과태료 부과처분에 대하여 이의를 제기하지 아니한 채 제20조 제1항에 따른 기한이 종료한 후 사망한 경우에는 그 상속재산에 대하여 집행할 수 있다.
> ② 법인에 대한 과태료는 법인이 과태료 부과처분에 대하여 이의를 제기하지 아니한 채 제20조 제1항에 따른 기한이 종료한 후 합병에 의하여 소멸한 경우에는 합병 후 존속한 법인 또는 합병에 의하여 설립된 법인에 대하여 집행할 수 있다.

| 오답해설 |
① 행정청은 당사자가 제16조에 따른 의견제출기한 이내에 과태료를 자진하여 납부하고자 하는 경우에는 대통령령으로 정하는 바에 따라 과태료를 감경할 수 있다(동법 제18조).

② 자신의 행위가 위법하지 아니한 것으로 오인하고 행한 질서위반행위는 그 오인에 정당한 이유가 있는 때에 한하여 과태료를 부과하지 아니한다(동법 제8조).

④ 하나의 행위가 2 이상의 질서위반행위에 해당하는 경우에는 각 질서위반행위에 대하여 정한 과태료 중 가장 중한 과태료를 부과한다(동법 제13조 제1항).

08 행정작용 〉 행정행위 〉 행정행위의 내용 난이도 하 | 답 ②

행정작용과 그 성격을 연결한 것으로 옳지 않은 것을 모두 고르면?

ㄱ. 특허출원의 공고 - 확인
ㄴ. 건축허가 - 허가
ㄷ. 토지거래허가 - 특허
ㄹ. 도로점용허가 - 인가
ㅁ. 선거당선인 결정 - 확인

① ㄱ, ㄴ, ㄹ ② ㄱ, ㄷ, ㄹ
③ ㄱ, ㄷ, ㅁ ④ ㄷ, ㄹ, ㅁ

| 정답해설 |
② ㄱ, ㄷ, ㄹ이 틀린 내용이다.
ㄱ. 특허출원의 공고 - 통지(준법률행위적 행정행위)
ㄷ. 토지거래허가 - 인가(법률행위적 행정행위)
ㄹ. 도로점용허가 - 특허(법률행위적 행정행위)

| 오답해설 |
ㄴ. 건축허가 - 허가(법률행위적 행정행위)
ㅁ. 선거당선인 결정 - 확인(준법률행위적 행정행위)

09 행정의 실효성 확보수단 〉 행정강제 〉 행정조사 난이도 중 | 답 ①

「행정조사기본법」에 대한 내용으로 옳은 것은?

① 조사원이 자료등을 영치하는 경우에 조사대상자의 생활이나 영업이 사실상 불가능하게 될 우려가 있는 때에는 조사원은 자료등을 사진으로 촬영하거나 사본을 작성하는 등의 방법으로 영치에 갈음할 수 있다.

② 행정조사는 법령등 또는 행정조사운영계획으로 정하는 바에 따라 수시적으로 실시함을 원칙으로 한다. 다만 법령에 규정이 있는 경우에는 정기조사를 할 수 있다.

③ 출석한 조사대상자가 출석요구서에 기재된 내용을 이행하지 아니하여 행정조사의 목적을 달성할 수 없는 경우에는 조사원은 조사대상자의 1회 출석으로 당해 조사를 종결하여야 한다.

④ 행정조사를 실시하고자 하는 행정기관의 장은 조사대상자에게 사전통지를 한 이후에 개별조사계획을 수립하여야 한다.

| 정답해설 |

①

> 「행정조사기본법」 제13조 【자료등의 영치】 ① 조사원이 현장조사 중에 자료·서류·물건 등(이하 이 조에서 "자료등"이라 한다)을 영치하는 때에는 조사대상자 또는 그 대리인을 입회시켜야 한다.
> ② 조사원이 제1항에 따라 자료등을 영치하는 경우에 조사대상자의 생활이나 영업이 사실상 불가능하게 될 우려가 있는 때에는 조사원은 자료등을 사진으로 촬영하거나 사본을 작성하는 등의 방법으로 영치에 갈음할 수 있다. 다만, 증거인멸의 우려가 있는 자료등을 영치하는 경우에는 그러하지 아니하다.

| 오답해설 |

② 정기적 조사를 원칙으로 한다. 다만 일부 수시조사를 할 수 있다.

> 「행정조사기본법」 제7조 【조사의 주기】 행정조사는 법령등 또는 행정조사운영계획으로 정하는 바에 따라 정기적으로 실시함을 원칙으로 한다. 다만, 다음 각 호 중 어느 하나에 해당하는 경우에는 수시조사를 할 수 있다.
> 1. 법률에서 수시조사를 규정하고 있는 경우
> 2. 법령등의 위반에 대하여 혐의가 있는 경우
> 3. 다른 행정기관으로부터 법령등의 위반에 관한 혐의를 통보 또는 이첩받은 경우
> 4. 법령등의 위반에 대한 신고를 받거나 민원이 접수된 경우
> 5. 그 밖에 행정조사의 필요성이 인정되는 사항으로서 대통령령으로 정하는 경우

③ 기재된 내용을 이행하지 아니하여 조사목적 달성을 할 수 없는 경우에는 1회로 종결하지 않을 수 있다.

> 「행정조사기본법」 제9조 【출석·진술 요구】 ③ 출석한 조사대상자가 제1항에 따른 출석요구서에 기재된 내용을 이행하지 아니하여 행정조사의 목적을 달성할 수 없는 경우를 제외하고는 조사원은 조사대상자의 1회 출석으로 당해 조사를 종결하여야 한다.

④ 개별조사계획을 수립한 이후에 사전통지를 하도록 함이 원칙이다.

> 「행정조사기본법」 제16조 【개별조사계획의 수립】 ① 행정조사를 실시하고자 하는 행정기관의 장은 제17조에 따른 사전통지를 하기 전에 개별조사계획을 수립하여야 한다. 다만, 행정조사의 시급성으로 행정조사계획을 수립할 수 없는 경우에는 행정조사에 대한 결과보고서로 개별조사계획을 갈음할 수 있다.

10 행정작용 〉 행정행위 〉 부관　　　　난이도 중 | 답 ③

행정행위의 부관에 대한 설명으로 옳지 않은 것은? (다툼이 있는 경우 판례에 의함)

① 재량행위에 있어서는 관계 법령에 명시적인 금지규정이 없는 한 행정목적을 달성하기 위하여 조건이나 기한, 부담 등의 부관을 붙일 수 있고, 그 부관의 내용이 이행 가능하고 비례의 원칙 및 평등의 원칙에 적합하며 행정처분의 본질적 효력을 저해하지 아니하는 이상 위법하다고 할 수 없다.
② 토지소유자가 토지형질변경행위허가에 붙은 기부채납의 부관에 따라 토지를 기부채납한 경우, 기부채납의 부관이 당연무효이거나 취소되지 않은 상태에서 그 부관으로 인하여 증여계약의 중요부분에 착오가 있음을 이유로 증여계약을 취소할 수 없다.
③ 허가에 붙은 기한이 그 허가된 사업의 성질상 부당하게 짧아서 이 기한이 허가 자체의 존속기간이 아니라 허가조건의 존속기간으로 해석되는 경우에는 허가 여부의 재량권을 가진 행정청은 허가조건의 개정만을 고려할 수 있고, 그 후 당초의 기한이 상당 기간 연장되어 그 기한이 부당하게 짧은 경우에 해당하지 않게 된 때라도 더 이상의 기간연장을 불허가할 수는 없다.
④ 행정청이 종교단체에 대하여 기본재산전환인가를 함에 있어 인가조건을 부가하고 그 불이행시 인가를 취소할 수 있도록 한 경우, 인가조건의 의미는 인가처분에 대한 철회권을 유보한 것이다.

| 정답해설 |

③ 다수 연장이 이루어져 더 이상 짧은 기한에 해당되지 않는 경우에는 기간연장을 불허할 수 있다.

> 당초의 기한이 상당 기간 연장되어 연장된 기간을 포함한 존속기간 전체를 기준으로 볼 경우 더 이상 허가된 사업의 성질상 부당하게 짧은 경우에 해당하지 않게 된 때에는 관계 법령의 규정에 따라 허가 여부의 재량권을 가진 행정청으로서는 그 때에도 허가조건의 개정만을 고려하여야 하는 것은 아니고 재량권의 행사로서 더 이상의 기간연장을 불허가할 수도 있는 것이며, 이로써 허가의 효력은 상실된다(대판 2004.3.25. 2003두12837).

| 오답해설 |

① 재량행위에 있어서는 관계 법령에 명시적인 금지규정이 없는 한 행정목적을 달성하기 위하여 조건이나 기한, 부담 등의 부관을 붙일 수 있고, 그 부관의 내용이 이행 가능하고 비례의 원칙 및 평등의 원칙에 적합하며 행정처분의 본질적 효력을 저해하지 아니하는 이상 위법하다고 할 수 없다(대판 2004.3.25. 2003두12837).
② 토지소유자가 토지형질변경행위허가에 붙은 기부채납의 부관에 따라 토지를 국가나 지방자치단체에 기부채납(증여)한 경우, 기부채납의 부관이 당연무효이거나 취소되지 아니한 이상 토지소유자는 위 부관으로 인하여 증여계약의 중요부분에 착오가 있음을 이유로 증여계약을 취소할 수 없다(대판 1999.5.25. 98다53134).
④ 행정청이 종교단체에 대하여 기본재산전환인가를 함에 있어 인가조건을 부가하고 그 불이행시 인가를 취소할 수 있도록 한 경우, 인가조건의 의미는 철회권을 유보한 것이라고 본 사례이다(대판 2003.5.30. 2003다6422).

11 행정의 실효성 확보수단 〉 행정강제 〉 강제집행　　　　난이도 중 | 답 ④

행정의 실효성 확보수단에 관한 설명으로 옳은 것을 모두 고른 것은? (다툼이 있는 경우 판례에 의함)

> ㄱ. 이행강제금부과처분의 상대방이 사망하면 미납된 이행강제금의 납부의무는 상속인에게 승계된다.
> ㄴ. 권원 없이 국유재산에 설치된 시설물에 대하여 대집행을 실시할 수 있는 경우 행정청은 민사소송의 방법으로 그 시설물의 철거를 구할 수 없다.
> ㄷ. 「건축법」상 시정명령이 없으면 이행강제금을 부과할 수 없다.
> ㄹ. 「국세징수법」상 체납자에 대한 공매통지는 국가의 강제력에 의하여 진행되는 공매에서 체납자의 권리 내지 재산상의 이익을 보호하기 위하여 법률로 규정한 절차적 요건으로, 이를 이행하지 않은 경우 그 공매처분은 위법하다.

① ㄱ, ㄴ　　　　　　　　② ㄴ, ㄹ
③ ㄴ, ㄷ　　　　　　　　④ ㄴ, ㄷ, ㄹ

| 정답해설 |

④ ㄴ, ㄷ, ㄹ이 옳은 내용이다.
ㄴ. 「공유재산 및 물품 관리법」 제83조 제2항은 "제1항에 따른 명령을 받은 자가 그 명령을 이행하지 아니할 때에는 「행정대집행법」에 따라 원상복구 또는 시설물의 철거 등을 하고 그 비용을 징수할 수 있다."라고 규정하고 있다. 위 규정에 따라 지방자치단체장은 행정대집행의 방법으로 공유재산에 설치한 시설물을 철거할 수 있고, 이러한 행정대집행의 절차가 인정되는 경우에는 민사소송의 방법으로 시설물의 철거를 구하는 것은 허용되지 아니한다(대판 2017.4.13. 2013다207941).
ㄷ. 이행강제금은 강제집행으로서 의무부과와 불이행을 전제로 이루어지는 것이다. 따라서 의무부과(시정명령) 없이 이행강제금부과는 안 된다.
ㄹ. 체납자 등에 대한 공매통지는 국가의 강제력에 의하여 진행되는 공매에서 체납자 등의 권리 내지 재산상의 이익을 보호하기 위하여 법률로 규정한 절차적 요건이라고 보아야 하며, 공매처분을 하면서 체납자 등에게 공매통지를 하지 않았거나 공매통지를 하였더라도 그것이 적법하지 아니한 경우에는 절차상의 흠이 있어 그 공매처분은 위법하다(대판 2008.11.20. 2007두18154).

| 오답해설 |

ㄱ. 이행강제금 납부의무는 상속인 기타의 사람에게 승계될 수 없는 일신전속적인 성질의 것이므로 이미 사망한 사람에게 이행강제금을 부과하는 내용의 처분이

나 결정은 당연무효이고, 이행강제금을 부과받은 사람의 이의에 의하여 「비송사건절차법」에 의한 재판절차가 개시된 후에 그 이의의 사람이 사망한 때에는 사건 자체가 목적을 잃고 절차가 종료한다(대결 2006.12.8. 자 2006마470).

12 종합문제(행정입법, 행정지도, 행정계획, 행정소송)   난이도 중 | 답 ①

다음 중 판례에 대한 내용으로 옳지 <u>않은</u> 것은?

① 위법한 건축물에 대한 단전 및 전화통화 단절조치 요청행위는 처분성이 인정되는 행정지도이다.

② 법률이 공법적 단체 등의 정관에 자치법적 사항을 위임한 경우에는 헌법 제75조가 정하는 포괄적인 위임입법의 금지는 원칙적으로 적용되지 않는다고 봄이 상당하다.

③ 공무원연금법령상 급여를 받으려고 하는 자는 우선 급여지급을 신청하여 공무원연금공단이 이를 거부하거나 일부 금액만 인정하는 급여지급결정을 하는 경우 그 결정을 대상으로 항고소송을 제기하는 등으로 구체적 권리를 인정받아야 한다.

④ 구속력 없는 행정계획안이나 행정지침이라도 국민의 기본권에 직접적으로 영향을 끼치고 법령의 뒷받침에 의하여 그대로 실시될 것이 틀림없을 것으로 예상되는 때에는 예외적으로 헌법소원의 대상이 된다.

| 정답해설 |
① 「건축법」의 규정에 비추어 보면, 행정청이 위법 건축물에 대한 시정명령을 하고 나서 위반자가 이를 이행하지 아니하여 전기·전화의 공급자에게 그 <u>위법 건축물에 대한 전기·전화공급을 하지 말아 줄 것을 요청한 행위는 권고적 성격의 행위</u>에 불과한 것으로서 전기·전화공급자나 특정인의 법률상 지위에 직접적인 변동을 가져오는 것은 아니므로 이를 항고소송의 대상이 되는 행정처분이라고 볼 수 없다(대판 1996.3.22. 96누433).

| 오답해설 |
② <u>법률이 공법적 단체 등의 정관에 자치법적 사항을 위임한 경우 포괄위임입법금지는 원칙적으로 적용되지 않는다.</u> 그렇다고 하더라도 그 사항이 국민의 권리·의무에 관련되는 것일 경우에는 적어도 국민의 권리·의무에 관한 기본적이고 본질적인 사항은 국회가 정하여야 한다(대판 2007.10.12. 2006두14476).

③ <u>공무원연금법령상 급여를 받으려고 하는 자는 우선 관계 법령에 따라 공무원연금공단에 급여지급을 신청하여 공무원연금공단이 이를 거부하거나 일부 금액만 인정하는 급여지급결정을 하는 경우 그 결정을 대상으로 항고소송을 제기하는 등으로 구체적 권리를 인정받아야 하고</u>, 구체적인 권리가 발생하지 않은 상태에서 곧바로 공무원연금공단을 상대로 한 당사자소송으로 권리의 확인이나 급여의 지급을 소구하는 것은 허용되지 아니한다(대판 2017.2.9. 2014두43264).

④ 비구속적 행정계획안이나 행정지침이라도 국민의 기본권에 직접적으로 영향을 끼치고, 앞으로 법령의 뒷받침에 의하여 그대로 실시될 것이 틀림없을 것으로 예상될 수 있을 때에는, 공권력행위로서 예외적으로 헌법소원의 대상이 된다(헌재 2000.6.1. 99헌마538).

13 정보공개와 개인정보 〉 개인정보 〉 「개인정보 보호법」   난이도 중 | 답 ②

정보공개와 개인정보 보호제도에 대한 설명으로 옳지 <u>않은</u> 것은? (다툼이 있는 경우 판례에 의함)

① 단체소송에 관하여 「개인정보 보호법」에 특별한 규정이 없는 경우에는 「민사소송법」을 적용한다.

② 정보통신서비스 제공자는 이용자가 필요한 최소한의 개인정보 이외의 개인정보를 제공하지 아니한다는 이유로 그 서비스의 제공을 거부할 수 있다.

③ 국민의 알 권리의 내용에는 일반 국민 누구나 국가에 대하여 보유·관리하고 있는 정보의 공개를 청구할 수 있는 이른바 일반적인 정보공개청구권이 포함된다.

④ 정보공개가 신청된 정보를 공공기관이 보유·관리하고 있지 아니한 경우에는 특별한 사정이 없는 한 정보공개 거부처분의 취소를 구할 법률상 이익이 없다.

| 정답해설 |
② 정보통신서비스 제공자는 이용자가 필요한 최소한의 개인정보 이외의 개인정보를 제공하지 아니한다는 이유로 그 서비스의 제공을 거부해서는 아니 된다. 이 경우 필요한 최소한의 개인정보는 해당 서비스의 본질적 기능을 수행하기 위하여 반드시 필요한 정보를 말한다(「개인정보 보호법」 제39조의3 제3항).

| 오답해설 |
① 단체소송에 관하여 「개인정보 보호법」에 특별한 규정이 없는 경우에는 「민사소송법」을 적용한다(동법 제57조 제1항).

③ "알 권리"는 민주국가에 있어서 국정의 공개와도 밀접한 관련이 있는데 우리 헌법에 보면 입법의 공개(제50조 제1항), 재판의 공개(제109조)에는 명문규정을 두고 행정의 공개에 관하여서는 명문규정을 두고 있지 않으나, "알 권리"의 생성기반을 살펴볼 때 이 권리의 핵심은 정부가 보유하고 있는 정보에 대한 국민의 알 권리 즉, 국민의 정부에 대한 일반적 정보공개를 구할 권리(청구권적 기본권)라고 할 것이며, 또한 자유민주적 기본질서를 천명하고 있는 헌법 전문과 제1조 및 제4조의 해석상 당연한 것이라고 봐야 할 것이다(헌재 1989.9.4. 88헌마22).

④ 공개청구자가 특정한 바와 같은 정보를 공공기관이 보유·관리하고 있지 않은 경우라면 특별한 사정이 없는 한 해당 정보에 대한 공개거부처분에 대하여는 취소를 구할 법률상 이익이 없다. 이와 관련하여 공개청구자는 그가 공개를 구하는 정보를 공공기관이 보유·관리하고 있을 상당한 개연성이 있다는 점에 대하여 입증할 책임이 있으나, 공개를 구하는 정보를 공공기관이 한때 보유·관리하였으나 후에 그 정보가 담긴 문서들이 폐기되어 존재하지 않게 된 것이라면 그 정보를 더 이상 보유·관리하고 있지 않다는 점에 대한 증명책임은 공공기관에 있다(대판 2013.1.24. 2010두18918).

14 행정작용 〉 행정행위 〉 행정행위의 성립과 효력   난이도 중 | 답 ③

행정작용 중 행정행위의 성립과 효력에 대한 설명으로 옳지 <u>않은</u> 것은? (다툼이 있는 경우 판례에 의함)

① 행정행위의 효력발생요건으로서의 도달은 상대방이 그 내용을 현실적으로 알 필요까지는 없고, 다만 알 수 있는 상태에 놓여짐으로써 충분하다.

② 과세처분에 취소할 수 있는 위법사유가 있다 하더라도 그 과세처분은 그것이 적법하게 취소되기 전까지는 유효하다 할 것이므로, 민사소송절차에서 그 과세처분의 효력을 부인할 수 없다.

③ 납세자가 과세처분의 내용을 이미 알고 있는 경우에는 납세고지서 송달이 불필요하다.

④ 영업허가취소처분이 나중에 항고소송을 통해 취소되었다면 그 영업허가취소처분 이후의 영업행위를 무허가영업이라 할 수 없다.

| 정답해설 |
③ 납세고지서의 교부송달 및 우편송달에 있어서는 반드시 납세의무자 또는 그와 일정한 관계에 있는 사람의 현실적인 수령행위를 전제로 하고 있다고 보아야 하며, 납세자가 과세처분의 내용을 이미 알고 있는 경우에도 납세고지서 송달이 불필요하다고 할 수는 없다(대판 2004.4.9. 2003두13908).

| 오답해설 |
① 상대방에 대한 통지를 요하는 행정행위는 상대방에게 통지되어 도달되어야 효력을 발생한다(도달주의 원칙). 여기서 '도달'이라 함은 반드시 상대방이 수령하여야 하는 것을 의미하지는 않으며, <u>현실적으로 상대방이 알 수 있는 상태에 두어진 것을 말한다.</u>

② 과세처분이 당연무효라고 볼 수 없는 한 과세처분에 취소할 수 있는 위법사유가 있다 하더라도 그 과세처분은 행정행위의 공정력 또는 집행력에 의하여 그것이 적법하게 취소되기 전까지는 유효하다 할 것이므로, 민사소송절차에서 그 과세처분의 효력을 부인할 수 없다(대판 1999.8.20. 99다20179).

④ 영업의 금지를 명한 영업허가취소처분 자체가 나중에 행정쟁송절차에 의하여 <u>취소되었다면 그 영업허가취소처분은 그 처분시에 소급하여 효력을 잃게 되며,</u> 그 영업허가취소처분에 복종할 의무가 원래부터 없었음이 확정되었다고 봄이 타당하고, 영업허가취소처분이 장래에 향하여서만 효력을 잃게 된다고 볼 것은 아니므로 그 영업허가취소처분 이후의 영업행위를 무허가영업이라고 볼 수는 <u>없다(대판 1993.6.25. 93도277).</u>

15 행정법 통칙 > 행정법의 법원 > 「행정기본법」 난이도 중 | 답 ①

「행정기본법」의 내용으로 옳지 않은 것은?

① 당사자의 신청에 따른 처분은 법령등에 특별한 규정이 있거나 처분 당시의 법령등을 적용하기 곤란한 특별한 사정이 있는 경우를 제외하고는 신청 당시의 법령등에 따른다.
② 행정청은 권한 행사의 기회가 있음에도 불구하고 장기간 권한을 행사하지 아니하여 국민이 그 권한이 행사되지 아니할 것으로 믿을 만한 정당한 사유가 있는 경우에는 그 권한을 행사해서는 아니 된다.
③ 법령등을 공포한 날부터 일정 기간이 경과한 날부터 시행하는 경우 그 기간의 말일이 토요일 또는 공휴일인 때에는 그 말일로 기간이 만료한다.
④ 행정작용은 법률에 위반되어서는 아니 되며, 국민의 권리를 제한하거나 의무를 부과하는 경우와 그 밖에 국민생활에 중요한 영향을 미치는 경우에는 법률에 근거하여야 한다.

| 정답해설 |
① 당사자의 신청에 따른 처분은 법령등에 특별한 규정이 있거나 처분 당시의 법령등을 적용하기 곤란한 특별한 사정이 있는 경우를 제외하고는 처분 당시의 법령등에 따른다(「행정기본법」 제14조 제2항).

| 오답해설 |
② 행정청은 권한 행사의 기회가 있음에도 불구하고 장기간 권한을 행사하지 아니하여 국민이 그 권한이 행사되지 아니할 것으로 믿을 만한 정당한 사유가 있는 경우에는 그 권한을 행사해서는 아니 된다. 다만, 공익 또는 제3자의 이익을 현저히 해칠 우려가 있는 경우는 예외로 한다(동법 제12조 제2항).
③ 법령등을 공포한 날부터 일정 기간이 경과한 날부터 시행하는 경우 그 기간의 말일이 토요일 또는 공휴일인 때에는 그 말일로 기간이 만료한다(동법 제7조 제3호).
④ 행정작용은 법률에 위반되어서는 아니 되며, 국민의 권리를 제한하거나 의무를 부과하는 경우와 그 밖에 국민생활에 중요한 영향을 미치는 경우에는 법률에 근거하여야 한다(동법 제8조).

16 행정구제 > 행정쟁송 > 행정심판 난이도 중 | 답 ③

행정심판에 관한 설명으로 옳지 않은 것은? (다툼이 있는 경우 판례에 의함)

① 처분의 취소를 구하는 취지의 처분청에 대한 진정서 제출은 「행정심판법」 소정의 행정심판청구가 될 수 있다.
② 고시 또는 공고에 의하여 행정처분을 하는 경우, 행정심판 청구기간의 기산일은 고시 또는 공고의 효력발생일이다.
③ 「행정심판법」상 재결의 기속력에 의해 종전처분과 다른 사유를 들어 처분을 하는 것도 기속력에 저촉된다.
④ 형성적 재결이 있는 경우에는 그 대상이 된 행정처분은 재결 자체에 의하여 당연히 취소되어 소멸된다.

| 정답해설 |
③ 재결의 기속력은 재결의 주문 및 그 전제가 된 요건사실의 인정과 판단, 즉 처분 등의 구체적 위법사유에 관한 판단에만 미친다고 할 것이고, 종전 처분이 재결에 의하여 취소되었다 하더라도 종전 처분시와는 다른 사유를 들어서 처분을 하는 것은 기속력에 저촉되지 않는다고 할 것이며, 여기에서 동일 사유인지 다른 사유인지는 종전 처분에 관하여 위법한 것으로 재결에서 판단된 사유와 기본적 사실관계에 있어 동일성이 인정되는 사유인지 여부에 따라 판단되어야 한다(대판 2005.12.9. 2003두7705).

| 오답해설 |
① 비록 제목이 '진정서'로 되어 있고, 재결청의 표시, 심판청구의 취지 및 이유, 처분을 한 행정청의 고지의 유무 및 그 내용 등 「행정심판법」 제19조 제2항 소정의 사항들을 구분하여 기재하고 있지 아니하여 행정심판청구서로서의 형식

다 갖추고 있다고 볼 수는 없으나, 피청구인인 처분청과 청구인의 이름과 주소가 기재되어 있고, 청구인의 기명이 되어 있으며, 문서의 기재 내용에 의하여 심판청구의 대상이 되는 행정처분의 내용과 심판청구의 취지 및 이유, 처분이 있은 것을 안 날을 알 수 있는 경우, 위 문서에 기재되어 있지 않은 재결청, 처분을 한 행정청의 고지의 유무 등의 내용과 날인 등의 불비한 점은 보정이 가능하므로 위 문서를 행정처분에 대한 행정심판청구로 보는 것이 옳다(대판 2000.6.9. 98두2621).
② 통상 고시 또는 공고에 의하여 행정처분을 하는 경우에는 그 처분의 상대방이 불특정 다수인이고, 그 처분의 효력이 불특정 다수인에게 일률적으로 적용되는 것이므로, 그에 대한 행정심판 청구기간도 그 행정처분에 이해관계를 갖는 자가 고시 또는 공고가 있었다는 사실을 현실적으로 알았는지 여부에 관계없이 고시가 효력을 발생하는 날인 고시 또는 공고가 있은 후 5일이 경과한 날에 행정처분이 있음을 알았다고 보아야 한다(대판 2000.9.8. 99두11257).
④ 형성력이 있는 재결은 행정청의 별도의 행위없이 재결 자체로서 처분의 효력이 발생하거나 변경되거나 소멸된다.

17 행정구제 > 손해전보 > 「국가배상법」 난이도 중 | 답 ④

「국가배상법」 제5조에 관한 설명으로 옳지 않은 것은? (다툼이 있는 경우 판례에 의함)

① 예산부족 등 설치·관리자의 재정사정은 배상책임 판단에 있어 참작사유는 될 수 있으나 안전성을 결정지을 절대적 요건은 아니다.
② 공공의 영조물이란 국가 또는 지방자치단체가 소유권, 임차권 그 밖의 권한에 기하여 관리하고 있는 경우를 의미하고, 그러한 권원 없이 사실상의 관리를 하고 있는 경우도 포함한다.
③ 지방자치단체장으로부터 교통신호기의 관리 권한을 위임받은 기관 소속의 공무원이 위임사무처리에 있어 고의 또는 과실로 타인에게 손해를 가하였거나 위임사무로 설치·관리하는 영조물의 하자로 타인에게 손해를 발생하게 한 경우에는 권한을 위임한 관청이 소속된 지방자치단체가 「국가배상법」 제2조 또는 제5조에 의한 배상책임을 부담한다.
④ 편도 2차선 도로의 1차선 상에 교통사고의 원인이 될 수 있는 크기의 돌멩이가 방치되어 있는 경우만으로 도로의 관리·보존상의 하자가 있다고 볼 수는 없다.

| 정답해설 |
④ 편도 2차선 도로의 1차선 상에 교통사고의 원인이 될 수 있는 크기의 돌멩이가 방치되어 있는 경우, 도로의 점유·관리자가 그에 대한 관리 가능성이 없다는 입증을 하지 못하는 한 이는 도로의 관리·보존상의 하자에 해당한다(대판 1998.2.10. 97다32536).

| 오답해설 |
① 설치의 하자라 함은 영조물의 불완전한 점이 있어 영조물 자체가 통상 갖추어야 할 안전성을 갖추지 못한 상태에 있음을 말한다 할 것이고, 또 영조물 설치의 하자의 유무는 객관적 견지에서 본 안전성의 문제이고 재정사정은 … 안전성을 요구하는데 대한 정도 문제로서 참작사유에 해당할지 언정 안전성을 결정지을 절대적 요건은 되지 못한다(대판 1967.2.21. 66다1723).
② 「국가배상법」 제5조 제1항 소정의 "공공의 영조물"이라 함은 국가 또는 지방자치단체에 의하여 특정 공공의 목적에 공여된 유체물 내지 물적 설비를 지칭하며, 특정 공공의 목적에 공여된 물이라 함은 일반공중의 자유로운 사용에 직접적으로 제공되는 공공용물에 한하지 아니하고, 행정주체 자신의 사용에 제공되는 공용물도 포함하며 국가 또는 지방자치단체가 소유권, 임차권 그밖의 권한에 기하여 관리하고 있는 경우뿐만 아니라 사실상의 관리를 하고 있는 경우도 포함한다(대판 1995.1.24. 94다45302).
③ 권한을 위임받은 기관 소속의 공무원이 위임사무처리에 있어 고의 또는 과실로 타인에게 손해를 가하였거나 위임사무로 설치·관리하는 영조물의 하자로 타인에게 손해를 발생하게 한 경우에는 권한을 위임한 관청이 소속된 지방자치단체가 「국가배상법」 제2조 또는 제5조에 의한 배상책임을 부담하고 … (대판 1999.6.25. 99다11120)

18 종합문제(행정소송, 공법상 계약 등) 난이도 중 | 답 ①

행정작용이나 이에 대한 행정구제에 대한 내용으로 옳지 <u>않은</u> 것은?
(다툼이 있는 경우 판례에 의함)

> ㄱ. 행정청인 관리권자로부터 관리업무를 위탁받은 공단이 우월적
> 지위에서 일정한 법률상 효과를 발생하게 하는 공단입주변경
> 계약은 공법계약으로 이의 취소는 공법상 당사자소송으로 해
> 야 한다.
> ㄴ. 「과학기술기본법」상 사업 협약의 해지 통보는 항고소송 대상인
> 처분이다.
> ㄷ. 지방전문직공무원 채용계약에서 정한 채용기간이 만료한 경우
> 채용계약을 갱신하거나 채용기간을 연장할 것인지 여부는 지
> 방자치단체장의 재량에 맡겨져 있다.

① ㄱ   ② ㄴ
③ ㄱ, ㄷ   ④ ㄴ, ㄷ

| 정답해설 |
① ㄱ이 틀린 내용이다.
ㄱ. 구 「산업집적활성화 및 공장설립에 관한 법률」 …(중략)… 규정들에서 알 수 있
는 산업단지관리공단의 지위, 입주계약 및 변경계약의 효과, 입주계약 및 변
경계약 체결 의무와 그 의무를 불이행한 경우의 형사적 내지 행정적 제재, 입주계
약해지의 절차, 해지통보에 수반되는 법적 의무 및 그 의무를 불이행한 경우의
형사적 내지 행정적 제재 등을 종합적으로 고려하면, 입주변경계약 취소는 행정
청인 관리권자로부터 관리업무를 위탁받은 산업단지관리공단이 우월적 지위에
서 입주기업체들에게 일정한 법률상 효과를 발생하게 하는 것으로서 <u>항고소송
의 대상이 되는 행정처분에 해당한다</u>(대판 2017.6.15. 2014두46843).

| 오답해설 |
ㄴ. 과학기술기본법령상 사업 협약의 해지 통보는 단순히 대등 당사자의 지위에서
형성된 공법상 계약을 계약당사자의 지위에서 종료시키는 의사표시에 불과한
것이 아니라 행정청이 우월적 지위에서 연구개발비의 회수 및 관리자에 대한
국가연구개발사업 참여제한 등의 법률상 효과를 발생시키는 <u>행정처분에 해당한
다</u>(대판 2014.12.11. 2012두28704).
ㄷ. 「지방공무원법」과 지방전문직공무원규정등 관계 법령의 규정 내용에 비추어 보
면, 지방전문직공무원 채용계약에서 정한 채용기간이 만료한 경우 채용계약을
갱신하거나 채용기간을 연장할 것인지 여부는 지방자치단체장의 재량에 맡겨져
있는 것으로 보아야 할 것이므로 지방전문직공무원 채용계약에서 정한 기간이
형식적인 것에 불과하고 그 채용계약은 기간의 약정이 없는 것이라고 볼 수 없
다(대판 1993.9.14. 92누4611).

19 행정의 실효성 확보수단 〉 행정강제 〉 강제집행 난이도 중 | 답 ④

행정의 실효성 확보수단 중 행정강제에 대한 설명으로 옳은 것은?
(다툼이 있는 경우 판례에 의함)

① 도시공원시설인 매점의 관리청이 그 점유자로부터 점유이전을 받
고자 하는 경우에도 대집행이 적절한 수단이 될 수 있다.
② 군수가 군 사무위임 조례의 규정에 따라 무허가 건축물에 대한 철
거대집행사무를 하부 행정기관인 읍·면에 위임한 경우라도, 읍·
면장에게는 관할구역 내의 무허가 건축물에 대하여 그 철거대집
행을 위한 계고처분을 할 권한이 없다.
③ 「경찰관 직무집행법」은 직접강제에 관한 일반적 근거를 규정하고
있다.
④ 「건축법」상 시정명령을 받은 의무자가 이행강제금이 부과되기 전
에 그 의무를 이행한 경우에는 비록 시정명령에서 정한 기간을 지
나서 이행한 경우라도 이행강제금을 부과할 수 없다.

| 정답해설 |
④ 「건축법」상의 이행강제금은 시정명령의 불이행이라는 과거의 위반행위에 대한
제재가 아니라, 의무자에게 시정명령을 받은 의무의 이행을 명하고 그 이행기
간 안에 의무를 이행하지 않으면 이행강제금이 부과된다는 사실을 고지함으로
써 의무자에게 심리적 압박을 주어 의무의 이행을 간접적으로 강제하는 행정상
의 간접강제 수단에 해당한다. 이러한 이행강제금의 본질상 <u>시정명령을 받은 의
무자가 이행강제금이 부과되기 전에 그 의무를 이행한 경우에는 비록 시정명령
에서 정한 기간을 지나서 이행한 경우라도 이행강제금을 부과할 수 없다</u>(대판
2018.1.25. 2015두35116).

| 오답해설 |
① 도시공원시설인 매점의 관리청이 그 공동점유자 중의 1인에 대하여 소정의 기간
내에 위 매점으로부터 퇴거하고 이에 부수하여 그 판매시설물 및 상품을 반출하
지 아니할 때에는 이를 대집행하겠다는 내용의 계고처분은 그 주된 목적이 매점
의 원형을 보존하기 위하여 점유자가 설치한 불법 시설물을 철거하고자 하는 것
이 아니라, 매점에 대한 점유자의 점유를 배제하고 그 점유이전을 받는데 있다
고 할 것인데, 이러한 의무는 그것을 강제적으로 실현함에 있어서 직접적인 실
력행사가 필요한 것이지 대체적 작위의무에 해당하는 것은 아니어서 직접강제
의 방법에 의하는 것은 별론으로 하고 「행정대집행법」에 의한 대집행의 대상이
되는 것은 아니다(대판 1998.10.23. 97누157).
② 군수가 군 사무위임 조례의 규정에 따라 무허가 건축물에 대한 철거대집행사무
를 하부 행정기관인 읍·면에 위임하였다면, 읍·면장에게는 관할구역 내의 무
허가 건축물에 대하여 그 철거대집행을 위한 계고처분을 할 권한이 있다(대판
1997.2.14. 96누15428).
③ 직접강제에 관하여는 일반법이 없다. 「경찰관 직무집행법」은 경찰작용에 있어서
즉시강제에 대한 일반적 규정이 된다.

20 행정구제 〉 행정쟁송 〉 행정소송 난이도 중 | 답 ④

다음 중 취소판결의 효력에 관한 설명으로 옳은 것은?

① 기속력은 청구인용판결뿐만 아니라 청구기각판결에도 미친다.
② 대법원은 기판력의 객관적 범위가 판결의 주문 이외에 판결이유에
설시된 그 전제가 되는 법률관계의 존부에도 미친다고 판시하고
있다.
③ 간접강제는 거부처분에 대한 취소의 확정판결이 있음에도 행정청
이 아무런 재처분을 하지 않는 경우에만 적용될 뿐 재처분이 취소
판결의 기속력에 반하는 경우에는 적용되지 않는다.
④ 취소소송의 피고는 처분청이므로 행정청을 피고로 하는 취소소송에
있어서의 기판력은 당해 처분이 귀속하는 국가 또는 공공단체에
미친다.

| 정답해설 |
④ 기판력은 소송당사자와 그와 동일시 할 수 있는 자에 효력이 미친다.

> 과세처분 취소소송의 피고는 처분청이므로 행정청을 피고로 하는 취소소송에
> 있어서의 기판력은 당해 처분이 귀속하는 국가 또는 공공단체에 미친다(대판
> 1998.7.24. 98다10854).

| 오답해설 |
① 판결의 기속력은 행정청이나 관계행정청이 인용판결이 있게 되면 판결의 취지
에 반하는 행위를 금하는 효력으로, 인용판결에만 인정된다.
② 확정판결의 기판력은 그 판결의 주문에 포함된 것, 즉 소송물로 주장된 법률관
계의 존부에 관한 판단의 결론 그 자체에만 미치는 것이고 판결이유에서 설시된
그 전제가 되는 법률관계의 존부에까지 미치는 것은 아니다(대판 2000.2.25. 99
다55472).
③ 거부처분에 대한 취소의 확정판결이 있음에도 행정청이 아무런 재처분을 하지
아니하거나, 재처분을 하였다 하더라도 그것이 종전 거부처분에 대한 취소의 확
정판결의 기속력에 반하는 등으로 당연무효라면 이는 아무런 재처분을 하지 아
니한 때와 마찬가지라 할 것이므로, 이러한 경우에는 「행정소송법」 제30조 제2
항, 제34조 제1항 등에 의한 간접강제신청에 필요한 요건을 갖춘 것으로 보아야
한다(대결 2002.12.11. 자 2002무22).

나는 천천히 가는 사람입니다.
그러나 뒤로 가진 않습니다.

01	②	02	④	03	②	04	③	05	②
06	①	07	③	08	④	09	③	10	②
11	③	12	①	13	②	14	③	15	③
16	③	17	①	18	①	19	③	20	③

▶풀이시간: /15분 나의 점수: /100점

01 행정법 통칙 〉 행정법의 법원 〉 행정법의 일반원칙   난이도 하 | 답 ②

행정법의 일반원칙에 관한 내용으로 옳지 않은 것은? (다툼이 있는 경우 판례에 의함)

① 면허세의 근거법령이 제정되어 폐지될 때까지의 4년 동안 과세관청이 면허세를 부과할 수 있음을 알면서도 수출 확대라는 공익상 필요에 따라 한 건도 부과한 일이 없었다면 비과세의 관행이 이루어졌다고 보아도 무방하다.
② 「개발이익환수에 관한 법률」에 정한 개발사업을 시행하기 전에, 행정청이 민원예비심사에 대하여 관련 부서 의견으로 '저촉사항 없음'이라고 기재한 것은 공적인 견해표명에 해당한다.
③ 일반직 직원의 정년을 58세로 규정하면서 전화교환직렬 직원만은 정년을 53세로 규정하여 5년간의 정년차등을 둔 것은 사회통념상 합리적 차별로서 평등원칙에 반하지 않는다.
④ 확약이 있은 후에 사실적·법률적 상태가 변경되었다면, 그 확약은 행정청의 별다른 의사표시를 기다리지 않고 실효된다.

| 정답해설 |
② 「개발이익환수에 관한 법률」에 정한 개발사업을 시행하기 전에, 행정청이 민원예비심사에 대하여 관련 부서 의견으로 '저촉사항 없음'이라고 기재하였다고 하더라도, 이후의 개발부담금부과처분에 관하여 신뢰보호의 원칙을 적용하기 위한 요건인, 신뢰의 대상이 되는 공적인 견해표명을 한 것이라고는 보기 어렵다(대판 2006.6.9. 2004두46).

| 오답해설 |
① 보세운송면허에 대하여 그 면허세 과세근거규정이 폐지될 때까지 4년 반 동안 면허세를 부과한 일이 전혀 없었고, 이와 같은 비과세의 원인이 면허부여기관(인천세관장)의 면허세 비과세 해석에 따른 면허부여 사무처리에 있었으므로, 납세자에 대한 관계에 있어서 과세관청이 면허세 과세원인 발생사실을 알고 면허세를 부과하지 아니한 것과 같이 볼 수밖에 없고, 이로써 비과세의 관행이 성립되었다고 할 것이다(대판 1981.9.22. 80누601).
③ 원고의 교환직렬에서의 인력의 잉여 정도, 연령별 인원구성, 정년 차이의 정도, 차등정년을 실시함에 있어서 노사간의 협의를 거친 점, 신규채용을 하지 못한 기간, 현재의 정년에 대한 교환직렬 직원들의 의견 등에 비추어 보아 원고가 교환직렬에 대하여 다른 일반직 직원과 비교하여 5년간의 정년차등을 둔 것이 사회통념상 합리성이 없다고 단정하기는 어렵다 할 것이다(대판 1996.8.23. 94누13589).
④ 행정청이 상대방에게 장차 어떤 처분을 하겠다고 확약 또는 공적인 의사표명을 하였다고 하더라도, 그 자체에서 상대방으로 하여금 언제까지 처분의 발령을 신청하도록 유효기간을 두었는데도 그 기간 내에 상대방의 신청이 없었다거나 확약 또는 공적인 의사표명이 있은 후에 사실적·법률적 상태가 변경되었다면, 그와 같은 확약 또는 공적인 의사표명은 행정청의 별다른 의사표시를 기다리지 않고 실효된다(대판 1996.8.20. 95누10877).

02 행정법 통칙 〉 행정상 법률관계 〉 공법관계와 사법관계   난이도 중 | 답 ④

행정상 법률관계에 대한 내용으로 옳은 것은? (다툼이 있는 경우 판례에 의함)

① 전문직공무원인 공중보건의사의 채용계약해지의 의사표시는 일반공무원에 대한 징계처분과 같은 성격을 가지며, 항고소송의 대상이 된다.
② 구 「예산회계법」에 따른 입찰보증금의 국고귀속조치는 국가가 공법상의 재산권의 주체로서 행위하는 것으로 그 행위는 공법행위에 속한다.
③ 부가가치세 환급세액지급청구소송은 부당이득반환청구의 일종으로 민사소송에 의한다.
④ 조달청이 국가종합전자조달시스템인 나라장터 종합쇼핑몰에 거래정지조치를 하는 것은 처분으로서 공법관계에 속한다.

| 정답해설 |
④ 조달청이 '규격서 내용을 허위로 기재하거나 과장하였다.'는 등의 이유로 물품구매계약 추가특수조건 규정에 따라 甲 회사에 대하여 6개월간 나라장터 종합쇼핑몰에서의 거래를 정지한다고 통보한 사안에서, 위 거래정지조치는 항고소송의 대상이 되는 행정처분에 해당한다(대판 2018.11.29. 2017두34940).

| 오답해설 |
① 전문직공무원인 공중보건의사의 채용계약해지의 의사표시는 일반공무원에 대한 징계처분과는 달라서 항고소송의 대상이 되는 처분 등의 성격을 가진 것으로 인정되지 아니하고, 일정한 사유가 있을 때에 관할 도지사가 채용계약관계의 한쪽 당사자로서 대등한 지위에서 행하는 의사표시로 취급하고 있는 것으로 이해되므로, 공중보건의사 채용계약해지의 의사표시에 대하여는 대등한 당사자 간의 소송형식인 공법상의 당사자소송으로 그 의사표시의 무효확인을 청구할 수 있는 것이지, 이를 항고소송의 대상이 되는 행정처분이라는 전제하에서 그 취소를 구하는 항고소송을 제기할 수는 없다(대판 1996.5.31. 95누10617).
② 입찰보증금의 국고귀속조치는 국가가 사법상의 재산권의 주체로서 행위하는 것이지 공권력을 행사하는 것이거나 공권력작용과 일체성을 가진 것이 아니라 할 것이므로 이에 관한 분쟁은 행정소송이 아닌 민사소송의 대상이 될 수밖에 없다고 할 것이다(대판 1983.12.27. 81누366).
③ 납세의무자에 대한 국가의 부가가치세 환급세액지급의무에 대응하는 국가에 대한 납세의무자의 부가가치세 환급세액지급청구는 민사소송이 아니라 「행정소송법」 제3조 제2호에 규정된 당사자소송의 절차에 따라야 한다(대판 2013.3.21. 2011다95564).

03 행정작용 〉 비권력적 행정 〉 공법상 계약   난이도 중 | 답 ②

행정작용에 관한 설명으로 옳지 않은 것은? (다툼이 있는 경우 판례에 의함)

① 공법상 채용계약에 대한 해지의 의사표시는 공무원에 대한 징계처분과 달라서 「행정절차법」에 의하여 그 근거와 이유를 제시하여야 하는 것은 아니다.
② 행정주체가 구체적인 행정계획을 입안·결정할 때 가지는 형성의 자유의 한계에 관한 법리가 주민의 입안 제안 또는 변경신청을 받아들여 도시관리계획결정을 하거나 도시계획시설을 변경할 것인지를 결정할 때에는 동일하게 적용되지 않는다.
③ 광주광역시문화예술회관장의 단원 위촉은 광주광역시문화예술회관장이 행정청으로서 공권력을 행사하여 행하는 행정처분이 아니라 공법상 근로계약에 해당한다.
④ 공법상 계약의 체결은 일정한 계약서를 작성하여야 한다.

| 정답해설 |

② 행정주체가 구체적인 행정계획을 입안·결정할 때에 가지는 비교적 광범위한 형성의 자유는 무제한적인 것이 아니라 행정계획에 관련되는 자들의 이익을 공익과 사익 사이에서는 물론이고 공익 상호 간과 사익 상호 간에도 정당하게 비교·교량하여야 한다는 제한이 있는 것이므로, 행정주체가 행정계획을 입안·결정하면서 이익형량을 전혀 행하지 않거나 이익형량의 고려 대상에 마땅히 포함시켜야 할 사항을 빠뜨린 경우 또는 이익형량을 하였으나 정당성과 객관성이 결여된 경우에는 행정계획결정은 형량에 하자가 있어 위법하게 된다. 이러한 법리는 행정주체가 구 「국토의 계획 및 이용에 관한 법률」(2009.2.6. 법률 제9442호로 개정되기 전의 것) 제26조에 의한 주민의 도시관리계획 입안 제안을 받아들여 도시관리계획결정을 할 것인지를 결정할 때에도 마찬가지이고, 나아가 도시계획시설구역 내 토지 등을 소유하고 있는 주민이 장기간 집행되지 아니한 도시계획시설의 결정권자에게 도시계획시설의 변경을 신청하고, 결정권자가 이러한 신청을 받아들여 도시계획시설을 변경할 것인지를 결정하는 경우에도 동일하게 적용된다고 보아야 한다(대판 2012.1.12. 2010두5806).

| 오답해설 |

① 계약직공무원에 관한 현행 법령의 규정에 비추어 볼 때, 계약직공무원 채용계약해지의 의사표시는 일반공무원에 대한 징계처분과는 달라서 항고소송의 대상이 되는 처분 등의 성격을 가진 것으로 인정되지 아니하고, 일정한 사유가 있을 때에 국가 또는 지방자치단체가 채용계약 관계의 한쪽 당사자로서 대등한 지위에서 행하는 의사표시로 취급되는 것으로 이해되므로, 이를 징계해고 등에서와 같이 그 징계사유에 한하여 효력 유무를 판단하여야 하거나, 행정처분과 같이 「행정절차법」에 의하여 근거와 이유를 제시하여야 하는 것은 아니다(대판 2002.11.26. 2002두5948).

③ 광주광역시문화예술회관장의 단원 위촉은 광주광역시문화예술회관장이 행정청으로서 공권력을 행사하여 행하는 행정처분이 아니라 공법상의 근무관계의 설정을 목적으로 하여 광주광역시와 단원이 되고자 하는 자 사이에 대등한 지위에서 의사가 합치되어 성립하는 공법상 근로계약에 해당한다고 보아야 한다(대판 2001.12.11. 2001두7794).

④ 행정청은 법령등을 위반하지 아니하는 범위에서 행정목적을 달성하기 위하여 필요한 경우에는 공법상 법률관계에 관한 계약(이하 "공법상 계약"이라 한다)을 체결할 수 있다. 이 경우 계약의 목적 및 내용을 명확하게 적은 계약서를 작성하여야 한다(「행정기본법」 제27조 제1항).

04 행정구제 〉 손해전보 〉 국가배상   난이도 중 | 답 ③

국가배상에 관한 내용으로 옳지 <u>않은</u> 것은? (다툼이 있는 경우 판례에 의함)

① 어떠한 행정처분이 후에 항고소송에서 취소되었다고 할지라도 그 판결의 기판력에 의하여 당해 처분이 곧바로 공무원의 고의 또는 과실로 인한 것으로서 불법행위를 구성한다고 단정할 수는 없다.

② 검사가 공판과정에서 피고인의 무죄를 입증할 수 있는 결정적인 증거를 입수하였지만 이를 법원에 제출하지 않아 유죄판결을 받았다면 국가배상책임이 인정된다.

③ 담당공무원이 주택구입대부제도와 관련하여 지급보증서제도에 관해 알려주지 않은 조치는 법령위반에 해당한다.

④ 공무원의 가해행위에 대해 형사상 무죄판결이 있었더라도 그 가해행위를 이유로 국가배상책임이 인정될 수 있다.

| 정답해설 |

③ 피고의 담당 공무원이 원고에게 주택구입대부제도에 관한 전화상 문의에 응답하거나 대부신청서의 제출에 따른 대부금지급신청안내문을 통지함에 있어서 지급보증서제도에 관하여 알려주지 아니한 조치가 객관적 정당성을 결여하여 현저하게 불합리한 것으로서 고의 또는 과실로 법령에 위반하였다고 볼 수는 없다고 할 것이다(대판 2012.7.26. 2010다95666).

| 오답해설 |

① 어떠한 행정처분이 후에 항고소송에서 취소되었다고 할지라도 그 기판력에 의하여 당해 행정처분이 곧바로 공무원의 고의 또는 과실로 인한 것으로서 불법행위를 구성한다고 단정할 수는 없다(대판 2000.5.12. 99다70600).

② 강도강간의 피해자가 제출한 팬티에 대한 국립과학수사연구소의 유전자검사결과 그 팬티에서 범인으로 지목되어 기소된 원고나 피해자의 남편과 다른 남자의 유전자형이 검출되었다는 감정결과를 검사가 공판과정에서 입수한 경우 그 감정서는 원고의 무죄를 입증할 수 있는 결정적인 증거에 해당하는데도 검사가 그 감정서를 법원에 제출하지 아니하고 은폐하였다면 검사의 그와 같은 행위는 위법하다고 보아 국가배상책임을 인정한다(대판 2002.2.22. 2001다23447).

④ 경찰관이 범인을 제압하는 과정에서 총기를 사용하여 범인을 사망에 이르게 한 사안에서, 경찰관이 총기사용에 이르게 된 동기나 목적, 경위 등을 고려하여 형사사건에서 무죄판결이 확정되었더라도 당해 경찰관의 과실의 내용과 그로 인하여 발생한 결과의 중대함에 비추어 민사상 불법행위책임을 인정하였다.

> 불법행위에 따른 형사책임은 사회의 법질서를 위반한 행위에 대한 책임을 묻는 것으로서 행위자에 대한 공적인 제재(형벌)를 그 내용으로 함에 비하여, 민사책임은 타인의 법익을 침해한 데 대하여 행위자의 개인적 책임을 묻는 것으로서 피해자에게 발생한 손해의 전보를 그 내용으로 하는 것이고, 손해배상제도는 손해의 공평·타당한 부담을 그 지도원리로 하는 것이므로, 형사상 범죄를 구성하지 아니하는 침해행위라고 하더라도 그것이 민사상 불법행위를 구성하는지 여부는 형사책임과 별개의 관점에서 검토하여야 한다(대판 2008.2.1. 2006다6713).

05 행정작용 〉 행정입법 〉 법적 성질   난이도 상 | 답 ②

행정입법의 법적 성질에 대한 내용으로 옳지 <u>않은</u> 것은? (다툼이 있는 경우 판례에 의함)

① 구 「청소년 보호법」 제49조 제1항, 제2항에 따른 동법 시행령 제40조 [별표 6]의 '위반행위의 종별에 따른 과징금 처분기준'은 법규명령에 해당하고 과징금 부과기준의 수액은 최고한도를 규정한 것이다.

② 「국토계획법」 및 「국토의 계획 및 이용에 관한 법률 시행령」이 정한 이행강제금의 부과기준은 단지 상한을 정한 것에 불과한 것이다.

③ 국세청장의 훈령 형식으로 되어 있는 '재산제세사무처리규정'은 「소득세법 시행령」의 위임에 따라 「소득세법 시행령」의 내용을 보충하는 기능을 가지므로 「소득세법 시행령」과 결합하여 대외적 효력을 가진다.

④ 「독점규제 및 공정거래에 관한 법률」 제23조 제3항에 근거한 불공정거래행위의 지정고시는 행정규칙의 형식을 취하고 있으므로 내용상으로도 행정규칙으로 보는 것이 타당하다.

| 정답해설 |

② 「국토의 계획 및 이용에 관한 법률(이하 '국토계획법'이라 한다)」 제124조의2 제1항, 제2항 및 「국토의 계획 및 이용에 관한 법률 시행령」 제124조의3 제3항이 토지이용에 관한 이행명령의 불이행에 대하여 법령 자체에서 토지이용의무 위반을 유형별로 구분하여 이행강제금을 차별하여 규정하고 있는 등 규정의 체계, 형식 및 내용에 비추어 보면, 「국토계획법」 및 「국토의 계획 및 이용에 관한 법률 시행령」이 정한 이행강제금의 부과기준은 단지 상한을 정한 것에 불과한 것이 아니라, 위반행위 유형별로 계산된 특정 금액을 규정한 것이므로 행정청에 이와 다른 이행강제금액을 결정할 재량권이 없다고 보아야 한다(대판 2014.11.27. 2013두8653).

| 오답해설 |

① 구 「청소년 보호법」 제49조 제1항, 제2항에 따른 같은 법 시행령 제40조 [별표 6]의 '위반행위의 종별에 따른 과징금처분기준'은 법규명령이기는 하나 모법의 위임규정의 내용과 취지 및 헌법상의 과잉금지의 원칙과 평등의 원칙 등에 비추어 같은 유형의 위반행위라 하더라도 그 규모나 기간·사회적 비난 정도·위반행위로 인하여 다른 법률에 의하여 처벌받은 다른 사정·행위자의 개인적 사정 및 위반행위로 얻은 불법이익의 규모 등 여러 요소를 종합적으로 고려하여 사안에 따라 적정한 과징금의 액수를 정하여야 할 것이므로 그 수액은 정액이 아니라 최고한도액이다(대판 2001.3.9. 99두5207). → ②와 달리 과징금 기준은 상한액에 해당된다는 입장이다.

③ 재산제세사무처리규정이 국세청장의 훈령 형식으로 되어 있다 하더라도 이에 의한 거래지정은 「소득세법 시행령」의 위임에 따라 그 규정의 내용을 보충하는 기능을 가지면서 그와 결합하여 대외적 효력을 발생하게 된다 할 것이므로 그 보충규정의 내용이 위 법령의 위임한계를 벗어났다는 등 특별한 사정이 없는 한 양도소득세의 실지거래가액에 의한 과세의 법령상의 근거가 된다(대판 1987.9.29. 86누484).

④ 구 「독점규제 및 공정거래에 관한 법률」 제23조 제3항의 위임규정에 따라 공정거래위원회가 제정한 표시·광고에 관한 공정거래지침 중 공정거래위원회가 부담하고 있는 표시·광고 내용의 허위성 등에 관한 입증책임을 전환하여 사업자로 하여금 그 반대사실에 관한 입증책임을 부담하도록 한 규정이 법규적 효력을 가지지 않는다(대판 2000.9.29. 98두12772).

06 행정의 실효성 확보수단 〉 행정강제 〉 이행강제금　난이도 중 | 답 ①

이행강제금에 대한 내용으로 거리가 먼 것은? (다툼이 있으면 판례에 의함)

① 「개발제한구역의 지정 및 관리에 관한 특별조치법」상 이행강제금을 부과·징수할 때마다 그에 앞서 시정명령절차를 다시 거쳐야 한다.
② 사용자가 이행하여야 할 행정법상 의무의 내용을 초과하는 것을 '불이행 내용'으로 기재한 이행강제금 부과예고서에 의하여 이행강제금 부과예고를 한 다음 이행강제금을 부과했다면 이행강제금 부과예고 및 이행강제금 부과처분이 위법하다.
③ 신고 대상 건축물에 대하여 「건축법」상 이행강제금을 부과할 수 있다.
④ 개발제한구역 내 건축물의 용도변경행위에 대하여 「건축법」 위반으로 이행강제금을 부과할 수 있다.

| 정답해설 |
① 「개발제한구역의 지정 및 관리에 관한 특별조치법」 제30조 제1항, 제30조의2 제1항 및 제2항의 규정에 의하면 시정명령을 받은 후 그 시정명령의 이행을 하지 아니한 자에 대하여 이행강제금을 부과할 수 있고, 이행강제금을 부과하기 전에 상당한 기간을 정하여 그 기한까지 이행되지 아니할 때에 이행강제금을 부과·징수한다는 뜻을 문서로 계고하여야 하므로, 이행강제금의 부과·징수를 위한 계고는 시정명령을 불이행한 경우에 취할 수 있는 절차라 할 것이고, 따라서 <u>이행강제금을 부과·징수할 때마다 그에 앞서 시정명령 절차를 다시 거쳐야 할 필요는 없다</u>(대판 2013.12.12. 2012두20397). → 계고는 거쳐야 함을 유의하자.

| 오답해설 |
② 사용자가 이행하여야 할 행정법상 의무의 내용을 초과하는 것을 '불이행 내용'으로 기재한 이행강제금 부과예고서에 의하여 이행강제금 부과예고를 한 다음 이행강제금을 부과한 경우, 이행강제금 부과예고 및 이행강제금 부과처분은 위법하다(대판 2015.6.24. 2011두2170).
③ 이행강제금 부과 근거규정인 「건축법」 제80조 제1항 제1호는 "건축물이 제55조와 제56조에 따른 건폐율이나 용적률을 초과하여 건축된 경우 또는 허가를 받지 아니하거나 신고를 하지 아니하고 건축된 경우에는 「지방세법」에 따라 해당 건축물에 적용되는 1㎡의 시가표준액의 100분의 50에 해당하는 금액에 위반면적을 곱한 금액 이하"의 이행강제금을 부과하도록 규정하고 있는바, 「건축법」이 이와 같이 건축물이 신고하지 않고 건축된 경우에도 이행강제금을 부과할 수 있도록 규정하고 있는 점에 비추어 보면, <u>「건축법」상의 이행강제금은 허가 대상 건축물뿐만 아니라 신고 대상 건축물에 대해서도 부과할 수 있다</u>(대판 2013.1.24. 2011두10164).
④ 구 「개발제한구역의 지정 및 관리에 관한 특별조치법」(2005.7.13. 법률 제7595호로 개정되기 전의 것. 이하 '구 특별조치법'이라 한다) 소정의 개발제한구역 내에 위치한 건축물의 용도변경행위에 관하여는 특별조치법뿐만 아니라 「건축법」도 적용되어, 관할 행정청은 「건축법」 제69조 제1항에 의하여 시정명령을 할 수 있고, 그 시정명령에 위반한 경우에는 구 「건축법」(2005.11.8. 법률 제7696호로 개정되기 전의 것. 이하 '구 건축법'이라 한다) 제83조에 의하여 <u>이행강제금을 부과할 수 있다</u>(대결 2008.6.26. 자 2007마629).

| 더 알아보기 | 반복되는 이행강제금 부과 요건

이행강제금 반복 부과시 계고	「개발제한구역법」 제30조의2에 의하면, 시장·군수·구청장은 제30조 제1항에 따른 시정명령을 받은 후 그 시정기간 내에 그 시정명령의 이행을 하지 아니한 자에 대하여 1억 원의 범위 안에서 이행강제금을 부과하되(제1항), 그 부과 전에 이행강제금을 부과·징수한다는 뜻을 미리 문서로 계고하여야 한다(대판 2019.1.10. 2017두67322).

이행강제금 반복 부과시 시정명령	「개발제한구역법」 제30조 제1항, 제30조의2 제1항 및 제2항의 규정에 의하면 시정명령을 받은 후 그 시정명령의 이행을 하지 아니한 자에 대하여 이행강제금을 부과할 수 있고, 이행강제금을 부과하기 전에 상당한 기간을 정하여 그 기한까지 이행되지 아니할 때에 이행강제금을 부과·징수한다는 뜻을 문서로 계고하여야 하므로, 이행강제금의 부과·징수를 위한 계고는 시정명령을 불이행한 경우에 취할 수 있는 절차라 할 것이고, 따라서 이행강제금을 부과·징수할 때마다 그에 앞서 시정명령 절차를 다시 거쳐야 할 필요는 없다(대판 2013.12.12. 2012두20397).

07 행정법 통칙 〉 행정상 법률관계 〉 사인의 공법행위　난이도 중 | 답 ③

사인의 공법행위에 대한 내용으로 옳은 것(○)과 옳지 않은 것(×)을 바르게 연결한 것은? (다툼이 있는 경우 판례에 의함)

ㄱ. 「건축법」상의 건축신고가 다른 법률에서 정한 인가·허가 등의 의제효과를 수반하는 경우라도 특별한 사정이 없는 한 수리를 요하는 신고로 볼 수 없다.
ㄴ. 주민등록의 신고는 행정청에 도달하기만 하면 신고로서의 효력이 발생하는 것이 아니라 행정청이 수리한 경우에 비로소 신고의 효력이 발생한다.
ㄷ. 사업양도양수계약이 무효이더라도 지위승계신고를 수리하였다면 그 수리는 취소되기 전까지 유효하다.
ㄹ. 행정청이 구 「식품위생법」상의 영업자지위승계신고 수리처분을 하는 경우, 행정청은 종전의 영업자에 대하여 「행정절차법」 소정의 행정절차를 실시하여야 한다.

	ㄱ	ㄴ	ㄷ	ㄹ
①	×	×	○	○
②	○	○	×	×
③	×	○	×	○
④	○	×	○	×

| 정답해설 |
③ ㄱ. (×), ㄴ. (○), ㄷ. (×), ㄹ. (○)이다.
ㄱ. (×) 인·허가의제 효과를 수반하는 건축신고는 일반적인 건축신고와는 달리, 특별한 사정이 없는 한 행정청이 그 실체적 요건에 관한 심사를 한 후 수리하여야 하는 이른바 '수리를 요하는 신고'로 보는 것이 옳다(대판 2011.1.20. 2010두14954).
ㄴ. (○) 주민등록은 단순히 주민의 거주관계를 파악하고 인구의 동태를 명확히 하는 것 외에도 주민등록에 따라 공법관계상의 여러 가지 법률상 효과가 나타나게 되는 것으로서, <u>주민등록의 신고는 행정청에 도달하기만 하면 신고로서의 효력이 발생하는 것이 아니라 행정청이 수리한 경우에 비로소 신고의 효력이 발생한다</u>(대판 2009.1.30. 2006다17850).
ㄷ. (×) 사업양도·양수에 따른 허가관청의 지위승계신고의 수리는 적법한 사업의 양도·양수가 있었음을 전제로 하는 것이므로 그 수리대상인 사업양도·양수가 존재하지 아니하거나 무효인 때에는 수리를 하였다 하더라도 그 수리는 유효한 대상이 없는 것으로서 당연히 무효라 할 것이고, 사업의 양도행위가 무효라고 주장하는 양도자는 민사쟁송으로 양도·양수행위의 무효를 구함이 없이 막바로 허가관청을 상대로 하여 행정소송으로 위 신고수리처분의 무효확인을 구할 법률상 이익이 있다(대판 2005.12.23. 2005두3554).
ㄹ. (○) 행정청이 구 「식품위생법」 규정에 의하여 영업자지위승계신고를 수리하는 <u>처분은 종전의 영업자의 권익을 제한하는 처분이라 할 것이고 따라서 종전의 영업자는 그 처분에 대하여 직접 그 상대가 되는 자에 해당한다고 봄이 상당하므로, 행정청으로서는 위 신고를 수리하는 처분을 함에 있어서 「행정절차법」 규정 소정의 당사자에 해당하는 종전의 영업자에 대하여 위 규정 소정의 행정절차를 실시하고 처분을 하여야 한다</u>(대판 2003.2.14. 2001두7015).

08 행정의 실효성 확보수단 〉 행정벌 〉 「질서위반행위규제법」

난이도 하 | 답 ④

「질서위반행위규제법」에 대한 내용으로 옳지 <u>않은</u> 것은?

> ㄱ. 질서위반행위의 성립 시기 – 원칙적으로 행위 당시의 법률 기준
> ㄴ. 고의 또는 과실이 없는 경우 – 과태료를 부과하지 않음
> ㄷ. 과태료에 대한 이의제기 기간 – 14일
> ㄹ. 당사자가 납부기한까지 과태료를 납부하지 아니한 때의 가산금 – 100분의 3

① ㄱ
② ㄱ, ㄷ
③ ㄴ, ㄹ
④ ㄷ

| 정답해설 |
④ ㄷ이 틀린 내용이다.
ㄷ. 행정청의 과태료 부과에 불복하는 당사자는 제17조 제1항에 따른 과태료 부과 통지를 받은 날부터 60일 이내에 해당 행정청에 서면으로 이의제기를 할 수 있다(「질서위반행위규제법」 제20조 제1항).

| 오답해설 |
ㄱ. 질서위반행위의 성립과 과태료 처분은 행위시의 법률에 따른다(동법 제3조 제1항).
ㄴ. 고의 또는 과실이 없는 질서위반행위는 과태료를 부과하지 아니한다(동법 제7조).
ㄹ. 행정청은 당사자가 납부기한까지 과태료를 납부하지 아니한 때에는 납부기한을 경과한 날부터 체납된 과태료에 대하여 100분의 3에 상당하는 가산금을 징수한다(동법 제24조 제1항).

09 행정구제 〉 행정쟁송 〉 행정심판

난이도 하 | 답 ③

행정심판에 대한 내용으로 옳지 <u>않은</u> 것은? (다툼이 있는 경우 판례에 의함)

① 행정심판청구에 대한 재결이 있으면 그 재결 및 같은 처분 또는 부작위에 대하여 다시 행정심판을 청구할 수 없다.
② 재결이 확정된 경우에도 처분의 기초가 된 사실관계나 법률적 판단이 확정되고 당사자들이나 법원이 이에 기속되어 모순되는 주장이나 판단을 할 수 없게 되는 것은 아니다.
③ 행정청이 심판청구기간을 알리지 아니한 경우에는 청구인은 언제든지 심판청구를 할 수 있다.
④ 행정심판을 청구하려는 자는 심판청구서를 작성하여 피청구인이나 위원회에 제출하여야 한다.

| 정답해설 |
③ 행정청이 처분을 함에 있어 심판청구기간을 안내하지 않았다면(=불고지) 처분이 있은 날로부터 180일 이내에 심판을 청구할 수 있다.

> 「행정심판법」 제27조 【심판청구의 기간】 ③ 행정심판은 처분이 있었던 날부터 180일이 지나면 청구하지 못한다. 다만, 정당한 사유가 있는 경우에는 그러하지 아니하다.
> ⑥ 행정청이 심판청구 기간을 알리지 아니한 경우(불고지)에는 제3항에 규정된 기간에 심판청구를 할 수 있다.

| 오답해설 |
① 심판청구에 대한 재결이 있으면 그 재결 및 같은 처분 또는 부작위에 대하여 다시 행정심판을 청구할 수 없다(동법 제51조).
② 재결에 판결에서와 같은 기판력이 인정되는 것은 아니어서 재결이 확정된 경우에도 처분의 기초가 된 사실관계나 법률적 판단이 확정되고 당사자들이나 법원이 이에 기속되어 모순되는 주장이나 판단을 할 수 없게 되는 것은 아니다(대판 2015.11.27. 2013다6759).
④ 행정심판을 청구하려는 자는 제28조에 따라 심판청구서를 작성하여 피청구인이나 위원회에 제출하여야 한다. 이 경우 피청구인의 수만큼 심판청구서 부본을 함께 제출하여야 한다(동법 제23조 제1항).

10 행정의 실효성 확보수단 〉 새로운 실효성 확보수단 〉 과징금 등

난이도 중 | 답 ②

새로운 의무이행 확보수단에 대한 내용으로 옳지 <u>않은</u> 것은? (다툼이 있는 경우 판례에 의함)

① 구 「여객자동차 운수사업법」 제88조 제1항의 과징금을 현실적인 행위자가 아닌 법령상 책임자에게 부과할 수 있으나 위반자의 의무 해태를 탓할 수 없는 정당한 사유가 있는 경우 과징금을 부과할 수 없다.
② 가산세는 상대방이 고의나 과실 여부에 따라 부과되는 독립된 세금의 일종이다.
③ 가산금은 행정법상의 금전급부의무의 불이행에 대한 제재로서 가해지는 금전부담으로, 금전채무의 이행에 대한 간접강제의 효과를 갖는다.
④ 같은 위반행위에 대하여 과징금과 행정벌은 동시에 부과할 수 있다.

| 정답해설 |
② 신고불성실가산세 및 납부불성실가산세는 과세권의 행사와 조세채권의 실현을 용이하게 하기 위하여 납세의무자가 정당한 이유없이 법에 규정된 신고의무나 세금납부의무를 위반한 경우에 법이 정하는 바에 의하여 부과하는 행정상의 제재이므로 납세자의 고의·과실을 묻지 않는다(대판 1989.10.27. 88누2830).

| 오답해설 |
① 구 「여객자동차 운수사업법」(2012.2.1. 법률 제11295호로 개정되기 전의 것) 제88조 제1항의 과징금부과처분은 제재적 행정처분으로서 여객자동차 운수사업에 관한 질서를 확립하고 여객의 원활한 운송과 여객자동차 운수사업의 종합적인 발달을 도모하여 공공복리를 증진한다는 행정목적의 달성을 위하여 행정법규 위반이라는 객관적 사실에 착안하여 가하는 제재이므로 반드시 현실적인 행위자가 아니라도 법령상 책임자로 규정된 자에게 부과되고 원칙적으로 위반자의 고의·과실을 요하지 아니하나, 위반자의 의무 해태를 탓할 수 없는 정당한 사유가 있는 등의 특별한 사정이 있는 경우에는 이를 부과할 수 없다(대판 2014.10.15. 2013두5005).
③ 가산금은 납부기한이 경과한 이후에 추가적인 금전급부의무를 부과하는 것으로 일종의 납부지연에 대한 지연이자의 성격을 가지며, 실효성 확보수단 중 간접강제에 해당한다.
④ 과징금은 처벌작용이 아니기에 행정벌과 병과가 가능하다.

> 「공정거래법」에서 형사처벌과 아울러 과징금의 병과를 예정하고 있더라도 이중처벌금지원칙에 위반된다고 볼 수 없으며, 이 과징금 부과처분에 대하여 공정력과 집행력을 인정한다고 하여 이를 확정판결 전의 형벌집행과 같은 것으로 보아 무죄추정의 원칙에 위반된다고도 할 수 없다(헌재 2003.7.24. 2001헌가25).

11 행정구제 〉 행정쟁송 〉 행정소송

난이도 중 | 답 ③

다음 중 항고쟁송 대상인 처분으로 인정된 경우가 <u>아닌</u> 사례는? (다툼이 있는 경우 판례에 의함)

① 요양급여의 적정성 평가 결과 전체 하위 20% 이하에 해당하는 요양기관이 건강보험심사평가원으로부터 받은 입원료 가산 및 별도 보상 적용 제외 통보
② 지적공부 소관청이 토지대장을 직권으로 말소한 행위
③ 상급행정청이나 타행정청의 지시나 통보, 권한의 위임이나 위탁
④ 「진실·화해를 위한 과거사정리 기본법」에 따른 진실·화해를 위한 과거사정리위원회의 진실규명결정

| 정답해설 |
③ 항고소송은 원칙적으로 소송의 대상인 행정처분 등을 외부적으로 그의 명의로 행한 행정청을 피고로 하여야 하는 것으로서, 그 행정처분을 하게 된 연유가 상급행정청이나 타행정청의 지시나 통보에 의한 것이라 하여 다르지 않고, 권한의 위임이나 위탁을 받아 수임행정청이 자신의 명의로 한 처분에 관하여도 마찬가

지이다. 그리고 위와 같은 지시나 통보, 권한의 위임이나 위탁은 행정기관 내부의 문제일 뿐 국민의 권리·의무에 직접 영향을 미치는 것이 아니어서 항고소송의 대상이 되는 행정처분에 해당하지 않는다(대판 2013.2.28. 2012두22904).

| 오답해설 |

① 요양급여의 적정성 평가 결과 전체 하위 20% 이하에 해당하는 요양기관이 평가결과와 함께 그로 인한 입원료 가산 및 별도 보상 제외 통보를 받게 되면, 해당 요양기관은 평가결과 발표 직후 2분기 동안 요양급여비용 청구시 입원료 가산 및 별도 보상 규정을 적용받지 못하게 되므로, 결국 위 통보는 해당 요양기관의 권리 또는 법률상 이익에 직접적인 영향을 미치는 공권력의 행사이고, 해당 요양기관으로 하여금 개개의 요양급여비용 감액 처분에 대하여만 다툴 수 있도록 하는 것보다는 그에 앞서 직접 위 통보의 적법성을 다툴 수 있도록 함으로써 분쟁을 조기에 근본적으로 해결하도록 하는 것이 법치행정의 원리에도 부합한다. 따라서 위 통보는 항고소송의 대상이 되는 처분으로 보는 것이 타당하다(대판 2013.11.14. 2013두13631).

② 토지대장은 토지에 대한 공법상의 규제, 개발부담금의 부과대상, 지방세의 과세대상, 공시지가의 산정, 손실보상가액의 산정 등 토지행정의 기초자료로서 공법상의 법률관계에 영향을 미칠 뿐만 아니라, 토지에 관한 소유권보존등기 또는 소유권이전등기를 신청하려면 이를 등기소에 제출해야 하는 점 등을 종합해 보면, 토지대장은 토지의 소유권을 제대로 행사하기 위한 전제요건으로서 토지 소유자의 실체적 권리관계에 밀접하게 관련되어 있으므로, 이러한 토지대장을 직권으로 말소한 행위는 국민의 권리관계에 영향을 미치는 것으로서 항고소송의 대상이 되는 행정처분에 해당한다(대판 2013.10.24. 2011두13286).

④ 진실·화해를 위한 과거사정리위원회가 위와 같은 법률상 의무를 부담하는 국가에 대하여 피해자 등의 피해 및 명예 회복을 위한 조치로 권고한 사항에 대한 이행의 실효성이 법적·제도적으로 확보되고 있는 점 등 여러 사정을 종합하여 보면, 법이 규정하는 진실규명결정은 국민의 권리·의무에 직접적으로 영향을 미치는 행위로서 항고소송의 대상이 되는 행정처분이라고 보는 것이 타당하다(대판 2013.1.16. 2010두22856).

| 더 알아보기 | 행정기관(또는 행정주체)에 대한 행위가 처분이 되는 경우

국민위원회 → 시·도선거관리위원회 위원장에게	甲이「국민권익위원회에 부패방지 및 국민권익위원회의 설치와 운영에 관한 법률」에 따른 신고와 신분보장조치를 요구하였고, 국민권익위원회가 乙 시·도선거관리위원회 위원장에게 '甲에 대한 중징계요구를 취소하고 향후 신고로 인한 신분상 불이익처분 및 근무조건상의 차별을 하지 말 것을 요구'하는 내용의 조치요구를 한 사안에서, 국가기관인 乙에게 위 조치요구의 취소를 구하는 소를 제기할 당사자능력, 원고적격 및 법률상 이익을 인정한 원심판단을 정당하다(대판 2013.7.25. 2011두1214).
국민권익위원회 → 소방청장에게	국민권익위원회가 소방청장에게 인사와 관련하여 부당한 지시를 한 사실이 인정된다며 이를 취소할 것을 요구하기로 의결하고 그 내용을 통지하자 소방청장이 국민권익위원회 조치요구의 취소를 구하는 소송을 제기한 사안에서, 처분성이 인정되는 국민권익위원회의 조치요구에 불복하고자 하는 소방청장으로서는 조치요구의 취소를 구하는 항고소송을 제기하는 것이 유효·적절한 수단으로 볼 수 있으므로 소방청장이 예외적으로 당사자능력과 원고적격을 가진다(대판 2018.8.1. 2014두35379). → 법령이 특정한 행정기관 등으로 하여금 다른 행정기관을 상대로 제재적 조치를 취할 수 있도록 하면서, 그에 따르지 않으면 그 행정기관에 대하여 과태료를 부과하거나 형사처벌을 할 수 있도록 정하는 경우, 제재적 조치의 상대방인 행정기관 등에게 항고소송 원고로서의 당사자능력과 원고적격을 인정할 수 있다.
지방자치단체장 → 다른 지장자치단체	건축협의 취소는 상대방이 다른 지방자치단체 등 행정주체라 하더라도 '행정청이 행하는 구체적 사실에 관한 법집행으로서의 공권력 행사'(행정소송법 제2조 제1항 제1호)로서 처분에 해당한다고 볼 수 있고, 지방자치단체인 원고가 이를 다툴 실효적 해결 수단이 없는 이상, 원고는 건축물 소재지 관할 허가권자인 지방자치단체의 장을 상대로 항고소송을 통해 건축협의 취소의 취소를 구할 수 있다(대판 2014.2.27. 2012두22980).

12 행정구제 〉 손해전보 〉 손실보상　　난이도 중 | 답 ①

공용침해와 보상에 대한 내용으로 옳은 것은? (다툼이 있는 경우 판례에 의함)

① 구「도시계획법」제21조의 개발제한구역제도에 대하여 그 자체는 합헌이지만 보상규정을 결한 것에 위헌성이 있어 입법자는 이를 시정할 의무가 있다.

② 사업시행자가 해당 공익사업을 수행할 의사와 능력이 있어야 한다는 것이 공익사업인정의 요건에 해당될 필요는 없다.

③ 공용수용은 공공필요에 부합하여야 하므로, 수용 등의 주체를 국가 등의 공적 기관에 한정하여야 한다.

④ 공익사업시행으로 인한 개발이익은 완전보상의 범위에 포함되는 피수용토지의 객관적 가치 내지 피수용자의 손실에 해당한다.

| 정답해설 |

① 헌법재판소는 분리이론에 입각해 있다. 헌법불합치결정을 통해 입법자에게 위헌성을 제거한 시정의무를 부여하고 있다.

> 「도시계획법」제21조에 규정된 개발제한구역제도 그 자체는 원칙적으로 합헌적인 규정인데, 다만 개발제한구역의 지정으로 말미암아 일부 토지소유자에게 사회적 제약의 범위를 넘는 가혹한 부담이 발생하는 예외적인 경우에 대하여 보상규정을 두지 않은 것에 위헌성이 있는 것이고, 보상의 구체적 기준과 방법은 헌법재판소가 결정할 성질의 것이 아니라 광범위한 입법형성권을 가진 입법자가 입법정책적으로 정할 사항이므로, 입법자가 보상입법을 마련함으로써 위헌적인 상태를 제거할 때까지 위 조항을 형식적으로 존속케 하기 위하여 헌법불합치결정을 하는 것인바 … (헌재 1998.12.24. 89헌마214).

| 오답해설 |

② 해당 공익사업을 수행하여 공익을 실현할 의사나 능력이 없는 자에게 타인의 재산권을 공권력적·강제적으로 박탈할 수 있는 수용권을 설정하여 줄 수는 없으므로, 사업시행자에게 해당 공익사업을 수행할 의사와 능력이 있어야 한다는 것도 사업인정의 한 요건이라고 보아야 한다(대판 2011.1.27. 2009두1051).

③ 위 헌법조항의 핵심은 당해 수용이 공공필요에 부합하는가, 정당한 보상이 지급되고 있는가 여부 등에 있는 것이지, 그 수용의 주체가 국가인지 민간기업인지 여부에 달려 있다고 볼 수 없다. 또한 국가 등의 공적 기관이 직접 수용의 주체가 되는 것이든 그러한 공적 기관의 최종적인 허부판단과 승인결정하에 민간기업이 수용의 주체가 되는 것이든, 양자 사이에 공공필요에 대한 판단과 수용의 범위에 있어서 본질적인 차이를 가져올 것으로 보이지 않는다. 따라서 위 수용 등의 주체를 국가 등의 공적 기관에 한정하여 해석할 이유가 없다(헌재 2009.9.24. 2007헌바114).

④ 개발이익은 공공사업의 시행에 의하여 비로소 발생하는 것이므로, 그것이 피수용 토지가 수용 당시 갖는 객관적 가치에 포함된다고 볼 수도 없다. 따라서 개발이익은 그 성질상 완전보상의 범위에 포함되는 피수용자의 손실이라고 볼 수 없으므로, 이러한 개발이익을 배제하고 손실보상액을 산정한다 하여 헌법이 규정한 정당한 보상의 원칙에 위반되지 않는다(헌재 2009.12.29. 2009헌바142).

13 행정작용 〉 행정행위 〉 행정행위의 내용　　난이도 중 | 답 ②

행정행위에 관련된 내용으로 옳은 것은? (다툼이 있는 경우 판례에 의함)

① 주택재건축정비사업조합설립에 대한 인가는 보충행위에 해당하여 조합설립결의의 하자를 이유로 보충행위에 불과한 인가에 대하여 쟁송을 제기할 수는 없다.

② 건축불허가처분을 하면서 건축불허가 사유뿐만 아니라 소방서장의 건축부동의 사유를 들고 있는 경우, 그 건축불허가처분에 관한 쟁송에서 소방서장의 부동의 사유에 관하여도 다툴 수 있다.

③ 행정청이 처분을 서면으로 하는 경우 상대방과 제3자에게 행정심판을 제기할 수 있는지 여부와 제기하는 경우의 행정심판절차 및 청구기간을 직접 알려야 한다.

④ 「국민연금법」상 연금지급결정을 취소하는 처분과 그 처분에 기초하여 잘못 지급된 급여액에 해당하는 금액을 환수하는 처분이 적법한지를 판단하는 경우 비교·교량할 각 사정이 상이하다고는 할 수 없으므로, 연금 지급결정을 취소하는 처분이 적법하다면 환수처분도 적법하다고 판단하여야 한다.

| 정답해설 |

② 건축불허가처분을 하면서 건축불허가 사유뿐만 아니라 구 「소방법」 제8조 제1항에 따른 소방서장의 건축부동의 사유를 들고 있는 경우, 그 건축불허가처분에 관한 쟁송에서 건축법상의 건축불허가 사유뿐만 아니라 소방서장의 부동의 사유에 관하여도 다툴 수 있다(대판 2004.10.15. 2003두6573).

| 오답해설 |

① 행정청이 「도시 및 주거환경정비법」 등 관련 법령에 근거하여 행하는 조합설립인가처분은 단순히 사인들의 조합설립행위에 대한 보충행위로서의 성질을 갖는 것에 그치는 것이 아니라 법령상 요건을 갖출 경우 「도시 및 주거환경정비법」상 주택재건축사업을 시행할 수 있는 권한을 갖는 행정주체(공법인)로서의 지위를 부여하는 일종의 설권적 처분의 성격을 갖는다고 보아야 한다. 그리고 그와 같이 보는 이상 조합설립결의는 조합설립인가처분이라는 행정처분을 하는 데 필요한 요건 중 하나에 불과한 것이어서, 조합설립결의에 하자가 있다면 그 하자를 이유로 직접 항고소송의 방법으로 조합설립인가처분의 취소 또는 무효확인을 구하여야 하고, 이와는 별도로 조합설립결의 부분만을 따로 떼어내어 그 효력 유무를 다투는 확인의 소를 제기하는 것은 원고의 권리 또는 법률상의 지위에 현존하는 불안·위험을 제거하는 데 가장 유효·적절한 수단이라 할 수 없어 특별한 사정이 없는 한 확인의 이익은 인정되지 아니한다(대판 2009.9.24. 2008다60568).

③ 처분을 서면으로 하는 경우에는 처분의 상대방에게만 불복 고지를 한다. 제3자인 이해관계인에 대해서는 신청이 있는 경우 고지한다.

「행정심판법」 제58조 【행정심판의 고지】 ① 행정청이 처분을 할 때에는 처분의 상대방에게 다음 각 호의 사항을 알려야 한다.
1. 해당 처분에 대하여 행정심판을 청구할 수 있는지
2. 행정심판을 청구하는 경우의 심판청구 절차 및 심판청구기간
② 행정청은 이해관계인이 요구하면 다음 각 호의 사항을 지체 없이 알려 주어야 한다. 이 경우 서면으로 알려 줄 것을 요구받으면 서면으로 알려 주어야 한다.
1. 해당 처분이 행정심판의 대상이 되는 처분인지
2. 행정심판의 대상이 되는 경우 소관 위원회 및 심판청구기간

④ 연금지급결정을 취소하는 처분과 그 처분에 기초하여 잘못 지급된 급여액에 해당하는 금액을 환수하는 처분이 적법한지를 판단하는 경우 비교·교량할 각 사정이 동일하다고는 할 수 없으므로, 연금지급결정을 취소하는 처분이 적법하다고 하여 환수처분도 반드시 적법하다고 판단하여야 하는 것은 아니다(대판 2017.3.30. 2015두43971).

14 행정법 통칙 〉 행정법 법원 〉 「행정기본법」   난이도 하 | 답 ③

「행정기본법」에 대한 다음 내용 중 옳은 것은? (다툼이 있는 경우 판례에 의함)

ㄱ. 지방자치단체의 장이 정한 훈령 등은 「행정기본법」상의 법령에 해당된다.
ㄴ. 국가와 지방자치단체는 소속 공무원이 공공의 이익을 위하여 적극적으로 직무를 수행할 수 있도록 제반 여건을 조성하고, 이와 관련된 시책 및 조치를 추진하여야 한다.
ㄷ. 당사자가 처분의 위법성을 알고 있었던 처분이라도 당사자에게 권리나 이익을 부여하는 처분을 취소하려는 경우에는 취소로 인하여 당사자가 입게 될 불이익을 취소로 달성되는 공익과 비교·형량하여야 한다.

① ㄱ   ② ㄱ, ㄷ
③ ㄴ   ④ ㄴ, ㄷ

| 정답해설 |

③ ㄴ이 옳은 내용이다.
ㄴ. 행정은 공공의 이익을 위하여 적극적으로 추진되어야 한다(「행정기본법」 제4조 제1항). 국가와 지방자치단체는 소속 공무원이 공공의 이익을 위하여 적극적으로 직무를 수행할 수 있도록 제반 여건을 조성하고, 이와 관련된 시책 및 조치를 추진하여야 한다(동조 제2항).

| 오답해설 |

ㄱ. 중앙행정기관이 법률 등으로부터 위임을 받아 제정한 훈령 등은 법령이지만 지방자치단체의 장에 대한 규정은 없다.

「행정기본법」 제2조 【정의】
1. "법령등"이란 다음 각 목의 것을 말한다.
  가. 법령: 다음의 어느 하나에 해당하는 것
    1) 법률 및 대통령령·총리령·부령
    2) 국회규칙·대법원규칙·헌법재판소규칙·중앙선거관리위원회규칙 및 감사원규칙
    3) 1) 또는 2)의 위임을 받아 중앙행정기관(「정부조직법」 및 그 밖의 법률에 따라 설치된 중앙행정기관을 말한다. 이하 같다)의 장이 정한 훈령·예규 및 고시 등 행정규칙
  나. 자치법규: 지방자치단체의 조례 및 규칙

ㄷ.

「행정기본법」 제18조 【위법 또는 부당한 처분의 취소】 ② 행정청은 제1항에 따라 당사자에게 권리나 이익을 부여하는 처분을 취소하려는 경우에는 취소로 인하여 당사자가 입게 될 불이익을 취소로 달성되는 공익과 비교·형량하여야 한다. 다만, 다음 각 호의 어느 하나에 해당하는 경우에는 그러하지 아니하다.
1. 거짓이나 그 밖의 부정한 방법으로 처분을 받은 경우
2. 당사자가 처분의 위법성을 알고 있었거나 중대한 과실로 알지 못한 경우

15 행정구제 〉 행정쟁송 〉 행정소송   난이도 하 | 답 ③

항고소송의 피고에 대한 내용으로 옳은 것은? (다툼이 있는 경우 판례에 의함)

① 피대리청인 행정안전부장관을 대리하여 대리청인 ○○국장이 행한 처분 - ○○국장
② 행정안전부장관이 서울시장에게 내부위임한 행위에 대하여 서울시장의 명의로 이루어진 행위 - 행정안전부장관
③ 지식경제부장관의 처분이 법령이 개정되어 교육부장관으로 권한이 승계된 경우 - 교육부장관
④ 중앙노동위원회의 재심판정 - 중앙노동위원회

| 정답해설 |

③ 취소소송은 다른 법률에 특별한 규정이 없는 한 그 처분등을 행한 행정청을 피고로 한다. 다만, 처분등이 있은 뒤에 그 처분등에 관계되는 권한이 다른 행정청에 승계된 때에는 이를 승계한 행정청을 피고로 한다(「행정소송법」 제13조 제1항).

| 오답해설 |

① 항고소송은 다른 법률에 특별한 규정이 없는 한 원칙적으로 소송의 대상인 행정처분을 외부적으로 행한 행정청을 피고로 하여야 하고(행정소송법 제13조 제1항 본문). 다만 대리기관이 대리관계를 표시하고 피대리 행정청을 대리하여 행정처분을 한 때에는 피대리 행정청이 피고로 되어야 한다(대판 2018.10.25. 2018두43095).
② 행정처분의 취소 또는 무효확인을 구하는 행정소송은 다른 법률에 특별한 규정이 없는 한 그 처분을 행한 행정청을 피고로 하여야 하며, 행정처분을 행할 적법한 권한있는 상급행정청으로부터 내부위임을 받은데 불과한 하급행정청이 권한 없이 행정처분을 한 경우에도 실제로 그 처분을 행한 하급행정청을 피고로 할 것이지 그 상급행정청을 피고로 할 것은 아니다(대판 1989.11.14. 89누4765).
④ 당사자가 지방노동위원회의 처분에 대하여 불복하기 위하여는 처분 송달일로부터 10일 이내에 중앙노동위원회에 재심을 신청하고 중앙노동위원회의 재심판정서 송달일로부터 15일 이내에 중앙노동위원장을 피고로 하여 재심판정취소의 소를 제기하여야 할 것이다(대판 1995.9.15. 95누6724).

16 행정작용 〉 행정행위 〉 부관 · 난이도 중 | 답 ③

부관에 대한 설명으로 옳지 <u>않은</u> 것은? (다툼이 있는 경우 판례에 의함)

① 행정청이 종교단체에 대하여 기본재산전환인가를 함에 있어 인가조건을 부가하고 그 불이행시 인가를 취소할 수 있도록 한 경우, 인가조건의 의미는 인가처분에 대한 철회권을 유보한 것이다.
② 사정변경으로 인하여 당초에 부담을 부가한 목적을 달성할 수 없게 된 경우에도 부관의 사후변경은 그 목적 달성에 필요한 범위 내에서 예외적으로 허용된다는 것이 판례의 태도이다.
③ 특별한 규정이 없다면 개발제한구역 내에서의 건축허가는 기속행위로서 이에 대한 건축허가를 하면서 기부채납조건을 붙인 것은 위법하다.
④ 부담의 이행으로서 하게 된 사법상 매매 등의 법률행위는 부담을 붙인 행정처분과 별개의 법률행위이므로 부담의 불가쟁력과 별도로 사회질서위반이나 강행규정에 위반되는지 여부를 따져 그 법률행위의 유효 여부를 판단할 수 있다.

| 정답해설 |
③ 개발제한구역 내에서는 구역지정의 목적상 건축물의 건축 및 공작물의 설치 등 개발행위가 원칙적으로 금지되고, 다만 구체적인 경우에 이러한 구역지정의 목적에 위배되지 아니할 경우 예외적으로 허가에 의하여 그러한 행위를 할 수 있게 되어 있음이 그 규정의 체제와 문언상 분명하고, 이러한 예외적인 개발행위의 허가는 상대방에게 수익적인 것이 틀림이 없으므로 <u>그 법률적 성질은 재량행위 내지 자유재량행위에 속하는 것이고, 이러한 재량행위에 있어서는 관계 법령에 명시적인 금지규정이 없는 한 행정목적을 달성하기 위하여 조건이나 기한, 부담 등의 부관을 붙일 수 있고, 그 부관의 내용이 이행 가능하고 비례의 원칙 및 평등의 원칙에 적합하며 행정처분의 본질적 효력을 저해하지 아니하는 이상 위법하다고 할 수 없다</u>(대판 2004.3.25. 2003두12837).

| 오답해설 |
① 이 사건 기본재산전환인가의 인가조건으로 되어 있는 사유들은 모두 위 인가처분의 효력이 발생하여 기본재산 처분행위가 유효하게 이루어진 이후에 비로소 이행할 수 있는 것이고, 인가처분 당시에 그 처분에 그와 같은 흠이 존재하였던 것은 아니므로, 위 법리에 의하면, 위 사유들은 모두 인가처분의 철회사유에 해당한다고 보아야 하고, <u>인가처분을 함에 있어 위와 같은 철회사유를 인가조건으로 부가하면서 비록 철회권 유보라고 명시하지 아니한 채 조건불이행시 인가를 취소할 수 있다는 기재를 하였다 하더라도 위 인가조건의 전체적 의미는 인가처분에 대한 철회권을 유보한 것이라고 봄이 상당하다</u>(대판 2003.5.30. 2003다6422).
② 부관의 사후변경은, 법률에 명문의 규정이 있거나 그 변경이 미리 유보되어 있는 경우 또는 상대방의 동의가 있는 경우에 한하여 허용되는 것이 원칙이지만, <u>사정변경으로 인하여 당초에 부담을 부가한 목적을 달성할 수 없게 된 경우에도 그 목적 달성에 필요한 범위 내에서 예외적으로 허용된다</u>(대판 1997.5.30. 96누2627).
④ 부담의 이행으로서 하게 된 사법상 매매 등의 법률행위는 부담을 붙인 행정처분과 별개의 법률행위이므로 부담의 불가쟁력과 별도로 사회질서위반이나 강행규정에 위반되는지 여부를 따져 그 법률행위의 유효 여부를 판단할 수 있다(대판 2009.6.25. 2006다18174).

17 정보공개와 개인정보 〉 정보공개 〉 정보공개의 내용 · 난이도 중 | 답 ①

정보공개와 개인정보에 대한 내용으로 옳지 <u>않은</u> 것은? (다툼이 있는 경우 판례에 의함)

① "다른 법률 또는 법률이 위임한 명령에 의하여 비밀 또는 비공개 사항으로 규정된 정보"는 이를 공개하지 아니할 수 있다고 규정하고 있는바, 여기에서 '법률에 의한 명령'은 정보의 공개에 관하여 법률의 구체적인 위임 아래 제정된 법규명령(위임명령)과 수권규정은 없으나 조직법적 권한에 의해 제정된 행정규칙을 의미한다.

② 독립유공자서훈 공적심사위원회의 회의록이 「공공기관의 정보공개에 관한 법률」 제9조 제1항 제5호에서 정한 '공개될 경우 업무의 공정한 수행에 현저한 지장을 초래한다고 인정할 만한 상당한 이유가 있는 정보'에 해당한다.
③ 개인정보처리자의 고의 또는 중대한 과실로 인하여 개인정보가 분실·도난·유출·위조·변조 또는 훼손된 경우로서 정보주체에게 손해가 발생한 때에는 법원은 그 손해액의 3배를 넘지 아니하는 범위에서 손해배상액을 정할 수 있다.
④ 개인정보 보호에 대한 단체소송의 소는 피고의 주된 사무소 또는 영업소가 있는 곳, 주된 사무소나 영업소가 없는 경우에는 주된 업무담당자의 주소가 있는 곳의 지방법원 본원 합의부의 관할에 전속한다.

| 정답해설 |
① 행정규칙은 포함되지 않는다. 법률이나 정보의 공개에 관한 구체적인 법률로부터 위임을 받아 제정된 법규명령으로 정보공개법은 한정된 규정을 하고 있다.

> 「공공기관의 정보공개에 관한 법률」 제9조 제1항 본문은 "공공기관이 보유·관리하는 정보는 공개대상이 된다."고 규정하면서 그 단서 제1호에서는 "다른 법률 또는 법률이 위임한 명령(국회규칙·대법원규칙·중앙선거관리위원회규칙·대통령령 및 조례에 한한다)에 의하여 비밀 또는 비공개 사항으로 규정된 정보"는 이를 공개하지 아니할 수 있다고 규정하고 있는바, 그 입법 취지는 비밀 또는 비공개 사항으로 다른 법률 등에 규정되어 있는 경우는 이를 존중함으로써 법률 간의 마찰을 피하기 위한 것이고, 여기에서 '법률에 의한 명령'은 정보의 공개에 관하여 법률의 구체적인 위임 아래 제정된 법규명령(위임명령)을 의미한다(대판 2010.6.10. 2010두2913).

| 오답해설 |
② 甲이 친족인 망인 乙 등에 대한 독립유공자 포상신청을 하였다가 독립유공자서훈 공적심사위원회의 심사를 거쳐 포상에 포함되지 못하였다는 내용의 공적심사 결과를 통지받자 국가보훈처장에게 '망인들에 대한 독립유공자서훈 공적심사위원회의 심의·의결 과정 및 그 내용을 기재한 회의록' 등의 공개를 청구하였는데, 국가보훈처장이 공개할 수 없다는 통보를 한 사안에서, <u>위 회의록은 「공공기관의 정보공개에 관한 법률」 제9조 제1항 제5호에서 정한 '공개될 경우 업무의 공정한 수행에 현저한 지장을 초래한다고 인정할 만한 상당한 이유가 있는 정보'에 해당한다</u>(대판 2014.7.24. 2013두20301).
③ 개인정보처리자의 고의 또는 중대한 과실로 인하여 개인정보가 분실·도난·유출·위조·변조 또는 훼손된 경우로서 정보주체에게 손해가 발생한 때에는 법원은 그 손해액의 3배를 넘지 아니하는 범위에서 손해배상액을 정할 수 있다. 다만, 개인정보처리자가 고의 또는 중대한 과실이 없음을 증명한 경우에는 그러하지 아니하다(「개인정보 보호법」 제39조 제3항).
④ 단체소송의 소는 피고의 주된 사무소 또는 영업소가 있는 곳, 주된 사무소나 영업소가 없는 경우에는 주된 업무담당자의 주소가 있는 곳의 지방법원 본원 합의부의 관할에 전속한다(동법 제52조 제1항).

18 행정작용 〉 행정행위 〉 행정행위의 하자 · 난이도 중 | 답 ①

행정절차와 관련된 내용으로 옳지 <u>않은</u> 것은? (다툼이 있는 경우 판례에 의함)

① 공기업 사장에 대한 해임처분 과정에서 처분 내용을 사전에 통지받지 못했고 해임처분시 법적 근거 및 구체적 해임사유를 제시받지 못하였다면, 그 해임처분은 위법하여 당연무효에 해당한다.
② 「국가공무원법」상 직위해제처분에는 「행정절차법」이 적용되지 않는다.
③ 납세고지서에 세액산출근거 등의 기재사항이 누락되었거나 과세표준과 세액의 계산명세서가 첨부되지 않은 납세고지의 하자는 납세의무자가 그 나름대로 산출근거를 알고 있다거나 사실상 이를 알고서 쟁송에 이르렀다 하더라도 치유되지 않는다.

④ 신청인이 신청에 앞서 행정청의 허가업무 담당자에게 신청서의 내용에 대한 검토를 요청한 것만으로는 다른 특별한 사정이 없는 한 명시적이고 확정적인 신청의 의사표시가 있었다고 하기 어렵다.

| 정답해설 |
① 대통령이 갑을 한국방송공사 사장직에서 해임한 사안에서, 대통령의 해임처분에 재량권 일탈·남용의 하자가 존재한다고 하더라도 그것이 중대·명백하지 않고, 「행정절차법」을 위반한 위법이 있으나 절차나 처분형식의 하자가 중대하고 명백하다고 볼 수 없어 당연무효가 아닌 취소사유에 해당한다(대판 2012.2.23. 2011두5001).

| 오답해설 |
② 「국가공무원법」상 직위해제처분은 구 「행정절차법」(2012.10.22. 법률 제11498호로 개정되기 전의 것) 제3조 제2항 제9호, 구 「행정절차법 시행령」(2011.12.21. 대통령령 제23383호로 개정되기 전의 것) 제2조 제3호에 의하여 당해 행정작용의 성질상 행정절차를 거치기 곤란하거나 불필요하다고 인정되는 사항 또는 행정절차에 준하는 절차를 거친 사항에 해당하므로, 처분의 사전통지 및 의견청취 등에 관한 「행정절차법」의 규정이 별도로 적용되지 않는다(대판 2014.5.16. 2012두26180).
③ 납세고지서에 세액산출근거 등의 기재사항이 누락되었거나 과세표준과 세액의 계산명세서가 첨부되지 않았다면 적법한 납세의 고지라고 볼 수 없으며, 위와 같은 납세고지의 하자는 납세의무자가 그 나름대로 산출근거를 알고 있다거나 사실상 이를 알고서 쟁송에 이르렀다 하더라도 치유되지 않는다(대판 2002.11.13. 2001두1543).
④ 신청인의 행정청에 대한 신청의 의사표시는 명시적이고 확정적인 것이어야 한다고 할 것이므로 신청인이 신청에 앞서 행정청의 허가업무 담당자에게 신청서의 내용에 대한 검토를 요청한 것만으로는 다른 특별한 사정이 없는 한 명시적이고 확정적인 신청의 의사표시가 있었다고 하기 어렵다고 할 것이다(대판 2004.10.15. 2003두13243).

19 행정작용 > 행정행위 > 행정행위의 내용　　난이도 하 | 답 ③

형성적 행정행위로서 강학상 설권행위에 해당하는 것은? (다툼이 있는 경우 판례에 의함)

ㄱ. 유기장 영업허가
ㄴ. 지역개발사업에 관한 지정권자의 실시계획승인
ㄷ. 「출입국관리법」상 체류자격 변경허가
ㄹ. 「자동차관리법」상 사업자단체조합의 설립인가

① ㄱ, ㄴ
② ㄱ, ㄹ
③ ㄴ, ㄷ
④ ㄷ, ㄹ

| 정답해설 |
③ ㄴ, ㄷ이 해당한다.
ㄴ. 지역개발사업에 관한 지정권자의 실시계획승인처분은 단순히 시행자가 작성한 실시계획에 대한 보충행위로서의 성질을 가지는 것이 아니라 시행자에게 구 「지역균형개발법」상 지구개발사업을 시행할 수 있는 지위를 부여하는 일종의 설권적 처분의 성격을 가진 독립된 행정처분으로 보아야 한다(대판 2014.9.26. 2012두5619).
ㄷ. 체류자격 변경허가는 신청인에게 당초의 체류자격과 다른 체류자격에 해당하는 활동을 할 수 있는 권한을 부여하는 일종의 설권적 처분의 성격을 가지므로, 허가권자는 신청인이 관계 법령에서 정한 요건을 충족하였더라도, 신청인의 적격성, 체류 목적, 공익상의 영향 등을 참작하여 허가 여부를 결정할 수 있는 재량을 가진다. 다만 재량을 행사할 때 판단의 기초가 된 사실인정에 중대한 오류가 있는 경우 또는 비례·평등의 원칙을 위반하거나 사회통념상 현저하게 타당성을 잃는 등의 사유가 있다면 이는 재량권의 일탈·남용으로서 위법하다(대판 2016.7.14. 2015두48846).

| 오답해설 |
ㄱ. 유기장 영업허가는 유기장 경영권을 설정하는 설권행위가 아니고 일반적 금지를 해제하는 영업자유의 회복이라 할 것이므로 그 영업상의 이익은 반사적 이익에 불과하고 행정행위의 본질상 금지의 해제나 그 해제를 다시 철회하는 것은 공익성과 합목적성에 따른 당해 행정청의 재량행위라 할 것이다(대판 1986.11.25. 84누147). → 강학상 허가
ㄹ. 「자동차관리법」상 자동차관리사업자로 구성하는 사업자단체인 조합 또는 협회(이하 '조합 등'이라고 한다)의 설립인가처분은 국토해양부장관 또는 시·도지사(이하 '시·도지사 등'이라고 한다)가 자동차관리사업자들의 단체결성행위를 보충하여 효력을 완성시키는 처분에 해당한다(대판 2015.5.29. 2013두635). → 보충행위

20 행정구제 > 행정쟁송 > 행정소송　　난이도 중 | 답 ③

다음 중 (　　)에 들어갈 개념으로 적절한 것은? (다툼이 있는 경우 판례에 의함)

공무원연금관리공단이 퇴직연금 중 일부 금액에 대하여 지급거부의 의사표시를 한 경우, 그 의사표시가 항고소송의 대상이 되는 (　　　　), 이 경우 미지급퇴직연금의 지급을 구하는 소송은 (　　　　).

① 처분이 아니며 – 민사소송에 해당한다.
② 처분이며 – 항고소송에 해당한다.
③ 처분이 아니며 – 공법상 당사자소송에 해당한다.
④ 처분이며 – 당사자소송에 해당한다.

| 정답해설 |
③ 법령의 개정에 따른 지급의사의 거부는 행정청의 자유로운 결정에 따른 의사가 아니고 법령의 개정사실을 통보하는 것에 불과하여 처분이 아니다. 당사자소송에 의하여 지급을 구하여야 한다.

공무원연금관리공단이 퇴직연금 중 일부 금액에 대하여 지급거부의 의사표시를 하였다고 하더라도 그 의사표시는 퇴직연금 청구권을 형성·확정하는 행정처분이 아니라 공법상의 법률관계의 한쪽 당사자로서 그 지급의무의 존부 및 범위에 관하여 나름대로의 사실상·법률상 의견을 밝힌 것일 뿐이어서, 이를 행정처분이라고 볼 수는 없고, 이 경우 미지급퇴직연금에 대한 지급청구권은 공법상 권리로서 그의 지급을 구하는 소송은 공법상의 법률관계에 관한 소송인 공법상 당사자소송에 해당한다(대판 2004.7.8. 2004두244).

문제편 p.50

01	②	02	③	03	④	04	④	05	③
06	①	07	③	08	①	09	④	10	④
11	③	12	③	13	④	14	②	15	④
16	④	17	③	18	②	19	①	20	④

▶풀이시간:　　/17분　나의 점수:　　/100점

01　행정작용 〉 행정행위 〉 행정행위의 내용　　난이도 중 | 답 ②

인·허가의제제도에 대한 내용으로 옳지 않은 것은? (다툼이 있는 경우 판례에 의함)

① 인·허가의제제도는 행정기관의 권한에 변경을 가져오는 것이므로 법률의 명시적인 근거가 있어야 한다.
② 인·허가의제가 인정되는 경우 민원인은 하나의 인·허가 신청과 더불어 의제를 원하는 인·허가신청을 각각의 해당 기관에 제출하여야 한다.
③ 주된 인·허가처분이 관계기관의 장과 협의를 거쳐 발령된 이상 의제되는 인·허가에 법령상 요구되는 주민의 의견청취 등의 절차는 거칠 필요가 없다.
④ 「국토의 계획 및 이용에 관한 법률」상의 개발행위허가가 의제되는 건축허가신청이 동 법령이 정한 개발행위허가기준에 부합하지 아니하면, 행정청은 건축허가를 거부할 수 있다.

| 정답해설 |
② 인·허가의제가 인정되는 경우 민원인은 주된 인·허가 신청을 하면 되고, 의제를 원하는 인·허가 신청을 각각의 해당 기관에 제출하여야 하는 것은 아니다.

| 오답해설 |
① 인·허가의제제도(집중효제도)는 행정기관의 권한에 변경을 가져오므로, 행정조직법정주의의 원리에 비추어 개별법률에서 명시적으로 규정되는 경우에만 인정될 수 있다.
③ 건설부장관이 구 「주택건설촉진법」(1991.3.8. 법률 제4339호로 개정되기 전의 것) 제33조에 따라 관계기관의 장과의 협의를 거쳐 사업계획승인을 한 이상 같은 조 제4항의 허가·인가·결정·승인 등이 있는 것으로 볼 것이고, 그 절차와 별도로 「도시계획법」 제12조 등 소정의 중앙도시계획위원회의 의결이나 주민의 의견청취 등 절차를 거칠 필요는 없다(대판 1992.11.10. 92누1162).
④ 건축물의 건축이 국토계획법상 개발행위에 해당할 경우 그에 대한 건축허가를 하는 허가권자는 건축허가에 배치·저촉되는 관계 법령상 제한 사유의 하나로 국토계획법령의 개발행위 허가기준을 확인하여야 하므로, <u>「국토계획법」상 건축물의 건축에 관한 개발행위허가가 의제되는 건축허가신청이 국토계획법령이 정한 개발행위허가기준에 부합하지 아니하면 허가권자로서는 이를 거부할 수 있고</u>, 이는 「건축법」 제16조 제3항에 의하여 개발행위허가의 변경이 의제되는 건축허가사항의 변경허가에서도 마찬가지이다(대판 2016.8.24. 2016두35762).

02　행정법 통칙 〉 행정상 법률관계 〉 개인적 공권　　난이도 중 | 답 ③

법률상 이익에 대한 내용으로 옳지 않은 것은? (다툼이 있는 경우 판례에 의함)

① 개발행위가 시행될 지역이나 주변지역의 주민 외에 '개발행위로 자신의 생활환경상의 개별적 이익이 수인한도를 넘어 침해되거나 침해될 우려가 있음을 증명한 자'에게 개발행위허가 처분을 다툴 법률상 이익이 있다.
② 교육부장관이 사학분쟁조정위원회의 심의를 거쳐 학교법인의 이사와 임시이사를 선임한 데 대하여 대학교의 교수협의회와 총학생회는 이사선임처분을 다툴 법률상 이익이 있으나, 전국대학노동조합은 법률상 이익이 없다.
③ 구 「주택법」상 입주자나 입주예정자가 사용검사처분의 취소를 구할 법률상 이익이 있다.
④ 경업자에 대한 행정처분이 경업자에게 불리한 내용인 경우, 기존의 업자가 행정처분의 무효확인 또는 취소를 구할 이익이 없다.

| 정답해설 |
③ 구 「주택법」상 입주자나 입주예정자가 사용검사처분의 취소를 구할 법률상 이익이 없다(대판 2014.7.24. 2011두30465).

| 오답해설 |
① 개발행위가 시행될 지역이나 주변지역의 주민 외에 '개발행위로 자신의 생활환경상의 개별적 이익이 수인한도를 넘어 침해되거나 침해될 우려가 있음을 증명한 자'에게 개발행위허가 처분을 다툴 법률상 이익이 있다(대판 2014.11.13. 2013두6824).
② 교육부장관이 사학분쟁조정위원회의 심의를 거쳐 甲 대학교를 설치·운영하는 을 학교법인의 이사 8인과 임시이사 1인을 선임한 데 대하여 甲 대학교 교수협의회와 총학생회 등이 이사선임처분의 취소를 구하는 소송을 제기한 사안에서, 甲 대학교 교수협의회와 총학생회는 이사선임처분을 다툴 법률상 이익을 가지지만, 학교직원들로 구성된 전국대학노동조합은 법률상 이익이 없다(대판 2015.7.23. 2012두19496·19502).
④ 경업자에 대한 행정처분이 경업자에게 불리한 내용이라면 그와 경쟁관계에 있는 기존의 업자에게는 특별한 사정이 없는 한 유리할 것이므로 기존의 업자가 그 행정처분의 무효확인 또는 취소를 구할 이익은 없다고 보아야 한다(대판 2020.4.9. 2019두49953).

03　종합문제(행정기본법, 행정절차법)　　난이도 중 | 답 ④

「행정기본법」 및 「행정절차법」의 기간이 바르게 연결된 것은?

> ㄱ. 특별한 사정이 없는 경우 행정예고기간 – 30일 이상
> ㄴ. 법령등을 공포한 날부터 일정 기간이 경과한 날부터 시행하는 경우 – 법령등을 공포한 날을 첫날에 산입함
> ㄷ. 청문의 사전통지 기간 – 청문이 시작되는 날부터 10일 전
> ㄹ. 공청회 개최를 알린 후 예정대로 개최하지 못하여 새로 일시 및 장소 등을 정한 경우의 재통지 기간 – 공청회 개최 7일 전

① ㄱ, ㄴ　　　　　　　　　　② ㄱ, ㄹ
③ ㄴ, ㄷ　　　　　　　　　　④ ㄷ, ㄹ

| 정답해설 |

④ ㄷ, ㄹ이 바른 연결이다.

ㄷ. 행정청은 청문을 하려면 청문이 시작되는 날부터 10일 전까지 제1항 각 호의 사항을 당사자등에게 통지하여야 한다. 이 경우 제1항 제4호부터 제6호까지의 사항은 청문 주재자의 소속·직위 및 성명, 청문의 일시 및 장소, 청문에 응하지 아니하는 경우의 처리방법 등 청문에 필요한 사항으로 갈음한다(「행정절차법」 제21조 제2항). → 다만 주재자에 대한 사전통지는 7일 전이다(동법 제28조)

ㄹ. 행정청은 공청회를 개최하려는 경우에는 공청회 개최 14일 전까지 다음 각 호의 사항을 당사자등에게 통지하고 관보, 공보, 인터넷 홈페이지 또는 일간신문 등에 공고하는 등의 방법으로 널리 알려야 한다. 다만, 공청회 개최를 알린 후 예정대로 개최하지 못하여 새로 일시 및 장소 등을 정한 경우에는 공청회 개최 7일 전까지 알려야 한다(동법 제38조).

| 오답해설 |

ㄱ. 행정예고기간은 예고 내용의 성격 등을 고려하여 정하되, 특별한 사정이 없으면 20일 이상으로 한다(동법 제46조 제3항).

ㄴ.

> 「행정기본법」 제7조【법령등 시행일의 기간 계산】 법령등(훈령·예규·고시·지침 등을 포함한다. 이하 이 조에서 같다)의 시행일을 정하거나 계산할 때에는 다음 각 호의 기준에 따른다.
> 1. 법령등을 공포한 날부터 시행하는 경우에는 공포한 날을 시행일로 한다.
> 2. 법령등을 공포한 날부터 일정 기간이 경과한 날부터 시행하는 경우 법령등을 공포한 날을 첫날에 산입하지 아니한다.
> 3. 법령등을 공포한 날부터 일정 기간이 경과한 날부터 시행하는 경우 그 기간의 말일이 토요일 또는 공휴일인 때에는 그 말일로 기간이 만료한다.

04 행정작용 > 행정행위 > 행정행위의 하자　난이도 중 | 답 ④

행정행위의 하자에 대한 설명으로 옳은 것은? (다툼이 있는 경우 판례에 의함)

① 「국토의 계획 및 이용에 관한 법률」상 도시·군계획시설결정과 실시계획인가는 동일한 법률효과를 목적으로 하는 것이므로 선행처분인 도시·군계획시설결정의 하자는 실시계획인가에 승계된다.

② 처분 당시 당사자가 어떠한 근거와 이유로 처분이 이루어진 것인지를 충분히 알 수 있어서 그에 불복하여 행정구제절차로 나아가는 데에 별다른 지장이 없었던 것으로 인정되는 경우에도 처분서에 처분의 근거와 이유가 구체적으로 명시되어 있지 않았다면 그 처분은 위법하다.

③ 적법한 건축물에 대한 철거명령의 하자가 중대하고 명백하여 당연무효라고 하더라도, 그 후행행위인 건축물철거 대집행계고처분 역시 당연무효가 되는 것은 아니다.

④ 과세처분 이후 조세 부과의 근거가 되었던 법률규정에 대하여 위헌결정이 내려진 경우, 그 위헌결정의 효력에 위배하여 이루어진 체납처분은 당연무효이다.

| 정답해설 |

④ 조세 부과의 근거가 되었던 법률규정이 위헌으로 선언된 경우, 비록 그에 기한 과세처분이 위헌결정 전에 이루어졌고, 과세처분에 대한 제소기간이 이미 경과하여 조세채권이 확정되었으며, 조세채권의 집행을 위한 체납처분의 근거규정 자체에 대하여는 따로 위헌결정이 내려진 바 없다고 하더라도, 위와 같은 위헌결정 이후에 조세채권의 집행을 위한 새로운 체납처분에 착수하거나 이를 속행하는 것은 더 이상 허용되지 않고, 나아가 이러한 위헌결정의 효력에 위배하여 이루어진 체납처분은 그 사유만으로 하자가 중대하고 객관적으로 명백하여 당연무효라고 보아야 한다(대판 2012.2.16. 2010두10907).

| 오답해설 |

① 도시·군계획시설결정과 실시계획인가는 도시·군계획시설사업을 위하여 이루어지는 단계적 행정절차에서 별도의 요건과 절차에 따라 별개의 법률효과를 발생시키는 독립적인 행정처분이다. 그러므로 선행처분인 도시·군계획시설결정에 하자가 있더라도 그것이 당연무효가 아닌 한 원칙적으로 후행처분인 실시계획인가에 승계되지 않는다(대판 2017.7.18. 2016두49938).

② 처분 당시 당사자가 어떠한 근거와 이유로 처분이 이루어진 것인지를 충분히 알 수 있어서 그에 불복하여 행정구제절차로 나아가는 데에 별다른 지장이 없었던 것으로 인정되는 경우에는 처분서에 처분의 근거와 이유가 구체적으로 명시되어 있지 않았다 하더라도 그로 말미암아 그 처분이 위법한 것으로 된다고 할 수는 없다(대판 2009.12.10. 2007두20348).

③ 적법한 건축물에 대한 철거명령은 그 하자가 중대하고 명백하여 당연무효라고 할 것이고, 그 후행행위인 건축물철거 대집행계고처분 역시 당연무효라고 할 것이다(대판 1999.4.27. 97누6780).

05 행정작용 > 비권력적 행정 > 확약　난이도 하 | 답 ③

확약에 대한 설명으로 가장 옳지 않은 것은? (다툼이 있는 경우 판례에 의함)

① 어업권면허에 선행하는 우선순위결정은 강학상 확약에 불과하고 행정처분은 아니므로, 우선순위결정에 공정력이나 불가쟁력과 같은 효력은 인정되지 아니한다.

② 행정청이 내인가를 한 후 그 본인가신청이 있음에도 내인가를 취소한 것은 인가신청에 대한 거부로 본다.

③ 행정청의 확약에 대해 법률상 이익이 있는 제3자는 확약에 대해 취소소송으로 다툴 수 있다.

④ 법령이 본행정행위를 할 수 있는 권한을 부여한 경우에는 반대규정이 없는 한 확약의 권한도 함께 부여한 것으로 보아 별도의 근거를 요하지 않는 것으로 보는 견해가 있다.

| 정답해설 |

③ 확약은 처분성이 부정되므로 취소소송의 대상이 되지 않는다. 따라서, 행정청의 확약에 대해 이해관계가 있는 제3자라도 취소소송으로 다툴 수 없다.

| 오답해설 |

① 어업권면허에 선행하는 우선순위결정은 행정청이 우선권자로 결정된 자의 신청이 있으면 어업권면허처분을 하겠다는 것을 약속하는 행위로서 강학상 확약에 불과하고 행정처분은 아니므로, 우선순위결정에 공정력이나 불가쟁력과 같은 효력은 인정되지 아니하며, 따라서 우선순위결정이 잘못되었다는 이유로 종전의 어업권면허처분이 취소되면 행정청은 종전의 우선순위결정을 무시하고 다시 우선순위를 결정한 다음 새로운 우선순위결정에 기하여 새로운 어업권면허를 할 수 있다(대판 1995.1.20. 94누6529).

② 내인가의 법적 성질이 행정행위의 일종으로 볼 수 있든 아니든 그것이 행정청의 상대방에 대한 의사표시임이 분명하고, 피고가 위 내인가를 취소함으로써 다시 본인가에 대하여 따로이 인가 여부의 처분을 한다는 사정이 보이지 않는다면 위 내인가취소를 인가신청을 거부하는 처분으로 보아야 할 것이다(대판 1991.6.28. 90누4402).

④ 일반적인 견해는 처분청에게 본처분에 대한 권한이 있는 경우에 확약에 대한 별도의 법적 근거가 없어도 해당 처분에 대한 확약을 할 수 있다는 입장이다.

06 행정작용 > 행정입법 > 법규명령　난이도 중 | 답 ①

행정입법에 대한 설명으로 옳지 않은 것은? (다툼이 있는 경우 판례에 의함)

① 행정입법부작위에 대해서는 당사자의 신청이 있는 경우에 한하여 부작위위법확인소송의 대상이 된다.

② 다양한 사실관계를 규율하거나 사실관계가 수시로 변화될 것이 예상되는 분야에서는 다른 분야에 비하여 상대적으로 입법위임의 명확성·구체성이 완화된다.

③ 법규명령이 구체적인 집행행위 없이 직접 개인의 권리·의무에 영향을 주는 경우 처분성이 인정된다.

④ 행정규칙인 고시가 법령의 수권에 의해 법령을 보충하는 사항을 정하는 경우에는 근거법령규정과 결합하여 대외적으로 구속력 있는 법규명령의 효력을 갖는다.

| 정답해설 |

① 행정입법부작위가 부작위위법확인소송의 대상이 되는가와 관련하여 대법원은 행정입법부작위는 '성질상' 부작위위법확인소송의 대상이 되지 않는다고 판시하고 있다(대판 1992.5.8. 91누11261).

| 오답해설 |

② 위임의 구체성·명확성의 요구 정도는 규제대상의 종류와 성격에 따라서 달라진다. 기본권 침해영역에서는 급부행정영역에서보다는 구체성의 요구가 강화되고, 다양한 사실관계를 규율하거나 사실관계가 수시로 변화될 것이 예상될 때에는 위임의 명확성의 요건이 완화되어야 한다(헌재 1991.2.11. 90헌가27).

③ 어떠한 고시가 일반적·추상적 성격을 가질 때에는 법규명령 또는 행정규칙에 해당할 것이지만, 다른 집행행위의 매개 없이 그 자체로서 직접 국민의 구체적인 권리·의무나 법률관계를 규율하는 성격을 가질 때에는 항고소송의 대상이 되는 행정처분에 해당한다(대판 2003.10.9. 2003무23).

③ 고시의 법적 성질은 일률적으로 판단될 것이 아니라 고시에 담겨진 내용에 따라 구체적인 경우마다 달리 결정된다. 즉, 고시는 일반적으로 행정규칙이라 할 수 있으나 법령의 위임에 따라 행정기관이 그 법령을 시행하는 데 필요한 구체적 사항을 정한 고시는 상위법령과 결합하여 대외적 구속력이 있는 법규로서의 효력을 갖는다(대판 1999.11.26. 97누13474).

07 행정구제 〉 손해전보 〉 손실보상　　난이도 중 | 답 ③

손실보상의 절차에 대한 설명으로 옳은 것은? (다툼이 있는 경우 판례에 의함)

① 공유수면매립면허의 고시가 있는 경우 그 사업이 시행되고 그에 의하여 직접 손실이 발생한다고 할 수 있으므로 관행어업권자는 공유수면매립면허의 고시를 이유로 손실보상을 청구할 수 있다.

② 토지소유자는 재결절차를 거치지 아니하고도 곧바로 사업시행자를 상대로 잔여지 가격감소 등으로 인한 손실보상을 청구할 수 있다.

③ 사업시행자가 사업인정을 받은 후 그 사업이 공용수용을 할 만한 공익성을 상실한 경우 그 사업인정에 터잡아 수용권을 행사할 수 없다.

④ '공익사업을 위한 관계 법령에 의한 고시 등이 있은 날' 당시 토지소유자의 주거용 건물이 아닌 건물을 그 후 주거용 건물로 용도 변경하였다면 이주대책대상이 되는 주거용 건축물로 인정받을 수 있다.

| 정답해설 |

③ 사업시행자가 사업인정을 받은 후 그 사업이 공용수용을 할 만한 공익성을 상실하거나 사업인정에 관련된 자들의 이익이 현저히 비례의 원칙에 어긋나게 된 경우 또는 사업시행자가 해당 공익사업을 수행할 의사나 능력을 상실한 경우, 그 사업인정에 터잡아 수용권을 행사할 수 없다(대판 2011.1.27. 2009두1051).

| 오답해설 |

① 공유수면 매립면허의 고시가 있다고 하여 반드시 그 사업이 시행되고 그로 인하여 손실이 발생한다고 할 수 없고, 간척사업의 시행으로 종래의 관행어업권자에게 구 「공유수면 관리 및 매립에 관한 법률」에서 정하는 손실보상청구권이 인정되기 위해서는 매립면허고시 후 매립공사가 실행되어 관행어업권자에게 실질적이고 현실적인 피해가 발생해야 한다(대판 2010.12.9. 2007두6571).

② 손실보상을 받기 위해서는 「공익사업을 위한 토지 등의 취득 및 보상에 관한 법률」 제34조, 제50조 등에 규정된 재결절차를 거친 다음 그 재결에 대하여 불복할 때 비로소 「공익사업을 위한 토지 등의 취득 및 보상에 관한 법률」 제83조 내지 제85조에 따라 권리구제를 받을 수 있을 뿐이며, 특별한 사정이 없는 한 이러한 재결절차를 거치지 않은 채 곧바로 사업시행자를 상대로 손실보상을 청구하는 것은 허용되지 않는다(대판 2014.9.25. 2012두24092).

④ '공익사업을 위한 관계 법령에 의한 고시 등이 있은 날' 당시 건축물의 용도가 주거용인 건물을 의미한다고 해석되므로, 그 당시 주거용 건물이 아니었던 건물이 그 이후에 주거용으로 용도 변경된 경우에는 건축 허가를 받았는지 여부에 상관없이 수용재결 내지 협의계약 체결 당시 주거용으로 사용된 건물이라 할지라도 이주대책대상이 되는 주거용 건축물이 될 수 없다(대판 2009.2.26. 2007두13340).

08 행정구제 〉 행정쟁송 〉 행정소송　　난이도 중 | 답 ①

부작위위법확인소송에 대한 설명으로 옳은 것은? (다툼이 있는 경우 판례에 의함)

① 부작위위법확인소송의 변론종결시까지 행정청의 처분으로 부작위 상태가 해소된 때에는 부작위위법확인소송은 소의 이익을 상실하게 된다.

② 부작위위법확인의 소는 신청에 대한 부작위의 위법을 확인하여 소극적인 위법상태를 제거하는 동시에 신청의 실체적 내용이 이유 있는 것인가도 심리하는 것을 목적으로 한다.

③ 검사의 불기소결정은 부작위위법확인소송의 대상이다.

④ 법률의 집행을 위해 시행규칙을 제정할 의무가 있음에도 불구하고 행정청이 시행규칙을 제정하지 않고 있는 경우, 부작위위법확인소송을 통하여 다툴 수 있다.

| 정답해설 |

① 소제기의 전후를 통하여 판결시까지 행정청이 그 신청에 대하여 적극 또는 소극의 처분을 함으로써 부작위상태가 해소된 때에는 소의 이익을 상실하게 되어 당해 소는 각하를 면할 수가 없는 것이다(대판 1990.9.25. 89누4758). / 부작위위법확인소송에서 법원의 심리권이 부작위의 위법 여부에만 그치는지 아니면 이를 넘어 신청의 실체적인 내용에 까지도 미치는지가 문제된다. 대법원은 절차적 심리설(소극설)을 취하여, 부작위가 위법임을 확인하는 데 그쳐야 하고 그 이상으로 행정청이 발동하여야 할 실체적 처분의 내용까지 심리할 수 없다고 본다.

| 오답해설 |

② 부작위위법확인의 소는 판결(사실심의 구두변론종결)시를 기준으로 그 부작위의 위법을 확인함으로써 행정청의 응답을 신속하게 하여 부작위 내지 무응답이라고 하는 소극적인 위법상태를 제거하는 것을 목적으로 하는 것이고, 나아가 당해 판결의 구속력에 의하여 행정청에게 처분 등을 하게하고 다시 당해 처분 등에 대하여 불복이 있는 때에는 그 처분 등을 다투게 함으로써 최종적으로는 국민의 권리이익을 보호하려는 제도이다(대판 1992.7.28. 91누7631).

③ 「행정소송법」 제2조의 처분의 개념 정의에는 해당한다고 하더라도 그 처분의 근거 법률에서 행정소송 이외의 다른 절차에 의하여 불복할 것을 예정하고 있는 처분은 항고소송의 대상이 될 수 없다. 검사의 불기소결정에 대해서는 「검찰청법」에 의한 항고와 재항고, 「형사소송법」에 의한 재정신청에 의해서만 불복할 수 있는 것이므로, 이에 대해서는 「행정소송법」상 항고소송을 제기할 수 없다(대판 2018.9.28. 2017두47465).

④ 행정입법부작위는 '성질상' 부작위위법확인소송의 대상이 되지 않는다.

> 행정소송은 구체적 사건에 대한 법률상 분쟁을 법에 의하여 해결함으로써 법적 안정을 기하자는 것이므로 부작위위법확인소송의 대상이 될 수 있는 것은 구체적 권리·의무에 관한 분쟁이어야 하고 추상적인 법령에 관하여 제정의 여부 등은 그 자체로서 국민의 구체적인 권리·의무에 직접적 변동을 초래하는 것이 아니어서 그 소송의 대상이 될 수 없다(대판 1992.5.8. 91누11261).

09 행정구제 〉 손해전보 〉 국가배상　　난이도 중 | 답 ④

국가배상책임의 성립요건에 대한 설명으로 옳지 않은 것은? (다툼이 있는 경우 판례에 의함)

① 영업허가취소처분이 행정심판에 의하여 재량권의 일탈을 이유로 취소되었다고 하더라도 그 처분이 당시 시행되던 「공중위생법 시행규칙」에 정해진 행정처분의 기준에 따른 것인 이상 그 영업허가취소처분을 한 행정청 공무원에게 그와 같은 위법한 처분을 한 데 있어 직무집행상의 과실이 있다고 할 수는 없다.

② 공무원에게 부과된 직무상 의무의 내용이 순전히 행정기관 내부의 질서를 유지하기 위한 것이거나 전체적으로 공공일반의 이익을 도모하기 위한 것인 경우, 국가 또는 지방자치단체가 배상책임을 부담하지 아니한다.

③ 소방공무원들이 다중이용업소인 주점의 비상구와 피난시설 등에 대한 점검을 소홀히 함으로써 주점의 피난통로 등에 중대한 피난 장애요인이 있음을 발견하지 못하여 업주들에 대한 적절한 지도·감독을 하지 아니한 경우 직무상 의무 위반과 주점 손님들의 사망 사이에 상당인과관계가 인정된다.

④ 피해자에게 손해를 직접 배상한 경과실이 있는 공무원이 국가에 대하여 국가의 손해배상책임의 범위 내에서 자신이 변제한 금액에 관하여 구상권을 행사하는 것은 허용되지 아니한다.

| 정답해설 |

④ 공무원의 직무수행 중 불법행위로 인한 피해에 대하여 경과실이 있는 공무원이 피해자에게 손해를 배상한 다음 국가에 대하여 구상권을 행사할 수 있다(대판 2014.8.20. 2012다54478).

| 오답해설 |

① 영업허가취소처분이 나중에 행정심판에 의하여 재량권을 일탈한 위법한 처분임이 판명되어 취소되었다고 하더라도 그 처분이 당시 시행되던 「공중위생법 시행규칙」에 정하여진 행정처분의 기준에 따른 것인 이상 그 영업허가취소처분을 한 행정청 공무원에게 그와 같은 위법한 처분을 한 데 있어 어떤 직무집행상의 과실이 있다고 할 수는 없다(대판 1994.11.8. 94다26141).

② 국가배상의 요건으로서의 직무는 개인의 안전이나 이익을 보호할 목적의 직무임을 요한다. 공공의 일반이익을 목적으로 하거나 행정내부질서 유지목적의 직무는 「국가배상법」상의 직무요건을 충족하지 못한다(대판 2003.4.25. 2001다59842).

③ 유흥주점에 감금된 채 윤락을 강요받으며 생활하던 여종업원들이 유흥주점에 화재가 났을 때 미처 피신하지 못하고 유독가스에 질식해 사망한 사안에서, 소방공무원이 위 유흥주점에 대하여 화재 발생 전 실시한 소방점검 등에서 구 「소방법」상 방염 규정 위반에 대한 시정조치 및 화재 발생시 대피에 장애가 되는 잠금장치의 제거 등 시정조치를 명하지 않은 직무상 의무 위반은 현저히 불합리한 경우에 해당하여 위법하고, 이러한 직무상 의무 위반과 위 사망의 결과 사이에 상당인과관계가 존재한다(대판 2008.4.10. 2005다48994).

10 종합문제(정보공개, 행정소송 등) 난이도 中 | 답 ④

다음 사례에 대한 판례의 입장으로 옳지 <u>않은</u> 것은?

甲은 수형자로서 A교도소 내에서의 난동을 이유로 교도소장으로부터 10일 간의 금치처분을 받았다. 甲은 교도소장을 상대로 난동 당시 담당 교도관의 근무보고서와 징벌위원회 회의록의 공개를 청구하였으나, 교도소장은 「공공기관의 정보공개에 관한 법률」 제9조 제1항 제4호에 근거하여 공개가 교정업무의 수행을 현저히 곤란하게 할 우려가 있다는 사유로 공개를 거부하였다.

① 甲은 취소심판뿐만 아니라 의무이행심판 등을 청구할 수 있다.

② 근무보고서와 달리 회의록의 비공개 심사와 의결은 정보공개대상으로 볼 수 없다.

③ 공개대상인 정보와 비공개정보가 혼합된 경우에 법원은 일부취소를 명할 수 있다.

④ 교도소장의 정보공개신청에 대한 거부도 「행정절차법」상의 처분에 해당되어 「행정절차법」상의 사전통지 의무를 준수하여야 한다.

| 정답해설 |

④ 신청에 따른 처분이 이루어지지 아니한 경우에는 아직 당사자에게 권익이 부과되지 아니하였으므로 특별한 사정이 없는 한 신청에 대한 거부처분이라고 하더라도 직접 당사자의 권익을 제한하는 것은 아니어서 신청에 대한 거부처분을 여기에서 말하는 '당사자의 권익을 제한하는 처분'에 해당한다고 할 수 없는 것이어서 처분의 사전통지대상이 된다고 할 수 없다(대판 2003.11.28. 2003두674).

| 오답해설 |

① 교도소장의 거부처분에 청구인은 취소심판이나 무효등확인심판, 의무이행심판의 청구가 가능하다.

② 재소자가 교도관의 가혹행위를 이유로 형사고소 및 민사소송을 제기하면서 그 증명자료 확보를 위해 '근무보고서'와 '징벌위원회 회의록' 등의 정보공개를 요청하였으나 교도소장이 이를 거부한 사안에서, 근무보고서는 비공개대상정보에 해당한다고 볼 수 없고, 징벌위원회 회의록 중 비공개 심사·의결 부분은 비공개사유에 해당하지만 징벌절차 진행 부분은 비공개사유에 해당하지 않는다(대판 2009.12.10. 2009두12785).

③ 법원이 행정기관의 정보공개거부처분의 위법 여부를 심리한 결과 공개를 거부한 정보에 비공개사유에 해당하는 부분과 그렇지 않은 부분이 혼합되어 있고, 공개청구의 취지에 어긋나지 않는 범위 안에서 두 부분을 분리할 수 있는 경우, 공개가 가능한 정보에 한하여 일부취소를 명할 수 있다(대판 2009.12.10. 2009두12785).

11 행정의 실효성 확보수단 〉 행정강제 〉 행정조사 난이도 中 | 답 ③

행정조사에 대한 설명으로 옳은 것은? (다툼이 있는 경우 판례에 의함)

① 행정기관은 유사하거나 동일한 사안에 대하여 각각 조사를 실시함으로써 행정조사가 명확할 수 있도록 하여야 한다.

② 행정조사는 법령등 또는 행정조사운영계획으로 정하는 바에 따라 정기적으로 실시함을 원칙으로 하고 수시조사를 할 수 있는 규정을 둘 수 없다.

③ 우편물 통관검사절차에서 이루어지는 성분 분석 등의 검사가 압수·수색영장 없이 이루어졌다 하더라도 특별한 사정이 없는 한 위법하지 않다.

④ 행정조사는 그 자체가 행정의 결과실현이 아니라 준비적·보조적 단계에 해당되어 사전통지는 별도로 불요하다는 것이 일반적이다.

| 정답해설 |

③ 우편물 통관검사절차에서 이루어지는 우편물의 개봉, 시료채취, 성분 분석 등의 검사는 수출입물품에 대한 적정한 통관 등을 목적으로 한 행정조사의 성격을 가지는 것으로서 수사기관의 강제처분이라고 할 수 없으므로, 압수·수색영장 없이 우편물의 개봉, 시료채취, 성분 분석 등 검사가 진행되었다 하더라도 특별한 사정이 없는 한 위법하다고 볼 수 없다(대판 2013.9.26. 2013도7718).

| 오답해설 |

① 중복조사를 해서는 안 되고 공동조사를 하여야 한다.

「행정조사기본법」 제4조 【행정조사의 기본원칙】 ① 행정조사는 조사목적을 달성하는데 필요한 최소한의 범위 안에서 실시하여야 하며, 다른 목적 등을 위하여 조사권을 남용하여서는 아니 된다.
② 행정기관은 조사목적에 적합하도록 조사대상자를 선정하여 행정조사를 실시하여야 한다.
③ 행정기관은 유사하거나 동일한 사안에 대하여는 공동조사 등을 실시함으로써 행정조사가 중복되지 아니하도록 하여야 한다.

② 정기조사가 원칙이나 일정한 경우에 수시조사도 가능하다.

「행정조사기본법」 제7조 【조사의 주기】 행정조사는 법령등 또는 행정조사운영계획으로 정하는 바에 따라 정기적으로 실시함을 원칙으로 한다. 다만, 다음 각 호 중 어느 하나에 해당하는 경우에는 수시조사를 할 수 있다.
1. 법률에서 수시조사를 규정하고 있는 경우
2. 법령등의 위반에 대하여 혐의가 있는 경우
3. 다른 행정기관으로부터 법령등의 위반에 관한 혐의를 통보 또는 이첩받은 경우
4. 법령등의 위반에 대한 신고를 받거나 민원이 접수된 경우
5. 그 밖에 행정조사의 필요성이 인정되는 사항으로서 대통령령으로 정하는 경우

④ 행정조사를 실시하고자 하는 행정기관의 장은 제9조에 따른 출석요구서, 제10조에 따른 보고요구서·자료제출요구서 및 제11조에 따른 현장출입조사서(이하 "출석요구서등"이라 한다)를 조사개시 7일 전까지 조사대상자에게 서면으로 통지하여야 한다. 다만, 다음 각 호의 어느 하나에 해당하는 경우에는 행정조사의 개시와 동시에 출석요구서등을 조사대상자에게 제시하거나 행정조사의 목적 등을 조사대상자에게 구두로 통지할 수 있다(동법 제17조 제1항).

12 행정의 실효성 확보수단 〉 행정벌 〉 법인의 책임　　난이도 중 | 답 ③

행정의 실효성 확보수단에 대한 내용으로 옳은 것은? (다툼이 있는 경우 판례에 의함)

① 「행정대집행법」 절차에 따라 「국세징수법」의 예에 의하여 대집행비용을 징수할 수 있음에도 민사소송절차에 의하여 그 비용의 상환을 청구할 수 있다.
② 비상시 또는 위험이 절박한 경우에 있어서 계고·대집행영장의 통지규정에서 정하는 수속을 취할 여유가 없을 경우라도 위의 두 수속 모두를 거치지 아니하고는 대집행을 할 수 없다.
③ 법인이 설립되기 이전에 자연인이 한 행위에 대하여 양벌규정을 적용하여 법인을 처벌할 수는 없다.
④ 「국세징수법」상의 공매통지 자체는 그 상대방인 체납자 등의 법적 지위나 권리·의무에 직접적인 영향을 주는 행정처분에 해당한다고 할 것이므로 공매통지 자체를 항고소송의 대상으로 삼아 그 취소 등을 구할 수 있다.

| 정답해설 |
③ 특별한 근거규정이 없는 한 법인이 설립되기 이전에 자연인이 한 행위에 대하여 양벌규정을 적용하여 법인을 처벌할 수는 없다고 봄이 타당하다(대판 2018.8.1. 2015도10388).

| 오답해설 |
① 규정에 따라 지방자치단체장은 행정대집행의 방법으로 공유재산에 설치한 시설물을 철거할 수 있고, 이러한 행정대집행의 절차가 인정되는 경우에는 민사소송의 방법으로 시설물의 철거를 구하는 것은 허용되지 아니한다(대판 2017.4.13. 2013다207941).
② 비상시 또는 위험이 절박한 경우에 있어서 당해 행위의 급속한 실시를 요하여 전2항에 규정한 수속을 취할 여유가 없을 때에는 그 수속을 거치지 아니하고 대집행을 할 수 있다(「행정대집행법」 제3조 제3항).
④ 공매처분을 하면서 체납자 등에게 공매통지를 하지 않았거나 공매통지를 하였더라도 그것이 적법하지 아니한 경우에는 절차상의 흠이 있어 그 공매처분이 위법하게 되는 것이지만, 공매통지 자체가 그 상대방인 체납자 등의 법적 지위나 권리·의무에 직접적인 영향을 주는 행정처분에 해당한다고 할것은 아니므로 다른 특별한 사정이 없는 한 체납자 등은 공매통지의 결여나 위법을 들어 공매처분의 취소 등을 구할 수 있는 것이지 공매통지 자체를 항고소송의 대상으로 삼아 그 취소 등을 구할 수는 없다(대판 2011.3.24. 2010두25527).

13 행정의 실효성 확보수단 〉 행정강제 〉 이행강제금　　난이도 중 | 답 ④

이행강제금에 대한 설명으로 옳지 않은 것은? (다툼이 있는 경우 판례에 의함)

① 「건축법」상 이행강제금 납부의 최초 독촉은 징수처분으로서 항고소송의 대상이 되는 행정처분이 될 수 있다.
② 「부동산 실권리자명의 등기에 관한 법률」상 장기미등기자가 이행강제금 부과 전에 등기신청의무를 이행하였더라도 동법에 규정된 기간이 지나서 등기신청의무를 이행하였다면 이행강제금을 부과할 수 없다.
③ 「농지법」상 이행강제금은 「비송사건절차법」에 따라 구제를 받을 수 있으며, 항고소송대상인 처분이라 할 수 없다.
④ 시정명령의 이행 기회가 제공되지 아니한 과거의 기간에 대한 이행강제금까지 한꺼번에 부과할 수는 없으나, 이를 위반하여 이루어진 이행강제금 부과처분이라 하여 중대하고도 명백한 하자라고는 할 수 없다.

| 정답해설 |
④ 시정명령의 이행 기회가 제공되지 아니한 과거의 기간에 대한 이행강제금까지 한꺼번에 부과할 수는 없다. 그리고 이를 위반하여 이루어진 이행강제금 부과처분은 과거의 위반행위에 대한 제재가 아니라 행정상의 간접강제수단이라는 이

행강제금의 본질에 반하여 구 「건축법」 제80조 제1항·제4항 등 법규의 중요한 부분을 위반한 것으로서, 그러한 하자는 중대할 뿐만 아니라 객관적으로도 명백하다(대판 2016.7.14. 2015두46598).

| 오답해설 |
① 이행강제금 부과처분을 받은 자가 이행강제금을 기한 내에 납부하지 아니한 때에는 그 납부를 독촉할 수 있으며, 납부독촉에도 불구하고 이행강제금을 납부하지 않으면 체납절차에 의하여 이행강제금을 징수할 수 있고, 이때 이행강제금 납부의 최초 독촉은 징수처분으로서 항고소송의 대상이 되는 행정처분이 될 수 있다(대판 2009.12.24. 2009두14507).
② 장기미등기자가 이행강제금부과 전에 등기신청의무를 이행하였다면 이행강제금의 부과로써 이행을 확보하고자 하는 목적은 이미 실현된 것이므로 「부동산실명법」 제6조 제2항에 규정된 기간이 지나서 등기신청의무를 이행한 경우라 하더라도 이행강제금을 부과할 수 없다고 보아야 한다(대판 2016.6.23. 2015두36454).
③ 「농지법」 제62조 제1항에 따른 이행강제금 부과처분에 불복하는 경우에는 「비송사건절차법」에 따른 재판절차가 적용되어야 하고, 「행정소송법」상 항고소송의 대상은 될 수 없다(대판 2019.4.11. 2018두42955).

14 행정법 통칙 〉 행정법의 법원 〉 법률유보원칙　　난이도 하 | 답 ②

법률유보원칙에 대한 설명으로 옳지 않은 것은? (다툼이 있는 경우 판례에 의함)

① 법률유보원칙에서 요구되는 행정권 행사의 법적 근거는 작용법적 근거를 말하며 원칙적으로 개별적 근거를 의미한다.
② 법규에 명문의 근거가 없음에도 환경보전이라는 중대한 공익상의 이유로 산림훼손허가를 거부하는 것은 법률유보원칙에 비추어 허용되지 않는다.
③ 법률유보원칙은 국민의 기본권 실현과 관련된 영역에 있어서는 입법자가 그 본질적 사항에 대해서 스스로 결정하여야 한다는 요구까지 내포하고 있다.
④ 헌법재판소는 토지등소유자가 도시환경정비사업을 시행하는 경우, 사업시행인가 신청시 필요한 토지등소유자의 동의정족수를 정하는 것은 국민의 권리와 의무의 형성에 관한 기본적이고 본질적인 사항으로 법률유보 내지 의회유보원칙이 지켜져야 할 영역이라고 한다.

| 정답해설 |
② 산림훼손은 국토 및 자연의 유지와 수질 등 환경의 보전에 직접적으로 영향을 미치는 행위이므로, 법령이 규정하는 산림훼손 금지 또는 제한지역에 해당하는 경우는 물론 금지 또는 제한지역에 해당하지 않더라도 허가관청은 산림훼손허가신청 대상토지의 현상과 위치 및 주위의 상황 등을 고려하여 국토 및 자연의 유지와 환경의 보전 등 중대한 공익상 필요가 있다고 인정될 때에는 허가를 거부할 수 있고, 그 경우 법규에 명문의 근거가 없더라도 거부처분을 할 수 있다(대판 2003.3.28. 2002두12113).

| 오답해설 |
① 법률유보원칙에서 요구되는 법적 근거는 작용법적 근거(작용규범·근거규범·수권규범)를 말한다. 조직법적 근거(조직규범·직무규범)는 모든 행정작용에 있어서 당연히 요구된다. 그리고 법률유보원칙에서의 근거는 일반법적 근거가 아닌 개별법적 근거를 말한다.
③ 우리 헌법 제40조("입법권은 국회에 속한다.")의 의미는 적어도 국민의 권리와 의무의 형성에 관한 사항을 비롯하여 국가의 통치조직과 작용에 관한 기본적이고 본질적인 사항은 반드시 국회가 (법률로서) 정하여야 한다는 것이다(헌재 1998.5.28. 96헌가1).
④ 토지등소유자가 도시환경정비사업을 시행하는 경우 사업시행인가 신청시 필요한 토지등소유자의 동의는 개발사업의 주체 및 정비구역 내 토지등소유자를 상대로 수용권을 행사하고 각종 행정처분을 발할 수 있는 행정주체로서의 지위를 가지는 사업시행자를 지정하는 문제로서 그 동의요건을 정하는 것은 국민의 권리와 의무의 형성에 관한 기본적이고 본질적인 사항이므로 국회가 스스로 행하여야 하는 사항에 속하는 것임에도 불구하고 사업시행인가 신청에 필요한 동의정족수를 토지등소유자가 자치적으로 정하여 운영하는 규약에 정하도록 한 것은 법률유보원칙에 위반된다(헌재 2011.8.30. 2009헌바128).

15 행정구제 〉 행정쟁송 〉 행정소송　난이도 중 | 답 ④

집행정지에 대한 설명으로 옳지 않은 것은? (다툼이 있는 경우 판례에 의함)

① 처분의 효력정지는 처분등의 집행 또는 절차의 속행을 정지함으로써 목적을 달성할 수 있는 경우에는 허용되지 아니한다.

② 집행정지의 소극적 요건으로서의 '공공복리'는 그 처분의 집행과 관련된 구체적이고도 개별적인 공익으로서 이러한 소극적 요건에 대한 주장·소명책임은 행정청에게 있다.

③ 접견허가신청에 대한 교도소장의 거부처분은 집행정지의 대상이 되지 않는다.

④ 취소소송이 제기되면 처분의 효력이나 그 집행은 정지되지 않으나 절차의 속행은 정지된다.

| 정답해설 |

④ 취소소송의 제기는 처분등의 효력이나 그 집행 또는 절차의 속행에 영향을 주지 아니한다(「행정소송법」 제23조 제1항).

| 오답해설 |

① 취소소송이 제기된 경우에 처분등이나 그 집행 또는 절차의 속행으로 인하여 생길 회복하기 어려운 손해를 예방하기 위하여 긴급한 필요가 있다고 인정할 때에는 본안이 계속되고 있는 법원은 당사자의 신청 또는 직권에 의하여 처분등의 효력이나 그 집행 또는 절차의 속행의 전부 또는 일부의 정지(이하 "執行停止"라 한다)를 결정할 수 있다. 다만, 처분의 효력정지는 처분등의 집행 또는 절차의 속행을 정지함으로써 목적을 달성할 수 있는 경우에는 허용되지 아니한다(동법 제23조 제2항).

② 「행정소송법」 제23조 제3항에서 집행정지의 요건으로 규정하고 있는 '공공복리에 중대한 영향을 미칠 우려'가 없을 것이라고 할 때의 '공공복리'는 그 처분의 집행과 관련된 구체적이고도 개별적인 공익을 말하는 것으로서 이러한 집행정지의 소극적 요건에 대한 주장·소명책임은 행정청에게 있다(대결 1999.12.20. 자 99무42).

③ 허가신청에 대한 거부처분은 그 효력이 정지되더라도 그 처분이 없었던 것과 같은 상태를 만드는 것에 지나지 아니하는 것이고 그 이상으로 행정청에 대하여 어떠한 처분을 명하는 등 적극적인 상태를 만들어 내는 경우를 포함하지 아니하는 것이므로, 교도소장이 접견을 불허한 처분에 대하여 효력정지를 한다 하여도 이로 인하여 위 교도소장에게 접견의 허가를 명하는 것이 되는 것도 아니고 또 당연히 접견이 되는 것도 아니어서 접견허가거부처분에 의하여 생길 회복할 수 없는 손해를 피하는 데 아무런 보탬도 되지 아니하여 접견허가거부처분의 효력을 정지할 필요성이 없다(대결 1991.5.2. 자 91두15).

16 행정작용 〉 행정행위 〉 부관　난이도 중 | 답 ④

행정행위의 부관에 관한 설명으로 옳지 않은 것은? (다툼이 있는 경우 판례에 의함)

① 행정청은 처분에 재량이 없는 경우에는 법률에 근거가 있는 경우에 부관을 붙일 수 있다.

② 조건이란 행정행위의 효력의 발생 또는 소멸을 장래의 불확실한 사실에 의존시키는 부관을 말하는바 효력의 발생에 관한 조건을 정지조건이라 하고 소멸에 관한 조건을 해제조건이라 한다.

③ 허가에 붙은 기한이 그 허가된 사업의 성질상 부당하게 짧아 그 기한을 허가조건의 존속기간으로 볼 수 있는 경우에도 허가기간이 연장되기 위하여는 그 종기가 도래하기 전에 그 허가기간의 연장에 관한 신청이 있어야 한다.

④ 행정재산에 대한 사용·수익허가에서 공유재산의 관리청이 정한 사용·수익허가의 기간에 대해서는 독립하여 행정소송을 제기할 수 있다.

| 정답해설 |

④ 행정행위의 부관은 부담인 경우를 제외하고는 독립하여 행정소송의 대상이 될 수 없는바, 기부채납받은 행정재산에 대한 사용·수익허가에서 공유재산의 관리청이 정한 사용·수익허가의 기간은 그 허가의 효력을 제한하기 위한 행정행위의 부관으로서 이러한 사용·수익허가의 기간에 대해서는 독립하여 행정소송을 제기할 수 없다(대판 2001.6.15. 99두509).

| 오답해설 |

① 행정청은 처분에 재량이 없는 경우에는 법률에 근거가 있는 경우에 부관을 붙일 수 있다(「행정기본법」 제17조 제2항).

② 장래의 성취불확실한 사실에 의해 처분의 효력이 발생하거나 소멸하는 부관을 조건이라 한다. 성취로서 처분의 효력이 발생하는 경우는 정지조건, 성취로서 처분의 효력이 소멸하면 해제조건이다.

③ 일반적으로 행정처분에 효력기간이 정하여져 있는 경우에는 그 기간의 경과로 그 행정처분의 효력은 상실되고, 다만 허가에 붙은 기한이 그 허가된 사업의 성질상 부당하게 짧은 경우에는 이를 그 허가 자체의 존속기간이 아니라 그 허가조건의 존속기간으로 보아 그 기한이 도래함으로써 그 조건의 개정을 고려한다는 뜻으로 해석할 수는 있지만, 그와 같은 경우라 하더라도 그 허가기간이 연장되기 위하여는 그 종기가 도래하기 전에 그 허가기간의 연장에 관한 신청이 있어야 하며, 만일 그러한 연장신청이 없는 상태에서 허가기간이 만료하였다면 그 허가의 효력은 상실된다(대판 2007.10.11. 2005두12404).

17 종합문제(행정상 법률관계 등)　난이도 하 | 답 ③

행정작용의 특성에 대한 설명으로 옳은 것은? (다툼이 있는 경우 판례에 의함)

　　ㄱ. 조세에 관한 소멸시효가 완성된 후에 부과된 조세부과처분은 위법한 처분이지만 당연무효라고 볼 수는 없다.
　　ㄴ. 「국유재산법」상 일반재산은 취득시효의 대상이 될 수 있다.
　　ㄷ. 국가는 국유재산의 무단점유자에 대하여 변상금 부과·징수권의 행사와는 별도로 민사상 부당이득반환청구의 소를 제기할 수 없다.

① ㄱ　　　　　　　　② ㄱ, ㄷ
③ ㄴ　　　　　　　　④ ㄴ, ㄷ

| 정답해설 |

③ ㄴ이 옳은 내용이다.

ㄴ. 국유잡종재산은 사경제적 거래의 대상으로서 사적 자치의 원칙이 지배되고 있으므로 시효제도의 적용에 있어서도 동일하게 보아야 하고, 국유잡종재산에 대한 시효취득을 부인하는 동규정은 합리적 근거 없이 국가만을 우대하는 불평등한 규정으로서 헌법상의 평등의 원칙과 사유재산권 보장의 이념 및 과잉금지의 원칙에 반한다(헌재 1991.5.13. 89헌가97).

| 오답해설 |

ㄱ. 조세에 관한 소멸시효가 완성되면 국가의 조세부과권과 납세의무자의 납세의무는 당연히 소멸한다 할 것이므로 소멸시효 완성 후에 부과된 부과처분은 납세의무 없는 자에 대하여 부과처분을 한 것으로서 그와 같은 하자는 중대하고 명백하여 그 처분의 효력은 당연무효이다(대판 1985.5.14. 83누655).

ㄷ. 구 「국유재산법」(2009.1.30. 법률 제9401호로 전부 개정되기 전의 것. 이하 같다) 제51조 제1항, 제4항, 제5항에 의한 변상금 부과·징수권은 민사상 부당이득반환청구권과 법적 성질을 달리하므로, 국가는 무단점유자를 상대로 변상금 부과·징수권의 행사와 별도로 국유재산의 소유자로서 민사상 부당이득반환청구의 소를 제기할 수 있다(대판 2014.7.16. 2011다76402 전원합의체).

18 행정구제 〉 행정쟁송 〉 행정소송　난이도 중 | 답 ②

「행정소송법」상 당사자소송에 대한 내용으로 옳지 <u>않은</u> 것은? (다툼이 있는 경우 판례에 의함)

① 당사자소송으로 제기해야 할 사건을 민사소송으로 잘못 제기한 경우, 수소법원이 행정소송에 대한 관할을 가지고 있지 않다면 당해 소송이 당사자소송으로서의 소송요건을 갖추지 못하였음이 명백하지 않는 한 당사자소송의 관할 법원으로 이송하여야 한다.
② 구 「공익사업을 위한 토지 등의 취득 및 보상에 관한 법률」에 의한 주거이전비 보상청구는 민사소송에 의한다.
③ 폐광대책비의 일종으로 폐광된 광산에서 업무상 재해를 입은 근로자에게 지급하는 재해위로금의 지급 청구는 당사자소송에 해당한다.
④ 당사자소송을 본안으로 하는 가처분에 대하여는 「행정소송법」상 집행정지에 관한 규정이 준용되지 않고, 「민사집행법」상 가처분에 관한 규정이 준용되어야 한다.

| 정답해설 |
② 주거이전비는 당해 공익사업 시행지구 안에 거주하는 세입자들의 조기이주를 장려하여 사업추진을 원활하게 하려는 정책적인 목적과 주거이전으로 인하여 특별한 어려움을 겪게 될 세입자들을 대상으로 하는 사회보장적인 차원에서 지급되는 금원의 성격을 가지므로, 적법하게 시행된 공익사업으로 인하여 이주하게 된 <u>주거용 건축물 세입자의 주거이전비 보상청구권은 공법상의 권리이고, 따라서 그 보상을 둘러싼 쟁송은 민사소송이 아니라 공법상의 법률관계를 대상으로 하는 행정소송에 의하여야 한다</u>(대판 2008.5.29. 2007다8129).

| 오답해설 |
① 「행정소송법」 제7조는 <u>원고의 고의 또는 중대한 과실 없이 행정소송이 심급을 달리하는 법원에 잘못 제기된 경우에 「민사소송법」 제31조 제1항을 적용하여 이를 관할 법원에 이송하도록 규정하고 있을 뿐 아니라,</u> 관할 위반의 소를 부적법하다고 하여 각하하는 것보다 관할 법원에 이송하는 것이 당사자의 권리구제나 소송경제의 측면에서 바람직하므로, <u>원고가 고의 또는 중대한 과실 없이 행정소송으로 제기하여야 할 사건을 민사소송으로 잘못 제기한 경우, 수소법원으로서는 만약 그 행정소송에 대한 관할도 동시에 가지고 있다면 이를 행정소송으로 심리·판단하여야 하고,</u> 그 행정소송에 대한 관할을 가지고 있지 아니하다면 당해 소송이 이미 행정소송으로서의 전심절차 및 제소기간을 도과하였거나 행정소송의 대상이 되는 처분 등이 존재하지도 아니한 상태에 있는 등 행정소송으로서의 소송요건을 결하고 있음이 명백하여 행정소송으로 제기되었더라도 어차피 부적법하게 되는 경우가 아닌 이상 이를 부적법한 소라고 하여 <u>각하할 것이 아니라 관할 법원에 이송하여야 한다</u>(대판 1997.5.30. 95다28960).
③ 폐광대책비의 일종으로 폐광된 광산에서 업무상 재해를 입은 근로자에게 지급하는 재해위로금은, 국내의 석탄수급상황을 감안하여 채탄을 계속하는 것이 국민경제의 균형발전을 위하여 바람직하지 못하다고 판단되는 경제성이 없는 석탄광산을 폐광함에 있어서 그 광산에서 입은 재해로 인하여 전업 등에 특별한 어려움을 겪게 될 퇴직근로자를 대상으로 사회보장적인 차원에서 통상적인 재해보상금에 추가하여 지급하는 위로금의 성격을 갖는 것이고, 이러한 <u>재해위로금에 대한 지급청구권은 공법상의 권리로서 그 지급을 구하는 소송은 공법상의 법률관계에 관한 소송인 공법상 당사자소송에 해당한다</u>(대판 1999.1.26. 98두12598).
④ 당사자소송에 대하여는 「행정소송법」 제23조 제2항의 집행정지에 관한 규정이 준용되지 아니하므로(「행정소송법」 제44조 제1항 참조), 이를 본안으로 하는 가처분에 대하여는 「행정소송법」 제8조 제2항에 따라 「민사집행법」상 가처분에 관한 규정이 준용되어야 한다(대결 2015.8.21. 자 2015무26).

19 행정작용 〉 비권력적 행정 〉 행정지도　난이도 하 | 답 ①

행정지도에 대한 설명으로 옳은 것은? (다툼이 있는 경우 판례에 의함)

① 주무부처 장관의 대학총장들에 대한 학칙시정요구는 규제적·구속적 성격이 강하기 때문에 헌법소원의 대상이 된다.
② 세무당국이 특정 업체와의 주류거래를 일정기간 중지하여 줄 것을 요청한 행위는 항고소송의 대상이다.
③ 행정지도의 한계 일탈로 인해 상대방에게 손해가 발생한 경우 행정기관은 손해배상책임이 없다.
④ 위법한 행정지도에 따라 행한 사인의 행위는 법령에 명시적으로 정함이 없는 한 위법성이 조각된다고 할 수 있다.

| 정답해설 |
① 교육인적자원부장관(현 교육부장관)의 국·공립대학 총장들에 대한 학칙시정요구는 대학총장의 임의적인 협력을 통하여 사실상의 효과를 발생시키는 행정지도의 일종이지만, 일정한 불이익조치를 예정하고 있어 헌법소원의 대상이 되는 공권력의 행사라고 볼 수 있다(헌재 2003.6.26. 2002헌마337, 2003헌마7·8 병합).

| 오답해설 |
② 항고소송의 대상이 되는 행정처분은 행정청의 공법상의 행위로서 상대방 또는 기타 관계자들의 법률상 지위에 직접적으로 법률적인 변동을 일으키는 행위를 말하는 것이므로 <u>세무당국이 소외 회사에 대하여 원고와의 주류거래를 일정기간 중지하여 줄 것을 요청한 행위는 권고 내지 협조를 요청하는 권고적 성격의 행위로서 소외 회사나 원고의 법률상의 지위에 직접적인 법률상의 변동을 가져오는 행정처분이라고 볼 수 없는 것이므로 항고소송의 대상이 될 수 없다</u>(대판 1980.10.27. 80누395).
③ 행정지도가 강제성을 띠지 않은 비권력적 작용으로서 행정지도의 한계를 일탈하지 아니하였다면, 그로 인하여 상대방에게 어떤 손해가 발생하였다 하더라도 행정기관은 그에 대한 손해배상책임이 없다(대판 2008.9.25. 2006다18228). → 행정지도의 한계 일탈로 상대방에게 손해가 발생하면 손해배상책임이 인정된다.
④ 토지의 매매대금을 허위로 신고하고 계약을 체결하였다면 이는 계약예정금액에 대하여 허위의 신고를 하고 토지 등의 거래계약을 체결한 것으로서 구 「국토이용관리법」(1993.8.5. 법률 제4572호로 개정되기 전의 것) 제33조 제4호에 해당한다고 할 것이고, 행정관청이 「국토이용관리법」 소정의 토지거래계약신고에 관하여 공시된 기준시가를 기준으로 매매가격을 신고하도록 행정지도를 하여 그에 따라 허위신고를 한 것이라 하더라도 이와 같은 행정지도는 법에 어긋나는 것으로서 <u>그와 같은 행정지도나 관행에 따라 허위신고행위에 이르렀다고 하여도 이것만 가지고서는 그 범법행위가 정당화될 수 없다</u>(대판 1994.6.14. 93도3247).

20 행정의 실효성 확보수단 〉 행정벌 〉 행정벌의 내용　난이도 중 | 답 ④

행정벌에 대한 설명으로 옳지 <u>않은</u> 것은? (다툼이 있는 경우 판례에 의함)

① 행정벌에 대하여 명문규정이 없는 경우에도 법령의 입법 목적이나 제반 관계규정의 취지 등을 고려하여 과실범을 처벌할 수 있다는 것이 대법원의 입장이다.
② 대법원은 행정형벌과 행정질서벌은 그 성질이나 목적을 달리하는 별개의 것이므로 행정질서벌인 과태료를 납부한 후에 형사처벌을 한다고 하여 이를 일사부재리의 원칙에 반하는 것이라고 할 수는 없다고 보고 있다.
③ 경찰서장이 범칙행위에 대하여 통고처분을 하였는데 통고처분에서 정한 범칙금 납부기간이 경과하지 아니한 경우, 원칙적으로 즉결심판을 청구할 수 없고, 검사도 동일한 범칙행위에 대하여 공소를 제기할 수 없다.
④ 대법원은 행정법규 위반에 대하여 가하는 제재조치로서의 행정처분도 특별한 경우가 아닌 한 고의 또는 과실을 그 요건으로 한다고 판시하였다.

| 정답해설 |

④ 구 「여객자동차 운수사업법」(2012.2.1. 법률 제11295호로 개정되기 전의 것) 제88조 제1항의 과징금부과처분은 제재적 행정처분으로서 여객자동차 운수사업에 관한 질서를 확립하고 여객의 원활한 운송과 여객자동차 운수사업의 종합적인 발달을 도모하여 공공복리를 증진한다는 행정목적의 달성을 위하여 <u>행정법규 위반이라는 객관적 사실에 착안하여 가하는 제재이므로 반드시 현실적인 행위자가 아니라도 법령상 책임자로 규정된 자에게 부과되고 원칙적으로 위반자의 고의·과실을 요하지 아니하나,</u> 위반자의 의무 해태를 탓할 수 없는 정당한 사유가 있는 등의 특별한 사정이 있는 경우에는 이를 부과할 수 없다(대판 2014.10.15. 2013두5005).

| 오답해설 |

① 「대기환경보전법」의 입법목적이나 관계규정의 취지 등을 고려하면, 자동차운행상의 과실로 동법상의 법정 매연배출허용기준을 초과한다는 점을 인식하지 못한 경우에도 처벌하는 취지라고 해석함이 상당하다(대판 1993.9.10. 92도1136).

② 행정법상의 질서벌인 과태료의 부과처분과 형사처벌은 그 성질이나 목적을 달리하는 별개의 것이므로 행정법상의 질서벌인 과태료를 납부한 후에 형사처벌을 한다고 하여 이를 일사부재리의 원칙에 반하는 것이라고 할 수는 없다(대판 1996.4.12. 96도158).

③ 경찰서장이 범칙행위에 대하여 통고처분을 한 이상, 범칙자의 위와 같은 절차적 지위를 보장하기 위하여 통고처분에서 정한 범칙금 납부기간까지는 원칙적으로 경찰서장은 즉결심판을 청구할 수 없고, 검사도 동일한 범칙행위에 대하여 공소를 제기할 수 없다고 보아야 한다(대판 2020.4.29. 2017도13409).

01	②	02	①	03	②	04	④	05	①
06	④	07	①	08	②	09	①	10	④
11	③	12	②	13	①	14	④	15	③
16	②	17	③	18	①	19	③	20	①

▶ 풀이시간: /17분 나의 점수: /100점

01 행정법 통칙 〉 행정법의 법원 〉 행정법의 일반원칙   난이도 중 | 답 ②

행정법의 일반원칙에 대한 설명으로 옳지 않은 것은? (다툼이 있는 경우 판례에 의함)

① 신뢰보호원칙에서 행정청의 견해표명이 정당하다는 신뢰에 대한 개인의 귀책사유의 유무는 상대방뿐만 아니라 그로부터 신청행위를 위임받은 수임인 등 관계자 모두를 기준으로 판단하여야 한다.

② 헌법재판소의 위헌결정은 행정청이 개인에 대하여 신뢰의 대상이 되는 공적인 견해를 표명한 것이라고 할 수 있으므로 그 결정에 관련한 개인의 행위에 대하여는 신뢰보호의 원칙이 적용된다.

③ 부당결부금지의 원칙은 공행정작용에 있어서 부당한 반대급부를 결부시켜서는 아니 된다는 것인데, 이 경우 부당한 반대급부인지의 여부는 '실질적 관련성'을 기준으로 판단한다.

④ 청원경찰의 인원감축을 위하여 초등학교 졸업 이하 학력소지자 집단과 중학교 중퇴 이상 학력 소지자 집단으로 나누어 각 집단별로 같은 감원비율의 인원을 선정한 것은 위법한 재량권 행사이다.

| 정답해설 |
② 헌법재판소의 위헌결정은 행정청이 개인에 대하여 신뢰의 대상이 되는 공적인 견해를 표명한 것이라고 할 수 없으므로 그 결정에 관련한 개인의 행위에 대하여는 신뢰보호의 원칙이 적용되지 아니한다(대판 2003.6.27. 2002두6965).

| 오답해설 |
① 귀책사유라 함은 행정청의 견해표명의 하자가 상대방 등 관계자의 사실은폐나 기타 사위의 방법에 의한 신청행위 등 부정행위에 기인한 것이거나 그러한 부정행위가 없다고 하더라도 하자가 있음을 알았거나 중대한 과실로 알지 못한 경우 등을 의미한다고 해석함이 상당하고, 귀책사유의 유무는 상대방과 그로부터 신청행위를 위임받은 수임인 등 관계자 모두를 기준으로 판단하여야 한다(대판 2002.11.8. 2001두1512).

③ 행정청은 행정작용을 할 때 상대방에게 해당 행정작용과 실질적인 관련이 없는 의무를 부과해서는 아니 된다(「행정기본법」 제13조).

④ 행정자치부(현, 행정안전부)의 지방조직 개편지침의 일환으로 청원경찰의 인원감축을 위한 면직처분대상자를 선정함에 있어서 초등학교 졸업 이하 학력소지자 집단과 중학교 중퇴 이상 학력소지자 집단으로 나누어 각 집단별로 같은 감원비율 상당의 인원을 선정한 것은 합리성과 공정성을 결여하고, 평등의 원칙에 위배하여 그 하자가 중대하다 할 것이나, 그렇게 한 이유가 시험문제 출제 수준이 중학교 학력 수준이어서 초등학교 졸업 이하 학력소지자에게 상대적으로 불리할 것이라는 판단 아래 이를 보완하기 위한 것이었으므로 그 하자가 객관적으로 명백하다고 보기는 어렵다(대판 2002.2.8. 2000두4057).

02 행정법 통칙 〉 행정상 법률관계 〉 개인적 공권   난이도 중 | 답 ①

개인적 공권에 대한 설명으로 옳지 않은 것은? (다툼이 있는 경우 판례에 의함)

① 사회권적 기본권의 성격을 가지는 연금수급권은 헌법에 근거한 개인적 공권이므로 헌법 규정만으로도 실현할 수 있다.

② 개인적 공권이 성립하려면 공법상 강행법규가 국가 기타 행정주체에게 행위의무를 부과해야 하는데, 과거에는 그 의무가 기속행위의 경우에만 인정되었으나, 오늘날에는 재량행위에도 인정된다고 보는 것이 일반적이다.

③ 환경영향평가 대상지역 밖의 주민은 공유수면매립면허처분 전과 비교하여 수인한도를 넘는 환경피해를 받을 우려가 있는 때에는 이를 입증함으로써 처분의 무효확인을 구할 법률상 이익을 인정받을 수 있다.

④ 수익적 행정처분의 근거가 되는 법률이 해당 업자들 사이의 과당경쟁으로 인한 경영의 불합리를 방지하는 목적도 가지고 있는 경우, 기존업자가 경업자에 대한 면허나 인·허가등의 수익적 행정처분의 취소를 구할 원고적격이 있다.

| 정답해설 |
① 공무원연금수급권과 같은 사회보장수급권은 "모든 국민은 인간다운 생활을 할 권리를 가지고, 국가는 사회보장·사회복지의 증진에 노력할 의무를 진다."라고 규정한 헌법 제34조 제1항 및 제2항으로부터 도출되는 사회적 기본권 중의 하나로서, 이는 국가에 대하여 적극적으로 급부를 요구하는 것이므로 헌법 규정만으로는 이를 실현할 수 없어 법률에 의한 형성이 필요하고, 그 구체적인 내용, 즉 수급요건, 수급권자의 범위 및 급여금액 등은 법률에 의하여 비로소 확정된다(헌재 2013.9.26. 2011헌바272).

| 오답해설 |
② 과거 빌러 시기에는 기속행위만 강행법규로 봄에 따라 재량행위는 개인적 공권의 논의대상이 아니었으나, 현대에 이르러 재량행위도 강행법규에 포함되는 것으로 보아 사익보호성만 갖추면 개인적 공권이 성립하게 되었고, 그러한 사익보호성을 갖춘 것이 무하자재량행사청구권이다. 즉, 무하자재량행사청구권은 재량행위의 영역에서 공권의 성립을 인정한 점에서 큰 의미를 갖는다.

③ 환경영향평가 대상지역 밖의 주민이라 할지라도 공유수면매립면허처분 등으로 인하여 그 처분 전과 비교하여 수인한도를 넘는 환경피해를 받거나 받을 우려가 있는 경우에는, 공유수면매립면허처분 등으로 인하여 환경상 이익에 대한 침해 또는 침해우려가 있다는 것을 입증함으로써 그 처분 등의 무효확인을 구할 원고적격을 인정받을 수 있다(대판 2006.3.16. 2006두330 전원합의체).

④ 면허나 인·허가 등의 수익적 행정처분의 근거가 되는 법률이 해당 업자들 사이의 과당경쟁으로 인한 경영의 불합리를 방지하는 것도 그 목적으로 하고 있는 경우, 다른 업자에 대한 면허나 인·허가 등의 수익적 행정처분에 대하여 미리 같은 종류의 면허나 인·허가 등의 처분을 받아 영업을 하고 있는 기존의 업자는 경업자에 대하여 이루어진 면허나 인·허가 등 행정처분의 상대방이 아니라 하더라도 당해 행정처분의 취소를 구할 원고적격이 있다(대판 2010.6.10. 2009두10512).

03 행정작용 〉 행정행위 〉 행정행위의 하자   난이도 중 | 답 ②

행정행위의 하자에 관한 설명으로 옳지 않은 것은? (다툼이 있는 경우 판례에 의함)

① 조세부과처분의 근거규정이 위헌으로 선언된 경우, 그에 기한 조세부과처분이 위헌결정 전에 이루어졌다 하더라도 위헌결정 이후에 조세채권의 집행을 위해 새로이 착수된 체납처분은 당연무효이다.

② 선행처분인 국제항공노선 운수권 배분 실효처분 및 노선면허거부 처분에 대하여 이미 불가쟁력이 생겨 그 효력을 다툴 수 없게 되었더라도 후행처분인 노선면허처분을 다투는 단계에서 선행처분의 하자를 다툴 수 있다.

③ 재건축주택조합설립인가처분 당시 동의율을 충족하지 못한 하자는 후에 추가동의서가 제출되었다는 사정만으로 치유될 수 없다.

④ 헌법재판소의 위헌결정의 효력은 위헌제청을 한 당해 사건은 물론 위헌제청신청은 아니하였지만 당해 법률 또는 법률의 조항이 재판의 전제가 되어 법원에 계속 중인 사건에도 미친다.

| 정답해설 |

② 선행처분인 국제항공노선 운수권배분 실효처분 및 노선면허거부처분에 대하여 이미 불가쟁력이 생겨 그 효력을 다툴 수 없게 된 이상 그에 위법사유가 있더라도 그것이 당연무효 사유가 아닌 한 그 하자가 후행처분인 노선면허처분에 승계된다고 할 수 없다(대판 2004.11.26. 2003두3123).

| 오답해설 |

① 조세 부과의 근거가 되었던 법률규정이 위헌으로 선언된 경우, 비록 그에 기한 과세처분이 위헌결정 전에 이루어졌고, 과세처분에 대한 제소기간이 이미 경과하여 조세채권이 확정되었으며, 조세채권의 집행을 위한 체납처분의 근거규정 자체에 대하여는 따로 위헌결정이 내려진 바 없다고 하더라도, 위와 같은 위헌결정 이후에 조세채권의 집행을 위한 새로운 체납처분에 착수하거나 이를 속행하는 것은 더 이상 허용되지 않고, 나아가 이러한 위헌결정의 효력에 위배하여 이루어진 체납처분은 그 사유만으로 하자가 중대하고 객관적으로 명백하여 당연무효라고 보아야 한다(대판 2012.2.16. 2010두10907).

③ 이 사건 설립인가처분 당시 동의율을 충족하지 못한 하자는 후에 추가동의서가 제출되었다는 사정만으로 치유될 수 없다고 판단하였다. 앞서 본 법리에 비추어 기록을 살펴보면, 원심의 위와 같은 판단은 정당한 것으로 수긍할 수 있다. 거기에 상고이유의 주장과 같이 행정처분의 하자의 치유에 관한 법리를 오해하는 등의 위법이 있다고 할 수 없다(대판 2013.7.11. 2011두27544).

④ 헌법재판소 위헌결정의 효력은 원칙적으로 장래효이다. 또한 위헌결정의 효력은 위헌제청을 한 당해 사건은 물론 위헌제청을 하지 않았지만 당해 법률을 전제로 재판이 진행 중인 사건에 미침이 원칙이다. 하지만 헌법재판소는 예외적으로 위헌결정 이후에 제소된 일반사건도 정의와 형평에 반하는 경우에는 소급효를 예외적으로 인정할 수 있다고 한다(헌재 2013.6.27. 2010헌마535).

04 행정법 통칙 〉 행정상 법률관계 〉 사인의 공법행위 　난이도 상 | 답 ④

사인의 공법행위로서 신고에 대한 설명으로 옳고(○), 그름(×)을 바르게 나열한 것은? (다툼이 있는 경우 판례에 의함)

> ㄱ. 부동산 투기나 이주대책 요구 등을 방지할 목적으로 주민등록 전입신고를 거부하는 것은 「주민등록법」의 입법 목적과 취지 등에 비추어 허용될 수 없다.
>
> ㄴ. 구 「체육시설의 설치·이용에 관한 법률」에 의한 골프장이용료 변경신고서는 행정청에 제출하여 접수한 때에 신고가 있었다고 볼 것이고, 행정청의 수리행위가 있어야만 하는 것은 아니다.
>
> ㄷ. 사업양도·양수에 따른 지위승계신고가 수리된 경우 사업의 양도·양수가 무효라면 그를 이유로 허가관청을 상대로 신고수리처분의 무효확인을 구할 수 있다.

① ㄱ.(○), ㄴ.(×), ㄷ.(○)

② ㄱ.(×), ㄴ.(○), ㄷ.(○)

③ ㄱ.(○), ㄴ.(○), ㄷ.(×)

④ ㄱ.(○), ㄴ.(○), ㄷ.(○)

| 정답해설 |

④ ㄱ. (○), ㄴ. (○), ㄷ. (○)이다.

ㄱ. (○) 무허가 건축물을 실제 생활의 근거지로 삼아 10년 이상 거주해 온 사람의 주민등록 전입신고를 거부한 사안에서, 부동산투기나 이주대책 요구 등을 방지

할 목적으로 주민등록전입신고를 거부하는 것은 「주민등록법」의 입법 목적과 취지 등에 비추어 허용될 수 없다(대판 2009.6.18. 2008두10997 전원합의체).

ㄴ. (○) 행정청에 대한 신고는 일정한 법률사실 또는 법률관계에 관하여 관계행정청에 일방적으로 통고를 하는 것을 뜻하는 것으로서 법에 별도의 규정이 있거나 다른 특별한 사정이 없는 한 행정청에 대한 통고로서 그치는 것이고 그에 대한 행정청의 반사적 결정을 기다릴 필요가 없는 것이므로, 「체육시설의 설치·이용에 관한 법률」 제18조에 의한 변경신고서는 그 신고 자체가 위법하거나 그 신고에 무효사유가 없는 한 이것이 도지사에게 제출하여 접수된 때에 신고가 있었다고 볼 것이고, 도지사의 수리행위가 있어야만 신고가 있었다고 볼 것은 아니다(대결 1993.7.6. 자 93마635).

ㄷ. (○) 사업양도·양수에 따른 허가관청의 지위승계신고의 수리는 적법한 사업의 양도·양수가 있었음을 전제로 하는 것이므로, 그 수리대상인 사업양도·양수가 존재하지 아니하거나 무효인 때에는 수리를 하였다 하더라도 그 수리는 유효한 대상이 없는 것으로서 당연히 무효라 할 것이고, 사업의 양도행위가 무효라고 주장하는 양도자는 민사쟁송으로 양도·양수행위의 무효를 구함이 없이 막바로 허가관청을 상대로 하여 행정소송으로 위 신고수리처분의 무효확인을 구할 법률상 이익이 있다(대판 2005.12.23. 2005두3554).

05 행정작용 〉 행정행위 〉 부관 　난이도 중 | 답 ①

행정행위의 부관에 관한 내용으로 옳지 않은 것은? (다툼이 있는 경우 판례에 의함)

① 도로점용허가에서 부관인 점용기간을 정함에 있어서 위법사유가 있다 하더라도 도로점용허가 전체가 위법하게 되지는 않는다.

② 수익적 행정처분에 있어서는 법령에 특별한 근거규정이 없다고 하더라도 그 부관으로서 부담을 붙일 수 있을 뿐만 아니라, 그러한 부담의 내용을 협약을 통하여 정할 수 있다.

③ 행정처분에 이미 부담이 부가되어 있는 상태에서 그 의무의 범위 또는 내용 등을 변경하는 부관의 사후변경은, 법률에 명문의 규정이 있거나 그 변경이 미리 유보되어 있는 경우 또는 상대방의 동의가 있는 경우 등에 허용되는 것이 원칙이다.

④ 행정행위의 부관 중 부담은 행정행위의 불가분적 요소가 아니고 그 존속이 본체인 행정행위의 존재를 전제로 하는 것일 뿐이므로 그 자체로서 행정소송의 대상이 될 수 있다.

| 정답해설 |

① 도로점용허가의 점용기간은 행정행위의 본질적인 요소에 해당하기 때문에 부관인 점용기간에 위법사유가 있다면 이로써 도로점용허가행위 전부가 위법하게 된다(대판 1985.7.9. 84누604).

| 오답해설 |

② 수익적 행정처분에 있어서는 법령에 특별한 근거규정이 없다고 하더라도 그 부관으로서 부담을 붙일 수 있고, 그와 같은 부담은 행정청이 행정처분을 하면서 일방적으로 부가할 수도 있지만 부담을 부가하기 이전에 상대방과 협의하여 부담의 내용을 협약의 형식으로 미리 정한 다음 행정처분을 하면서 이를 부가할 수도 있다(대판 2009.2.12. 2005다65500).

③ 행정처분에 이미 부담이 부가되어 있는 상태에서 그 의무의 범위 또는 내용 등을 변경하는 부관의 사후변경은, 법률에 명문의 규정이 있거나 그 변경이 미리 유보되어 있는 경우 또는 상대방의 동의가 있는 경우에 한하여 허용되는 것이 원칙이지만, 사정변경으로 인하여 당초에 부담을 부가한 목적을 달성할 수 없게 된 경우에도 그 목적달성에 필요한 범위 내에서 예외적으로 허용된다(대판 1997.5.30. 97누2627).

> 「행정기본법」 제17조 【부관】 ③ 행정청은 부관을 붙일 수 있는 처분이 다음 각 호의 어느 하나에 해당하는 경우에는 그 처분을 한 후에도 부관을 새로 붙이거나 종전의 부관을 변경할 수 있다.
> 1. 법률에 근거가 있는 경우
> 2. 당사자의 동의가 있는 경우
> 3. 사정이 변경되어 부관을 새로 붙이거나 종전의 부관을 변경하지 아니하면 해당 처분의 목적을 달성할 수 없다고 인정되는 경우

④ 행정행위의 부관 중에서도 행정행위에 부수하여 그 행정행위의 상대방에게 일정한 의무를 부과하는 행정청의 의사표시인 부담의 경우에는 다른 부관과는 달

리 행정행위의 불가분적인 요소가 아니고 그 존속이 본체인 행정행위의 존재를 전제로 하는 것일 뿐이므로 부담 그 자체로서 행정쟁송의 대상이 될 수 있다(대판 1992.1.21, 91누1264).

06 행정작용 〉 행정입법 〉 행정규칙   난이도 중 | 답 ④

행정입법에 대한 설명으로 옳은 것은? (다툼이 있는 경우 판례에 의함)

① 법규명령이 위임의 근거가 없어 무효였더라도 나중에 법개정으로 위임의 근거가 부여되면 소급하여 유효한 법규명령으로 볼 수 있다.

② 고시가 다른 집행행위의 매개 없이 그 자체로서 직접 국민의 구체적인 권리·의무나 법률관계를 규율하는 성격을 가질 때에도 고시의 형식으로 되어 있는 한 항고소송의 대상이 되는 행정처분에 해당되지 않는다.

③ 법령의 위임관계는 반드시 하위법령의 개별조항에서 위임의 근거가 되는 상위법령의 해당 조항을 구체적으로 명시하고 있어야만 한다.

④ 사실상의 준비행위 또는 사전안내로 볼 수 있는 국립대학의 대학입학고사 주요 요강은 공권력 행사이지만 항고소송의 대상이 되는 처분이라 할 수 없다.

| 정답해설 |
④ 서울대학교의 '1994학년도 대학입학고사 주요 요강'은 사실상의 준비행위 내지 사전안내로서 <u>행정쟁송의 대상이 될 수 있는 행정처분은 될 수 없지만 공권력 행사에 해당하여 헌법소원의 대상이 된다</u>(헌재 1992.10.1. 92헌마68·76).

| 오답해설 |
① 일반적으로 법률의 위임에 의하여 효력을 갖는 법규명령의 경우, <u>구법에 위임의 근거가 없어 무효였더라도 사후에 법개정으로 위임의 근거가 부여되면 그 때부터는 유효한 법규명령이 되나</u>, 반대로 구법의 위임에 의한 유효한 법규명령이 법개정으로 위임의 근거가 없어지게 되면 그 때부터 무효인 법규명령이 되므로, 어떤 법령의 위임 근거 유무에 따른 유효 여부를 심사하려면 법개정의 전·후에 걸쳐 모두 심사하여야만 그 법규명령의 시기에 따른 유효·무효를 판단할 수 있다(대판 1995.6.30. 93추83).
② 어떠한 고시가 일반적·추상적 성격을 가질 때에는 법규명령 또는 행정규칙에 해당할 것이지만, 다른 집행행위의 매개 없이 그 자체로서 직접 국민의 구체적인 권리·의무나 법률관계를 규율하는 성격을 가질 때에는 항고소송의 대상이 되는 행정처분에 해당한다(대결 2003.10.9. 자 2003무23).
③ <u>법령의 위임관계는 반드시 하위법령의 개별조항에서 위임의 근거가 되는 상위법령의 해당 조항을 구체적으로 명시하고 있어야만 하는 것은 아니라고 할 것</u>이므로, 같은 법 시행규칙 제5조가 같은 법 시행령 제8조 제3항과의 위임관계를 위와 같이 명시하고 있다고 하여 같은 법 시행규칙의 다른 규정에서 같은 법 시행령 제8조 제3항의 위임에 기하여 풍속영업의 운영에 관하여 필요한 사항을 따로 정하는 것을 배제하는 취지는 아니라고 할 것이다(대판 1999.12.24. 99두5658).

07 행정작용 〉 비권력적 행정 〉 공법상 계약   난이도 중 | 답 ①

행정계약에 대한 설명으로 옳지 <u>않은</u> 것은? (다툼이 있는 경우 판례에 의함)

① 계약직공무원 채용계약해지의 의사표시는 일반공무원에 대한 징계처분과는 다르지만, 「행정절차법」의 처분절차에 의하여 근거와 이유를 제시하여야 한다.

② 구 「중소기업 기술혁신 촉진법」상 중소기업 정보화지원사업의 일환으로 중소기업기술정보진흥원장이 甲 주식회사와 중소기업 정보화지원사업에 관한 협약을 체결한 후 甲 주식회사의 협약불이행으로 인해 사업실패가 초래된 경우, 중소기업기술진흥원장이 협약에 따라 甲에 대해 행한 협약의 해지 및 지급받은 정부지원금의 환수통보는 행정처분에 해당하지 않는다.

③ 「사회기반시설에 대한 민간투자법」상 민간투자사업의 사업시행자 지정은 공법상 계약이 아닌 행정처분에 해당한다.

④ 국가가 사인과 계약을 체결할 때에는 「국가를 당사자로 하는 계약에 관한 법률」에 따른 계약서를 따로 작성하는 등 그 요건과 절차를 이행하여야 한다.

| 정답해설 |
① 계약직공무원 채용계약해지의 의사표시는 일반공무원에 대한 징계처분과는 달<u>라서 항고소송의 대상이 되는 처분 등의 성격을 가진 것으로 인정되지 아니하고, 일정한 사유가 있을 때에 국가 또는 지방자치단체가 채용계약관계의 한쪽 당사자로서 대등한 지위에서 행하는 의사표시로 취급되는 것으로 이해되므로, 이를 징계해고 등에서와 같이 그 징계사유에 한하여 효력 유무를 판단하여야 하거나, 행정처분과 같이 「행정절차법」에 의하여 근거와 이유를 제시하여야 하는 것은 아니다</u>(대판 2002.11.26. 2002두5948).

| 오답해설 |
② 중소기업기술정보진흥원장이 甲 주식회사와 중소기업 정보화지원사업 지원대상인 사업의 지원에 관한 협약을 체결하였는데, 협약이 甲 회사에 책임이 있는 사업실패로 해지되었다는 이유로 협약에서 정한 대로 지급받은 정부지원금을 반환할 것을 통보한 사안에서, <u>협약의 해지 및 그에 따른 환수통보는 행정청이 우월한 지위에서 행하는 공권력의 행사로서 행정처분에 해당한다고 볼 수 없다</u>(대판 2015.8.27. 2015두41449).
③ 지방자치단체의 장이 공유재산법에 근거하여 기부채납 및 사용·수익허가 방식<u>으로 민간투자사업을 추진하는 과정에서 사업시행자를 지정하기 위한 전 단계에서 공모제안을 받아 일정한 심사를 거쳐 우선협상대상자를 선정하는 행위와 이미 선정된 우선협상대상자를 그 지위에서 배제하는 행위는 민간투자사업의 세부내용에 관한 협상을 거쳐 공유재산법에 따른 공유재산의 사용·수익허가를 우선적으로 부여받을 수 있는 지위를 설정하거나 또는 이미 설정한 지위를 박탈하는 조치이므로 모두 항고소송의 대상이 되는 행정처분으로 보아야 한다</u>(대판 2020.4.29. 2017두31064).
④ 지방자치단체가 사경제의 주체로서 사인과 사법상의 계약을 체결함에 있어서는 위 법령에 따른 계약서를 따로 작성하는 등 그 요건과 절차를 이행하여야 하고, 설사 지방자치단체와 사인 사이에 사법상의 계약 또는 예약이 체결되었다 하더라도 위 법령상의 요건과 절차를 거치지 않은 계약 또는 예약은 그 효력이 없다(대판 2009.12.24. 2009다51288).

> **「행정기본법」 제27조【공법상 계약의 체결】** ① 행정청은 법령등을 위반하지 아니하는 범위에서 행정목적을 달성하기 위하여 필요한 경우에는 공법상 법률관계에 관한 계약(이하 "공법상 계약"이라 한다)을 체결할 수 있다. 이 경우 계약의 목적 및 내용을 명확하게 적은 계약서를 작성하여야 한다.

08 행정작용 〉 행정행위 〉 행정행위의 내용   난이도 중 | 답 ②

행정행위에 대한 설명으로 옳은 것은? (다툼이 있는 경우 판례에 의함)

① 산림형질변경허가와 같이 재량행위성이 인정되는 허가의 경우 중대한 공익상 필요가 있다고 인정되는 때에는 그 허가를 거부할 수 있으며, 다만 그 경우 별도로 명문의 근거가 있어야 한다.

② 허가의 갱신은 허가취득자에게 종전의 지위를 계속 유지시키는 효과를 갖게 하는 것으로 갱신 후라도 갱신 전 법위반사실을 근거로 허가를 취소할 수 있다.

③ 인가처분에 하자가 없더라도 기본행위의 하자를 이유로 행정청의 인가처분의 취소 또는 무효확인을 구할 법률상 이익이 인정된다.

④ 학교법인 임원에 대한 감독청의 취임승인은 그 대상인 기본행위의 효과를 완성시키는 보충행위이므로 그 기본행위가 불성립 또는 무효인 경우에도 그에 대한 인가가 있게 되면 그 기본행위는 유효가 된다.

| 정답해설 |
② 유료직업 소개사업의 허가갱신은 허가취득자에게 종전의 지위를 계속 유지시키는 효과를 갖는 것에 불과하고 갱신 후에는 갱신 전의 법위반사항을 불문에 붙

이는 효과를 발생하는 것이 아니므로 일단 갱신이 있은 후에도 갱신 전의 법위반사실을 근거로 허가를 취소할 수 있다(대판 1982.7.27. 81누174).

| 오답해설 |

① 산림훼손은 국토 및 자연의 유지와 수질 등 환경의 보전에 직접적으로 영향을 미치는 행위이므로, 법령이 규정하는 산림훼손 금지 또는 제한 지역에 해당하는 경우는 물론 금지 또는 제한 지역에 해당하지 않더라도 허가관청은 산림훼손허가신청 대상토지의 현상과 위치 및 주위의 상황 등을 고려하여 국토 및 자연의 유지와 환경의 보전 등 중대한 공익상 필요가 있다고 인정될 때에는 허가를 거부할 수 있고, 그 경우 법규에 명문의 근거가 없더라도 거부처분을 할 수 있다(대판 2003.3.28. 2002두12113).

③ 인가처분에 하자가 없다면 기본행위에 하자가 있다 하더라도 따로 그 기본행위의 하자를 다투는 것은 별론으로 하고 기본행위의 무효를 내세워 바로 그에 대한 행정청의 인가처분의 취소 또는 무효확인을 소구할 법률상의 이익이 없다(대판 1996.5.16. 95누4810 전원합의체).

④ 「사립학교법」 제20조 제2항에 의한 학교법인의 임원에 대한 감독청의 취임승인은 학교법인의 임원선임행위를 보충하여 그 법률상의 효력을 완성케 하는 보충적 행정행위로서 성질상 기본행위를 떠나 승인처분 그 자체만으로는 법률상 아무런 효력도 발생할 수 없으므로 기본행위인 학교법인의 임원선임행위가 불성립 또는 무효인 경우에는 비록 그에 대한 감독청의 취임승인이 있었다 하여도 이로써 무효인 그 선임행위가 유효한 것으로 될 수는 없다(대판 1987.8.18. 86누152).

---

09 행정의 실효성 확보수단 〉 행정강제 〉 강제집행　난이도 중 | 답 ④

행정의 실효성 확보수단에 대한 설명으로 옳지 않은 것은? (다툼이 있는 경우 판례에 의함)

① 대집행 계고처분 취소소송의 변론종결이 종결되기 전에 대집행영장에 의한 통지절차를 거쳐 사실행위로서 대집행의 실행이 완료된 경우에는 계고처분의 취소를 구할 법률상의 이익이 없다.

② 공매에 의하여 재산을 매수한 자는 그 공매처분이 취소된 경우에 그 취소처분의 위법을 주장하여 행정소송을 제기할 법률상 이익이 있다.

③ 세무조사결정은 납세의무자의 권리·의무에 직접 영향을 미치는 공권력의 행사에 따른 행정작용으로서 항고소송의 대상이 된다.

④ 이행강제금은 부작위의무나 비대체적 작위의무에 대한 강제집행수단이기 때문에 대체적 작위의무 위반에 대하여는 부과할 수 없다.

| 정답해설 |

④ 전통적으로 행정대집행은 대체적 작위의무에 대한 강제집행수단으로, 이행강제금은 부작위의무나 비대체적 작위의무에 대한 강제집행수단으로 이해되어 왔으나, 이는 이행강제금제도의 본질에서 오는 제약은 아니며, 이행강제금은 대체적 작위의무의 위반에 대하여도 부과될 수 있다. 현행 건축법상 위법건축물에 대한 이행강제수단으로 대집행과 이행강제금(제83조 제1항)이 인정되고 있는데, 양 제도는 각각의 장단점이 있으므로 행정청은 개별사건에 있어서 위반내용, 위반자의 시정의지 등을 감안하여 대집행과 이행강제금을 선택적으로 활용할 수 있으며, 이처럼 그 합리적인 재량에 의해 선택하여 활용하는 이상 중첩적인 제재에 해당한다고 볼 수 없다(헌재 2004.2.26. 2001헌바80 등).

| 오답해설 |

① 대집행 계고처분 취소소송의 변론종결 전에 대집행영장에 의한 통지절차를 거쳐 사실행위로서 대집행의 실행이 완료된 경우에는 행위가 위법한 것이라는 이유로 손해배상이나 원상회복 등을 청구하는 것은 별론으로 하고 처분의 취소를 구할 법률상 이익은 없다(대판 1993.6.8. 93누6164).

② 과세관청이 체납처분으로서 행하는 공매는 우월한 공권력의 행사로서 행정소송의 대상이 되는 공법상의 행정처분이며 공매에 의하여 재산을 매수한 자는 그 공매처분이 취소된 경우에 그 취소처분의 위법을 주장하여 행정소송을 제기할 법률상 이익이 있다(대판 1984.9.25. 84누201).

③ 세무조사결정은 납세의무자의 권리·의무에 직접 영향을 미치는 공권력의 행사에 따른 행정작용으로서 항고소송의 대상이 된다(대판 2011.3.10. 2009두23617·23624).

---

10 정보공개와 개인정보 〉 개인정보 〉 「개인정보 보호법」　난이도 중 | 답 ④

정보공개제도와 개인정보 보호제도에 대한 설명으로 옳은 것은? (다툼이 있는 경우 판례에 의함)

① 「공공기관의 정보공개에 관한 법률」 제9조 제1항 제4호의 '진행 중인 재판에 관련된 정보'에 해당한다는 사유로 정보공개를 거부하기 위해서는 그 정보가 진행 중인 재판의 소송기록 그 자체에 포함된 내용이어야 한다.

② 시장·군수 또는 구청장이 개인의 지문정보를 수집하고, 경찰청장이 이를 보관·전산화하여 범죄수사목적에 이용하는 것은 개인정보자기결정권을 제한하는 것이라 할 수 없다.

③ 공개방법을 선택하여 정보공개를 청구하였더라도 공공기관은 정보공개청구자가 선택한 방법에 따라 정보를 공개하여야 하는 것은 아니며, 원칙적으로 그 공개방법을 선택할 재량권이 있다.

④ 이미 공개된 개인정보를 정보주체의 동의가 있었다고 객관적으로 인정되는 범위 내에서 처리를 할 때는 정보주체의 별도의 동의는 불필요하다고 보아야 하고, 별도의 동의를 받지 아니하였다고 하여 「개인정보 보호법」을 위반한 것으로 볼 수 없다.

| 정답해설 |

④ 이미 공개된 개인정보를 정보주체의 동의가 있었다고 객관적으로 인정되는 범위 내에서 수집·이용·제공 등 처리를 할 때는 정보주체의 별도의 동의는 불필요하다고 보아야 하고, 별도의 동의를 받지 아니하였다고 하여 「개인정보 보호법」 제15조나 제17조를 위반한 것으로 볼 수 없다(대판 2016.8.17. 2014다235080).

| 오답해설 |

① 입법목적, 정보공개의 원칙, 비공개대상 정보의 규정형식과 취지 등을 고려하면, 법원 이외의 공공기관이 정보공개법 제9조 제1항 제4호에서 정한 '진행 중인 재판에 관련된 정보'에 해당한다는 사유로 정보공개를 거부하기 위하여는 반드시 그 정보가 진행 중인 재판의 소송기록 자체에 포함된 내용일 필요는 없다. 그러나 재판에 관련된 일체의 정보가 그에 해당하는 것은 아니고 진행 중인 재판의 심리 또는 재판결과에 구체적으로 영향을 미칠 위험이 있는 정보에 한정된다고 보는 것이 타당하다(대판 2011.11.24. 2009두19021).

② 개인의 고유성, 동일성을 나타내는 지문은 그 정보주체를 타인으로부터 식별가능하게 하는 개인정보이므로, 시장·군수 또는 구청장이 개인의 지문정보를 수집하고, 경찰청장이 이를 보관·전산화하여 범죄수사목적에 이용하는 것은 모두 개인정보자기결정권을 제한하는 것이다(헌재 2005.5.26. 99헌마513).

③ 정보공개를 청구하는 자가 공공기관에 대해 정보의 사본 또는 출력물의 교부의 방법으로 공개방법을 선택하여 정보공개청구를 한 경우, 공개청구를 받은 공공기관이 그 공개방법을 선택할 재량권이 없다(대판 2003.12.12. 2003두8050).

---

11 행정의 실효성 확보수단 〉 행정강제 〉 행정조사　난이도 중 | 답 ③

행정조사에 대한 설명으로 옳지 않은 것은? (다툼이 있는 경우 판례에 의함)

① 행정기관은 법령등에서 행정조사를 규정하고 있는 경우에 한하여 행정조사를 실시할 수 있지만 조사대상자가 자발적으로 협조하는 경우에는 법령등에서 행정조사를 규정하고 있지 않더라도 행정조사를 실시할 수 있다.

② 음주운전 여부에 대한 조사과정에서 운전자 본인의 동의를 받지 아니하고 법원의 영장도 없이 한 혈액 채취 조사결과를 근거로 한 운전면허 정지·취소 처분은 위법하다.

③ 위법한 세무조사를 통하여 수집된 과세자료에 기초하여 과세처분을 하였더라도 그러한 사정만으로 그 과세처분이 위법하게 되는 것은 아니다.

④ 행정조사는 법령등의 위반에 대한 처벌보다는 법령등을 준수하도록 유도하는 데 중점을 두어야 한다.

| 정답해설 |

③ 납세자에 대한 부가가치세 부과처분이, 종전의 부가가치세 경정조사와 같은 세목 및 같은 과세기간에 대하여 중복하여 실시된 위법한 세무조사에 기초하여 이루어진 것이어서 위법하다(대판 2006.6.2. 2004두12070).

| 오답해설 |

① 행정기관은 법령등에서 행정조사를 규정하고 있는 경우에 한하여 행정조사를 실시할 수 있다. 다만, 조사대상자의 자발적인 협조를 얻어 실시하는 행정조사의 경우에는 그러하지 아니하다(「행정조사기본법」 제5조).

② 음주운전 여부에 관한 조사방법 중 혈액 채취(이하 '채혈'이라고 한다)는 상대방의 신체에 대한 직접적인 침해를 수반하는 방법으로서, 이에 관하여 「도로교통법」은 호흡조사와 달리 운전자에게 조사에 응할 의무를 부과하는 규정을 두지 아니할 뿐만 아니라, 측정에 앞서 운전자의 동의를 받도록 규정하고 있으므로(제44조 제3항), 운전자의 동의 없이 임의로 채혈조사를 하는 것은 허용되지 아니한다(대판 2016.12.27. 2014두46850).

④ 행정조사는 법령등의 위반에 대한 처벌보다는 법령등을 준수하도록 유도하는 데 중점을 두어야 한다(「행정조사기본법」 제4조 제4항).

12 행정구제 > 행정쟁송 > 행정소송의 종류   난이도 중 | 답 ②

다음 중 소송의 유형 연결이 옳지 않은 것은? (다툼이 있는 경우 판례에 의함)

① 재개발조합 조합원의 자격 인정 여부에 관한 다툼 – 당사자소송
② 교육부장관이 추천한 복수의 대학총장 후보자들 전부 또는 일부를 임용제청에서 제외하는 행위에 대한 소송 – 당사자소송
③ 검찰총장이 검사에 대하여 하는 '경고조치'에 대한 소송 – 항고소송
④ 「민주화운동관련자 명예회복 및 보상 등에 관한 법률」에 따른 보상금 등의 지급을 구하는 소송 – 항고소송

| 정답해설 |

② 교육부장관이 대학에서 추천한 복수의 총장 후보자들 전부 또는 일부를 임용제청에서 제외하는 행위는 제외된 후보자들에 대한 불이익처분으로서 항고소송의 대상이 되는 처분에 해당한다고 보아야 한다(대판 2018.6.15. 2015두50092).

| 오답해설 |

① 조합을 상대로 한 쟁송에 있어서 강제가입제를 특색으로 한 조합원의 자격 인정 여부에 관하여 다툼이 있는 경우에는 그 단계에서는 아직 조합의 어떠한 처분 등이 개입될 여지는 없으므로 공법상의 당사자소송에 의하여 그 조합원 자격의 확인을 구할 수 있다(대판 1996.2.15. 94다31235 전원합의체).

③ 검사에 대한 경고조치 관련 규정을 위 법리에 비추어 살펴보면, …(중략)… 향후 다른 징계사유로 징계처분을 받게 될 경우에 징계양정에서 불이익을 받게 될 가능성이 높아지므로, 검사의 권리·의무에 영향을 미치는 행위로서 항고소송의 대상이 되는 처분이라고 보아야 한다(대판 2021.2.10. 2020두47564).

④ '민주화운동관련자 명예회복 및 보상 심의위원회'의 보상금 등의 지급 대상자에 관한 결정이 행정처분이고 「민주화운동관련자 명예회복 및 보상 등에 관한 법률」에 따른 보상금 등의 지급을 구하는 소송의 형태는 취소소송이다(대판 2008.4.17. 2005두16185).

13 행정의 실효성 확보수단 > 행정강제 > 즉시강제   난이도 하 | 답 ①

행정의 실효성 확보수단에 대한 설명으로 옳은 것은? (다툼이 있는 경우 판례에 의함)

① 「소방기본법」상 소방활동에 방해가 되는 물건 등에 대한 강제처분은 행정상 즉시강제에 해당한다.
② 행정상 즉시강제는 국민의 권리침해를 필연적으로 수반하므로, 이에 대해서는 항상 영장주의가 적용된다.
③ 양벌규정에 의한 영업주의 처벌에 있어서 종업원의 범죄성립이나 처벌은 영업주 처벌의 전제조건이 된다.
④ 통고처분에 따른 범칙금을 납부한 후에 동일한 사건에 대하여 다시 형사처벌을 하는 것이 일사부재리의 원칙에 반하는 것은 아니다.

| 정답해설 |

① 「소방기본법」 제25조의 강제처분은 긴급한 소방활동을 위해 의무부과의 전제 없이 이루어지는 즉시강제에 해당한다.

> 「소방기본법」 제25조 【강제처분 등】 ① 소방본부장, 소방서장 또는 소방대장은 사람을 구출하거나 불이 번지는 것을 막기 위하여 필요할 때에는 화재가 발생하거나 불이 번질 우려가 있는 소방대상물 및 토지를 일시적으로 사용하거나 그 사용의 제한 또는 소방활동에 필요한 처분을 할 수 있다.

| 오답해설 |

② 행정상 즉시강제는 상대방의 임의이행을 기다릴 시간적 여유가 없을 때 하명 없이 바로 실력을 행사하는 것으로서, 그 본질상 급박성을 요건으로 하고 있어 법관의 영장을 기다려서는 그 목적을 달성할 수 없다고 할 것이므로, 원칙적으로 영장주의가 적용되지 않는다고 보아야 할 것이다(헌재 2002.10.31. 2000헌가12).

③ 양벌규정에 의한 영업주의 처벌은 금지위반행위자인 종업원의 처벌에 종속하는 것이 아니라 독립하여 그 자신의 종업원에 대한 선임감독상의 과실로 인하여 처벌되는 것이므로 종업원의 범죄성립이나 처벌이 영업주 처벌의 전제조건이 될 필요는 없다(대판 2006.2.24. 2005도7673).

④ 상대방이 통고처분의 내용을 이행한 경우 불가변력이 발생하게 되어 일사부재리의 원칙의 적용을 받아 동일사건에 대하여 다시 소추받지 않으며, 처벌절차는 종료되고 확정판결과 동일한 효과가 발생한다.

14 행정구제 > 사전구제 > 「행정절차법」   난이도 중 | 답 ④

「행정절차법」상 행정절차에 관한 설명 중 옳지 않은 것은?

① 처분의 전제가 되는 사실이 법원의 재판 등에 의하여 객관적으로 증명된 경우에는 행정청이 당사자에게 의무를 부과하거나 권익을 제한하는 처분을 하는 경우에도 사전통지를 하지 아니할 수 있다.
② 행정청은 당사자등이 제출한 의견을 반영하지 아니하고 처분을 한 경우 당사자등이 처분이 있음을 안 날부터 90일 이내에 그 이유의 설명을 요청하면 서면으로 그 이유를 알려야 한다.
③ 행정청은 공청회를 마친 후 처분을 할 때까지 새로운 사정이 발견되어 공청회를 다시 개최할 필요가 있다고 인정할 때에는 공청회를 다시 개최할 수 있다.
④ 청문규정이 특별히 없더라도 인·허가 등을 취소하는 경우에는 상대방의 청문의 신청 여부와 상관없이 청문을 하여야 한다.

| 정답해설 |

④

> 「행정절차법」 제22조 【의견청취】 ① 행정청이 처분을 할 때 다음 각 호의 어느 하나에 해당하는 경우에는 청문을 한다.
> 1. 다른 법령등에서 청문을 하도록 규정하고 있는 경우
> 2. 행정청이 필요하다고 인정하는 경우
> 3. 다음 각 목의 처분시 제21조 제1항 제6호에 따른 의견제출기한 내에 당사자등의 신청이 있는 경우
>   가. 인·허가 등의 취소
>   나. 신분·자격의 박탈
>   다. 법인이나 조합 등의 설립허가의 취소

| 오답해설 |

① 처분의 전제가 되는 사실이 법원의 재판 등에 의하여 객관적으로 증명된 경우 등 제4항에 따른 사전통지를 하지 아니할 수 있는 구체적인 사항은 대통령령으로 정한다(동법 제21조 제5항).

> 「행정절차법」 제21조 【처분의 사전 통지】 ④ 다음 각 호의 어느 하나에 해당하는 경우에는 제1항에 따른 통지를 하지 아니할 수 있다.
> 1. 공공의 안전 또는 복리를 위하여 긴급히 처분을 할 필요가 있는 경우
> 2. 법령등에서 요구된 자격이 없거나 없어지게 되면 반드시 일정한 처분을 하여야 하는 경우에 그 자격이 없거나 없어지게 된 사실이 법원의 재판 등에 의하여 객관적으로 증명된 경우
> 3. 해당 처분의 성질상 의견청취가 현저히 곤란하거나 명백히 불필요하다고 인정될 만한 상당한 이유가 있는 경우

② 행정청은 당사자등이 제출한 의견을 반영하지 아니하고 처분을 한 경우 당사자등이 처분이 있음을 안 날부터 90일 이내에 그 이유의 설명을 요청하면 서면으로 그 이유를 알려야 한다. 다만, 당사자등이 동의하면 말, 정보통신망 또는 그 밖의 방법으로 알릴 수 있다(동법 제27조의2 제2항).

③ 행정청은 공청회를 마친 후 처분을 할 때까지 새로운 사정이 발견되어 공청회를 다시 개최할 필요가 있다고 인정할 때에는 공청회를 다시 개최할 수 있다(동법 제39조의3).

15 행정구제 〉 손해전보 〉 국가배상   난이도 상 | 답 ③

국가배상에 대한 설명으로 옳은 것을 모두 고른 것은? (다툼이 있는 경우 판례에 의함)

ㄱ. 국가배상에서 공무원의 직무에는 국가나 지방자치단체의 권력적 작용, 비권력적 작용, 단순한 사경제의 주체로서 하는 작용이 포함된다.

ㄴ. 일본 「국가배상법」이 국가배상청구권의 발생요건 및 상호보증에 관하여 우리나라 「국가배상법」과 동일한 내용을 규정하고 있는 점 등에 비추어 우리나라와 일본 사이에 우리나라 「국가배상법」 제7조가 정하는 상호보증이 있다.

ㄷ. 형벌에 관한 법령이 헌법재판소 위헌결정으로 소급하여 효력을 상실한 경우, 위헌 선언 전 그 법령에 기초하여 수사가 개시되어 공소가 제기되고 유죄판결이 선고되었더라도, 그러한 사정만으로 국가의 손해배상책임이 발생한다고 볼 수 없다.

ㄹ. 법령의 위탁에 의해 지방자치단체로부터 대집행을 수권받은 구 한국토지공사는 지방자치단체의 기관으로서 「국가배상법」 제2조 소정의 공무원에 해당한다.

---

① ㄱ, ㄷ   ② ㄱ, ㄹ
③ ㄴ, ㄷ   ④ ㄷ, ㄹ

| 정답해설 |

③ ㄴ, ㄷ이 옳은 내용이다.

ㄴ. 일본 「국가배상법」 제1조 제1항, 제6조가 국가배상청구권의 발생요건 및 상호보증에 관하여 우리나라 「국가배상법」과 동일한 내용을 규정하고 있는 점 등에 비추어 우리나라와 일본 사이에 「국가배상법」 제7조가 정하는 상호보증이 있다(대판 2015.6.11. 2013다208388).

ㄷ. 형벌에 관한 법령이 헌법재판소의 위헌결정으로 소급하여 효력을 상실하였거나 법원에서 위헌·무효로 선언된 경우, 그 법령이 위헌으로 선언되기 전에 그 법령에 기초하여 수사가 개시되어 공소가 제기되고 유죄판결이 선고되었더라도, 그러한 사정만으로 수사기관의 직무행위나 법관의 재판상 직무행위가 「국가배상법」 제2조 제1항에서 말하는 공무원의 고의 또는 과실에 의한 불법행위에 해당하여 국가의 손해배상책임이 발생한다고 볼 수는 없다(대판 2014.10.27. 2013다217962).

| 오답해설 |

ㄱ. 「국가배상법」이 정한 손해배상청구의 요건인 '공무원의 직무'에는 국가나 지방자치단체의 권력적 작용뿐만 아니라 비권력적 작용도 포함되지만 단순한 사경제의 주체로서 하는 작용은 포함되지 않는다(대판 2004.4.9. 2002다10691).

ㄹ. 한국토지공사는 이러한 법령의 위탁에 의하여 대집행을 수권받은 자로서 공무인 대집행을 실시함에 따르는 권리·의무 및 책임이 귀속되는 행정주체의 지위에 있다고 볼 것이지 지방자치단체 등의 기관으로서 「국가배상법」 제2조 소정의 공무원에 해당한다고 볼 것은 아니다. 한편 이 사건 대집행을 실제 수행한 한국토지공사의 업무 담당자, 철거용역계약을 체결한 법인 및 그 대표자는 이 사건 대집행에 실질적으로 종사한 자라고 할 것이므로 「국가배상법」 제2조 소정의 공무원에 해당한다(대판 2010.1.28. 2007다82950·82967).

16 행정구제 〉 행정쟁송 〉 행정심판   난이도 중 | 답 ②

행정심판에 대한 설명으로 옳지 않은 것은? (다툼이 있는 경우 판례에 의함)

① 재결의 기속력은 재결의 주문 및 그 전제가 된 요건사실의 인정과 판단, 즉 처분 등의 구체적 위법사유에 관한 판단에만 미친다.

② 행정심판에서는 항고소송에서와 달리 처분청이 당초 처분의 근거로 삼은 사유와 기본적 사실관계가 동일성이 인정되지 않는 다른 사유를 처분사유로 추가하거나 변경할 수 있다.

③ 행정심판위원회는 직접 처분을 하였을 때에는 그 사실을 해당 행정청에 통보하여야 하며, 그 통보를 받은 행정청은 행정심판위원회가 한 처분을 자기가 한 처분으로 보아 관계 법령에 따라 관리·감독 등 필요한 조치를 하여야 한다.

④ 행정심판에 있어서 행정처분의 위법·부당 여부는 원칙적으로 처분시를 기준으로 판단하여야 할 것이나, 재결 당시까지 제출된 모든 자료를 종합하여 처분 당시 존재하였던 객관적 사실을 확정하고 그 사실에 기초하여 처분의 위법·부당 여부를 판단할 수 있다.

| 정답해설 |

② 행정처분의 취소를 구하는 항고소송에서 처분청은 당초 처분의 근거로 삼은 사유와 기본적 사실관계가 동일성이 있다고 인정되는 한도 내에서만 다른 사유를 추가 또는 변경할 수 있고, 이러한 기본적 사실관계의 동일성 유무는 처분사유를 법률적으로 평가하기 이전의 구체적 사실에 착안하여 그 기초인 사회적 사실관계가 기본적인 점에서 동일한지에 따라 결정되므로, 추가 또는 변경된 사유가 처분 당시에 이미 존재하고 있었다거나 당사자가 그 사실을 알고 있었다고 하여 당초의 처분사유와 동일성이 있다고 할 수 없다. 그리고 이러한 법리는 행정심판단계에서도 그대로 적용된다(대판 2014.5.16. 2013두26118).

| 오답해설 |

① 재결의 기속력은 재결의 주문 및 그 전제가 된 요건사실의 인정과 판단, 즉 처분 등의 구체적 위법사유에 관한 판단에만 미친다고 할 것이고, 종전 처분이 재결에 의하여 취소되었다 하더라도 종전 처분시와는 다른 사유를 들어서 처분을 하는 것은 기속력에 저촉되지 않는다고 할 것이며, 여기에서 동일 사유인지 다른 사유인지는 종전 처분에 관하여 위법한 것으로 재결에서 판단된 사유와 기본적 사실관계에 있어 동일성이 인정되는 사유인지 여부에 따라 판단되어야 한다(대판 2005.12.9. 2003두7705).

③ 위원회는 제1항 본문에 따라 직접 처분을 하였을 때에는 그 사실을 해당 행정청에 통보하여야 하며, 그 통보를 받은 행정청은 위원회가 한 처분을 자기가 한 처분으로 보아 관계 법령에 따라 관리·감독 등 필요한 조치를 하여야 한다(「행정심판법」 제50조 제2항).

④ 행정심판에 있어서 행정처분의 위법·부당 여부는 원칙적으로 처분시를 기준으로 판단하여야 할 것이나, 재결청은 처분 당시 존재하였거나 행정청에 제출되었던 자료뿐만 아니라, 재결 당시까지 제출된 모든 자료를 종합하여 처분 당시 존재하였던 객관적 사실을 확정하고 그 사실에 기초하여 처분의 위법·부당 여부를 판단할 수 있다(대판 2001.7.27. 99두5092).

17 행정상 실효성 확보수단 〉 행정벌 〉 「질서위반행위규제법」   난이도 하 | 답 ③

「질서위반행위규제법」의 내용 중 ㄱ~ㄷ에 들어갈 내용으로 바르게 나열한 것은?

• 사전통지 및 의견 제출: 행정청이 질서위반행위에 대하여 과태료를 부과하고자 하는 때에는 미리 당사자에게 대통령령으로 정하는 사항을 통지하고, (ㄱ) 이상의 기간을 정하여 의견을 제출할 기회를 주어야 한다.

• 과태료 부과의 제척기간: 행정청은 질서위반행위가 종료된 날(다수인이 질서위반행위에 가담한 경우에는 최종행위가 종료된 날을 말한다)부터 (ㄴ)이 경과한 경우에는 해당 질서위반행위에 대하여 과태료를 부과할 수 없다.

• 관할 법원: 과태료 사건은 다른 법령에 특별한 규정이 있는 경우
를 제외하고는 (ㄷ)의 지방법원 또는 그 지원의 관할로 한다.

	ㄱ	ㄴ	ㄷ
①	7일	3년	당사자의 주소지
②	10일	5년	행정청의 소재지
③	10일	5년	당사자의 주소지
④	7일	3년	행정청의 소재지

| 정답해설 |

③ ㄱ. 10일, ㄴ. 5년, ㄷ. 당사자의 주소지이다.

ㄱ. 사전통지 및 의견 제출(제16조 제1항): 행정청이 질서위반행위에 대하여 과태료를 부과하고자 하는 때에는 미리 당사자에게 대통령령으로 정하는 사항을 통지하고, 10일 이상의 기간을 정하여 의견을 제출할 기회를 주어야 한다.

ㄴ. 과태료 부과의 제척기간(제19조 제1항): 행정청은 질서위반행위가 종료된 날(다수인이 질서위반행위에 가담한 경우에는 최종행위가 종료된 날을 말한다)부터 5년이 경과한 경우에는 해당 질서위반행위에 대하여 과태료를 부과할 수 없다.

ㄷ. 관할 법원(제25조): 과태료 사건은 다른 법령에 특별한 규정이 있는 경우를 제외하고는 당사자의 주소지의 지방법원 또는 그 지원의 관할로 한다.

18 행정구제 > 행정쟁송 > 행정소송　　　난이도 중 | 답 ①

행정소송에 대한 설명으로 옳지 않은 것은? (다툼이 있는 경우 판례에 의함)

① 추가 또는 변경된 사유가 당초의 처분시 그 사유를 명기하지 않았을 뿐 처분시에 이미 존재하고 있었고 당사자도 그 사실을 알고 있었다면 당초의 처분사유와 동일성이 인정된다.

② 기판력은 사실심변론의 종결시를 기준으로 발생하므로, 처분청은 당해 사건의 사실심변론종결 이전에 주장할 수 있었던 사유를 내세워 확정판결과 저촉되는 처분을 할 수 없다.

③ 사정판결의 경우에는 처분의 적법성이 아닌 처분의 위법성에 대하여 기판력이 발생한다.

④ 한국방송공사 사장은 해임처분 무효확인 또는 취소소송 계속 중 임기가 만료되어 해임처분의 무효확인 또는 취소로 지위를 회복할 수 없다고 할지라도, 그 무효확인 또는 취소로 해임처분일부터 임기만료일까지의 기간에 대한 보수지급을 구할 수 있는 경우에는 해임처분의 무효확인 또는 취소를 구할 법률상 이익이 있다.

| 정답해설 |

① 행정처분의 취소를 구하는 항고소송에 있어 처분청은 당초 처분의 근거로 삼은 사유와 기본적 사실관계가 동일성이 있다고 인정되는 한도 내에서만 다른 사유를 추가 또는 변경할 수 있고, 이러한 기본적 사실관계의 동일성 유무는 처분사유를 법률적으로 평가하기 이전의 구체적 사실에 착안하여 그 기초인 사회적 사실관계가 기본적인 점에서 동일한지 여부에 따라 결정되므로, 추가 또는 변경된 사유가 처분 당시에 이미 존재하고 있었다거나 당사자가 그 사실을 알고 있었다고 하여 당초의 처분사유와 동일성이 있다고 할 수 없다(대판 2018.11.15. 2015두37389).

| 오답해설 |

② 어떠한 행정처분에 위법한 하자가 있다는 이유로 그 취소를 소구한 행정소송에서 그 행정처분을 취소하는 판결이 선고되어 확정된 경우에 처분행정청이 그 행정소송의 사실심변론종결 이전의 사유를 내세워 다시 확정판결에 저촉되는 행정처분을 하는 것은 확정판결의 기판력에 저촉되어 허용될 수 없고 이와 같은 행정처분은 그 하자가 명백하고 중대한 경우에 해당되어 당연무효이다(대판 1989.9.12. 89누985).

③ 사정판결은 처분이 위법함에도(원고의 주장에 이유있음) 공익 등을 이유로 기각판결을 하는 것으로 처분의 위법성이 확정되는 것이다. 이에 판결주문에 위법을 명시함으로 처분의 기판력을 발하게 한다.

④ 해임처분 무효확인 또는 취소소송 계속 중 임기가 만료되어 해임처분의 무효확인 또는 취소로 지위를 회복할 수는 없다고 할지라도, 그 무효확인 또는 취소로 해임처분일부터 임기만료일까지 기간에 대한 보수 지급을 구할 수 있는 경우에는 해임처분의 무효확인 또는 취소를 구할 법률상 이익이 있다(대판 2012.2.23. 2011두5001).

19 행정구제 > 손해전보 > 손실보상　　　난이도 상 | 답 ③

「공익사업을 위한 토지 등의 취득 및 보상에 관한 법률」상 손실보상의 원칙에 대한 설명으로 옳지 않은 것은? (다툼이 있는 경우 판례에 의함)

① 농업손실에 대한 보상청구권은 「행정소송법」상 당사자소송에 의해야 한다.

② 「공익사업을 위한 토지 등의 취득 및 보상에 관한 법률」에 의한 잔여지 수용청구를 받아들이지 않은 토지수용위원회의 재결에 대하여 토지소유자가 불복하여 제기하는 소송은 보상금의 증액을 구하는 행정소송에 해당한다.

③ 재결에 의한 수용 또는 사용의 경우 보상액의 산정은 재결 당시의 가격을 기준으로 하고, 해당 공익사업으로 인하여 토지 등의 가격이 변동되었을 때에는 이를 고려하여야 한다.

④ 「국토의 계획 및 이용에 관한 법률」상 토지소유자 등이 도시·군계획시설 사업시행자의 토지의 일시 사용에 대하여 정당한 사유 없이 동의를 거부한 경우, 사업시행자가 토지소유자를 상대로 동의의 의사표시를 구하는 소송은 당사자소송으로 보아야 한다.

| 정답해설 |

③ 보상액을 산정할 경우에 해당 공익사업으로 인하여 토지등의 가격이 변동되었을 때에는 이를 고려하지 아니한다(「공익사업을 위한 토지 등의 취득 및 보상에 관한 법률」 제67조 제2항).

| 오답해설 |

① 농업손실보상청구권은 공익사업의 시행 등 적법한 공권력의 행사에 의한 재산상의 특별한 희생에 대하여 전체적인 공평부담의 견지에서 공익사업의 주체가 그 손해를 보상하여 주는 손실보상의 일종으로 공법상의 권리임이 분명하므로 그에 관한 쟁송은 민사소송이 아닌 행정소송절차에 의하여야 할 것이다(대판 2011.10.13. 2009다43461).

② 잔여지에 대한 수용청구를 하려면 우선 기업자에게 잔여지매수에 관한 협의를 요청하여 협의가 성립되지 아니한 경우에 한하여 그 일단의 토지의 일부 수용에 대한 토지수용위원회의 재결이 있기 전까지 관할 토지수용위원회에 잔지를 포함한 일단의 토지 전부의 수용을 청구할 수 있고, 그 수용재결 및 이의재결에 불복이 있으면 재결청과 기업자를 공동피고로 하여 그 재결의 취소 및 보상금의 증액을 구하는 행정소송을 제기하여야 하며, 곧바로 기업자를 상대로 하여 민사소송으로 잔여지에 대한 보상금의 지급을 구할 수는 없다(대판 2004.9.24. 2002다68713).

④ 토지의 일시 사용에 대한 동의의 의사표시를 할 의무는 「국토의 계획 및 이용에 관한 법률」에서 특별히 인정한 공법상의 의무이므로, 그 의무의 존부를 다투는 소송은 '공법상의 법률관계에 관한 소송으로서 그 법률관계의 한쪽 당사자를 피고로 하는 소송', 즉 「행정소송법」 제3조 제2호에서 규정한 당사자소송이라고 보아야 한다(대판 2019.9.9. 2016다262550).

20 행정작용 > 행정행위 > 행정행위의 성립요소　　난이도 중 | 답 ①

다음의 사례에 대한 내용으로 옳지 <u>않은</u> 것은? (다툼이 있는 경우 판례에 의함)

> 병무청장이 법무부장관에게 '가수 甲이 공연을 위하여 국외여행허가를 받고 출국한 후 미국 시민권을 취득함으로써 사실상 병역의무를 면탈하였다.'는 이유로 입국 금지를 요청함에 따라 법무부장관이 甲의 입국금지결정을 하였는데, 甲이 재외공관의 장에게 재외동포(F-4) 체류자격의 사증발급을 신청하자 재외공관장이 처분이유를 기재한 사증발급 거부처분서를 작성해 주지 않은 채 甲의 아버지에게 전화로 사증발급이 불허되었다고 통보하였다.

① 법무부장관의 입국금지결정은 대외적으로 공식적 방법을 통해 표시되지 않았다고 해도 항고소송 대상인 처분에 해당한다.

② 문서형식의 처분을 신속히 처리할 필요가 있거나 사안이 경미한 경우가 아님에도 문서로 하지 않은 경우에는 무효가 된다.

③ '외국인의 출입국에 관한 사항'이라고 하여 행정절차의 준수가 당연히 부정되는 것은 아니다.

④ 처분의 근거 법령이 행정청에 처분의 요건과 효과 판단에 일정한 재량을 부여하였는데도, 행정청이 자신에게 재량권이 없다고 오인한 나머지 전혀 비교·형량하지 않은 채 처분을 하였다면, 이는 재량권 불행사로서 해당 처분을 취소하여야 할 위법사유가 된다.

| 정답해설 |

① 행정청이 행정의사를 외부에 표시하여 행정청이 자유롭게 취소·철회할 수 없는 구속을 받기 전에는 '처분'이 성립하지 않으므로 법무부장관이 「출입국관리법」 제11조 제1항 제3호 또는 제4호, 「출입국관리법 시행령」 제14조 제1항, 제2항에 따라 위 입국금지결정을 했다고 해서 '처분'이 성립한다고 볼 수는 없다(대판 2019.7.11. 2017두38874).

| 오답해설 |

② 행정절차에 관한 일반법인 「행정절차법」은 제24조 제1항에서 "행정청이 처분을 할 때에는 다른 법령 등에 특별한 규정이 있는 경우를 제외하고는 문서로 하여야 하며, 전자문서로 하는 경우에는 당사자 등의 동의가 있어야 한다. 다만 신속히 처리할 필요가 있거나 사안이 경미한 경우에는 말 또는 그 밖의 방법으로 할 수 있다."라고 정하고 있다. 이 규정은 처분내용의 명확성을 확보하고 처분의 존부에 관한 다툼을 방지하여 처분상대방의 권익을 보호하기 위한 것이므로, 이를 위반한 처분은 하자가 중대·명백하여 무효이다(대판 2019.7.11. 2017두38874).

③ 「행정절차법」 제3조 제2항 제9호, 「행정절차법 시행령」 제2조 제2호 등 관련 규정들의 내용을 행정의 공정성, 투명성, 신뢰성을 확보하고 처분상대방의 권익보호를 목적으로 하는 「행정절차법」의 입법 목적에 비추어 보면, 「행정절차법」의 적용이 제외되는 '외국인의 출입국에 관한 사항'이란 해당 행정작용의 성질상 행정절차를 거치기 곤란하거나 거칠 필요가 없다고 인정되는 사항이나 행정절차에 준하는 절차를 거친 사항으로서 「행정절차법 시행령」으로 정하는 사항만을 가리킨다. '외국인의 출입국에 관한 사항'이라고 하여 행정절차를 거칠 필요가 당연히 부정되는 것은 아니다(대판 2019.7.11. 2017두38874).

④ 처분의 근거 법령이 행정청에 처분의 요건과 효과 판단에 일정한 재량을 부여하였는데도, 행정청이 자신에게 재량권이 없다고 오인한 나머지 처분으로 달성하려는 공익과 그로써 처분상대방이 입게 되는 불이익의 내용과 정도를 전혀 비교형량하지 않은 채 처분을 하였다면, 이는 재량권 불행사로서 그 자체로 재량권 일탈·남용으로 해당 처분을 취소하여야 할 위법사유가 된다(대판 2019.7.11. 2017두38874).

실전동형 모의고사

문제편 p.62

01	①	02	①	03	②	04	③	05	④
06	③	07	③	08	②	09	①	10	②
11	①	12	①	13	③	14	①	15	③
16	④	17	②	18	④	19	④	20	④

▶풀이시간: /16분 나의 점수: /100점

01 행정법 통칙 〉 행정법의 법원 〉 「행정기본법」   난이도 중 | 답 ①

「행정기본법」의 내용으로 옳지 않은 것은?

> ㄱ. 행정청은 적법한 처분의 경우 당사자의 신청이 있는 경우에만 철회가 가능하다.
> ㄴ. 행정청은 행정작용을 할 때 상대방에게 해당 행정작용과 실질적인 관련이 없는 의무를 부과해서는 안 된다.
> ㄷ. 행정청은 공익 또는 제3자의 이익을 현저히 해칠 우려가 있는 경우를 제외하고는 행정에 대한 국민의 정당하고 합리적인 신뢰를 보호하여야 한다.
> ㄹ. "제재처분"이란 법령등에 따른 의무를 위반하거나 이행하지 아니하였음을 이유로 당사자에게 의무를 부과하거나 권익을 제한하는 처분으로 행정강제는 제외된다.

① ㄱ
② ㄴ, ㄹ
③ ㄴ, ㄷ
④ ㄱ, ㄹ

| 정답해설 |
① ㄱ이 틀린 내용이다.
ㄱ. 「행정기본법」은 당사자의 신청이 있는 경우를 철회사유로 규정하고 있지 않다.

> 「행정기본법」 제19조 【적법한 처분의 철회】 ① 행정청은 적법한 처분이 다음 각 호의 어느 하나에 해당하는 경우에는 그 처분의 전부 또는 일부를 장래를 향하여 철회할 수 있다.
> 1. 법률에서 정한 철회 사유에 해당하게 된 경우
> 2. 법령등의 변경이나 사정변경으로 처분을 더 이상 존속시킬 필요가 없게 된 경우
> 3. 중대한 공익을 위하여 필요한 경우

| 오답해설 |
ㄴ. 행정청은 행정작용을 할 때 상대방에게 해당 행정작용과 실질적인 관련이 없는 의무를 부과해서는 아니 된다(동법 제13조).
ㄷ. 행정청은 공익 또는 제3자의 이익을 현저히 해칠 우려가 있는 경우를 제외하고는 행정에 대한 국민의 정당하고 합리적인 신뢰를 보호하여야 한다(동법 제12조).
ㄹ. "제재처분"이란 법령등에 따른 의무를 위반하거나 이행하지 아니하였음을 이유로 당사자에게 의무를 부과하거나 권익을 제한하는 처분을 말한다. 다만, 제30조 제1항 각 호에 따른 행정상 강제는 제외한다(동법 제2조 제5호).

02 행정법 통칙 〉 행정법의 법원 〉 행정법의 일반원칙   난이도 중 | 답 ①

신뢰보호의 원칙에 대한 설명으로 옳지 않은 것은? (다툼이 있는 경우 판례에 의함)

> ㄱ. 행정청이 공적인 의사표명을 하였다면 이후 사실적·법률적 상태의 변경이 있더라도 행정청이 이를 취소하지 않는 한 여전히 공적인 의사표명은 유효하다.
> ㄴ. 건축허가 신청 후 건축허가기준에 관한 관계 법령 및 조례의 규정이 신청인에게 불리하게 개정된 경우, 당사자의 신뢰를 보호하기 위해 처분시가 아닌 신청시 법령에서 정한 기준에 의하여 건축허가 여부를 결정하는 것이 원칙이다.
> ㄷ. 「행정절차법」과 「국세기본법」에서는 법령 등의 해석 또는 행정청의 관행이 일반적으로 국민에게 받아들여졌을 때와 관련하여 신뢰보호의 원칙을 규정하고 있다.
> ㄹ. 신뢰보호원칙의 위반은 「국가배상법」상의 위법 개념을 충족시킨다.

① ㄱ, ㄴ
② ㄱ, ㄹ
③ ㄴ, ㄷ
④ ㄷ, ㄹ

| 정답해설 |
① ㄱ, ㄴ이 틀린 내용이다.
ㄱ. 확약 또는 공적인 의사표명이 있은 후에 사실적·법률적 상태가 변경되었다면, 그와 같은 확약 또는 공적인 의사표명은 행정청의 별다른 의사표시를 기다리지 않고 실효된다(대판 1996.8.20. 95누10877).
ㄴ. 허가 등의 행정처분은 원칙적으로 처분시의 법령과 허가기준에 의하여 처리되어야 하고 허가신청 당시의 기준에 따라야 하는 것은 아니며, 비록 허가신청 후 허가기준이 변경되었다 하더라도 그 허가관청이 허가신청을 수리하고도 정당한 이유 없이 그 처리를 늦추어 그 사이에 허가기준이 변경된 것이 아닌 이상 변경된 허가기준에 따라서 처분을 하여야 한다(대판 2006.8.25. 2004두2974).

| 오답해설 |
ㄷ. 「국세기본법」과 「행정절차법」은 신뢰보호원칙의 실정법적 근거이다.

> 「국세기본법」 제18조 【세법해석의 기준, 소급과세의 금지】 ③ 세법의 해석이나 국세행정의 관행이 일반적으로 납세자에게 받아들여진 후에는 그 해석이나 관행에 의한 행위 또는 계산은 정당한 것으로 보며, 새로운 해석이나 관행에 의하여 소급하여 과세되지 아니한다.

> 「행정절차법」 제4조 【신의성실 및 신뢰보호】 ② 행정청은 법령 등의 해석 또는 행정청의 관행이 일반적으로 국민들에게 받아들여졌을 때에는 공익 또는 제3자의 정당한 이익을 현저히 해칠 우려가 있는 경우를 제외하고는 새로운 해석 또는 관행에 따라 소급하여 불리하게 처리하여서는 아니 된다.

ㄹ. 국가배상책임에 있어 공무원의 가해행위는 법령을 위반한 것이어야 하고, 법령을 위반하였다 함은 엄격한 의미의 법령 위반뿐 아니라 인권 존중, 권력남용 금지, 신의성실과 같이 공무원으로서 마땅히 지켜야 할 준칙이나 규범을 지키지 아니하고 위반한 경우를 포함하여 널리 그 행위가 객관적인 정당성을 결여하고 있음을 뜻하는 것이므로, 경찰관이 범죄 수사를 함에 있어 경찰관으로서 의당 지켜야 할 법규상 또는 조리상의 한계를 위반하였다면 이는 법령을 위반한 경우에 해당한다(대판 2008.6.12. 2007다64365).

03 행정작용 〉 행정행위 〉 부관   난이도 중 | 답 ②

행정행위의 부관에 대한 내용으로 옳지 <u>않은</u> 것은? (다툼이 있는 경우 판례에 의함)

① 행정청은 수익적 행정처분으로서 재량행위인 주택재건축사업시행인가에 대하여 법령상의 제한에 근거한 것이 아니라 하더라도 공익상 필요 등에 의하여 필요한 범위 내에서 조건을 부과할 수 있다.

② 부담부 행정행위에 있어서 처분의 상대방이 부담을 이행하지 아니한 경우에 당해 부담부 행정행위는 당연히 효력을 상실하게 된다.

③ 부담 이외의 부관으로 인하여 권리를 침해당한 자는 부관부 행정행위 전체에 대해 취소소송을 제기하거나, 행정청에 부관이 없는 행정행위로 변경해 줄 것을 청구한 다음 그것이 거부된 경우 거부처분 취소소송을 제기할 수 있다.

④ 기부채납의 부관이 중대하고 명백한 하자로 인하여 무효라 하더라도 기부채납 이행으로 이루어진 토지의 증여는 그 자체로 사회질서 위반이나 강행규정 위반 등의 특별한 사정이 없는 한 유효하다.

| 정답해설 |

② 부담부 행정처분은 부관인 부담에 의하여 본체의 효력이 발생하거나 소멸하는 부관이 아니다. 주된 처분의 효력을 부여하고 별도의 의무를 부과하는 성질의 부관이다. 따라서 <u>부담을 이행하지 않았다고 해도 주된 처분의 효력이 발생하며, 부담을 불이행하였다고 당연히 처분의 효력이 소멸하지 않는다.</u> 다만 그를 이유로 제재나 강제, 취소나 철회, 또는 후행처분을 불발령하는 사유로 작용하게 될 뿐이다.

| 오답해설 |

① 주택재건축사업시행의 인가는 상대방에게 권리나 이익을 부여하는 효과를 가진 이른바 수익적 행정처분으로서 법령에 행정처분의 요건에 관하여 일의적으로 규정되어 있지 아니한 이상 행정청의 재량행위에 속하므로, 처분청으로서는 법령상의 제한에 근거한 것이 아니라 하더라도 <u>공익상 필요 등에 의하여 필요한 범위 내에서 여러 조건(부담)을 부과할 수 있다</u>(대판 2007.7.12. 2007두6663).

③ 부담 이외의 부관은 독립된 처분으로 인정될 수 없어 독립소송대상이 될 수 없다. 부담 이외의 부관은 전체 쟁송을 제기한 뒤 전체 취소를 주장하거나, 부관 없는 처분으로의 변경을 청구하여 행정청이 이를 거부할 경우 거부처분에 대한 소송을 청구하는 방법으로 다툴 수 있다.

④ 행정처분에 부담인 부관을 붙인 경우 부관의 무효화에 의하여 본체인 행정처분 자체의 효력에도 영향이 있게 될 수는 있지만, 그 처분을 받은 사람이 부담의 이행으로 사법상 매매 등의 법률행위를 한 경우에는 그 부관은 특별한 사정이 없는 한 법률행위를 하게 된 동기 내지 연유로 작용하였을 뿐이므로 이는 법률행위의 취소사유가 될 수 있음은 별론으로 하고 <u>그 법률행위 자체를 당연히 무효화하는 것은 아니다</u>(대판 2009.2.12. 2005다65500).

04 행정작용 〉 행정행위 〉 행정행위의 하자   난이도 상 | 답 ③

행정행위의 하자에 대한 설명으로 옳지 <u>않은</u> 것은? (다툼이 있는 경우 판례에 의함)

① 무효인 행정행위에 대해서 무효선언을 구하는 의미의 취소소송을 제기하는 경우 취소소송의 제소요건을 구비하여야 한다.

② 징계처분이 중대하고 명백한 하자 때문에 당연무효의 것이라면 징계처분을 받은 자가 이를 용인하였다 하여 그 하자가 치유되는 것은 아니다.

③ 행정행위 효력요건은 정당한 권한있는 기관이 필요한 절차를 거치고 필요한 표시의 형식을 갖추어야 할 뿐만 아니라, 행정행위의 내용이 법률상 효과를 발생할 수 있는 것이어야 되며 그 중의 어느 하나의 요건의 흠결도 당해 행정행위의 취소원인이 된다.

④ 위법하게 구성된 폐기물처리시설 입지선정위원회가 의결을 한 경우, 그에 터 잡아 이루어진 폐기물처리시설 입지결정처분의 하자는 무효사유로 본다.

| 정답해설 |

③ 행정행위 효력요건은 정당한 권한있는 기관이 필요한 수속을 거치고 필요한 표시의 형식을 갖추어야 할 뿐만 아니라, 행정행위의 내용이 법률상 효과를 발생할 수 있는 것이어야 되며 그 중의 어느 하나의 요건의 흠결도 당해 행정행위의 <u>절대적 무효를 초래하는 것이다</u>(대판 1959.5.14. 4290민상834).

| 오답해설 |

① 행정처분의 당연무효를 선언하는 의미에서 그 취소를 청구하는 행정소송을 제기한 경우에도 전심절차와 제소기간의 준수 등 취소소송의 제소요건을 갖추어야 한다(대판 1990.12.26. 90누6279).

② 징계처분이 중대하고 명백한 흠 때문에 당연무효의 것이라면 징계처분을 받은 자가 이를 용인하였다 하여 그 흠이 치료되는 것은 아니다(대판 1989.12.12. 88누8869).

④ 구 「폐기물처리시설 설치촉진 및 주변지역 지원 등에 관한 법률」에 정한 입지선정위원회가 그 구성방법 및 절차에 관한 같은 법 시행령의 규정에 위배하여 군수와 주민대표가 선정·추천한 전문가를 포함시키지 않은 채 임의로 구성되어 의결을 한 경우, 그에 터 잡아 이루어진 폐기물처리시설 입지결정처분의 하자는 중대한 것이고 객관적으로도 명백하므로 무효사유에 해당한다(대판 2007.4.12. 2006두20150).

05 종합문제(행정입법, 행정지도, 행정계획, 행정소송)   난이도 중 | 답 ④

다음 중 판례의 입장과 일치하지 <u>않는</u> 것은?

① 구 「도로교통법 시행규칙」이 정한 별표의 운전면허행정처분기준은 부령의 형식으로 되어 있으나, 그 규정의 성질과 내용이 운전면허의 취소처분 등에 관한 사무처리기준과 처분절차 등 행정청 내부의 사무처리준칙을 규정한 것에 지나지 아니하므로 대외적 구속력이 없다.

② 행정주체는 그 행정계획에 관련되는 자들의 이익을 공익과 사익 사이에서는 물론이고 공익 상호간과 사익 상호간에도 정당하게 비교·교량하여야 한다는 제한을 받는다.

③ 토지매매대금의 허위신고가 위법한 행정지도에 따른 것이라 하더라도 그 범법행위가 정당화되지는 않는다.

④ 피해자의 의사와 무관하게 주민등록번호가 유출된 경우라고 하더라도 주민등록번호의 변경을 요구할 신청권은 인정되지 않으므로, 구청장의 주민등록번호 변경신청 거부행위는 항고소송의 대상이 되는 행정처분에 해당하지 않는다.

| 정답해설 |

④ 피해자의 의사와 무관하게 주민등록번호가 유출된 경우에는 조리상 주민등록번호의 변경을 요구할 신청권을 인정함이 타당하고, 구청장의 주민등록번호 변경신청 거부행위는 항고소송의 대상이 되는 행정처분에 해당한다(대판 2017.6.15. 2013두2945).

| 오답해설 |

① 「도로교통법 시행규칙」 제91조 제1항이 정한 [별표 28]의 운전면허행정처분기준은 행정기관 내부의 처리지침에 불과한 것으로서 대외적으로 국민이나 법원을 기속하는 효력이 없다. 「도로교통법 시행규칙」 별표상의 벌점에 관하여 각 위반 항목별로 규정된 점수가 최고한도를 규정한 것이라고 볼 만한 아무런 근거가 없으므로 별표상의 벌점은 확정적인 점수이다(대판 1998.3.27. 97누20236).

② 행정주체는 구체적인 행정계획을 입안·결정함에 있어서 비교적 광범위한 형성의 자유를 가지는 것이지만, 행정주체가 가지는 이와 같은 형성의 자유는 무제한적인 것이 아니라 그 행정계획에 관련되는 자들의 이익을 공익과 사익 사이에서는 물론이고 공익 상호간과 사익 상호간에도 정당하게 비교·교량하여야 한다(대판 2007.4.12. 2005두1893).

③ 행정관청이 토지거래계약신고에 관하여 공시된 기준지가를 기준으로 매매가격을 신고하도록 행정지도하여 온 경우 그와 같은 위법한 관행에 따라 토지의 매매가격을 허위로 신고한 행위는 법행위로서 사회상규에 위배되지 않는 정당한 행위라고 볼 수 없다(대판 1992.4.24. 91도1609).

06 행정작용 〉 행정행위 〉 도로점용허가 　　난이도 중 | 답 ③

도로점용허가에 대한 설명으로 옳은 것은? (다툼이 있는 경우 판례에 의함)

① 도로점용허가는 성질상 일반적 금지의 해제에 불과하여 허가의 일정한 요건을 갖춘 경우 기속적으로 판단하여야 한다.
② 위법한 점용허가를 다투지 않고 있다가 제소기간이 도과한 경우에는 처분청이라도 그 점용허가를 취소할 수 없다.
③ 도로점용허가에 사용·수익허가 기간의 부관이 부가된 경우 해당 부관에 대해서는 독립적으로 소를 제기할 수 없다.
④ 점용허가취소처분을 취소하는 확정판결의 기속력은 판결의 주문에 미치는 것으로 그 전제가 되는 처분 등의 구체적 위법사유에 관한 이유 중의 판단에 대해서는 인정되지 않는다.

| 정답해설 |
③ 행정행위의 부관은 부담인 경우를 제외하고는 독립하여 행정소송의 대상이 될 수 없는바, 기부채납 받은 행정재산에 대한 사용·수익허가에서 공유재산의 관리청이 정한 사용·수익허가의 기간은 그 허가의 효력을 제한하기 위한 행정행위의 부관으로서 이러한 사용·수익허가의 기간에 대해서는 독립하여 행정소송을 제기할 수 없다(대판 2001.6.15. 99두509).

| 오답해설 |
① 「도로법」 제40조 제1항에 의한 도로점용은 일반공중의 교통에 사용되는 도로에 대하여 이러한 일반사용과는 별도로 도로의 특정부분을 유형적·고정적으로 특정한 목적을 위하여 사용하는 이른바 특별사용을 뜻하는 것이고, 이러한 도로점용의 허가는 특정인에게 일정한 내용의 공물사용권을 설정하는 설권행위로서, 공물관리자가 신청인의 적격성, 사용목적 및 공익상의 영향 등을 참작하여 허가를 할 것인지의 여부를 결정하는 재량행위이다(대판 2002.10.25. 2002두5795).
② 불가쟁력은 처분의 상대방 등이 일정불복 기간이 경과하면 더 이상 쟁송을 제기할 수 없다는 의미일 뿐 처분의 상대방이 이에 대해 취소권을 행사할 수 없다는 의미는 아니다. 불가쟁력이 발생하여도 행정청은 직권취소가 가능하다.
④ 재결의 기속력은 재결의 주문 및 그 전제가 된 요건사실의 인정과 판단, 즉 처분 등의 구체적 위법사유에 관한 판단에만 미친다(대판 2005.12.9. 2003두7705).

07 행정구제 〉 손해전보 〉 손실보상 　　난이도 상 | 답 ③

공익사업을 위한 토지 등의 취득과 관련된 손실보상의 내용으로 옳지 않은 것은? (다툼이 있는 경우 판례에 의함)

① 국가 등의 공적 기관이 직접 수용의 주체가 되는 것이든 그러한 공적 기관의 최종적인 허부판단과 승인결정하에 민간기업이 수용의 주체가 되는 것이든, 양자 사이에 공공필요에 대한 판단과 수용의 범위에 있어서 본질적인 차이가 있는 것은 아니다.
② 도시개발사업의 사업시행자가 이주대책기준을 정하여 이주대책대상자 가운데 이주대책을 수립·실시하여야 할 자를 선정하여 그들에게 공급할 택지 등을 정할 때는 재량을 갖는다.
③ 「공익사업을 위한 토지 등의 취득 및 보상에 관한 법률」상 손실보상은 원칙적으로 토지 등의 현물로 보상하여야 하고, 현금으로 지급하는 것은 다른 법률에 특별한 규정이 있는 경우에 예외적으로 허용된다.
④ 표준지공시지가 결정에 위법이 있는 경우 수용보상금의 증액을 구하는 소송에서 수용대상 토지가격 산정의 기초가 된 비교표준지공시지가 결정의 위법을 독립된 사유로 주장할 수 있다.

| 정답해설 |
③ 손실보상은 다른 법률에 특별한 규정이 있는 경우를 제외하고는 현금으로 지급하여야 한다. 다만, 토지소유자가 원하는 경우로서 사업시행자가 해당 공익사업의 합리적인 토지이용계획과 사업계획 등을 고려하여 토지로 보상이 가능한 경우에는 토지소유자가 받을 보상금 중 본문에 따른 현금 또는 제7항 및 제8항에 따른 채권으로 보상받는 금액을 제외한 부분에 대하여 다음 각 호에서 정하는

기준과 절차에 따라 그 공익사업의 시행으로 조성한 토지로 보상할 수 있다(「공익사업을 위한 토지 등의 취득 및 보상에 관한 법률」 제63조 제1항).

| 오답해설 |
① 헌법 제23조 제3항은 정당한 보상을 전제로 하여 재산권의 수용 등에 관한 가능성을 규정하고 있지만, 재산권 수용의 주체를 한정하지 않고 있다. 위 헌법 조항의 핵심은 당해 수용이 공공필요에 부합하는가, 정당한 보상이 지급되고 있는가 여부 등에 있는 것이지, 그 수용의 주체가 국가인지 민간기업인지 여부에 달려 있다고 볼 수 없다. 또한 국가 등의 공적 기관이 직접 수용의 주체가 되는 것이든 그러한 공적 기관의 최종적인 허부판단과 승인결정하에 민간기업이 수용의 주체가 되는 것이든, 양자 사이에 공공필요에 대한 판단과 수용의 범위에 있어서 본질적인 차이를 가져올 것으로 보이지 않는다. 따라서 위 수용 등의 주체를 국가 등의 공적 기관에 한정하여 해석할 이유가 없다(헌재 2009.9.24. 2007헌바114).
② 사업시행자는 이주대책기준을 정하여 이주대책대상자 중에서 이주대책을 수립·실시하여야 할 자를 선정하여 그들에게 공급할 택지 또는 주택의 내용이나 수량을 정할 수 있고, 이를 정하는 데 재량을 가지므로, 이를 위해 사업시행자가 설정한 기준은 그것이 객관적으로 합리적이 아니라거나 타당하지 않다고 볼 만한 다른 특별한 사정이 없는 한 존중되어야 한다(대판 2009.3.12. 2008두12610).
④ 수용보상금의 증액을 구하는 소송에서도 선행처분으로서 그 수용대상 토지 가격 산정의 기초가 된 비교표준지공시지가 결정의 위법을 독립한 사유로 주장할 수 있다(대판 2008.8.21. 2007두13845)

08 행정의 실효성 확보수단 〉 행정벌 〉 행정질서벌 　　난이도 중 | 답 ②

「질서위반행위규제법」의 내용으로 가장 옳은 것은?

① 지방자치단체의 조례상의 의무를 위반하여 과태료를 부과하는 행위는 질서위반행위에 해당되지 않는다.
② 법원의 과태료 재판이 확정된 후 법률이 변경되어 그 행위가 질서위반행위에 해당하지 아니하게 된 때에는 변경된 법률에 특별한 규정이 없는 한 과태료의 징수 또는 집행을 면제한다.
③ 과태료를 부과하는 근거 법령이 개정되어 행위시의 법률에 의하면 과태료 부과대상이었으나 재판시의 법률에 의하면 부과대상이 아닌 때에도 특별한 사정이 없는 한 행위시의 법률에 의하여 과태료를 부과할 수 있다.
④ 과태료 부과에 대한 이의제기는 과태료 부과처분의 효력에 영향을 주지 아니한다.

| 정답해설 |
② 행정청의 과태료 처분이나 법원의 과태료 재판이 확정된 후 법률이 변경되어 그 행위가 질서위반행위에 해당하지 아니하게 된 때에는 변경된 법률에 특별한 규정이 없는 한 과태료의 징수 또는 집행을 면제한다(「질서위반행위규제법」 제3조 제3항).

| 오답해설 |
①

> 「질서위반행위규제법」 제2조 【정의】 이 법에서 사용하는 용어의 뜻은 다음과 같다.
> 1. "질서위반행위"란 법률(지방자치단체의 조례를 포함한다. 이하 같다)상의 의무를 위반하여 과태료를 부과하는 행위를 말한다. 다만, 다음 각 목의 어느 하나에 해당하는 행위를 제외한다.
>   가. 대통령령으로 정하는 사법상·소송법상 의무를 위반하여 과태료를 부과하는 행위
>   나. 대통령령으로 정하는 법률에 따른 징계사유에 해당하여 과태료를 부과하는 행위

③ 질서위반행위 후 법률이 변경되어 그 행위가 질서위반행위에 해당하지 아니하게 되거나 과태료가 변경되기 전의 법률보다 가볍게 된 때에는 법률에 특별한 규정이 없는 한 변경된 법률을 적용한다(동법 제3조 제2항).
④ 행정청의 과태료 부과에 불복하는 당사자는 제17조 제1항에 따른 과태료 부과통지를 받은 날부터 60일 이내에 해당 행정청에 서면으로 이의제기를 할 수 있다(동법 제20조 제1항). 제1항에 따른 이의제기가 있는 경우에는 행정청의 과태료 부과처분은 그 효력을 상실한다(동조 제2항).

09 행정작용 〉 행정행위 〉 행정행위의 성립과 효력   난이도 중 | 답 ①

행정행위의 성립과 효력에 대한 내용으로 옳은 것은? (다툼이 있는 경우 판례에 의함)

① 건물 소유자에게 소방시설 불량사항을 시정·보완하라는 명령을 구두로 고지한 것은 「행정절차법」에 위반한 것으로 하자가 중대·명백하여 당연무효이다.

② 개인택시운전자가 운전면허취소사유가 있다면 관할청은 운전면허 취소 여부와 상관없이 개인택시면허를 취소할 수 있다.

③ 정보통신윤리위원회가 특정 웹사이트를 청소년유해매체물로 결정하고 청소년보호위원회가 효력발생시기를 명시하여 고시하였으나 정보통신윤리위원회와 청소년보호위원회가 웹사이트 운영자에게는 위 처분이 있었음을 통지하지 않았다면 그 효력이 발생하지 않는다.

④ 산업재해요양보상급여 취소처분이 불복기간의 경과로 인해 확정되면 요양급여청구권 없음이 확정되므로 다시 요양급여를 청구할 수 없다.

| 정답해설 |

① 담당 소방공무원이 행정처분인 위 명령을 구술로 고지한 것은 「행정절차법」 제24조를 위반한 것으로 하자가 중대하고 명백하여 당연무효이고, 무효인 명령에 따른 의무 위반이 생기지 아니하는 이상 피고인에게 명령 위반을 이유로 「소방시설 설치·유지 및 안전관리에 관한 법률」 제48조의2 제1호에 따른 행정형벌을 부과할 수 없는데도, 이와 달리 위 명령이 유효함을 전제로 유죄를 인정한 원심 판결에는 행정처분의 무효와 행정형벌의 부과에 관한 법리오해의 위법이 있다 (대판 2011.11.10. 2011도11109).

| 오답해설 |

② 관할관청으로서는 비록 개인택시 운송사업자에게 운전면허취소사유가 있다 하더라도 그로 인하여 운전면허취소처분이 이루어지지 않은 이상 개인택시운송사업 면허를 취소할 수는 없다(대판 2008.5.15. 2007두26001).

③ 구 「청소년 보호법」(2001.5.24. 법률 제6479호로 개정되기 전의 것)에 따른 청소년유해매체물 결정 및 고시처분은 당해 유해매체물의 소유자 등 특정인만을 대상으로 한 행정처분이 아니라 일반 불특정 다수인을 상대방으로 하여 일률적으로 표시의무, 포장의무, 청소년에 대한 판매·대여 등의 금지의무 등 각종 의무를 발생시키는 행정처분으로서, 정보통신윤리위원회가 특정 인터넷 웹사이트를 청소년유해매체물로 결정하고 청소년보호위원회가 효력발생시기를 명시하여 고시함으로써 그 명시된 시점에 효력이 발생하였다고 봄이 상당하고, 정보통신윤리위원회와 청소년보호위원회가 위 처분이 있었음을 위 웹사이트 운영자에게 제대로 통지하지 아니하였다고 하여 그 효력 자체가 발생하지 아니한 것으로 볼 수는 없다(대판 2007.6.14. 2004두619).

④ 종전의 산업재해요양보상급여 취소처분이 불복기간의 경과로 인하여 확정되었더라도 요양급여청구권이 없다는 내용의 법률관계까지 확정된 것은 아니며 소멸시효에 걸리지 아니한 이상 다시 요양급여를 청구할 수 있고 그것이 거부된 경우 이는 새로운 거부처분으로서 위법 여부를 소구할 수 있다(대판 1993.4.13. 92누17181).

10 행정구제 〉 사전구제 〉 행정절차   난이도 하 | 답 ②

다음 중 「행정절차법」에서 규정하고 있지 않은 것은?

① 신고   ② 공법상 계약
③ 행정지도   ④ 행정예고

| 정답해설 |

② 「행정절차법」에는 공법상 계약에 관한 명문의 규정이 없고, 그에 관하여는 「행정기본법」에서 규정하고 있다.

「행정기본법」 제27조 【공법상 계약의 체결】 ① 행정청은 법령등을 위반하지 아니하는 범위에서 행정목적을 달성하기 위하여 필요한 경우에는 공법상 법률관계에 관한 계약(이하 "공법상 계약"이라 한다)을 체결할 수 있다. 이 경우 계약의 목적 및 내용을 명확하게 적은 계약서를 작성하여야 한다.
② 행정청은 공법상 계약의 상대방을 선정하고 계약 내용을 정할 때 공법상 계약의 공공성과 제3자의 이해관계를 고려하여야 한다.

| 오답해설 |

①, ③, ④ 처분, 신고, 행정상 입법예고, 행정예고 및 행정지도의 절차(이하 "행정절차"라 한다)에 관하여 다른 법률에 특별한 규정이 있는 경우를 제외하고는 이 법에서 정하는 바에 따른다(「행정절차법」 제3조 제1항).

11 행정구제 〉 손해전보 〉 국가배상   난이도 중 | 답 ①

국가 등의 손해배상책임에 대한 설명으로 옳지 <u>않은</u> 것은? (다툼이 있는 경우 판례에 의함)

ㄱ. 토석채취공사 도중 경사지를 굴러 내린 암석이 가스저장시설을 충격하여 화재가 발생한 경우, 토지형질변경허가권자에게 허가 당시 사업자로 하여금 위해방지시설을 설치하게 할 의무는 없다.

ㄴ. 공익근무요원은 「국가배상법」 제2조 제1항 단서의 군인·군무원·경찰공무원 또는 향토예비군대원에 해당하지 않으므로 이중배상청구가 제한되지 않는다.

ㄷ. 노선인정 기타 공용지정을 갖추지 못하였으나 사실상 군민의 통행에 제공되고 있던 도로는 「국가배상법」 제5조의 영조물에 해당한다.

ㄹ. 재판에 대하여 불복절차 내지 시정절차 자체가 없는 경우에는 부당한 재판으로 인하여 불이익 내지 손해를 입은 사람에게 배상책임의 요건이 충족되는 한 국가배상책임이 인정된다.

① ㄱ, ㄷ   ② ㄱ, ㄹ
③ ㄴ, ㄷ   ④ ㄴ, ㄹ

| 정답해설 |

① ㄱ, ㄷ이 틀린 내용이다.

ㄱ. 토석채취공사 도중 경사지를 굴러 내린 암석이 가스저장시설을 충격하여 화재가 발생한 사안에서, 토지형질변경허가권자에게 허가 당시 사업자로 하여금 위해방지시설을 설치하게 할 의무를 다하지 아니한 위법과 작업 도중 구체적인 위험이 발생하였음에도 작업을 중지시키는 등의 사고예방조치를 취하지 아니한 위법이 있다(대판 2001.3.9. 99다64278).

ㄷ. 「국가배상법」 제5조 소정의 공공의 영조물이란 공유나 사유임을 불문하고 행정주체에 의하여 특정 공공의 목적에 공여된 유체물 또는 물적 설비를 의미하므로 사실상 군민의 통행에 제공되고 있던 도로 옆의 암벽으로부터 떨어진 낙석에 맞아 소외인이 사망하는 사고가 발생하였다고 하여도 동 사고지점 도로가 피고 군에 의하여 노선인정 기타 공용개시가 없었으면 이를 영조물이라 할 수 없다(대판 1981.7.7. 80다2478).

| 오답해설 |

ㄴ. 비록 「병역법」 제75조 제2항이 공익근무요원으로 복무 중 순직한 사람의 유족에 대하여 「국가유공자등 예우 및 지원에 관한 법률」에 따른 보상을 하도록 규정하고 있다고 하여도, 공익근무요원이 「국가배상법」 제2조 제1항 단서의 규정에 의하여 「국가배상법」상 손해배상청구가 제한되는 군인·군무원·경찰공무원 또는 향토예비군대원에 해당한다고 할 수 없다(대판 1997.3.28. 97다4036).

ㄹ. 재판에 대하여 불복절차 내지 시정절차 자체가 없는 경우에는 부당한 재판으로 인하여 불이익 내지 손해를 입은 사람은 국가배상 이외의 방법으로는 자신의 권리 내지 이익을 회복할 방법이 없으므로, 이와 같은 경우에는 배상책임의 요건이 충족되는 한 국가배상책임을 인정하지 않을 수 없다(대판 2003.7.11. 99다24218).

12 행정작용 〉 행정행위 〉 공정력   난이도 중 | 답 ①

행정행위의 공정력에 관한 설명으로 옳은 것은? (다툼이 있는 경우 판례에 의함)

① 「행정기본법」상의 공정력이 처분의 적법성을 보장하는 것은 아니다.
② 공정력은 행정행위가 무효인 경우에도 인정된다.
③ 공정력은 행정행위뿐만 아니라 행정의 사실행위에도 인정되는 효력이다.
④ 어떤 행정행위에 공정력이 발생하면 그 처분을 한 처분청이라도 공정력을 부정하지 못한다.

| 정답해설 |
① 공정력은 능률행정이나 국민들의 법적 안정성을 위해서 권한 있는 기관이 취소할 때까지 일단 유효성을 인정하는 효력일 뿐 처분의 적법성을 보장하는 효력은 아니다.

> 「행정기본법」 제15조 【처분의 효력】 처분은 권한이 있는 기관이 취소 또는 철회하거나 기간의 경과 등으로 소멸되기 전까지는 유효한 것으로 통용된다. 다만, 무효인 처분은 처음부터 그 효력이 발생하지 아니한다.

| 오답해설 |
② 무효인 행정행위에는 공정력이 발생하지 않는다.
③ 행정행위에만 인정되는 효력이다.
④ 공정력은 처분이 위법하여 하자가 있어도 중대·명백하여 당연무효인 경우가 아니라면 권한 있는 기관이 해당 처분을 취소할 때까지 상대방이나 이해관계인, 또는 다른 국가기관 등이 이에 구속되는 효력이다(다른 국가기관이 구속되는 효력을 '구성요건적 효력'이라고 하는 견해 있음) 처분청은 권한청으로서 처분을 취소(효력의 부정)할 수 있다.

13 정보공개와 개인정보 〉 정보공개 〉 종합문제   난이도 중 | 답 ③

정보공개청구제도와 국민의 개인정보 보호에 대한 설명으로 옳지 않은 것은? (다툼이 있는 경우 판례에 의함)

① 공공기관이 보유·관리하는 정보는 국민의 알 권리 보장 등을 위하여 「공공기관의 정보공개에 관한 법률」에서 정하는 바에 따라 적극적으로 공개하여야 한다.
② 개인정보 단체소송은 개인정보처리자가 「개인정보 보호법」상의 집단분쟁조정을 거부하거나 집단분쟁조정의 결과를 수락하지 아니한 경우에 법원에 제기할 수 있다.
③ 구 「공공기관의 정보공개에 관한 법률 시행령」 제2조 제1호가 정보공개의무기관으로 사립대학교를 들고 있는 것은 모법의 위임범위를 벗어난 것으로 위법하다.
④ 개인정보자기결정권이나 익명표현의 자유도 국가안전보장·질서유지 또는 공공복리를 위하여 필요한 경우에는 헌법 제37조 제2항에 따라 법률로써 제한될 수 있다.

| 정답해설 |
③ 구 「공공기관의 정보공개에 관한 법률 시행령」 제2조 제1호가 정보공개의무를 지는 공공기관의 하나로 사립대학교를 들고 있는 것이 모법의 위임범위를 벗어났다거나 사립대학교가 국비의 지원을 받는 범위 내에서만 공공기관의 성격을 가진다고 볼 수 없다(대판 2006.8.24. 2004두2783).

| 오답해설 |
① 공공기관이 보유·관리하는 정보는 국민의 알 권리 보장 등을 위하여 이 법에서 정하는 바에 따라 적극적으로 공개하여야 한다(「공공기관의 정보공개에 관한 법률」 제3조).
② 다음 각 호의 어느 하나에 해당하는 단체는 개인정보처리자가 제49조에 따른 집단분쟁조정을 거부하거나 집단분쟁조정의 결과를 수락하지 아니한 경우에는 법원에 권리침해 행위의 금지·중지를 구하는 소송(이하 "단체소송"이라 한다)을 제기할 수 있다(「개인정보 보호법 제51조」).

④ 헌법상 기본권의 행사는 국가공동체 내에서 타인과의 공동생활을 가능하게 하고 다른 헌법적 가치나 국가의 법질서를 위태롭게 하지 않는 범위 내에서 이루어져야 하는 것이므로, 개인정보자기결정권이나 익명표현의 자유도 국가안전보장·질서유지 또는 공공복리를 위하여 필요한 경우에는 헌법 제37조 제2항에 따라 법률로써 제한될 수 있다(대판 2016.3.10. 2012다105482).

14 종합문제(행정소송, 행정계획, 행정지도 등)   난이도 중 | 답 ①

다음 중 판례의 내용과 일치하는 것은?

① 3월의 영업정지처분을 2월의 영업정지처분에 갈음하는 과징금 부과처분으로 변경하는 재결의 경우 취소소송의 대상이 되는 것은 변경된 내용의 당초 처분이지 변경처분은 아니다.
② 이미 고시된 실시계획에 포함된 상세계획으로 관리되는 토지 위의 건물의 용도를 상세계획 승인권자의 변경승인 없이 임의로 판매시설에서 상세계획에 반하는 일반목욕장으로 변경한 사안에서, 그 영업신고를 수리하지 않고 영업소를 폐쇄한 처분은 위법하다.
③ 행정기관의 위법한 행정지도로 일정기간 어업권을 행사하지 못하는 손해를 입은 자가 그 어업권을 타인에게 매도하여 매매대금 상당의 이득을 얻은 경우, 손해배상액의 산정에서 그 이득을 손익상계할 수 있다.
④ 도시계획결정이 소정의 기초조사절차를 적법하게 거치지 아니한 경우에 그 하자는 중대·명백하여 무효에 해당된다.

| 정답해설 |
① 행정청이 식품위생법령에 따라 영업자에게 행정제재처분을 한 후 당초 처분을 영업자에게 유리하게 변경하는 처분을 한 경우, 변경처분에 의하여 유리하게 변경된 내용의 행정제재가 위법하다 하여 그 취소를 구하는 경우 그 취소소송의 대상은 변경된 내용의 당초 처분이지 변경처분은 아니고, 제소기간의 준수 여부도 변경처분이 아닌 변경된 내용의 당초 처분을 기준으로 판단하여야 한다(대판 2007.4.27. 2004두9302).

| 오답해설 |
② 이미 고시된 실시계획에 포함된 상세계획으로 관리되는 토지 위의 건물의 용도를 상세계획 승인권자의 변경승인 없이 임의로 판매시설에서 상세계획에 반하는 일반목욕장으로 변경신고한 경우에 그 영업신고를 수리하지 않고 영업소를 폐쇄한 처분은 적법하다(대판 2008.3.27. 2006두3742).
③ 행정기관의 위법한 행정지도로 일정기간 어업권을 행사하지 못하는 손해를 입은 자가 그 어업권을 타인에게 매도하여 매매대금 상당의 이득을 얻었더라도 그 이득은 손해배상책임의 원인이 되는 행위인 위법한 행정지도와 상당인과관계에 있다고 볼 수 없고, 행정기관이 배상하여야 할 손해는 위법한 행정지도로 피해자가 일정기간 어업권을 행사하지 못한 데 대한 것임에 반해 피해자가 얻은 이득은 어업권 자체의 매각대금이므로 위 이득이 위 손해의 범위에 대응하는 것이라고 볼 수도 없어, 피해자가 얻은 매매대금 상당의 이득을 행정기관이 배상하여야 할 손해액에서 공제할 수 없다(대판 2008.9.25. 2006다18228).
④ 도시계획결정(현 도시관리계획결정)을 함에 있어서 「도시계획법」 제15조 제1항 소정의 기초조사절차를 적법하게 거치지 아니한 하자가 있었더라도 그러한 절차상의 하자는 그 도시계획결정의 취소사유는 될지언정 당연무효의 사유라고는 보여지지 않는다(대판 1990.6.12. 90누2178).

15 행정의 실효성 확보수단 〉 행정강제 〉 행정대집행   난이도 중 | 답 ③

행정대집행과 대한 설명으로 옳지 않은 것은? (다툼이 있는 경우 판례에 의함)

① 행정대집행의 일반법으로서 「행정대집행법」이 있고, 「건축법」 제85조에 '행정대집행법 적용의 특례'를 규정하고 있다.
② 대집행 요건 충족의 입증책임은 처분 행정청에 있다.

③ 한 장의 문서로 위법건축물에 대한 자진철거를 명함과 동시에 그에 필요한 상당한 기간 경과 후에도 자진철거를 하지 않을 때는 대집행할 뜻을 미리 계고한 경우 당해 계고처분은 부적법하다.

④ 대집행 영장에 의한 통지는 비상시 또는 위험이 절박하여 그 절차를 취할 여유가 없는 경우 당해 수속을 거치지 아니하고 대집행을 할 수 있다.

| 정답해설 |

③ 계고서라는 명칭의 1장의 문서로서 일정기간 내에 위법건축물의 자진철거를 명함과 동시에 그 소정기한 내에 자진철거를 하지 아니할 때에는 대집행할 뜻을 미리 계고한 경우라도 「건축법」에 의한 철거명령과 「행정대집행법」에 의한 계고처분은 독립하여 있는 것으로서 각 그 요건이 충족되었다고 볼 것이다(대판 1992.6.12. 91누13564).

| 오답해설 |

①

> 「행정대집행법」 제2조 【대집행과 그 비용징수】 법률(법률의 위임에 의한 명령, 지방자치단체의 조례를 포함한다. 이하 같다)에 의하여 직접 명령되었거나 또는 법률에 의거한 행정청의 명령에 의한 행위로서 타인이 대신하여 행할 수 있는 행위를 의무자가 이행하지 아니하는 경우 다른 수단으로써 그 이행을 확보하기 곤란하고 또한 그 불이행을 방치함이 심히 공익을 해할 것으로 인정될 때에는 당해 행정청은 스스로 의무자가 하여야 할 행위를 하거나 또는 제3자로 하여금 이를 하게 하여 그 비용을 의무자로부터 징수할 수 있다.

> 「건축법」 제85조 【「행정대집행법」 적용의 특례】 ① 허가권자는 제11조, 제14조, 제41조와 제79조 제1항에 따라 필요한 조치를 할 때 다음 각 호의 어느 하나에 해당하는 경우로서 「행정대집행법」 제3조 제1항과 제2항에 따른 절차에 의하면 그 목적을 달성하기 곤란한 때에는 해당 절차를 거치지 아니하고 대집행할 수 있다.
> 1. 재해가 발생할 위험이 절박한 경우
> 2. 건축물의 구조 안전상 심각한 문제가 있어 붕괴 등 손괴의 위험이 예상되는 경우
> 3. 허가권자의 공사중지명령을 받고도 따르지 아니하고 공사를 강행하는 경우
> 4. 도로통행에 현저하게 지장을 주는 불법건축물인 경우
> 5. 그 밖에 공공의 안전 및 공익에 매우 저해되어 신속하게 실시할 필요가 있다고 인정되는 경우로서 대통령령으로 정하는 경우
> ② 제1항에 따른 대집행은 건축물의 관리를 위하여 필요한 최소한도에 그쳐야 한다.

② 건축허가 조건에 위배하여 증축한 것이어서 「건축법」상 철거할 의무가 있는 건물이라 하더라도 「행정대집행법」 제3조 및 제2조의 규정에 비추어 보면, 다른 방법으로는 그 이행의 확보가 어렵고 그 불이행을 방치함이 심히 공익을 해치는 것으로 인정될 때에 한하여 그 철거의무를 대집행하기 위한 계고처분이 허용된다 할 것이고 이러한 요건의 주장과 입증책임은 처분 행정청에 있다(대판 1982.5.11. 81누232).

④ 비상시 또는 위험이 절박한 경우에 있어서 당해 행위의 급속한 실시를 요하여 대집행영장에 의한 통지를 취할 여유가 없을 때에는 대집행영장에 의한 통지를 거치지 아니하고 대집행을 할 수 있다(「행정대집행법」 제3조 제3항).

16 행정작용 > 행정행위 > 행정행위의 내용   난이도 중 | 답 ④

행정행위의 내용이 바르게 연결된 것을 모두 고른 것은? (다툼이 있는 경우 판례에 의함)

> ㄱ. 보세구역의 설치·운영에 관한 특허 – 설권행위
> ㄴ. 구「수도권 대기환경개선에 관한 특별법」상 대기오염물질 총량관리사업장 설치의 허가 – 강학상 허가
> ㄷ. 재단법인 정관변경허가 – 보충행위

① ㄱ

② ㄱ, ㄴ

③ ㄴ

④ ㄱ, ㄷ

| 정답해설 |

④ ㄱ, ㄷ이 바른 연결이다.

ㄱ. 「관세법」 제78조 소정의 보세구역의 설영특허는 보세구역의 설치·경영에 관한 권리를 설정하는 이른바 공기업의 특허로서 그 특허의 부여 여부는 행정청의 자유재량에 속하며, 특허기간이 만료된 때에 특허는 당연히 실효되는 것이어서 특허기간의 갱신은 실질적으로 권리의 설정과 같으므로 그 갱신 여부도 특허관청의 자유재량에 속한다(대판 1989.5.9. 88누4188).

ㄷ. 재단법인의 정관변경 "허가"는 법률상의 표현이 허가로 되어 있기는 하나, 그 성질에 있어 법률행위의 효력을 보충해 주는 것이지 일반적 금지를 해제하는 것이 아니므로, 그 법적 성격은 인가라고 보아야 한다(대판 1996.5.16. 95누4810 전원합의체).

| 오답해설 |

ㄴ. 구 「수도권대기환경특별법」 제14조 제1항에서 정한 대기오염물질 총량관리사업장 설치의 허가 또는 변경허가는 특정인에게 인구가 밀집되고 대기오염이 심각하다고 인정되는 수도권 대기관리권역에서 총량관리대상 오염물질을 일정량을 초과하여 배출할 수 있는 특정한 권리를 설정하여 주는 행위로서 그 처분의 여부 및 내용의 결정은 행정청의 재량에 속한다(대판 2013.5.9. 2012두22799).

17 행정구제 > 행정쟁송 > 행정심판   난이도 중 | 답 ②

「행정심판법」에 관한 설명으로 옳은 것은?

① 행정심판위원회는 당사자의 동의가 없더라도 심판청구의 신속하고 공정한 해결을 위하여 조정을 할 수 있다.

② 행정심판위원회는 사정재결시 그 재결의 주문에서 그 처분 또는 부작위가 위법하거나 부당하다는 것을 구체적으로 밝혀야 한다.

③ 집행정지로 목적을 달성할 수 있는 경우에도 임시처분이 허용된다.

④ 처분청이 심판청구기간을 법정기간보다 긴 기간으로 잘못 고지한 경우, 심판청구기간은 당해 처분이 있는 날부터 180일이 된다.

| 정답해설 |

② 위원회는 심판청구가 이유가 있다고 인정하는 경우에도 이를 인용하는 것이 공공복리에 크게 위배된다고 인정하면 그 심판청구를 기각하는 재결을 할 수 있다. 이 경우 위원회는 재결의 주문(主文)에서 그 처분 또는 부작위가 위법하거나 부당하다는 것을 구체적으로 밝혀야 한다(「행정심판법」 제44조 제1항).

| 오답해설 |

① 위원회는 당사자의 권리 및 권한의 범위에서 당사자의 동의를 받아 심판청구의 신속하고 공정한 해결을 위하여 조정을 할 수 있다. 다만, 그 조정이 공공복리에 적합하지 아니하거나 해당 처분의 성질에 반하는 경우에는 그러하지 아니하다(동법 제43조의2 제1항).

③ 제1항에 따른 임시처분은 제30조 제2항에 따른 집행정지로 목적을 달성할 수 있는 경우에는 허용되지 아니한다(동법 제31조 제3항).

④ 행정청이 심판청구기간을 제1항(행정심판은 처분이 있음을 알게 된 날부터 90일 이내에 청구)에 규정된 기간보다 긴 기간으로 잘못 알린 경우 그 잘못 알린 기간에 심판청구가 있으면 그 행정심판은 제1항에 규정된 기간에 청구된 것으로 본다(동법 제27조 제5항).

18 행정의 실효성 확보수단 > 행정강제 > 행정조사   난이도 중 | 답 ④

행정조사에 대한 내용으로 옳지 않은 것은? (다툼이 있는 경우 판례에 의함)

① 행정기관은 행정조사를 통하여 알게 된 정보를 다른 법률에 따라 내부에서 이용하거나 다른 기관에 제공하는 경우를 제외하고는 원래의 조사목적 이외의 용도로 이용하거나 타인에게 제공하여서는 아니 된다.

② 행정조사를 행하는 행정기관에는 법령 및 조례·규칙에 따라 행정권한이 있는 기관뿐만 아니라 그 권한을 위임 또는 위탁받은 법인·단체 또는 그 기관이나 개인이 포함된다.

③ 조사대상자의 동의가 있는 경우 해가 뜨기 전이나 해가 진 뒤에도 현장조사가 가능하다.

④ 조세부과처분을 위한 과세관청의 세무조사결정은 사실행위로서 납세의무자의 권리·의무에 직접 영향을 미치는 것은 아니므로 항고소송의 대상이 되지 아니한다.

| 정답해설 |

④ 세무조사결정은 납세의무자의 권리·의무에 직접 영향을 미치는 공권력의 행사에 따른 행정작용으로서 항고소송의 대상이 된다(대판 2011.3.10. 2009두23617·23624).

| 오답해설 |

① 행정기관은 행정조사를 통하여 알게 된 정보를 다른 법률에 따라 내부에서 이용하거나 다른 기관에 제공하는 경우를 제외하고는 원래의 조사목적 이외의 용도로 이용하거나 타인에게 제공하여서는 아니 된다(「행정조사기본법」 제4조 제6항).

② "행정기관"이란 법령 및 조례·규칙(이하 "법령 등"이라 한다)에 따라 행정권한이 있는 기관과 그 권한을 위임 또는 위탁받은 법인·단체 또는 그 기관이나 개인을 말한다(동법 제2조 제2호).

③

> 「행정조사기본법」 제11조 【현장조사】 ② 제1항에 따른 현장조사는 해가 뜨기 전이나 해가 진 뒤에는 할 수 없다. 다만, 다음 각 호의 어느 하나에 해당하는 경우에는 그러하지 아니하다.
> 1. 조사대상자(대리인 및 관리책임이 있는 자를 포함한다)가 동의한 경우
> 2. 사무실 또는 사업장 등의 업무시간에 행정조사를 실시하는 경우
> 3. 해가 뜬 후부터 해가 지기 전까지 행정조사를 실시하는 경우에는 조사목적의 달성이 불가능하거나 증거인멸로 인하여 조사대상자의 법령 등의 위반 여부를 확인할 수 없는 경우

19 행정구제 〉 행정쟁송 〉 행정소송   난이도 중 | 답 ④

「행정소송법」상 내용으로 옳지 않은 것은? (다툼이 있는 경우 판례에 의함)

> ㄱ. 본안소송이 무효확인소송인 경우에도 집행정지가 가능하다.
> ㄴ. 제소기간에서 '처분이 있음을 안 날'이라고 함은 당해 처분 등이 있었음을 현실적으로 안 날을 의미한다.
> ㄷ. 현역입영대상자가 입영한 후에 현역병입영통지 처분의 취소를 구하는 것은 소익이 없다.
> ㄹ. 권한의 내부위임이 있는 경우 내부수임기관이 착오 등으로 원처분청의 명의가 아닌 자기명의로 처분을 하였다면, 위임기관이 그 처분에 대한 항고소송의 피고가 된다.

① ㄱ, ㄴ
② ㄱ, ㄹ
③ ㄴ, ㄷ
④ ㄷ, ㄹ

| 정답해설 |

④ ㄷ, ㄹ이 틀린 내용이다.

ㄷ. 현역입영대상자가 입영한 후에 현역병입영통지처분의 취소를 구할 소송상의 이익이 있다(대판 2003.12.26. 2003두1875).

ㄹ. 행정처분을 행할 적법한 권한 있는 상급행정청으로부터 내부위임을 받은 데 불과한 하급행정청이 권한 없이 행정처분을 한 경우에도 실제로 그 처분을 행한 하급행정청을 피고로 하여야 할 것이지 그 처분을 행할 적법한 권한 있는 상급행정청을 피고로 할 것은 아니다(대판 1994.8.12. 94누2763).

| 오답해설 |

ㄱ. 처분의 집행정지(또는 집행부정지)의 규정은 취소나 무효와는 무관하다. 무효등확인소송에서도 취소소송과 같이 원칙적으로 집행부정지원칙이 적용되며, 일정한 요건이 충족되면 집행정지가 인정된다.

ㄴ. 「행정소송법」 제20조 제2항 소정의 제소기간 기산점인 "처분이 있음을 안 날"이란 통지, 공고 기타의 방법에 의하여 당해 처분이 있었다는 사실을 현실적으로 안 날을 의미하고 구체적으로 그 행정처분의 위법 여부를 판단한 날을 가리키는 것은 아니다(대판 1991.6.28. 90누6521).

20 행정의 실효성 확보수단 〉 행정강제 〉 강제집행   난이도 중 | 답 ④

행정상 의무이행확보수단 중 행정강제에 대한 설명으로 옳지 않은 것은? (다툼이 있는 경우 판례에 의함)

① 「건축법」상 위법 건축물에 대하여 행정청은 대집행과 이행강제금을 선택적으로 활용할 수 있으며, 이러한 선택적 활용이 중첩적 제재에 해당한다고 볼 수 없다.

② 「건축법」상 이행강제금 납부의 최초 독촉은 징수처분으로서 항고소송의 대상이 되는 행정처분이 될 수 있다.

③ 이행강제금은 장래의 의무이행을 심리적으로 강제하기 위한 것으로서 의무이행이 있을 때까지 반복하여 부과할 수 있다.

④ 토지나 건물의 명도의무를 불이행하는 경우에 가장 적절한 행정강제는 행정대집행이다.

| 정답해설 |

④ 피수용자 등이 기업자에 대하여 부담하는 수용대상 토지의 인도의무에 관한 구 「토지수용법」(2002.2.4. 법률 제6656호 공익사업을 위한 토지 등의 취득 및 보상에 관한 법률 부칙 제2조로 폐지) 제63조, 제64조, 제77조 규정에서의 '인도'에는 명도도 포함되는 것으로 보아야 하고, 이러한 명도의무는 그것을 강제적으로 실현하면서 직접적인 실력행사가 필요한 것이지 대체적 작위의무라고 볼 수 없으므로 특별한 사정이 없는 한 「행정대집행법」에 의한 대집행의 대상이 될 수 있는 것이 아니다(대판 2005.8.19. 2004다2809).

| 오답해설 |

① 현행 「건축법」상 위법 건축물에 대한 이행강제수단으로 대집행과 이행강제금(제83조 제1항)이 인정되고 있는데, 양 제도는 각각의 장·단점이 있으므로 행정청은 개별사건에 있어서 위반내용, 위반자의 시정의지 등을 감안하여 대집행과 이행강제금을 선택적으로 활용할 수 있으며, 이처럼 그 합리적인 재량에 의해 선택하여 활용하는 이상 중첩적인 제재에 해당한다고 볼 수 없다(헌재 2004.2.26. 2001헌바80 등).

② 「건축법」상 이행강제금 납부의 최초 독촉은 준법률행위적 행정행위로서 항고소송대상인 처분이다.

③ 이행강제금은 행정강제로서 장래에 의무이행을 확보하고자 하는 간접적 수단으로 상대방이 의무를 이행할 때까지 반복부과가 가능하다. 이는 제재로서의 처벌이 아니기 때문이다.

01	②	02	②	03	②	04	①	05	②
06	②	07	②	08	①	09	④	10	①
11	②	12	④	13	③	14	③	15	②
16	③	17	②	18	①	19	①	20	③

▶풀이시간: /16분 나의 점수: /100점

01 행정법 통칙 〉 행정법의 법원 〉 행정법의 일반원칙   난이도 중 | 답 ②

신뢰보호원칙의 요건에 대한 설명으로 가장 옳지 않은 것은? (다툼이 있는 경우 판례에 의함)

① 행정청이 개인에 대하여 신뢰의 대상이 되는 공적인 견해표명을 하여야 한다.
② 행정청의 견해표명이 정당하다고 신뢰한 데에 대하여 그 개인에게 귀책사유가 있더라도 신뢰보호의 원칙이 적용된다.
③ 개인이 행정청의 견해표명을 신뢰하고 이에 상응하는 어떠한 행위를 하였어야 한다.
④ 행정청이 그 견해표명에 반하는 처분을 함으로써 견해표명을 신뢰한 개인의 이익이 침해되는 결과가 초래되어야 한다.

| 정답해설 |
②이 틀린 내용이다.
일반적으로 행정상의 법률관계에 있어서 행정청의 행위에 대하여 신뢰보호의 원칙이 적용되기 위해서는, 첫째 ① 행정청이 개인에 대하여 신뢰의 대상이 되는 공적인 견해표명을 하여야 하고, 둘째 ② 행정청의 견해표명이 정당하다고 신뢰한 데에 대하여 그 개인에게 귀책사유가 없어야 하며, 셋째 ③ 그 개인이 그 견해표명을 신뢰하고 이에 상응하는 어떠한 행위를 하였어야 하고, 넷째 ④ 행정청이 위 견해표명에 반하는 처분을 함으로써 그 견해표명을 신뢰한 개인의 이익이 침해되는 결과가 초래되어야 하며, 마지막으로 위 견해표명에 따른 행정처분을 할 경우 이로 인하여 공익 또는 제3자의 정당한 이익을 현저히 해할 우려가 있는 경우가 아니어야 한다(대판 2006.2.24. 2004두13592).

02 행정작용 〉 행정행위 〉 부관   난이도 중 | 답 ②

행정행위의 부관에 대한 내용으로 옳지 않은 것은? (다툼이 있는 경우 판례에 의함)

① 처분을 하면서 처분과 관련한 소의 제기를 금지하는 내용의 부제소특약을 부관으로 붙이는 것은 허용되지 않는다.
② 행정처분과 부관 사이에 실제적 관련성이 있다고 볼 수 없는 경우, 공무원이 공법상의 제한을 회피할 목적으로 행정처분의 상대방과 사이에 사법상 계약을 체결하는 형식을 취하였더라도 법치행정의 원리에 반하는 것으로서 위법하다고 볼 수 없다.
③ 행정청이 한 공유수면매립준공인가 중 매립지 일부에 대하여 한 국가귀속처분은 독립하여 행정소송의 대상으로 삼을 수 없다.
④ 부담과 조건의 구별이 명확하지 않은 경우에는 부담으로 보는 것이 행정행위의 상대방에게 유리하다고 본다.

| 정답해설 |
② 행정처분과 부관 사이에 실제적 관련성이 있다고 볼 수 없는 경우 공무원이 위와 같은 공법상의 제한을 회피할 목적으로 행정처분의 상대방과 사이에 사법상 계약을 체결하는 형식을 취하였다면 이는 법치행정의 원리에 반하는 것으로서 위법하다(대판 2009.12.10. 2007다63966).

| 오답해설 |
① 지방자치단체장이 도매시장법인의 대표이사에 대하여 위 지방자치단체장이 개설한 농수산물도매시장의 도매시장법인으로 다시 지정함에 있어서 그 지정조건으로 '지정기간 중이라도 개설자가 농수산물 유통 정책의 방침에 따라 도매시장법인 이전 및 지정취소 또는 폐쇄지시에도 일체 소송이나 손실보상을 청구할 수 없다.'라는 부관을 붙였으나, 그 중 부제소특약에 관한 부분은 당사자가 임의로 처분할 수 없는 공법상의 권리관계를 대상으로 하여 사인의 국가에 대한 공권인 소권을 당사자의 합의로 포기하는 것으로서 허용될 수 없다(대판 1998.8.21. 98두8919).
③ 행정청이 한 공유수면매립준공인가 중 매립지 일부에 대하여 한 국가귀속처분은 매립준공인가를 함에 있어서 매립의 면허를 받은 자의 매립지에 대한 소유권 취득을 규정한 「공유수면매립법」 제14조의 효과 일부를 배제하는 부관을 붙인 것이므로, 이러한 행정행위의 부관에 대하여는 독립하여 행정소송의 대상으로 삼을 수 없다(대판 1993.10.8. 90누8503).
④ 조건과 달리 부담은 부담을 이행하지 않아도 주된 처분의 효력이 처음부터 발생하고, 이행하지 않았다는 이유로 주된 처분의 효력이 바로 소멸하지 않는다. 따라서 부관이 조건인지 부담인지 모호한 경우에는 국민에게 유리한 부담으로 해석한다.

03 행정법 통칙 〉 행정법의 법원 〉 「행정기본법」   난이도 중 | 답 ②

「행정기본법」의 내용으로 옳지 않은 것은? (다툼이 있는 경우 판례에 의함)

① 처분은 권한이 있는 기관이 취소 또는 철회하거나 기간의 경과 등으로 소멸되기 전까지는 유효한 것으로 통용된다. 다만, 무효인 처분은 처음부터 그 효력이 발생하지 아니한다.
② 행정청은 처분에 재량이 없는 경우에 조건, 기한, 부담, 철회권의 유보 등의 부관을 붙일 수 있다.
③ 새로운 법령등은 법령등에 특별한 규정이 있는 경우를 제외하고는 그 법령등의 효력 발생 전에 완성되거나 종결된 사실관계 또는 법률관계에 대해서는 적용되지 아니한다.
④ 행정청은 공법상 계약의 상대방을 선정하고 계약 내용을 정할 때 공법상 계약의 공공성과 제3자의 이해관계를 고려하여야 한다.

| 정답해설 |
② 행정청은 처분에 재량이 있는 경우에는 부관(조건, 기한, 부담, 철회권의 유보 등을 말한다. 이하 이 조에서 같다)을 붙일 수 있다(「행정기본법」 제17조 제1항).

| 오답해설 |
① 처분은 권한이 있는 기관이 취소 또는 철회하거나 기간의 경과 등으로 소멸되기 전까지는 유효한 것으로 통용된다. 다만, 무효인 처분은 처음부터 그 효력이 발생하지 아니한다(동법 제15조).
③ 새로운 법령등은 법령등에 특별한 규정이 있는 경우를 제외하고는 그 법령등의 효력 발생 전에 완성되거나 종결된 사실관계 또는 법률관계에 대해서는 적용되지 아니한다(동법 제14조 제1항).
④ 행정청은 공법상 계약의 상대방을 선정하고 계약 내용을 정할 때 공법상 계약의 공공성과 제3자의 이해관계를 고려하여야 한다(동법 제27조 제2항).

04 종합문제(행정소송, 행정입법, 행정지도, 행정계획) 난이도 중 | 답 ①

다음 내용 중 옳지 <u>않은</u> 것은? (다툼이 있는 경우 판례에 의함)

> ㄱ. 한국자산공사의 공매통지는 항고소송 대상인 처분이다.
> ㄴ. 구 「청소년 보호법」 제49조 제1항·제2항에 따른 동법 시행령 제40조 [별표 6]의 위반행위의 종별에 따른 과징금 처분기준은 법규명령에 해당하고 규정된 기준은 확정액이다.
> ㄷ. 행정지도에 따르지 아니하였다는 것을 직접적인 이유로 하는 불이익한 조치는 위법한 행위가 된다.
> ㄹ. 행정계획과 관련하여 이익형량을 하였으나 정당성과 객관성이 결여된 경우에는 그 행정계획결정은 형량에 하자가 있어 위법하다.

① ㄱ, ㄴ ② ㄱ, ㄹ
③ ㄴ, ㄷ ④ ㄷ, ㄹ

| 정답해설 |

① ㄱ, ㄴ이 틀린 내용이다.

ㄱ. 한국자산공사가 당해 부동산을 인터넷을 통하여 재공매(입찰)하기로 한 결정 자체는 내부적인 의사결정에 불과하여 항고소송의 대상이 되는 행정처분이라고 볼 수 없고, 또한 한국자산공사가 공매통지는 공매의 요건이 아니라 공매사실 자체를 체납자에게 알려주는 데 불과한 것으로서, 통지의 상대방의 법적 지위나 권리·의무에 직접 영향을 주는 것이 아니라고 할 것이므로 이것 역시 행정처분에 해당한다고 할 수 없다(대판 2007.7.27. 2006두8464).

ㄴ. 구 「청소년 보호법」(1999.2.5. 법률 제5817호로 개정되기 전의 것) 제49조 제1항, 제2항에 따른 같은 법 시행령(1999.6.30. 대통령령 제16461호로 개정되기 전의 것) 제40조 [별표 6]의 위반행위의 종별에 따른 과징금 처분기준은 법규명령이기는 하나 … (중략) … 사안에 따라 적정한 과징금의 액수를 정하여야 할 것이므로 그 수액은 정액이 아니라 최고한도액이다(대판 2001.3.9. 99두5207).

| 오답해설 |

ㄷ. 행정기관은 행정지도의 상대방이 행정지도에 따르지 아니하였다는 것을 이유로 불이익한 조치를 하여서는 아니 된다(「행정절차법」 제48조 제2항).

ㄹ. 행정주체가 행정계획을 입안·결정함에 있어서 이익형량을 전혀 행하지 아니하거나 이익형량의 고려 대상에 마땅히 포함시켜야 할 사항을 누락한 경우 또는 이익형량을 하였으나 정당성과 객관성이 결여된 경우에는 그 행정계획결정은 형량에 하자가 있어 위법하게 된다(대판 2007.4.12. 2005두1893).

05 행정의 실효성 확보수단 〉 행정강제 〉 행정조사 난이도 하 | 답 ②

「행정조사기본법」에 대한 내용으로 옳지 <u>않은</u> 것은?

① 행정조사를 실시하기 전에 관련 사항을 미리 통지하는 때에는 증거인멸 등으로 행정조사의 목적을 달성할 수 없다고 판단되는 경우에는 행정조사의 개시와 동시에 출석요구서등을 조사대상자에게 제시하거나 행정조사의 목적 등을 조사대상자에게 구두로 통지할 수 있다.
② 조사대상자의 자발적인 협조를 얻어 행정조사를 실시하고자 하는 경우에 조사대상자가 조사에 응할 것인지에 대한 응답을 하지 아니하는 경우에는 조사에 응한 것으로 본다.
③ 조사원은 사전에 발송된 사항에 한하여 조사대상자를 조사하되, 사전통지한 사항과 관련된 추가적인 행정조사가 필요할 경우에는 조사대상자에게 추가조사의 필요성과 조사내용 등에 관한 사항을 서면이나 구두로 통보한 후 추가조사를 실시할 수 있다.
④ 행정기관의 장은 규정에 따라 자율신고를 하는 자와 자율관리체제를 구축하고 자율관리체제의 기준을 준수한 자에 대하여는 법령등으로 규정한 바에 따라 행정조사의 감면 또는 행정·세제상의 지원을 하는 등 필요한 혜택을 부여할 수 있다.

| 정답해설 |
②

> 「행정조사기본법」 제20조 【자발적인 협조에 따라 실시하는 행정조사】 ① 행정기관의 장이 제5조 단서에 따라 조사대상자의 자발적인 협조를 얻어 행정조사를 실시하고자 하는 경우 조사대상자는 문서·전화·구두 등의 방법으로 당해 행정조사를 거부할 수 있다.
> ② 제1항에 따른 행정조사에 대하여 조사대상자가 조사에 응할 것인지에 대한 응답을 하지 아니하는 경우에는 법령등에 특별한 규정이 없는 한 그 조사를 거부한 것으로 본다.

| 오답해설 |
①

> 「행정조사기본법」 제17조 【조사의 사전통지】 ① 행정조사를 실시하고자 하는 행정기관의 장은 제9조에 따른 출석요구서, 제10조에 따른 보고요구서·자료제출요구서 및 제11조에 따른 현장출입조사서(이하 "출석요구서등"이라 한다)를 조사개시 7일 전까지 조사대상자에게 서면으로 통지하여야 한다. 다만, 다음 각 호의 어느 하나에 해당하는 경우에는 행정조사의 개시와 동시에 출석요구서등을 조사대상자에게 제시하거나 행정조사의 목적 등을 조사대상자에게 구두로 통지할 수 있다.
> 1. 행정조사를 실시하기 전에 관련 사항을 미리 통지하는 때에는 증거인멸 등으로 행정조사의 목적을 달성할 수 없다고 판단되는 경우
> 2. 「통계법」 제3조 제2호에 따른 지정통계의 작성을 위하여 조사하는 경우
> 3. 제5조 단서에 따라 조사대상자의 자발적인 협조를 얻어 실시하는 행정조사의 경우

③ 조사원은 제9조부터 제11조까지에 따라 사전에 발송된 사항에 한하여 조사대상자를 조사하되, 사전통지한 사항과 관련된 추가적인 행정조사가 필요할 경우에는 조사대상자에게 추가조사의 필요성과 조사내용 등에 관한 사항을 서면이나 구두로 통보한 후 추가조사를 실시할 수 있다(동법 제23조 제1항).
④ 행정기관의 장은 제25조에 따라 자율신고를 하는 자와 제26조에 따라 자율관리체제를 구축하고 자율관리체제의 기준을 준수한 자에 대하여는 법령등으로 규정한 바에 따라 행정조사의 감면 또는 행정·세제상의 지원을 하는 등 필요한 혜택을 부여할 수 있다(동법 제27조).

06 행정작용 〉 행정행위 〉 행정행위의 내용 난이도 중 | 답 ②

행정행위에 대한 설명으로 옳은 것은?

① 명령적 행정행위는 국민에게 새로운 권리·능력, 기타 포괄적 법률관계를 발생·변경·소멸시키는 행위이다.
② 명령적 행정행위의 수명자가 하명에 의하여 과하여진 의무를 이행하지 않는 경우에는 행정상 강제집행에 의하여 그 의무이행이 강제되거나 또는 행정상 제재가 부과된다.
③ 공법상 대리는 법률의 규정에 의한 법정대리가 아니라, 본인의 의사에 따른 대리행위이다.
④ 명령적 행정행위는 타인을 위하여 그 행위의 효력을 보충·완성하는 행위와 타인을 대신하여 행하는 행위로 나누어진다.

| 정답해설 |
② 명령적 행정행위는 자연적 자유에 대한 제한이나 이에 대한 해제와 관련된 처분이다. 따라서 명령적 행정행위를 위반하거나 불이행하는 경우 사법적 법률행위의 효력에는 영향이 없으나 행정청의 처분(하명)을 위반하거나 불이행한 것으로 행정제재나 행정강제의 대상이 된다.

| 오답해설 |
① 형성적 행정행위에 대한 설명이다. 명령적 행정행위는 자연적 자유를 제한하거나 이를 해제하는 행정행위로서 하명, 허가, 면제가 해당된다.
③ 공법상의 대리는 행정의 상대방 등이 하여야 할 행위를 행정청이 이를 대신하고 상대방 등의 행위로 귀속시키는 행정행위로서 상대방의 의사에 의한 임의대리가 아니라 법률의 규정에 의하여 이루어지는 법정대리이다.
④ 타인을 위해 효력을 보충하고 완성하는 행위는 보충행위인 인가에 해당되고, 타인을 대신하는 행정행위는 대리에 해당된다. 인가와 대리는 형성적 행정행위이다.

07 행정의 실효성 확보수단 〉 행정강제 〉 강제집행　　난이도 중 | 답 ②

행정대집행에 관한 설명으로 옳은 것은? (다툼이 있는 경우 판례에 의함)

① 철거대집행 계고처분 후 행한 제2차 계고는 대집행기한의 연기통지가 아니라 새로운 철거의무를 부과한 것이다.

② 철거명령과 계고처분은 계고서라는 명칭의 1장의 문서로 이루어질 수 있다.

③ 행정청이 대집행의 방법으로 건물철거의무의 이행을 실현할 수 있는 경우, 건물철거 대집행과정에서 부수적으로 건물의 점유자들에 대한 퇴거조치를 할 수 없다.

④ 후행처분인 대집행 영장발부 통보처분의 취소소송에서, 선행처분인 계고처분의 위법을 이유로 대집행 영장발부 통보처분이 위법하다는 주장을 할 수 없다.

| 정답해설 |

② 1장의 계고서로서 「건축법」에 의한 철거명령과 「행정대집행법」에 의해 미리 한 계고처분이 가능하다(대판 1992.6.12. 91누13564).

| 오답해설 |

① 원고들의 「행정대집행법」상의 건물철거의무는 제1차 철거명령 및 계고처분으로서 발생하였고 제2차의 계고처분은 원고들에게 새로운 철거의무를 부과하는 것이 아니고 다만 대집행기한의 연기통지에 불과하므로 행정처분이 아니다(대판 1991.1.25. 90누5962).

③ 행정청이 행정대집행의 방법으로 건물철거의무의 이행을 실현할 수 있는 경우에는 건물철거 대집행 과정에서 부수적으로 건물의 점유자들에 대한 퇴거조치를 할 수 있고, 점유자들이 적법한 행정대집행을 위력을 행사하여 방해하는 경우 형법상 공무집행방해죄가 성립하므로, 필요한 경우에는 「경찰관 직무집행법」에 근거한 위험발생 방지조치 또는 형법상 공무집행방해죄의 범행방지 내지 현행범체포의 차원에서 경찰의 도움을 받을 수도 있다(대판 2017.4.28. 2016다213916).

④ 대집행은 하나의 법적 효과를 가져오는 행정작용으로, 선행처분의 하자를 후행처분에 대한 소송에서 다툴 수 있다.

08 행정구제 〉 행정쟁송 〉 행정심판　　난이도 하 | 답 ①

「행정심판법」상 재결에 해당하지 않는 것은?

① 취소심판에서의 처분취소명령재결

② 취소심판에서의 처분변경명령재결

③ 의무이행심판에서의 처분재결

④ 의무이행심판에서의 처분명령재결

| 정답해설 |

① 취소심판에서 인용재결의 경우 취소재결, 변경재결, 변경명령재결이 있다.
　→ 취소명령재결은 없다.

「행정심판법」 제43조 【재결의 구분】 ① 위원회는 심판청구가 적법하지 아니하면 그 심판청구를 각하한다.

② 위원회는 심판청구가 이유가 없다고 인정하면 그 심판청구를 기각한다.

③ 위원회는 취소심판의 청구가 이유가 있다고 인정하면 처분을 취소 또는 다른 처분으로 변경하거나 처분을 다른 처분으로 변경할 것을 피청구인에게 명한다.

④ 위원회는 무효등확인심판의 청구가 이유가 있다고 인정하면 처분의 효력 유무 또는 처분의 존재 여부를 확인한다.

⑤ 위원회는 의무이행심판의 청구가 이유가 있다고 인정하면 지체 없이 신청에 따른 처분을 하거나 처분을 할 것을 피청구인에게 명한다.

09 행정작용 〉 행정행위 〉 행정행위의 성립과 효력　　난이도 중 | 답 ④

행정행위의 성립이나 효력에 대한 설명으로 옳지 않은 것은? (다툼이 있는 경우 판례에 의함)

① 행정처분의 취소를 구하는 취소소송에서 그 처분의 취소를 선결문제로 하는 부당이득반환청구가 병합된 경우, 그 청구의 인용을 위해서는 그 소송절차에서 판결에 의해 당해 처분이 취소되면 충분하고 그 처분의 취소가 확정되어야 할 필요는 없다.

② 하자있는 수입승인에 기초하여 수입면허를 받고 물품을 통관한 경우, 당해 수입면허가 당연무효가 아닌 이상 무면허수입죄가 성립되지 않는다.

③ 정보통신윤리위원회가 특정 인터넷 웹사이트를 청소년유해매체물로 결정하고 청소년보호위원회가 효력발생시기를 명시하여 고시하면 그 명시된 시점에 효력이 발생하였다고 보아야 한다.

④ 실제로 거주하고 있지 아니하면서 전입신고만을 해 둔 주민등록지에 등기취급의 방법으로 우편물이 도달한 경우 적법한 송달이 이루어진 것으로 추정한다.

| 정답해설 |

④ 우편물이 등기취급의 방법으로 발송된 경우, 특별한 사정이 없는 한, 그 무렵 수취인에게 배달되었다고 보아도 좋을 것이나, 수취인이나 그 가족이 주민등록지에 실제로 거주하고 있지 아니하면서 전입신고만을 해 둔 경우에는 그 사실만으로써 주민등록지 거주자에게 송달수령의 권한을 위임하였다고 보기는 어려울 뿐 아니라 수취인이 주민등록지에 실제로 거주하지 아니하는 경우에도 우편물이 수취인에게 도달하였다고 추정할 수는 없고, 따라서 이러한 경우에는 우편물의 도달사실을 과세관청이 입증해야 할 것이고, 수취인이나 그 가족이 주민등록지에 실제로 거주하고 있지 아니하면서 전입신고만을 해 두었고, 그 밖에 주민등록지 거주자에게 송달수령의 권한을 위임하였다고 보기 어려운 사정이 인정된다면, 등기우편으로 발송된 납세고지서가 반송된 사실이 인정되지 아니한다 하여 납세의무자에게 송달된 것이라고 볼 수는 없다(대판 1998.2.13. 97누8977).

| 오답해설 |

① 「행정소송법」 제10조는 처분의 취소를 구하는 취소소송에 당해 처분과 관련되는 부당이득반환소송을 관련 청구로 병합할 수 있다고 규정하고 있는바, 이 조항을 둔 취지에 비추어 보면, 취소소송에 병합할 수 있는 당해 처분과 관련되는 부당이득반환소송에는 당해 처분의 취소를 선결문제로 하는 부당이득반환청구가 포함되고, 이러한 부당이득반환청구가 인용되기 위해서는 그 소송절차에서 판결에 의해 당해 처분이 취소되면 충분하고 그 처분의 취소가 확정되어야 하는 것은 아니라고 보아야 한다(대판 2009.4.9. 2008두23153).

② 물품을 수입하고자 하는 자가 일단 세관장에게 수입신고를 하여 그 면허를 받고 물품을 통관한 경우에는, 세관장의 수입면허가 중대하고도 명백한 하자가 있는 행정행위이어서 당연무효가 아닌 한 「관세법」 제181조 소정의 무면허수입죄가 성립될 수 없다(대판 1989.3.28. 89도149).

③ 구 「청소년보호법」(2001.5.24. 법률 제6479호로 개정되기 전의 것)에 따른 청소년유해매체물 결정 및 고시처분은 당해 유해매체물의 소유자 등 특정인만을 대상으로 한 행정처분이 아니라 일반 불특정 다수인을 상대방으로 하여 일률적으로 표시의무, 포장의무, 청소년에 대한 판매·대여 등의 금지의무 등 각종 의무를 발생시키는 행정처분으로서, 정보통신윤리위원회가 특정 인터넷 웹사이트를 청소년유해매체물로 결정하고 청소년보호위원회가 효력발생시기를 명시하여 고시함으로써 그 명시된 시점에 효력이 발생하였다고 봄이 상당하고, 정보통신윤리위원회와 청소년보호위원회가 위 처분이 있었음을 위 웹사이트 운영자에게 제대로 통지하지 아니하였다고 하여 그 효력 자체가 발생하지 아니한 것으로 볼 수는 없다(대판 2007.6.14. 2004두619).

10 행정의 실효성 확보수단 〉 행정강제 〉 강제집행　난이도 중 | 답 ①

행정강제에 대한 설명으로 옳은 것은? (다툼이 있는 경우 판례에 의함)

① 공법인이 대집행권한을 위탁받아 공무인 대집행 실시에 지출한 비용을 「행정대집행법」에 따라 강제징수할 수 있음에도 민사소송절차에 의하여 상환을 청구하는 것은 허용되지 않는다.
② 이행강제금은 심리적 압박을 통하여 간접적으로 의무이행을 확보하는 수단인 행정벌과는 달리 의무이행의 강제를 직접적인 목적으로 하므로, 강학상 직접강제에 해당한다.
③ 관계 법령에 위반하여 장례식장 영업을 하고 있는 자의 장례식장 사용중지의무는 「행정대집행법」 제2조의 규정에 따른 대집행의 대상이 된다.
④ 재범의 위험성이 현저한 자를 상대로 긴급히 보호할 필요가 있는 경우에 단기간의 동행보호를 허용한 구 「사회안전법」상 동행보호규정은 사전영장주의를 규정한 헌법규정에 반한다.

| 정답해설 |
① 대한주택공사가 「행정대집행법」 절차에 따라 「국세징수법」의 예에 의하여 징수할 수 있음에도 민사소송절차에 의하여 그 비용의 상환을 청구한 경우, 「행정대집행법」이 대집행 비용의 징수에 관하여 민사소송절차에 의한 소송이 아닌 간이하고 경제적인 특별구제절차를 마련해 놓고 있으므로, 「민법」 제750조에 기한 손해배상으로서 대집행비용의 상환을 구하는 대한주택공사의 청구는 소의 이익이 없어 부적법하다(대판 2011.9.8. 2010다48240).

| 오답해설 |
② 이행강제금이란 일정한 기한까지 의무자가 이행하지 않는 경우에는 일정액수의 금전이 부과될 것임을 의무자에게 미리 계고함으로써 심리적 압박에 의하여 장래에 향하여 행정상 의무이행을 확보하려는 강제집행수단의 일종이다. 대집행과 직접강제는 직접적 의무이행 확보수단인 데 반하여 이행강제금은 금전적 부담이라는 수단을 통해 심리적·간접적으로 의무자를 압박함으로써 의무이행을 확보하는 수단이다.
③ 장례식장의 사용중지의무는 타인이 대신할 수도 없고 타인이 대신하여 행할 수 있는 행위라고도 할 수 없는 비대체적 부작위의무이기 때문에 대집행의 대상이 되지 않는다(대판 2005.9.28. 2005두7464).
④ 구 「사회안전법」 제11조 소정의 동행보호규정은 재범의 위험성이 현저한 자를 상대로 긴급히 보호할 필요가 있는 경우에 한하여 단기간의 동행보호를 허용한 것으로서 그 요건을 엄격히 해석하는 한, 동 규정 자체가 사전영장주의를 규정한 헌법규정에 반한다고 볼 수는 없다(대판 1997.6.13. 96다56115).

11 행정작용 〉 행정행위 〉 행정행위의 하자　난이도 상 | 답 ②

행정행위의 하자에 대한 설명으로 옳지 않은 것은? (다툼이 있는 경우 판례에 의함)

① 조례 제정권의 범위를 벗어나 국가사무를 대상으로 한 무효인 조례의 규정에 근거하여 지방자치단체의 장이 행정처분을 한 경우 그 행정처분은 하자가 중대하나, 명백하지는 아니하므로 당연무효에 해당하지 아니한다.
② 과세관청은 세금부과처분을 취소한 처분에 취소원인인 하자가 있다는 이유로 취소처분을 다시 취소함으로써 원부과처분을 소생시킬 수 있다.
③ 행정처분에 대하여 그 행정처분의 근거가 된 법률이 위헌이라는 이유로 무효확인청구의 소가 제기된 경우에는 다른 특별한 사정이 없는 한 법원으로서는 그 법률이 위헌인지 여부에 대하여는 판단할 필요 없이 그 무효확인청구를 기각하여야 한다.
④ 법치주의 원칙을 강조할 경우 행정행위의 하자의 치유는 원칙적으로 허용될 수 없지만 예외적으로 행정의 무용한 반복을 피하고 당사자의 법적 안정성을 위해 허용될 수 있다.

| 정답해설 |
② 「국세기본법」 제26조 제1호는 부과의 취소를 국세납부의무 소멸사유의 하나로 들고 있으나, 그 부과의 취소에 하자가 있는 경우의 부과의 취소의 취소에 대하여는 법률이 명문으로 그 취소요건이나 그에 대한 불복절차에 대하여 따로 규정을 둔 바도 없으므로, 설사 부과의 취소에 위법사유가 있다고 하더라도 당연무효가 아닌 한 일단 유효하게 성립하여 부과처분을 확정적으로 상실시키는 것이므로, 과세관청은 부과의 취소를 다시 취소함으로써 원부과처분을 소생시킬 수는 없고 납세의무자에게 종전의 과세대상에 대한 납부의무를 지우려면 다시 법률에서 정한 부과절차에 좇아 동일한 내용의 새로운 처분을 하는 수밖에 없다(대판 1995.3.10. 94누7027).

| 오답해설 |
① 조례 제정권의 범위를 벗어나 국가사무를 대상으로 한 무효인 서울특별시행정권한위임조례의 규정에 근거하여 구청장이 건설업영업정지처분을 한 경우, 그 처분은 결과적으로 적법한 위임 없이 권한 없는 자에 의하여 행하여진 것과 마찬가지가 되어 그 하자가 중대하나, 지방자치단체의 사무에 관한 조례와 규칙은 조례가 보다 상위규범이라고 할 수 있고, 또한 헌법 제107조 제2항의 "규칙"에는 지방자치단체의 조례와 규칙이 모두 포함되는 등 이른바 규칙의 개념이 경우에 따라 상이하게 해석되는 점 등에 비추어 보면 위 처분의 위임 과정의 하자가 객관적으로 명백한 것이라고 할 수 없으므로 이로 인한 하자는 결국 당연무효사유는 아니라고 봄이 상당하다(대판 1995.7.11. 94누4615 전원합의체).
③ 어느 행정처분에 대하여 그 행정처분의 근거가 된 법률이 위헌이라는 이유로 무효확인청구의 소가 제기된 경우에는 다른 특별한 사정이 없는 한 법원으로서는 그 법률이 위헌인지 여부에 대하여는 판단할 필요 없이 그 무효확인청구를 기각하여야 한다(대판 1994.10.28. 92누9463).
④ 하자 있는 행정행위의 치유나 전환은 행정행위의 성질이나 법치주의의 관점에서 볼 때 원칙적으로 허용될 수 없는 것이지만, 행정행위의 무용한 반복을 피하고 당사자의 법적 안정성을 위해 이를 허용하는 때에도 국민의 권리와 이익을 침해하지 않는 범위에서 구체적 사정에 따라 합목적적으로 인정해야 할 것이다(대판 1983.7.26. 82누420).

12 정보공개와 개인정보 〉 정보공개 〉 「공공기관의 정보공개에 관한 법률」　난이도 중 | 답 ④

「공공기관의 정보공개에 관한 법률」상 정보공개에 대한 설명으로 옳지 않은 것은? (다툼이 있는 경우 판례에 의함)

① 정보의 공개 및 우송 등에 드는 비용은 실비(實費)의 범위에서 청구인이 부담한다.
② 공공기관은 공개 청구된 정보가 공공기관이 보유·관리하지 아니하는 정보인 경우로서 「민원 처리에 관한 법률」에 따른 민원으로 처리할 수 있는 경우에는 민원으로 처리할 수 있다.
③ 청구인이 공공기관에 대하여 정보공개를 청구하였다가 거부처분을 받은 것 자체가 법률상 이익의 침해에 해당한다.
④ 「보안관찰법」 소정의 보안관찰 관련 통계자료는 「공공기관의 정보공개에 관한 법률」 소정의 비공개 대상정보에 해당하지 않는다.

| 정답해설 |
④ 보안관찰 관련 통계자료는 「공공기관의 정보공개에 관한 법률」 제9조 제1항 제2호 소정의 공개될 경우 국가안전보장·통일·외교관계 등 국가의 중대한 이익을 해할 우려가 있는 정보, 또는 제3호 소정의 공개될 경우 국민의 생명·신체 및 재산의 보호 기타 공공의 안전과 이익을 현저히 해할 우려가 있다고 인정되는 정보에 해당한다(대판 2004.3.26. 2002두6583).

| 오답해설 |
① 정보의 공개 및 우송 등에 드는 비용은 실비(實費)의 범위에서 청구인이 부담한다(「공공기관의 정보공개에 관한 법률」 제17조 제1항).
②

> 「공공기관의 정보공개에 관한 법률」 제11조 【정보공개 여부의 결정】 ⑤ 공공기관은 정보공개 청구가 다음 각 호의 어느 하나에 해당하는 경우로서 「민원 처리에 관한 법률」에 따른 민원으로 처리할 수 있는 경우에는 민원으로 처리할 수 있다.

1. 공개 청구된 정보가 공공기관이 보유·관리하지 아니하는 정보인 경우
2. 공개 청구의 내용이 진정·질의 등으로 이 법에 따른 정보공개 청구로 보기 어려운 경우

③ 정보공개청구권은 구체적인 권리로서 정보공개를 청구하였다가 거부된 것만으로 청구인은 소를 청구할 법률상 이익이 있다.

13 종합문제(행정소송, 공법상 계약 등) 난이도 상 | 답 ③

행정작용에 대한 내용으로 옳은 것을 모두 고르면? (다툼이 있는 경우 판례에 의함)

> ㄱ. 장기성·종합성이 요구되는 행정계획이라 하더라도 그 계획 확정 후 어떤 사정의 변동이 있다면 해당 지역주민에게는 그 계획의 변경을 청구할 권리가 인정된다.
> ㄴ. 구「도시계획법」상 도시계획사업의 시행자가 그 사업에 필요한 토지를 협의취득하는 행위는 사경제 주체로서 행하는 사법상의 법률행위이므로 행정소송의 대상이 되지 않는다.
> ㄷ. 공법상 계약의 무효확인을 구하는 당사자소송의 청구는 당해 소송에서 추구하는 권리구제를 위한 다른 직접적인 구제방법이 있는 이상 소송요건을 구비하지 못한 위법한 청구이다.
> ㄹ. 후행 도시계획을 결정하는 행정청이 선행 도시계획의 결정·변경에 관한 권한을 가지고 있지 아니한 경우 선행 도시계획과 양립할 수 없는 후행 도시계획결정은 취소사유에 해당한다.

① ㄱ, ㄴ
② ㄱ, ㄹ
③ ㄴ, ㄷ
④ ㄷ, ㄹ

| 정답해설 |

③ ㄴ, ㄷ이 옳은 내용이다.

ㄴ. 구「공공용지의 취득 및 손실보상에 관한 특례법」에 따른 토지 등의 협의취득은 공공사업에 필요한 토지 등을 그 소유자와의 협의에 의하여 취득하는 것으로서 공공기관이 사경제 주체로서 행하는 사법상 매매 내지 사법상 계약의 실질을 가지는 것이다(대판 2010.11.11. 2010두14367).

ㄷ. 공법상 계약의 무효확인을 구하는 당사자 소송은 확인소송이므로 확인의 이익(즉시확정의 이익)이 요구된다. … (중략) … 이 사건과 같이 이미 채용기간이 만료되어 소송 결과에 의해 법률상 그 직위가 회복되지 않는 이상 채용계약 해지의 의사표시의 무효확인만으로는 당해 소송에서 추구하는 권리구제의 기능이 있다고 할 수 없고, 침해된 급료지급청구권이나 사실상의 명예를 회복하는 수단은 바로 급료의 지급을 구하거나 명예훼손을 전제로 한 손해배상을 구하는 등의 이행청구소송으로 직접적인 권리구제방법이 있는 이상 무효확인소송은 적절한 권리구제수단이라 할 수 없어 확인소송의 또 다른 소송요건을 구비하지 못하고 있다 할 것이며, 위와 같이 직접적인 권리구제의 방법이 있는 이상 무효확인소송을 허용하지 않는다고 해서 당사자의 권리구제를 봉쇄하는 것도 아니다(대판 2008.6.12. 2006두16328).

| 오답해설 |

ㄱ. 도시계획과 같이 장기성·종합성이 요구되는 행정계획에 있어서는 그 계획이 일단 확정된 후에 어떤 사정의 변경이 있다 하여 지역주민에게 일일이 그 계획의 변경을 청구할 권리를 인정해 줄 수도 없는 이치이므로 도시계획시설인 공원조성계획 취소신청을 거부한 행위는 항고소송의 대상이 되는 행정처분이라고 볼 수 없다(대판 1989.10.24. 89누725).

ㄹ. 도시계획의 결정을 하는 행정청이 선행 도시계획의 결정·변경 등에 관한 권한을 가지고 있지 아니한 경우에 선행 도시계획과 서로 양립할 수 없는 내용이 포함된 후행 도시계획결정을 하는 것은 아무런 권한 없이 선행 도시계획결정을 폐지하고, 양립할 수 없는 새로운 내용이 포함된 후행 도시계획결정을 하는 것으로서, 선행 도시계획결정의 폐지 부분은 권한 없는 자에 의하여 행해진 것으로서 무효이고, 같은 대상지역에 대하여 선행 도시계획결정이 적법하게 폐지되지 아니한 상태에서 그 위에 다시 한 후행 도시계획결정 역시 위법하고, 그 하자는 중대하고도 명백하여 다른 특별한 사정이 없는 한 무효라고 보아야 한다(대판 2000.9.8. 99두11257).

14 행정구제 > 손해전보 > 손실보상 난이도 상 | 답 ③

적법한 공권력 행사에 따른 재산권의 특별한 희생에 대한 손실보상의 내용으로 옳지 않은 것은? (다툼이 있는 경우 판례에 의함)

① 공공용물에 관하여 적법한 개발행위 등이 이루어져 일정범위의 사람들의 일반사용이 종전에 비하여 제한받게 되었다 하더라도 특별한 사정이 없는 한 이는 특별한 손실에 해당한다고 할 수 없다.

② 「공익사업을 위한 토지 등의 취득 및 보상에 관한 법률」상 보상금 증액소송은 처분청인 토지수용위원회를 피고로 하지 않는다.

③ 공익사업의 시행으로 토석채취허가를 연장받지 못한 경우 그로 인한 손실은 적법한 공권력의 행사로 가하여진 재산상의 특별한 희생으로서 손실보상의 대상이 된다.

④ 공익사업으로 인하여 영업을 폐지하거나 휴업하는 자는 구「공익사업을 위한 토지 등의 취득 및 보상에 관한 법률」에 규정된 재결절차를 거치지 않은 채 곧바로 사업시행자를 상대로 영업손실보상을 청구할 수는 없다.

| 정답해설 |

③ 중대한 공익상의 필요가 있는 공익사업이 시행되어 토석채취허가를 연장받지 못하게 되었다고 하더라도 토석채취허가가 연장되지 않게 됨으로 인한 손실과 공익사업 사이에 상당인과관계가 있다고 할 수 없을 뿐 아니라(대판 1996.9.20. 96다24545 참조). 특별한 사정이 없는 한 그러한 손실이 적법한 공권력의 행사로 가하여진 재산상의 특별한 희생으로서 손실보상의 대상이 된다고 볼 수도 없다(대판 2009.6.23. 2009두2672).

| 오답해설 |

① 일반 공중의 이용에 제공되는 공공용물에 대하여 특허 또는 허가를 받지 않고 하는 일반사용은 다른 개인의 자유이용과 국가 또는 지방자치단체 등의 공공목적을 위한 개발 또는 관리·보존행위를 방해하지 않는 범위 내에서만 허용된다 할 것이므로, 공공용물에 관하여 적법한 개발행위 등이 이루어짐으로 말미암아 이에 대한 일정범위의 사람들의 일반사용이 종전에 비하여 제한받게 되었다 하더라도 특별한 사정이 없는 한 그로 인한 불이익은 손실보상의 대상이 되는 특별한 손실에 해당한다고 할 수 없다(대판 2002.2.26. 99다35300).

② 제1항에 따라 제기하려는 행정소송이 보상금의 증감에 관한 소송인 경우 그 소송을 제기하는 자가 토지소유자 또는 관계인일 때에는 사업시행자를, 사업시행자일 때에는 토지소유자 또는 관계인을 각각 피고로 한다(「공익사업을 위한 토지 등의 취득 및 보상에 관한 법률」 제85조 제2항).

④ 구「공익사업을 위한 토지 등의 취득 및 보상에 관한 법률」 등에 규정된 재결절차를 거친 다음 그 재결에 대하여 불복이 있는 때에 비로소 구「공익사업을 위한 토지 등의 취득 및 보상에 관한 법률」 제83조 내지 제85조에 따라 권리구제를 받을 수 있을 뿐, 이러한 재결절차를 거치지 않은 채 곧바로 사업시행자를 상대로 손실보상을 청구하는 것은 허용되지 않는다(대판 2011.9.29. 2009두10963).

15 행정구제 > 손해전보 > 국가배상 난이도 중 | 답 ②

「국가배상법」상 공무원에 의한 손해배상에 대한 설명으로 옳은 것은? (다툼이 있는 경우 판례에 의함)

① 배상청구권의 시효와 관련하여 '가해자를 안다는 것'이 피해자나 그 법정대리인이 가해 공무원의 불법행위가 그 직무를 집행함에 있어서 행해진 것이라는 사실까지 인식함을 요구하지는 않는다.

② 공무를 위탁받아 실질적으로 공무에 종사하고 있더라도 그 위탁이 일시적이고 한정적인 경우에는 「국가배상법」 제2조의 공무원에 해당하지 않는다.

③ 헌법재판소 재판관이 청구기간을 오인하여 청구기간 내에 제기된 헌법소원심판 청구를 위법하게 각하한 경우, 설령 본안판단을 하였더라도 어차피 청구가 기각되었을 것이라는 사정이 있다면 국가배상책임이 인정될 수 없다.

④ 재량권의 행사에 관하여 행정청 내부에 일응의 기준을 정해 둔 경우 그 기준에 따른 행정처분을 하였다면 이에 관여한 공무원에게 그 직무상의 과실이 있다고 할 수 없다.

| 정답해설 |
② 「국가배상법」 제2조 소정의 '공무원'이라 함은 「국가공무원법」이나 「지방공무원법」에 의하여 공무원으로서의 신분을 가진 자에 국한하지 않고, 널리 공무를 위탁받아 실질적으로 공무에 종사하고 있는 일체의 자를 가리키는 것으로서, 공무의 위탁이 일시적이고 한정적인 사항에 관한 활동을 위한 것이어도 달리 볼 것은 아니라고 할 것이다(대판 2001.1.5. 98다39060).

| 오답해설 |
① 「국가배상법」 제2조 제1항 본문 전단 규정에 따른 배상책임을 묻는 사건에 대하여는 같은 법 제8조의 규정에 의하여 「민법」 제766조 제1항 소정의 단기소멸시효제도가 적용되는 것인바, 여기서 가해자를 안다는 것은 피해자나 그 법정대리인이 가해 공무원이 국가 또는 지방자치단체와 공법상 근무관계가 있다는 사실을 알고, 또한 일반인이 당해 공무원의 불법행위가 국가 또는 지방자치단체의 직무를 집행함에 있어서 행해진 것이라고 판단하기에 족한 사실까지 인식하는 것을 의미한다(대판 2008.5.29. 2004다33469).
③ 헌법소원심판을 청구한 원고로서는 헌법재판소 재판관이 일자 계산을 정확하게 하여 본안판단을 할 것으로 기대하는 것이 당연하고, 따라서 헌법재판소 재판관의 위법한 직무집행의 결과 잘못된 각하결정을 함으로써 원고로 하여금 본안판단을 받을 기회를 상실하게 한 이상, 설령 본안판단을 하였더라도 어차피 청구가 기각되었을 것이라는 사정이 있다고 하더라도, 잘못된 판단으로 인하여 헌법소원심판 청구인의 위와 같은 합리적인 기대를 침해한 것이고 이러한 기대는 인격적 이익으로서 보호할 가치가 있다고 할 것이므로, 그 침해로 인한 정신상 고통에 대하여는 위자료를 지급할 의무가 있다고 할 것이다(대판 2003.7.11. 99다24218).
④ 영업허가취소처분이 나중에 행정심판에 의하여 재량권을 일탈한 위법한 처분임이 판명되어 취소되었다고 하더라도 그 처분이 당시 시행되던 「공중위생법 시행규칙」에 정해진 행정처분의 기준에 따른 것인 이상 그 영업허가취소처분을 한 행정청 공무원에게 그와 같은 위법한 처분을 한 데 있어 어떤 직무집행상의 과실이 있다고 할 수는 없다(대판 1994.11.8. 94다26141).

16 행정작용 〉 행정행위 〉 행정행위의 효력 난이도 중 | 답 ③

다음 규정과 관련된 내용으로 옳지 않은 것은? (다툼이 있는 경우 판례에 의함)

「행정기본법」 제15조(처분의 효력)
처분은 권한이 있는 기관이 취소 또는 철회하거나 기간의 경과 등으로 소멸되기 전까지는 유효한 것으로 통용된다. 다만, 무효인 처분은 처음부터 그 효력이 발생하지 아니한다.

① 「건축법」상 위법건축물에 내려진 시정명령을 이행하지 않아 명령위반죄로 기소된 경우 형사법원은 시정명령의 위법성을 판단할 수 있다.
② 연령미달의 결격자가 이를 속이고 운전면허를 교부받아 운전 중 적발되어 기소된 경우 형사법원은 운전면허처분의 효력을 부인하고 무면허운전죄로 판단할 수 없다.
③ 조세과오납에 따른 부당이득반환청구사안에서 민사법원은 사전통지 및 의견제출절차를 거치지 않은 하자를 이유로 행정행위의 효력을 부인할 수 있다.
④ 행정처분이 위법임을 이유로 배상을 청구하는 경우, 그 행정처분의 취소판결이 있어야만 피고에게 배상을 청구할 수 있는 것은 아니다.

| 정답해설 |
③ 조세부과처분에 사전통지 등의 하자가 있는 경우에는 처분의 성립절차상의 하자로서 취소사유가 된다. 따라서 민사법원 등은 부당이득반환청구소송의 선결문제로서 처분의 효력을 부정할 수 없다.

> 행정청이 침해적 행정처분을 함에 있어서 당사자에게 위와 같은 사전통지를 하거나 의견제출의 기회를 주지 아니하였다면 사전통지를 하지 않거나 의견제출의 기회를 주지 아니하여도 되는 예외적인 경우에 해당하지 아니하는 한 그 처분은 위법하여 취소를 면할 수 없다(대판 2004.5.28. 2004두1254).

| 오답해설 |
① 행정청으로부터 시정명령을 받은 자가 이를 위반한 경우, 그로 인하여 「개발제한구역법」 제32조 제2호에 정한 처벌을 하기 위하여는 시정명령이 적법한 것이라야 하고, 시정명령이 당연무효가 아니더라도 위법한 것으로 인정되는 한 「개발제한구역법」 제32조 제2호 위반죄가 성립될 수 없다(대판 2017.9.21. 2017도7321).
② 연령미달의 결격자인 피고인이 소외인의 이름으로 운전면허시험에 응시·합격하여 교부받은 운전면허는 당연무효가 아니고 「도로교통법」 제65조 제3호의 사유에 해당함에 불과하여 취소되지 않는 한 유효하므로 피고인의 운전행위는 무면허운전에 해당하지 아니한다(대판 1982.6.8. 80도2646).
④ 위법한 행정대집행이 완료되면 그 처분의 무효확인 또는 취소를 구할 소의 이익은 없다 하더라도, 미리 그 행정처분의 취소판결이 있어야만, 그 행정처분의 위법임을 이유로 한 손해배상 청구를 할 수 있는 것은 아니다(대판 1989.3.28. 89도149).

17 행정의 실효성 확보수단 〉 행정벌 〉 행정질서벌 난이도 하 | 답 ②

질서위반행위와 과태료처분에 관한 설명으로 옳은 것은?

① 과태료의 부과·징수, 재판 및 집행 등의 절차에 관하여 「질서위반행위규제법」과 타 법률이 달리 규정하고 있는 경우에는 후자를 따른다.
② 과태료 사건은 다른 법령에 특별한 규정이 있는 경우를 제외하고는 당사자의 주소지의 지방법원 또는 그 지원의 관할로 한다.
③ 「민법」상의 의무를 위반하여 과태료를 부과하는 행위는 「질서위반행위규제법」상 질서위반행위에 해당한다.
④ 과태료에는 소멸시효가 없으므로 행정청의 과태료처분이나 법원의 과태료재판이 확정된 이상 일정한 시간이 지나더라도 그 처벌을 면할 수는 없다.

| 정답해설 |
② 과태료 사건은 다른 법령에 특별한 규정이 있는 경우를 제외하고는 당사자의 주소지의 지방법원 또는 그 지원의 관할로 한다(「질서위반행위규제법」 제25조).

| 오답해설 |
① 과태료의 부과·징수, 재판 및 집행 등의 절차에 관한 다른 법률의 규정 중 이 법의 규정에 저촉되는 것은 이 법으로 정하는 바에 따른다(동법 제5조).
③ 대통령령으로 정하는 사법(私法)상·소송법상 의무를 위반하여 과태료를 부과하는 행위는 「질서위반행위규제법」상 질서위반행위에서 제외한다(동법 제2조 제1호 가목).
④ 과태료는 행정청의 과태료 부과처분이나 법원의 과태료 재판이 확정된 후 5년간 징수하지 아니하거나 집행하지 아니하면 시효로 인하여 소멸한다(동법 제15조 제1항).

18 행정구제 〉 사전구제 〉 행정절차 　　난이도 중 | 답 ①

행정절차에 관한 설명으로 옳지 <u>않은</u> 것은? (다툼이 있는 경우 판례에 의함)

① 행정청이 처분을 할 때에는 신청 내용을 모두 그대로 인정하는 경우에 당사자에게 그 근거와 이유를 제시하여야 한다.

② 행정청은 해당 처분의 성질상 의견청취가 현저히 곤란하거나 명백히 불필요하다고 인정될 만한 상당한 이유가 있는 경우에는 처분의 사전통지를 하지 않을 수도 있다.

③ 「국가공무원법」상 직위해제처분의 경우에는 처분의 사전통지 및 의견청취 등에 관한 「행정절차법」의 규정이 별도로 적용되지 않는다.

④ 법령상 청문이 요구되는 경우에, 행정처분의 상대방이 청문일시에 불출석하였다는 이유로 청문을 실시하지 아니하고 한 침해적 행정처분은 위법하다.

| 정답해설 |

① 「행정절차법」 제23조 제1항과 제2항은 신청한 내용을 모두 인정하는 행정처분에 대해 당사자가 이유부기를 신청하더라도 이유부기의무를 규정하고 있지 않다.

> **「행정절차법」 제23조【처분의 이유 제시】** ① 행정청은 처분을 할 때에는 다음 각 호의 어느 하나에 해당하는 경우를 제외하고는 당사자에게 그 근거와 이유를 제시하여야 한다.
> 1. 신청 내용을 모두 그대로 인정하는 처분인 경우
> 2. 단순·반복적인 처분 또는 경미한 처분으로서 당사자가 그 이유를 명백히 알 수 있는 경우
> 3. 긴급히 처분을 할 필요가 있는 경우
> ② 행정청은 제1항 제2호 및 제3호의 경우에 처분 후 당사자가 요청하는 경우에는 그 근거와 이유를 제시하여야 한다.

| 오답해설 |

②

> **「행정절차법」 제21조【처분의 사전 통지】** ④ 다음 각 호의 어느 하나에 해당하는 경우에는 제1항에 따른 통지를 하지 아니할 수 있다.
> 1. 공공의 안전 또는 복리를 위하여 긴급히 처분을 할 필요가 있는 경우
> 2. 법령등에서 요구된 자격이 없거나 없어지게 되면 반드시 일정한 처분을 하여야 하는 경우에 그 자격이 없거나 없어지게 된 사실이 법원의 재판 등에 의하여 객관적으로 증명된 경우
> 3. 해당 처분의 성질상 의견청취가 현저히 곤란하거나 명백히 불필요하다고 인정될 만한 상당한 이유가 있는 경우

③ 「국가공무원법」상 직위해제처분은 구 「행정절차법」(2012.10.22. 법률 제11498호로 개정되기 전의 것) 제3조 제2항 제9호, 구 「행정절차법 시행령」(2011.12. 21. 대통령령 제23383호로 개정되기 전의 것) 제2조 제3호에 의하여 당해 행정작용의 성질상 행정절차를 거치기 곤란하거나 불필요하다고 인정되는 사항 또는 행정절차에 준하는 절차를 거친 사항에 해당하므로, 처분의 사전통지 및 의견청취 등에 관한 「행정절차법」의 규정이 별도로 적용되지 않는다(대판 2014.5.16. 2012두26180).

④ 「행정절차법」 제21조 제4항 제3호는 침해적 행정처분을 할 경우 청문을 실시하지 않을 수 있는 사유로서 "당해 처분의 성질상 의견청취가 현저히 곤란하거나 명백히 불필요하다고 인정될 만한 상당한 이유가 있는 경우"를 규정하고 있으나, 여기에서 말하는 '의견청취가 현저히 곤란하거나 명백히 불필요하다고 인정될 만한 상당한 이유가 있는지 여부'는 당해 행정처분의 성질에 비추어 판단하여야 하는 것이지, 청문통지서의 반송 여부, 청문통지의 방법 등에 의하여 판단할 것은 아니며, 또한 행정처분의 상대방이 통지된 청문일시에 불출석하였다는 이유만으로 행정청이 관계 법령상 그 실시가 요구되는 청문을 실시하지 아니한 채 침해적 행정처분을 할 수는 없을 것이므로, 행정처분의 상대방에 대한 청문통지서가 반송되었다거나, 행정처분의 상대방이 청문일시에 불출석하였다는 이유로 청문을 실시하지 아니하고 한 침해적 행정처분은 위법하다(대판 2001.4.13. 2000두3337).

19 행정구제 〉 행정쟁송 〉 행정소송 　　난이도 중 | 답 ①

행정소송제도에 대한 설명으로 옳지 <u>않은</u> 것은? (다툼이 있는 경우 판례에 의함)

① 중앙노동위원회의 처분에 대한 피고는 합의제행정청인 중앙노동위원회이다.

② 국민권익위원회가 소방청장에게 인사와 관련하여 부당한 지시를 한 사실이 인정된다며 이를 취소할 것을 요구하기로 의결하고 내용을 통지한 경우에 이에 대해 소방청장은 취소를 구할 원고적격이 인정된다.

③ 법원은 당사자소송을 취소소송으로 변경하는 것이 상당하다고 인정할 때에는 청구의 기초에 변경이 없는 한 사실심의 변론종결시까지 원고의 신청에 의하여 결정으로써 소의 변경을 허가할 수 있다.

④ 행정처분의 당연무효를 선언하는 의미에서 그 취소를 구하는 행정소송을 제기하는 경우에는 취소소송의 제소기간을 준수하여야 한다.

| 정답해설 |

① 「노동위원회법」 제19조가 지방노동위원회의 처분에 대한 불복을 재심이라고 표현하고 있고, 같은 법 제19조의2가 중앙노동위원회의 판정에 대한 소는 중앙노동위원회 위원장을 피고로 하여 제기하도록 규정하고 있다(대판 1995.6.30. 94누9955).

| 오답해설 |

② 국민권익위원회가 소방청장에게 인사와 관련하여 부당한 지시를 한 사실이 인정된다며 이를 취소할 것을 요구하기로 의결하고 그 내용을 통지한 것에 대하여 소방청장으로서는 조치요구의 취소를 구하는 항고소송을 제기하는 것이 유효·적절한 수단으로 볼 수 있으므로 소방청장은 예외적으로 당사자능력과 원고적격을 가진다(대판 2018.8.1. 2014두35379).

③ 법원은 취소소송을 당해 처분등에 관계되는 사무가 귀속하는 국가 또는 공공단체에 대한 당사자소송 또는 취소소송 외의 항고소송으로 변경하는 것이 상당하다고 인정할 때에는 청구의 기초에 변경이 없는 한 사실심의 변론종결시까지 원고의 신청에 의하여 결정으로써 소의 변경을 허가할 수 있다(「행정소송법」 제21조 제1항).

④ 행정처분의 당연무효를 선언하는 의미에서 그 취소를 구하는 행정소송을 제기하는 경우에는 전치절차와 그 제소기간의 준수 등 취소소송의 제소요건을 갖추어야 한다(대판 1987.6.9. 87누219).

20 행정작용 〉 행정행위 〉 행정행위의 성질과 내용 　　난이도 하 | 답 ③

다음 행정행위 중 형성적 행정행위에 해당하는 것은? (다툼이 있는 경우 판례에 의함)

> ㄱ. 친일반민족행위자 재산조사위원회의 친일재산 국가귀속결정
> ㄴ. 주택재개발조합설립인가
> ㄷ. 귀화 허가
> ㄹ. 개인택시 운송사업면허

① ㄱ, ㄴ　　　　　　　② ㄱ, ㄴ, ㄷ
③ ㄴ, ㄷ, ㄹ　　　　　　④ ㄱ, ㄴ, ㄷ, ㄹ

| 정답해설 |

③ 형성적 행정행위는 설권행위(특허), 보충행위(인가), 대리행위(대리)가 있다.

ㄴ. 주택재개발조합설립인가 - 설권행위로서 형성적 행정행위

> 재개발조합설립인가신청에 대한 행정청의 조합설립인가처분은 단순히 사인(私人)들의 조합설립행위에 대한 보충행위로서의 성질을 가지는 것이 아니라 법

령상 일정한 요건을 갖추는 경우 행정주체(공법인)의 지위를 부여하는 일종의 설권적 처분의 성질을 가진다고 보아야 한다. 그러므로 구 「도시 및 주거환경 정비법」상 재개발조합설립인가신청에 대하여 행정청의 조합설립인가처분이 있은 이후에는, 조합설립동의에 하자가 있음을 이유로 재개발조합 설립의 효력을 부정하려면 항고소송으로 조합설립인가처분의 효력을 다투어야 한다(대판 2010.1.28. 2009두4845).

ㄷ. 귀화 허가 – 강학상 설권행위로서 형성적 행정행위
ㄹ. 개인택시 운송사업면허 – 강학상 설권행위로서 형성적 행정행위

| 오답해설 |

ㄱ. 친일반민족행위자 재산조사위원회의 친일재산 국가귀속결정 – 준법률행위적 행정행위로서 확인

「친일반민족행위자 재산의 국가귀속에 관한 특별법」 제3조 제1항 본문, 제9조 규정들의 취지와 내용에 비추어보면, 같은 법 제2조 제2호에 정한 친일재산은 친일반민족행위자 재산조사위원회가 국가귀속결정을 하여야 비로소 국가의 소유로 되는 것이 아니라 특별법의 시행에 따라 그 취득·증여 등 원인행위시에 소급하여 당연히 국가의 소유로 되고, 위 위원회의 국가귀속결정은 당해 재산이 친일재산에 해당한다는 사실을 확인하는 이른바 준법률행위적 행정행위의 성격을 가진다(대판 2008.11.13. 2008두13491).

| 편저자 김용철

약력

에듀윌 공무원 행정법 대표 교수
법률저널, 공무원저널, 한국고시신문 행정법 자문위원
모의고사 출제위원

저서

에듀윌 소방공무원 4개년 연도별 기출문제집 행정법총론
에듀윌 공무원 행정법 기출판례집(빈출순)
에듀윌 7급 공무원 5개년 기출문제집 행정법
에듀윌 군무원 15개년 기출문제집 행정법
에듀윌 군무원 봉투모의고사(국어＋행정법＋행정학)

2022 에듀윌 소방공무원 실전동형 모의고사 행정법총론

발 행 일	2022년 1월 13일 초판
편 저 자	김용철
펴 낸 이	이중현
펴 낸 곳	(주)에듀윌
등록번호	제25100-2002-000052호
주 소	08378 서울특별시 구로구 디지털로34길 55
	코오롱싸이언스밸리 2차 3층

ISBN 979-11-360-1458-0 (13350)

www.eduwill.net
대표전화 1600-6700

여러분의 작은 소리
에듀윌은 크게 듣겠습니다.

본 교재에 대한 여러분의 목소리를 들려주세요.
공부하시면서 어려웠던 점, 궁금한 점,
칭찬하고 싶은 점, 개선할 점, 어떤 것이라도 좋습니다.

에듀윌은 여러분께서 나누어 주신 의견을
통해 끊임없이 발전하고 있습니다.

에듀윌 도서몰 book.eduwill.net
· 부가학습자료 및 정오표: 에듀윌 도서몰 → 도서자료실
· 교재 문의: 에듀윌 도서몰 → 문의하기 → 교재(내용, 출간) / 주문 및 배송

에듀윌 소방공무원

실전동형 모의고사 | 행정법총론 10회

최신 기출문제와
1:1 유형 매칭

전 회차
무료 해설강의

기출재구성 모의고사
2회 추가 제공

1초 합격예측!
모바일 성적분석표

합격자 수
1,495%
수직 상승

2017/2020 공무원 온라인 과정 환급자 수 비교

4년 연속
1위

2022, 2021 대한민국 브랜드만족도 소방공무원 교육 1위 (한경비즈니스)
2020, 2019 한국브랜드만족지수 소방공무원 교육 1위 (주간동아, G밸리뉴스)

고객의 꿈, 직원의 꿈, 지역사회의 꿈을 실현한다

펴낸곳 (주)에듀윌 **펴낸이** 이중현 **출판총괄** 김형석
개발책임 진현주 **개발** 고원, 박경선
주소 서울시 구로구 디지털로34길 55 코오롱싸이언스밸리 2차 3층
대표번호 1600-6700 **등록번호** 제25100-2002-000052호
협의 없는 무단 복제는 법으로 금지되어 있습니다.

에듀윌 도서몰 book.eduwill.net
• 부가학습자료 및 정오표: 에듀윌 도서몰 → 도서자료실
• 교재 문의: 에듀윌 도서몰 → 문의하기 → 교재(내용, 출간) / 주문 및 배송

1위 21. 2월

한국사능력검정시험 기본서/2주끝장/기출/우선순위50/초등

1위 22. 1월

조리기능사 필기/실기

1위 22. 1월 1주

제과제빵기능사 필기/실기

1위 21. 10월

SMAT 모듈A/B/C

1위 22. 1월

ERP정보관리사 회계/인사/물류/생산(1, 2급)

1위 22. 1월

전산세무회계 기초서/기본서/기출문제집

1위 22. 1월

어문회 한자 2급 | 상공회의소한자 3급

1위 22. 1월

ToKL 한권끝장/2주끝장

1위 22. 1월

KBS한국어능력시험 한권끝장/2주끝장/문제집/기출문제집

1위 22. 1월

한국실용글쓰기

1위 22. 1월 1주

매경TEST 기본서/문제집/2주끝장

1위 22. 1월

TESAT 기본서/문제집/기출문제집

1위 22. 1월

스포츠지도사 필기/실기구술 한권끝장

1위 22. 1월

산업안전기사 | 산업안전산업기사

1위 21. 12월

위험물산업기사 | 위험물기능사

1위 22. 1월

무역영어 1급 | 국제무역사 1급

1위 22. 1월

운전면허 1종·2종

컴퓨터활용능력 | 워드프로세서

1위 20. 2월

월간시사상식 | 일반상식

1위 21. 12월

월간NCS | 매1N

1위 22. 1월 1주

NCS 통합 | 모듈형 | 피듈형

1위 20. 7월 1주

PSAT형 NCS 수문끝

PSAT 기출완성 | 6대 출제사 기출PACK

1위 21. 10월

한국철도공사 | 서울교통공사 | 부산교통공사

1위 21. 10월 1주

국민건강보험공단 | 한국전력공사

1위 21. 11월

한수원 | 수자원 | 토지주택공사

1위 21. 10월

행과연 | 기업은행 | 인천국제공항공사

1위 22. 1월

대기업 인적성 통합 | GSAT

1위 22. 1월

LG | SKCT | CJ | L-TAB

1위 22. 1월

ROTC·학사장교 | 부사관